互联网+珠宝系列教材
高等教育珠宝专业"十三五"规划教材
教育部职业教育宝玉石鉴定与加工专业教学资源库系列教材

珠宝首饰营销
ZHUBAO SHOUSHI YINGXIAO

贾桂玲　柴少宗　张晓晖　赵相宽
戚　鸣　田春霖　王美丽　　　　等编著

中国地质大学出版社
ZHONGGUO DIZHI DAXUE CHUBANSHE

内容简介

本书从珠宝及产品角度介绍了营销,内容分为珠宝及珠宝市场认知、珠宝市场分析、珠宝市场营销战略和策略、不同珠宝市场的整合营销、珠宝店铺设计与管理、珠宝文化与珠宝首饰营销6个单元,共14个项目,是教育部职业教育宝玉石鉴定与加工专业资源库数字化建设成果,具有"互联网+"优势。本书适合作为高职院校教材使用,也可作为珠宝从业者学习或培训、社会爱好者学习珠宝首饰营销知识的参考书。

图书在版编目(CIP)数据

珠宝首饰营销/贾桂玲等编著. —武汉:中国地质大学出版社,2021.1(2025.7重印)
ISBN 978-7-5625-2437-3

Ⅰ.①珠…

Ⅱ.①贾…

Ⅲ.①宝石-市场营销学-职业教育-教材 ②首饰-市场营销学-职业教育-教材

Ⅳ.①F768.7

中国版本图书馆 CIP 数据核字(2020)第 214486 号

珠宝首饰营销	贾桂玲 柴少宗 张晓晖 赵相宽 戚 鸣 田春霖 王美丽	等编著

责任编辑:张旻玥	选题策划:张 琰 张旻玥	责任校对:周 旭
出版发行:中国地质大学出版社(武汉市洪山区鲁磨路388号)		邮政编码:430074
电 话:(027)67883511	传 真:(027)67883580	E-mail:cbb@cug.edu.cn
经 销:全国新华书店		https://cugp.cug.edu.cn
开本:787毫米×1092毫米 1/16	字数:554千字	印张:22.75
版次:2021年1月第1版	印次:2025年7月第3次印刷	
印刷:湖北睿智印务有限公司		
ISBN 978-7-5625-2437-3		定价:68.00元

如有印装质量问题请与印刷厂联系调换

《教育部职业教育宝玉石鉴定与加工专业教学资源库系列教材》

编委会

主　　　任：魏中龙
常务副主任：张丽葵　宋文元
副　主　任：张晓晖　高鸿斌

委　员(排名不分先后)：
　　　倪　卫　贾桂玲　杨　君　王美丽　王　卉
　　　何沛锋　高　磊　夏旭秀　阮　涛　叶　松
　　　毛媛炯　岳　湛　李勋贵　张金英　赵东明
　　　刘德利　戴继明　孙赟杰　李孔亮　赵　展

前言

近年来,国家先后出台了一系列政策,加速完善现代职业教育体系。特别是国务院印发的《国家职业教育改革实施方案》为职业教育现代化提供了发展目标和行动指南。职业教育现代化,是教育理念、教育内容、教育方法、教育环境资源、教育体系制度的现代化,是信息技术与职业教育的深度融合。教学资源建设和教材建设可以有效推进"互联网＋职业教育"发展。

本书编著团队作为"教育部职业教育宝玉石鉴定与加工专业教学资源库"主持院校的成员,承担了"珠宝首饰营销"课程建设任务。本书充分利用资源库建设成果和"互联网＋"的优势,实现资源的数字化、网络化,形成立体化教材资源。

本书根据职业教育特点,以读者为主体,面向全国职业院校珠宝专业学生,以珠宝市场为研究对象,结合珠宝行业对营销类人才的岗位要求,围绕岗位核心能力设置技能、知识、素质目标,体系设计新颖,内容深入浅出,有助于开拓学生视野,塑造读者的职业素养和能力。

本书突出任务导向,每个任务均以情境导入方式,依次进行阅读—思考—分组讨论—找出问题—学习知识—评估,知识中间穿插有知识链接、资料参考、案例参考等内容。各个任务中的重点资源附有二维码,读者可以通过移动端或电脑端扫描二维码,进入珠宝首饰营销课程,更能参与课程互动,打破课堂界限,随时随地学习。

本书也是珠宝从业者学习或培训、社会爱好者学习珠宝首饰营销知识的参考书。教材设计注重职业素质、中国传统文化、职业道德等内容,并将这些内容融入知识中。

教材整体内容包括6个单元,14个项目。教材由贾桂玲、柴少宗、张晓晖、赵相宽、戚鸣、田春霖、王美丽、蔡兰英、邢英梅共同编著,编写具体分工如下。

单元一的认识珠宝及珠宝首饰市场和单元二中分析珠宝市场环境、珠宝市场购买行为分析由柴少宗编写;单元二中的珠宝市场调查由赵相宽、柴少宗编写;单元三中的珠宝市场营销战略由柴少宗、贾桂玲编写;单元三中的珠宝市场竞争战略分析由柴少宗编写;单元三中的珠宝市场的整合营销由贾桂玲编写;单元四不同珠宝市场的整合营销由戚鸣、张晓晖、王美丽编写;单元五珠宝店铺设计与管理由戚鸣编写;单元六珠宝文化与珠宝首饰由赵相宽编写。蔡兰英、田春霖、邢英梅参与了单元三部分内容的编写。

感谢沈阳萃华金店、缘与美珠宝为本书提供的素材;感谢深圳市伟远鹏珠宝包装展示有限公司、丹东市柒瑜珠宝会所、沈阳耿昱菲珠宝工作室为本书提供的大量图片与数据。同时,也感谢为宝玉石鉴定与加工教学资源库默默奉献的老师、企业工作者!

由于笔者水平有限,书中难免有不当之处,望读者批评指正。

编著者

2020年6月于北京

目录

单元一 珠宝及珠宝市场认知 (1)
项目一 认识珠宝及珠宝首饰市场 (1)
- 任务一 珠宝商品的特殊性分析 (1)
- 任务二 珠宝市场认知 (6)
- 任务三 珠宝营销管理 (21)

单元二 珠宝市场分析 (31)
项目一 分析珠宝市场环境 (31)
- 任务一 珠宝市场宏观环境分析 (31)
- 任务二 珠宝市场微观环境分析 (43)

项目二 珠宝市场购买行为分析 (50)
- 任务一 顾客让渡价值分析 (50)
- 任务二 珠宝消费者市场购买行为分析 (54)
- 任务三 珠宝组织市场购买行为分析 (71)

项目三 珠宝市场调查 (78)
- 任务一 认识珠宝市场调查 (78)
- 任务二 完成一项珠宝市场的调查 (86)

单元三 珠宝市场营销战略和策略 (102)
项目一 珠宝市场营销战略 (102)
- 任务一 细分珠宝市场 (102)
- 任务二 选择目标市场 (116)
- 任务三 珠宝目标市场定位 (124)
- 任务四 珠宝市场的定制 (136)

项目二 珠宝市场竞争战略分析 (142)
- 任务一 珠宝市场竞争者分析 (142)
- 任务二 珠宝市场竞争战略分析 (149)

项目三　珠宝市场的整合营销 ………………………………………………………… (157)
　　　　任务一　珠宝产品策略 …………………………………………………………… (157)
　　　　任务二　珠宝产品的定价策略 …………………………………………………… (174)
　　　　任务三　珠宝及首饰的渠道策略 ………………………………………………… (197)
　　　　任务四　珠宝及首饰的促销策略 ………………………………………………… (214)

单元四　不同珠宝市场的整合营销 …………………………………………………… (248)
　　项目一　钻石的营销策略 ……………………………………………………………… (248)
　　　　任务一　钻石与消费者购买心理 ………………………………………………… (248)
　　　　任务二　钻石的营销 ……………………………………………………………… (254)
　　项目二　贵金属的营销策略 …………………………………………………………… (263)
　　　　任务一　贵金属与消费者购买心理 ……………………………………………… (263)
　　　　任务二　贵金属的营销策略 ……………………………………………………… (266)
　　项目三　有色宝石和有机宝石的营销策略 …………………………………………… (283)
　　　　任务一　有色宝石和有机宝石与消费者购买心理 …………………………… (283)
　　　　任务二　有色宝石和有机宝石的营销策略 …………………………………… (285)
　　项目四　人工宝石的营销策略 ………………………………………………………… (293)
　　　　任务　人工宝石的营销策略 ……………………………………………………… (293)

单元五　珠宝店铺设计与管理 ………………………………………………………… (298)
　　项目一　珠宝店铺设计技巧 …………………………………………………………… (298)
　　　　任务一　珠宝首饰店铺类型和选址 ……………………………………………… (298)
　　　　任务二　珠宝首饰店铺橱窗设计 ………………………………………………… (303)
　　项目二　珠宝展厅设计 ………………………………………………………………… (306)
　　　　任务一　珠宝展厅空间规划 ……………………………………………………… (306)
　　　　任务二　珠宝展厅柜台陈列 ……………………………………………………… (313)
　　　　任务三　珠宝展厅氛围营造 ……………………………………………………… (329)

单元六　珠宝文化与珠宝首饰营销 …………………………………………………… (334)
　　　　任务一　认识珠宝文化的历史发展 ……………………………………………… (334)
　　　　任务二　珠宝文化与珠宝首饰营销 ……………………………………………… (348)

主要参考文献 …………………………………………………………………………… (354)

单元一　珠宝及珠宝市场认知

学习目标

技能目标：能对珠宝市场分类；能识别珠宝市场需求状态；会根据市场现状选择珠宝营销策略；会分析珠宝产品特殊性。

知识目标：掌握珠宝市场的概念和其特殊性；熟知珠宝市场的分类；清楚珠宝市场营销的内涵；了解市场营销观念的演化；掌握珠宝市场营销管理实质；熟悉珠宝市场典型需求状态及其对策。

素质目标：具有先进的营销理念，热爱本职工作，勇于创新，认真踏实。

项目一　认识珠宝及珠宝首饰市场

任务一　珠宝商品的特殊性分析

学习指导

? 做什么

根据市场的概念和需求理论，以小组为单位，分析珠宝商品的特殊性，并分组介绍。

! 怎么做

1. 组建学习小团队，成员3~4人，实行组长轮换制。
2. 给小团队确定一个名字，这可是你们自己的品牌。
3. 小团队的主要工作就是进行珠宝市场营销。
4. 回顾珠宝相关知识，思考珠宝商品的特性，结合马斯洛的需求层次理论，进行团队讨论并填写珠宝特征记录单。
5. 交流与学习。

情境导入

说到珠宝,很多人都会联想到高端、美丽、价格不菲等词汇。珠宝商品确实与一般的商品不同,特别是与日常的消费品有着本质的区别。如何认识珠宝商品,珠宝商品到底有哪些特性?

为了更好地认识珠宝,先把你对珠宝的认识填写在表1-1-1中,然后根据团队的意见给珠宝下一个定义。

表1-1-1 珠宝特征记录单

讨论问题	自己的观点	团队其他人的观点
1.日常生活中常见哪些珠宝?		
2.马斯洛的需求层次理论的内容?		
3.你对珠宝都了解什么?		
4.你最喜欢什么珠宝?		
5.在一些珠宝品牌中你最喜欢的是哪个品牌?		
6.珠宝有哪些用途?		
7.珠宝是怎样分类的?		
8.什么是珠宝?		

做得怎样填写在表1-1-2中。

表1-1-2 活动评价表

评价指标	单项指标	评价标准	自我评价
参与情况	学习投入情况	按课堂要求思考问题、参与小组活动	☆☆☆☆☆
	提出问题并发表见解	参与问题讨论,有自己的见解	☆☆☆☆☆
合作与交流情况	认真听取别人的意见并询问	认真倾听,礼貌,有回应,适时询问	☆☆☆☆☆
	将自己的资料与大家分享	表达自己的见解并与大家交流	☆☆☆☆☆
	参与团队讨论	积极主动,踊跃发言	☆☆☆☆☆
时间利用	在规定的时间内完成任务	时间效率	☆☆☆☆☆

续表 1-1-2

评价指标	单项指标	评价标准	自我评价
学习主动性	遇到自己不能解决的问题请教他人	询问并记录要点	☆☆☆☆☆
	遇到自己不能解决的问题查资料	查阅且做好记录	☆☆☆☆☆
任务完成情况	是否完成所有任务	能完成每个任务	☆☆☆☆☆
	有新的发现	能否创新	☆☆☆☆☆
	对问题的理解	迅速找到问题的关键词	☆☆☆☆☆
综合表现	展示出自己最好的状态	根据自我感受	☆☆☆☆☆

评价结果"☆"少的如何改进：

教师点评：

注：优☆☆☆☆☆；良☆☆☆☆；中☆☆☆；差☆☆；没参与☆。

一、珠宝的概念

珠宝又称为珠宝玉石或宝玉石，具体包括各种宝石、玉石和有机宝石。珠宝市场上或珠宝行业中对珠宝的概念有三种不同的观点：第一种观点是将珠宝理解为天然产出的、美丽、稀少、耐久、可加工成精美装饰品的天然物质。按照这种观点，珠宝实际上是指自然界产出的、具有美丽的颜色或外观、硬度较大、非常稀少的天然物质。第二种观点是将珠宝理解为具有美观、耐久、稀有等特征和有一定的工艺价值，可加工成精美装饰品的物质。这一观点与前者最大的不同是将人工合成宝石和可加工成装饰品的其他物质纳入了珠宝的范畴。第三种观点是将宝玉石与贵金属加工而成的装饰品理解为珠宝，它与前两者的区别在于将珠宝首饰等同于珠宝。

珠宝市场的概念和其特殊性

由于现代科技的发展，珠宝材料也有了很大的变化，现在的珠宝可以理解为具有美观、耐久、稀有等特征和有一定的工艺价值，可加工成精美装饰品的天然产出的、人工合成或培育的有机物质和无机物质。

二、珠宝商品的特殊性

既然珠宝有美观、耐久、稀有等特征，有那么多的人愿意拥有它，因此作为一种商品，珠宝必定具有不同于一般商品的特殊属性。

1. 珠宝是十分珍贵的商品

从珠宝的来源来看,宝玉石矿物都是在漫长的地质作用过程中,经过几百万年,甚至几十亿年才形成的。它不可再生,蕴藏少,开采难度大,分选、加工等过程复杂。大多数宝玉石通过设计师的设计、加工,融进工匠们的创作风格和一个时代的文化背景,变成了具有文化内涵的精美装饰品,有的甚至成为了千古绝唱。当然,有的宝玉石开采后因具有独特的、天然的、令人惊叹的美,未经加工就直接成为了收藏品。如具有天然造型和收藏价值的孔雀石。

2. 珠宝兼具货币功能

人类活动的早期,人们用贝壳和漂亮的石头制作简单的装饰品,这些装饰品如果受到别人的青睐,就使得交换成了可能。这也是最早的商品交换形式——物物交换。因为珠宝的稀缺,在世界各国,许多金银珠宝都曾在不同的时期充当过货币或准货币的角色,商品之间的交换从最初的以物换物转换成为以金银珠宝衡量交易双方商品价值的高低。即使在各国货币日趋成熟的今天,也还有用珠宝代替货币,获取自己所需物品的实例。

3. 珠宝是一种艺术品

从珠宝本身的色泽、形态、质地、自然界的稀有性,到设计者的匠心独运设计、精细的加工等,须满足不同消费者的审美需要,珠宝不仅可用于佩戴,也可作为艺术品用于观赏和收藏。古语说"玉不琢不成器",好的玉石,通过人工雕琢才赋予其新的价值和魅力。

知识链接

陆子冈其人[①]

子冈,也写作子刚,姓陆,江苏太仓人,后迁居苏州,以琢玉为业,是明代最为著名的能工巧匠,在我国玉雕发展史上是一位出类拔萃的人物。他是中国玉雕史上唯一一位坚持留名于所有玉牌作品上的艺术家,也是第一位要求社会承认其艺术创作价值的艺术家。

故宫所藏刻有陆子冈款的玉器,即使是明代之物,风格也迥异。以器皿居多,有精工细作者,也有刻工粗率者,说明已出现了仿品,后来就被当成了一种品牌的象征,成为高档玉器的代名词,在明代就已有仿冒和盗用,这一现象一直延续到清代甚至当今的玉雕业。

陆子冈制牌非常讲究,有所谓"玉色不美不治,玉质不佳不治,玉性不好不治"之说。

陆子冈作品有集精美的玉质和精细的雕工于一体的艺术风范。长方形的子冈牌,非新疆和田佳料不用,洁白无瑕,滋润温柔,花纹图案出类拔萃,以高超的琢玉技艺,多作剔地阳纹,以浅浮雕形式,将书面图纹表现得曲尽其美、淋漓尽致。

子冈牌一面琢磨山水、人物、花鸟、瑞兽;另一面雕刻诗文、书法、印章等,完美地将中国书画艺术、文人情趣和中国白玉独特的品质融为一体(图1-1-1)。

[①] 资料来源:改自 https://new.qq.com/omn/20200118/20200118A0AH7Q00.html?pc。

图 1-1-1 子冈牌

阴刻字在子冈牌制作中极具风采。阴刻字工艺难度极高,它的雕刻方法更接近于书法,以刀代笔,字体的间架,笔画的转折,生动地再现了中国书法的美感。

4. 珠宝可用于储备,具保值增值功能

珠宝是财富的象征,世界各国的王宫贵族均会因其拥有珍稀的珠宝而自豪。除了能满足收藏心理外,更主要的是他们将这些珠宝作为财富储藏。同样,消费者也将珠宝视为重要的财富,可以作为"传家宝",传给子孙后代。此外,由于珠宝的稀有性,随着时间的推移,可利用的珠宝资源越来越少,珠宝的增值功能愈发明显。

5. 珠宝是非生活必需品

珠宝是非生活必需品,人们之所以喜欢它,除了美丽、稀少、耐久以外,更主要的是由于它有与一般石头不同的特征。首先,珠宝在过去是王宫贵族们的奢侈品,是财富、权力和身份地位的象征,佩戴名贵珠宝首饰就像穿名牌服装、开高级轿车一样。其次,珠宝自古以来就被人们赋予一些特殊的含义和效用,使得人们去追求它,期盼拥有它。人们购买珠宝更多的是追求一种心理满足,因此珠宝商品的定价也具有其特殊性。

6. 珠宝是地域文化的体现

不同时代的珠宝蕴含着不同的文化,是一个时代的审美观点和文化背景的体现。不同国家、民族的人们对珠宝种类和款式的偏好是不同的。

知 识 链 接

欧洲人喜欢 K 金首饰,中国人喜欢足金首饰;西方人喜欢绿色宝石是祖母绿,而中国人喜欢绿油油的翡翠;日本人喜欢金黄色珍珠,认为黄珍珠是高贵的象征,而中国人认为"人老珠黄不值钱",黄色珍珠是失去生命力的标志;宗教观念浓郁的地区(如中东、西藏)钟情于象征天地神秘色彩的松石和青金石;西方人喜欢款式夸张的首饰,东方人喜欢秀美、对称的首饰。即使在中国,南方和北方、城市和农村对首饰的追求和审美也是有区别的。

任务二 珠宝市场认知

学习指导

做什么

阅读 2020 年中国珠宝行业发展现状与前景分析，完成材料后面的任务。根据珠宝市场的相关概念，以小组为单位，分析珠宝市场类型，并分组介绍。

怎么做

1. 确定本次任务组长。
2. 先试着自己列出珠宝市场，把分类想法填写到珠宝市场分类记录单中。
3. 小团队讨论出珠宝市场的分类依据，继续填写珠宝市场分类记录单。
4. 分组介绍。

情境导入

2020 年中国珠宝行业发展现状与前景分析①

2010—2019 年中国珠宝行业的新成立企业数量整体上呈现增长趋势，2019 年新成立企业数量为 424 家。2020 年，截至 3 月 15 日，新成立企业数量为 67 家。

根据 Euromonitor 数据，2010—2018 年我国珠宝行业的市场规模逐年增长。2018 年，我国珠宝行业市场规模为 6965 亿元，同比增长 6.7%。未来随着人均可支配收入和经济实力的提升，人们对珠宝的高端产品如钻石、铂金、黄金、红蓝宝石等的需求有望继续提升，预计至 2022 年，行业总销售规模有望达到 8742 亿元，在 2018—2022 年期间的 CAGR 预计约为 5.85%。

一、我国珠宝行业中黄金饰品占比达到 52%

珠宝首饰主要可分为镶嵌饰品、黄金饰品和 Pt/K 金饰品等，在中国崇尚黄金珠宝的文化传统以及黄金兼具投资属性的背景下，黄金饰品在国内珠宝首饰市场的销售占比较高，达 52%。但是随着珠宝首饰市场的成熟和消费者选择的多元化，钻石饰品和 Pt/K 金饰品也正在成为我国珠宝首饰市场的主要品类，目前销售额占比分别约为 28% 和 20%，是行业未来发展的重要看点。

二、2019 年我国珠宝零售同比增长 0.4%，黄金实际消费量同比下降 12.91%

2019 年，由于受到国家宏观调控、资本市场环境低迷、信贷政策收紧等多方面影响，黄

---

① 资料来源：http://www.ocn.com.cn/touzi/chanye/202003/oawde24143752.shtml。

单元一　珠宝及珠宝市场认知

金首饰消费增长幅度有所放缓。国家统计局数据显示,金银珠宝2019年12月零售额同比增长3.7%,全年仅有四个月同比正增长,故年内累计增速低至0.4%。

中国黄金协会最新统计数据显示,2019年,国内原料黄金产量为380.23吨,连续13年位居全球第一,与2018年相比,减产20.89吨,同比下降5.21%。2019年,全国黄金实际消费量1 002.78吨,与2018年相比下降12.91%。其中:黄金首饰676.23吨,同比下降8.16%;金条及金币225.80吨,同比下降26.97%;工业及其他100.75吨,同比下降4.90%。

受经济下行压力增大等因素影响,国内黄金消费疲软,尤其随着下半年黄金价格的不断攀升,黄金首饰消费出现明显下滑,未能延续上半年同比增长的趋势。黄金首饰加工业继续削减库存,但中金珠宝、上海豫园等传统黄金零售商仍能依靠扩张加盟保持销量增长。黄金价格的高企,导致实金投资者持谨慎观望态度,重点企业及商业银行金条销量也出现大幅下行。

三、我国珠宝行业正由数量型增长转向质量效益型增长

长期来看,我国珠宝行业正由数量型增长转向质量效益型增长,品牌效应逐渐增强,行业集中度也将渐趋提高,以珠宝配饰为代表的个性化消费品类有望持续快速增长。自2003年起,以贵金属制品市场全面开放为标志,黄金珠宝行业进入快速发展的黄金十年,十年间行业复合增速15%,至2015年市场规模突破6000亿元。黄金珠宝首饰属于高端可选消费品,在居民收入持续提升的大背景下,行业将保持长期的景气度。美国1970—1985年间,人均GDP处于5000~20 000美元,在这十余年间,美国珠宝销售额持续上升,珠宝消费占美国消费支出比例一直在同步提升;而目前,我国人均GDP突破10 000美元,正处于黄金珠宝首饰消费崛起的时间点,从城市分布来看,一线城市人均GDP已经达到2万~2.5万美元,而三四线城市目前正在密集跨越人均GDP 5000美元的门槛。我国目前的珠宝人均消费额仅有54美元,是美国的1/6、日本的1/3,长期来看,行业仍有较大的成长空间。

回答问题并填写表1-1-3。

(1)案例中都有哪些具体的珠宝市场?
(2)给这些珠宝市场分类。
(3)你所理解的珠宝市场营销是什么?

表1-1-3　珠宝市场分类记录单

讨论问题	自己的观点	团队其他人的观点
1. 什么是珠宝市场?		
2. 珠宝市场怎样分类?		
3. 案例中的珠宝市场分类结果怎样?		
4. 不同类型的珠宝市场如何区分?		
5. 珠宝市场产品的竞争情况如何?		
6. 对珠宝营销如何理解?		

一、珠宝市场的分类

广义的市场,包括生产者和消费者之间实现商品和劳务的潜在交换的任何活动。市场三要素为人口、购买力、购买欲望。根据划分标准的不同,珠宝市场有不同的分类。划分标准有珠宝类型、珠宝用途、消费目的等方面。

根据珠宝类型,珠宝市场可分为宝石市场、贵金属市场、珍珠品市场、半宝石市场、人造珠宝市场五类;根据珠宝用途,珠宝市场可分为首饰市场、装饰品市场、原石市场、其他用途市场;根据消费目的不同,珠宝市场可分为珠宝消费者市场、珠宝中间商市场和珠宝生产者市场,消费目的不同的人或组织构成了不同的珠宝市场。

珠宝市场的类型

对于珠宝市场营销来说,最常用的分类方法是根据消费目的不同而进行的分类。

(一)珠宝消费者市场

珠宝消费者市场也可以称为珠宝零售市场,是以个人消费者为主组成的市场,是珠宝首饰的最终归宿。珠宝消费者分布在世界的各个地方,也会形成各种不一样的消费观念和消费特点。珠宝消费者市场范围广,消费群体大,直接影响其他珠宝市场兴衰,因此,珠宝消费者市场是珠宝市场营销学研究的主体。

珠宝消费者市场的特点如下。

(1)购买力水平是珠宝消费者市场形成和发展的基础。地区的经济生活水平越高、接受新东西的意识越快,珠宝消费者市场的形成和发展也越快。在全球珠宝消费市场中,美国和日本是最大的珠宝消费市场,约占珠宝市场份额的70%,这与他们经济的高度发达是不无关系的。我国最早的珠宝市场形成于一线城市和沿海开放城市。这些城市都是大都市或国际商业中心,经济发达,对外交流广泛,消费意识超前,对珠宝消费有足够的认识,消费取向主要受国际珠宝消费潮流的影响。

(2)珠宝消费者市场的顾客构成广泛、复杂、多样。珠宝消费者不仅年龄、性别、职业、收入、居住区域、宗教信仰、受教育程度不同,而且个性、生活方式、爱好和习惯也不同。这些不同又带来了对珠宝首饰的品种、规格、质量、款式、品牌、服务、科技含量和价格等方面的要求不同。

(3)珠宝消费者市场交易数量小、交易次数少。珠宝是耐用消费品,同一个消费者,对相同品种、相同类型的首饰重复性购买的可能性不大。但消费者一旦认同了商家的信誉,可以选择不同品种、不同类型的首饰对商家产生依赖性购买,并且可以在消费者周围产生扩散效应。

(4)购买行为可分为计划性购买和冲动性购买两种。计划性购买一般以工薪阶层为主,这类消费群体购买珠宝的品种和资金都有一定程度的预算和计划。冲动性购买一般以生活相对富裕的消费者为主,他们只要发现自己喜欢的珠宝或受外界环境刺激,都会有购买冲动,产生购买欲望。

(5)珠宝消费市场的购买为非营利性购买。除了考虑美观装饰因素外,耐用和保值、增值的因素也是他们考虑的范畴。

(6)珠宝消费市场的购买一般属于非专业性购买。购买者对珠宝首饰缺乏系统的知识,或知之甚少,或完全不知,消费者购买珠宝时,总会承受巨大的心理压力,担心产品真假和产品质量问题,害怕在产品价格上吃亏上当。这一心理在很大程度上会影响消费者的购买行为。

在我国,珠宝消费市场个性化、高档化、名牌化趋势明显。个性化趋势是随着中西方文化的交融,消费者的珠宝消费意识不断地改变的结果。从满足于拥有珠宝向拥有别具一格的、个性化珠宝方向发展。因而出现了从事珠宝个性化设计,反映独特消费理念的饰品店和专业店。不管珠宝档次的高低,只要是别具一格的,就是消费者喜欢的。高档化趋势是伴随中国经济高速发展和国民经济水平的不断提高,培育出了经济状况好的高档次的消费者,他们购买的目的各不相同,有的是为了保值、增值,有的是为了收藏,还有些是为了满足个人成就感。这是一个极具吸引力的消费趋势。名牌化趋势是由于珠宝的非生活必需品特点决定的,佩戴珠宝是具有品味的象征,人们以拥有高档、名牌珠宝而自豪。同时,名牌也是质量、信誉和服务的代名词。业内人士预测:在中国众多的珠宝品牌中,将由30%的知名品牌占领70%的珠宝消费市场,这是不无道理的。信任名牌珠宝、消费名牌珠宝将成为中国珠宝消费市场的主旋律。

知识链接

珠宝的类型

根据国内外一般的商业习惯,将珠宝饰品分为五大类。第一类是宝石饰品,包括钻石、红宝石、蓝宝石、祖母绿。第二类是贵金属饰品,包括黄金、白金、银。第三类是珍珠饰品。以上三类被列为贵重珠宝。第四类是半宝石饰品,包括蛋白石、紫水晶、黄玉、翡翠、碧玺、石榴石、黑宝石、猫眼石、珊瑚、玛瑙、虎眼石、变石等。在半宝石中,部分为高品质者,如翡翠、黑蛋白石、紫水晶、变石等。第五类是人造珠宝类,包括珐琅、景泰蓝、合成宝石(如合成钻石、人造红宝、人造蓝宝、人造祖母绿、人造翡翠等)、平价金属(如铜、镀金、铜组合金等)和其他类型饰品。

(二)珠宝中间商市场

珠宝中间商市场指通过获得珠宝产品再行销售给他人以取得利润的组织或个人,为珠宝消费市场提供珠宝成品或半成品,是连接珠宝生产者市场和珠宝消费者市场的桥梁。中间商由从事珠宝批发贸易、零售贸易和代理的组织和个人构成,是分销活动的主体。中间商对生产企业的珠宝分销活动发挥着十分重要的作用,绝大多数珠宝产品通过中间商转卖给消费者。

中间商的购买又可以分为两种情况,一种是通过商品的买进与卖出而获利的再销售中间商;另一种是用于自身营运需要的生产中间商。他们既扮演中间商角色,也承担着部分生产功能,从原材料采购到生产加工直到将产品提供给下一级的中间商。

在珠宝的实际分销活动中,中间商有多种类型,根据对商品所有权不同,中间商分为代理商和经销商,代理商是接受生产者的委托,从事商品交易业务,但不拥有商品的所有权;经销商是指从事商品交易并拥有商品所有权的中间商。由于拥有商品的所有权,经销商往往制定自己的营销策略,以期获得更大的效益。珠宝营销占用的资金很大,并且经营风险较大,因此,生产者在分销活动中常以经销商作为中间商的主要形式。经销商按其经营形式的不同又可分为批发商和零售商。

1. 珠宝中间商的类型

1) 批发商

批发是指商品批量销售给那些为了再销售或企业使用而购买的人或企业时所涉及的一切经营活动。批发商则是指主要从事批发活动的企业或个人,比如珠宝零售兼批发的企业将珠宝成品分销给小的珠宝企业,从事钻石批发的企业将钻石裸石批发给零售商或镶嵌工厂等均属于批发活动。当然,批发商也从事少量零售销售活动。珠宝批发商的类型有以下三种。

单一品种的宝石批发商:宝石批发商业务单一,管理相对简单,容易在经营品种上占领广泛的市场份额,专业批发某一类宝石,如专业批发钻石、彩色宝石或玉器。山东昌乐有以当地所产蓝宝石为主的宝石批发市场,东海有水晶批发市场等。

珠宝成品批发商:将半成品的裸石加工成成品后再批发给零售商。如黄金、铂金的批发业务主要以成品批发的形式出现,一些珠宝批发商也从事部分成品批发业务。

综合性宝石批发商:实力比较强、拥有丰富资源的企业,为了满足客户多种需求,提供多品种的宝石批发业务,既扩大了企业的经营业务范围,也避免了有多种需求的客户到处奔波的不便,如北京的天雅珠宝批发市场。

2) 零售商

零售是指把商品出售给最终消费者的中间商,是相对于生产者和批发商而言的,处于商品流通的最终阶段。零售商面对的是个人消费者市场,是分销渠道系统的终端,也是连接珠宝生产者和消费者之间的桥梁,通过零售最终实现商品的价值交换。

不论是生产企业还是批发、零售企业,只要是把商品卖给最终消费者,都被视为零售行为,但只有那些主要从事零售活动的企业才能被称为零售商。零售商是珠宝系统中数量最多的组织,按照零售商出售商品形式的不同,珠宝零售商分为如下类型。

(1) 大型百货商场零售商。

这是我国珠宝市场形成之初的重要零售形式,直到现在仍有很强的生命力。其主要形式是商场设立珠宝专柜,专柜以珠宝零售租赁的柜台或店中店的形式存在,商品不属于商场所有,通过商场的统一经营活动将产品卖给最终消费者。这种零售商能充分利用商场的客流、形象、宣传等,实现商品所有权的转移。这种零售商,主动权少,经营方式不灵活,中间环节多,自身的企业形象难以树立。

(2) 专卖店形式的零售商。

专门经营某一类商品中的某一品牌。这种商店,突出"专",经营的一类产品品种齐全、专业性强,经营富有本企业特色和个性。专卖店形式的零售商经营形式可以灵活多样,产品具有企业特色,有利于宣传本企业的企业文化、理念,能很好地树立企业自身的形象。

(3)无店铺零售商。

这是一种以直销的方式将产品转移到最终消费者手中的零售类型,包括上门推销、电话电视购物、电子商务等形式。早期珠宝产品的无店铺零售适合于一些具装饰作用的低档产品。随着互联网技术的发展,无店铺销售越来越多地被珠宝企业选择,如网站销售、电商平台销售、直播销售等,打破了原有以装饰为主或低档品的局限。表1-1-4列出的是部分无店铺零售品牌,有国内品牌,有国外品牌,其中众多的老字号品牌也都有网上销售。

表1-1-4 部分无店铺零售品牌

	国内品牌		国外品牌
	内地、台湾品牌	香港品牌	
品牌举例	周大生、潮宏基、佳明、京润、石头记、明牌、阮仕、菜百、老庙、玉缘、萃华金店、亚一珠宝、天宝龙凤、七彩云南、梦翔、南珠宫、百泰、周六福、佐恩、金大福、和合玉器、金至尊、钻石小鸟、和玉缘、恒信、莱坤通灵、吉盟珠宝、海盗船	周大福、周生生、六福珠宝、谢瑞麟	蒂芙尼、宝格丽、施华洛世奇、香奈儿、卡地亚、肖邦、潘多拉
老字号	萃华金店、亚一珠宝、天宝龙凤、菜百、玉缘、周大福、周生生、谢瑞麟		蒂芙尼、宝格丽、施华洛世奇、香奈儿、卡地亚、肖邦

(4)特许经营。

特许经营是由特许人按照合同规定,以一定的约束条件给予受许人,受许人可以使用特许人已经开发的注册商标、商号、企业标志、经营技术及其他工业产权,受许人缴纳特许经营费。因此,特许经营又分为商标型特许经营、经营模式特许经营和转换特许经营。特许经营是珠宝市场中常见的经营形式。

(5)商业街。

商业街是指经营珠宝类商品的多家独立零售商店集合在一个地区或区域,形成的零售商店集中区。如上海公布67个特色商业街区,打破了千街一面的局面,其中南桥镇人民中路为黄金、钻石、珠宝商业街。

(6)定制服务。

消费者追求个性化的产品,定制生活无需奢华便能独有情调。越来越多的普通消费者也开始青睐具有"定制"概念的产品。珠宝行业零售商、批发商也开始重新定位自己采购产品和销售产品的思路,为客户提供更平民化的定制服务,这是企业走出同质化恶性竞争怪圈的必然道路。零售商和批发商通过客户信息和营销网络,用最能体现品牌自身风格和最有针对性的方式为终端客户定制配售出款式多样的珠宝产品。

珠宝首饰营销

知识链接

钻石小鸟的定制①

私人定制的预约：私人定制服务目前仅限上海旗舰体验中心，每周日有一位设计师在体验中心内与您一对一地沟通。

定制的流程：

①您与珠宝设计师进行2小时一对一交流并确定草图。

②通知您能否定制和预估价格并预约到店确认手绘图（约7个工作日）。

③确认完毕通知工厂绘制3D视图并出银锆样戒（约33个工作日）。

④通知您来店确认银样。

⑤确认完毕下单工厂制作成品戒指（约20～35个工作日）。

⑥出货质检后通知您结单取货。

2. 珠宝中间商的特征

珠宝中间商有许多特点：

(1)专家购买。珠宝中间商对市场行情比较了解，因此，对厂家的批发价比较敏感。

(2)强调交货的时间性和商业信用。

(3)偏好大进大出，在大宗货品流通中获得利润。

(4)喜欢选择与自身形象一致的供货商，甚至会要求供货商协助完成产品广告或提供应有的服务。

知识链接

全球的珠宝批发市场主要集中在那些钻石加工中心所设的钻石交易所和盛产宝石的国家，如缅甸、泰国、斯里兰卡、巴西、哥伦比亚等国家和地区。这里宝石资源丰富，珠宝加工业也在这里云集，很自然地成为珠宝半成品的集散地，也成为珠宝中间商采购珠宝的首选地。在这些国家，珠宝业也是国家经济的支柱产业。

我国宝石资源相对贫乏，宝石半成品主要依赖于进口。我国目前是全球第二大奢侈品市场，珠宝市场的发展十分迅猛，世界上著名的宝石产出国纷纷涌入中国，或者在中国寻找中间商，也有国内珠宝商人直接到宝石产地寻找货源，使我国的珠宝批发市场和零售市场迅速发展②。

---

①资料来源：钻石小鸟官网 http://www.zbird.com/dingzhi/gaojidingzhi.html。

②资料来源：王昶，申柯娅. 珠宝市场营销学（第三版）[M]. 武汉：中国地质大学出版社，2016。

3. 我国珠宝中间商的特点

（1）专业化水平在不断提高。包括首饰店铺的专业化和从业人员的专业化。随着市场竞争的愈演愈烈，大型商场的珠宝经营模式在竞争中的优势正在不断地被削弱，专业化经营的珠宝店将成为珠宝零售市场的经营主体；珠宝经营的专业化程度也在不断提高，珠宝业更注重专业人才的引进和培养，如周大福与职业院校合作培养所需人才。

（2）珠宝批发向沿海城市集中。如沿海城市的深圳。主要因为沿海城市信息传播速度快，出入关方便。目前在深圳集中了众多珠宝中间商，主要从事钻石、宝石及玉器工艺品的批发业务，是国内规模最大、最活跃的珠宝批发市场。2000年，我国相继在上海建立了钻石交易所和黄金交易所，随着这两个交易所的正式运营，上海逐渐成为我国珠宝首饰的重要集散地。

珠宝零售业的发展相对不平衡，其发展与一个地区的经济发达程度和消费意识有很大的关系。经济越发达的地区，珠宝零售业也越发达。

（3）地方特色十分明显。这与宝石资源地的历史或地方人文资源有关。如以玉器批发为特色的玉器批发市场大多集中在广东的揭阳、平洲、四会、广州和河南的南阳等地；云南的腾冲、盈江、瑞丽等地与缅甸接壤，翡翠原料入口方便，在这里形成了以翡翠原料为主的批发市场；江苏东海以盛产水晶而出名，在这里形成了水晶批发市场；在珍珠的批发方面浙江诸暨有淡水珍珠批发市场，广东省湛江雷州流沙村的海水珍珠产地享有"中国海水珍珠第一村"的美誉。

知 识 链 接

淡水珍珠和海水珍珠

珍珠是一种有机宝石，它象征纯真、完美、尊贵和权威，与璧玉并重。在我国，珍珠史可以追溯到原始社会。珍珠主要是由牡蛎产出来的圆润的产物，一直被人们视为珍贵的东西，《庄子·外物》中就有"青青之麦，生于陵陂。生不布施，死何含珠为？"的说法。根据珍珠形成的水域环境，我们可以把珍珠分为两种类型：海水珍珠和淡水珍珠。表1-1-5是海水珍珠和淡水珍珠的对比。

表1-1-5 淡水珍珠和海水珍珠对比

对比项目	淡水珍珠	海水珍珠
我国主要产地	诸暨、常德、苏州、江西、湖北、安徽等地	广西、三亚等地
大小、颜色	普遍较小，不均匀，密度大，颜色多样	珍珠颗粒大，一般为6～7.5毫米，色泽好，密度偏小，颜色相对少

续表 1-1-5

对比项目	淡水珍珠	海水珍珠
形态、品质	呈椭圆形且表面有纹路,无核,品质较海水珠差	正圆球形,有核,品质好
生长周期	5~8 年	1~2 年
产量	高,一个珠蚌年产最多达 13 颗珍珠	低,一个珠蚌一年只产一颗珍珠
生长环境	在相对封闭的水域环境中生长	在开放的天然海水中生长
成本	相对低	相对高
功能特点	具有极高的护肤功效	药用价值更高
举例	大溪地珍珠,珍贵无比,也被称为珍珠中的皇后	白蝶珍珠母贝,是我国南海特有的品种

(三)珠宝生产者市场

珠宝生产者市场,又称珠宝产业市场,它是由销售组织或供他人销售的组织通过购买珠宝材料和服务用以生产珠宝首饰并提供服务。珠宝生产者市场可近似地称为珠宝原材料市场,顾客主体由珠宝首饰制造业、加工业的业主构成。同珠宝消费者市场和中间商市场相比,珠宝生产者市场具有明显不同的特点。

1. 交易规模和交易方式特殊

珠宝生产者市场顾客数量少、交易次数有限、交易额较大。交易方式主要是以珠宝产出国或垄断组织定期举行的交易会、拍卖会等形式进行。如戴比尔斯公司每年定期组织的钻石看货会;缅甸政府组织的每年两次的翡翠交易拍卖会等,每年只有屈指可数的机会。

2. 计划性购买行为

珠宝生产者市场的购买以原材料、仪器、设备等为主,其购买行为一般属于计划性购买。如购买珠宝原料的制造商大多是专业的珠宝加工厂主或其代理商,他们会根据自身的实力和市场需求预测决定自己的购买计划。

3. 营利性购买目的

珠宝企业的购买最终要实现企业的利润,因此珠宝生产者市场的购买是营利性购买。

4. 珠宝生产者属于专业购买

从珠宝生产者交易行为主体上来看,其购买行为属于专业购买,即买者和卖者都很精通宝石学知识,熟悉市场行情,交易能否成功主要决于交易双方在品质、价格等方面能否达成共识。如上游的翡翠原材料交易市场以专业的珠宝加工企业为主要交易者。

5. 供求双方关系密切

从供求双方的关系上来看,珠宝生产者市场的营销者在顾客购买的所有阶段都会尽可能满足顾客的需求,甚至是一些个性化的需求。珠宝生产者市场上的供求双方关系密切。

6. 购买决策过程程序化

珠宝生产者市场购买决策复杂,决策时间也较长,决策过程程序化。程序化体现在从寻求供货商、查货验货、签署订单到货物交接均很严谨。

知识链接

中国产业调研网发布的《2020年中国金银珠宝首饰现状调研及发展趋势走势分析报告》显示,珠宝首饰产业链主要涉及原材料开采、加工冶炼、毛坯加工、珠宝首饰制作和销售五个环节。随着产业分工深化和市场竞争渐趋激烈,珠宝首饰产业链的价值结构变动较大,纯粹的制造业务在产业链中的地位不断下降,设计开发、营销网络和售后服务价值不断增强。从珠宝行业产业链上各个环节的毛利率情况来看,零售商的毛利率要远超批发商的毛利率和制造商的毛利率,零售终端已经成为珠宝首饰产业链中增值最大的环节。因此,快速扩张、通过建立全国性范围的营销网络控制零售终端从而获得销售的主动权为品牌带来溢价,将是众多强势品牌的必然选择[①]。

(四)珠宝服务市场

珠宝服务市场就是为珠宝生产者市场、珠宝中间商市场和珠宝消费者市场提供各种服务的市场。包括各种设备供给、珠宝加工服务、首饰镶嵌服务、珠宝首饰陈列、包装服务等类型。

1. 珠宝设备供给市场

珠宝设备供给市场主要是为珠宝加工、镶嵌行业提供各种设备的市场。传统的首饰加工强国在首饰加工设备的研制上一直处于领先地位,特别是意大利、日本、德国等首饰工艺强国每年都有新的首饰加工设备推出,极大地促进了首饰加工工艺的改进与更新。首饰制造企业云集的地方也为珠宝设备供给市场提供了生存和发展的空间。例如,深圳是首饰镶嵌相对集中的城市,在一些工业区内,都会有相应的珠宝设备供给企业常驻,为镶嵌企业提供相应的设备。

2. 珠宝加工、镶嵌市场

珠宝加工和镶嵌都是属于首饰制造业,是为珠宝中间商市场提供首饰加工、镶嵌服务的

---

① 资料来源:选自中国产业调研网《2020年中国金银珠宝首饰现状调研及发展趋势走势分析报告》http://www.cir.cn/r_jiadianjiaju/82/jinyinzhubaoshoushidexianzhuanghefazhanqushi.html.

一个市场类型。自己的产品如果转卖给中间商,则属于珠宝生产者市场。多数加工企业面向珠宝营销企业或珠宝批发商,为其提供珠宝半成品或是成品的加工服务,包括钻石的切磨、宝石的加工和首饰镶嵌等类型。大的珠宝企业自己可以加工制作,由于珠宝的加工制作有专业性的要求,许多中小企业的加工环节由市场完成。

全球珠宝市场中,以美国的纽约、比利时的安特卫普、以色列的特拉维夫和印度的孟买为代表的传统四大钻石切磨中心,钻石加工企业多而集中。近年来,中国香港和泰国钻石切磨业的崛起令世界瞩目,意大利、日本、瑞士、中国香港的镶嵌工艺一直在国际上保持领先水平;我国国内的钻石切磨业也在迅速发展,2000年上海钻石交易所的成立和正式运营,标志着上海正在成为一个新兴的钻石加工贸易中心。

中国珠宝产品加工市场主要集中在经济发达的城市和沿海开放城市,如北京、上海、广州、深圳、厦门等。这些城市大多也是珠宝半成品的批发集中地。珠宝加工市场主要服务于珠宝零售企业,零售企业在购买宝石半成品后,需要寻找首饰加工企业为其加工成品,需要就地解决加工问题。这样,珠宝加工市场就伴随珠宝批发市场出现了。

3. 首饰陈设、包装服务市场

首饰陈设、包装服务是珠宝产品的组成部分。首饰的美观、高贵需要通过精美的陈设来展示给社会大众,没有好的陈设就不能真正体现首饰是一种高档的消费品;同时,只有精美的包装才能与珠宝的档次相匹配。在产品的概念中,包装用品是产品的一个重要组成部分。

二、珠宝市场营销的内涵

市场营销一词源自英文单词Marketing,它有两层基本含义:一是作为一种经济活动时,译为"市场营销",即指企业如何依据消费者需求,生产适销对路的产品,扩大市场销售所进行的一种经济活动;二是作为一门学科名称时,译为"市场营销学",即指建立在社会学、广告学、经济学、行为科学、现代管理理论基础上的应用性、综合性的管理学科。美国的营销学家菲利普·科特勒(Philip Kotler)认为营销是:"个人和集体通过创造,提供出售,并同别人交换产品和价值,以获得其所需所欲之物的一种社会和管理过程。"

珠宝市场营销

珠宝市场营销指个人或企业通过对珠宝产品和劳务在构思、定价、促销和渠道等方面的计划和实施,达到个人或企业预期目标的交换过程,它包括两方面的内容:一是寻找和发现消费者需要的产品或服务;二是用恰当的方式,以消费者乐意接受的价格,向其提供这种产品或服务。

这一概念有以下几个方面的内涵。

(1)营销的主体既包含营利性的企业,也包含非营利性的组织与个人。

(2)企业或组织为了实现自己的经营目标,就要通过营销调研、营销计划、营销策略执行和控制等一系列营销管理活动来完成企业或组织的任务。企业或组织也必须进行市场开发、产品设计、价格制定、分销渠道的选择、信息沟通和销售促进等各项决策。

(3)营销的对象不仅是市场需要的产品、劳务或服务,而且还包括思想、观念的营销。

(4)由于营销活动受买卖双方微观因素以及政治、法律、社会、经济和技术等宏观因素的影响,因此,营销是一个动态的过程。

(5)营销是企业或组织的一种管理职能。

(6)营销为企业或组织的所有活动提供一个框架。

(7)营销是把满足消费者的需求放在经营活动的首位,是一切活动的出发点。

三、市场营销观念的演化

市场营销观念的演变与发展,可归纳为六种,即生产观念、产品观念、推销观念、市场营销观念、客户观念和社会市场营销观念,珠宝市场的营销观念也同样存在有这六种观念。

(一)市场营销观念

1. 生产观念

生产观念是指导销售行为的最古老的观念之一。它是在卖方市场条件下产生的。

企业经营哲学:以企业为中心,重在生产,不重视顾客需求,轻视市场营销,实行以产定销。

主要表现:"我生产什么,就卖什么"。生产观念认为,消费者喜欢那些可以随处买得到而且价格低廉的产品,企业应致力于提高生产效率和分销效率,扩大生产,降低成本以扩展市场。

由于珠宝的特殊属性,"我生产什么,就卖什么"的现象比较少,但是在一些低档饰品市场上,由于人们的贪图便宜心理,市场上还存在无设计、无质量要求的产品。

2. 产品观念

产品观念也是一种较早的企业经营观念,它是在卖方市场条件下产生的。

企业经营哲学:从企业出发,集中资源生产高质量、多功能、具有某种特色的产品,并不断加以改进。不重视市场需要,在市场营销管理中缺乏远见,企业最容易导致"市场营销近视症"。

主要表现:认为只要是高质量、多功能、有某种特色的产品,消费者一定喜欢。企业只看到自己的产品质量好,看不到市场需求在变化,容易致使企业经营陷入困境。

与普通消费品不同,高档珠宝产品由于原材料的稀缺,会精心选择设计师设计,制作出独一无二的珠宝品,其使用价值低于其储藏价值,此时表现更多的是产品观念。

3. 推销观念

推销观念(或称销售观念)产生于20世纪20年代末至50年代初,资本主义国家由"卖方市场"向"买方市场"过渡的阶段。此阶段产品生产相对过剩,企业开始重视广告及推销,但其经营仍然是以生产为中心的。

企业经营哲学:消费者通常表现出一种购买惰性或抗衡心理,如果听其自然的话,消费者一般不会足量购买某一企业的产品,因此,企业必须积极推销和大力促销,以刺激消费者大量购买本企业产品。企业要在日益激烈的市场竞争中求得生存和发展,就必须重视推销。

主要表现:"我卖什么,就让顾客买什么","本公司旨在推销产品"。

4. 市场营销观念

市场营销观念是作为对上述诸观念的挑战而出现的一种新型的企业经营哲学。这种观念的出现,使企业经营观念发生了根本性变化,被称为市场营销学的一次革命。

企业经营哲学:以满足顾客需求为出发点,实现企业各项目标的关键,在于正确确定目标市场的需要和欲望,并且比竞争者更有效地传送目标市场所期望的物品或服务,进而比竞争者更有效地满足目标市场的需要和欲望。

主要表现:"顾客需要什么,我们就生产什么"。

推销观念注重卖方需要;市场营销观念则注重买方需要。推销观念以卖方需要为出发点,考虑如何把产品变成现金;而市场营销观念则考虑如何通过制造、传送产品以及与最终消费产品有关的所有事物,来满足消费者的需求。可见,市场营销观念的四个支柱是:市场中心、顾客导向、协调的市场营销和利润。推销观念的四个支柱是:工厂、产品导向、推销、赢利。从本质上来说,市场营销观念是一种以消费者需要和欲望为导向的哲学,是消费者主权论在企业市场营销管理中的体现。

不同的国家和地区、不同民族的人们对珠宝产品的需求有所不同,珠宝企业为了更好地满足市场需求,应尽可能地从消费者需求出发,设计并制作珠宝产品。

知识链接

让90岁的周大福被"90后"追捧[①]

成立于1929年的周大福,已拥有90年历史,2018年,周大福的"传承"系列火了。这个主打"古法黄金"概念的系列,红遍了抖音、小红书,成为各大明星、各路网红争相佩戴的潮品。

这还得从2013年说起,身为集团董事兼联席总经理的郑志刚,在2013年推出了亲自设计的名为"Ombre di Milano"(米兰的光影)的高级珠宝系列。周大福的传统强项产品是黄金饰品,郑志刚的这一举动正是要突破周大福已固有的品牌边界,告诉外界:周大福同样能与宝格丽、梵克雅宝等珠宝商在顶级收藏珠宝领域一争高下。

近些年来,周大福的创新与跨界越来越多:与故宫、迪士尼推出联名款,邀请年轻人喜欢的明星担任品牌代言人。为了更好地迎合年轻消费者的口味,周大福还推出了多品牌策略,其中包括全新的Soinlove、Monologue等轻奢珠宝子品牌。

2017年,郑志刚在巴黎宣布成立风投基金C Ventures,目标的投资项目必须能抓住中国的千禧一代和Z世代。C Ventures在投资时尚行业的相关项目上颇为活跃。2018年,时尚内容电商小红书完成3亿美元融资,投资方的名单中便有郑志刚。

[①]资料来源:修改自https://finance.qq.com/a/20190704/006909.htm。

小红书为周大福打开了社交网站平台营销的新渠道,事实上,"传承"系列的爆红也离不开小红书红人的大力推介。

这个90岁的老品牌在年轻化的道路上一直没有停下脚步,年轻一代也喜欢上了这个90岁的周大福!

5. 客户观念

客户观念,是指企业注重收集每一个客户以往的交易信息、人口统计信息、心理活动信息、媒体习惯信息以及分销偏好信息等,根据由此确认的不同客户终生价值,分别为每个客户提供各自不同的产品或服务,传播不同的信息,通过提高客户忠诚度,增加每一个客户的购买量,从而确保企业的利润增长。与市场营销观念之不同在于,市场营销观念强调的是满足目标市场的顾客需求,而客户观念则强调满足每一个客户的特殊需求。随着营销战略由产品导向转变为客户导向,客户需求及其满意度逐渐成为营销战略成功的关键所在。为了适应不断变化的市场需求,企业的营销战略必须及时调整。

企业经营哲学:准确地了解和满足每位客户的需求,进而实现企业目标。

客户观念适用于那些善于收集单个客户信息的企业,这些企业所营销的产品能够借助客户数据库的运用实现交叉销售,或产品需要周期性地重购或升级。

珠宝的定制市场反映了珠宝市场的客户观念。如FORMYROSE(弗蒂斯)秉承"以非凡品质,融合情感与时尚设计,一生只为一人定制"的创始理念,创作出具有独特风格的珠宝作品。

6. 社会市场营销观念

社会市场营销观念是对市场营销观念的修整和补充,产生于20世纪70年代的西方资本主义国家,源于出现能源短缺、通货膨胀、失业增加、环境污染严重、消费者保护运动等新问题。

企业经营哲学:企业的任务是确定各个目标市场的需要、欲望和利益,并以保护或提高消费者和社会福利的方式,比竞争者更有效、更有利地向目标市场提供能够满足其需要、欲望和利益的物品或服务。

主要表现:市场营销者在制定市场营销政策时,统筹兼顾三方面的利益,即企业利润、消费者需要的满足和社会利益。

随着我国经济的持续增长,以及电子商务的飞速发展,珠宝企业的竞争进入国际化阶段,珠宝消费者选择的空间也扩大至国际市场,消费者对品牌的需求强度增加,品牌的形象影响着珠宝消费者的选择,社会市场营销观念的传播有利于更好地树立品牌形象。如珠宝企业勇于承担社会责任,集合企业力量,为国家富强、民族昌盛贡献力量。

(二)珠宝市场营销观念的特殊性

由于珠宝的非生活必需品特性,珠宝营销与普通商品不同,它与个人消费者联系紧密。因此,珠宝商品在原材料选择、设计、加工、销售、售后等一系列环节,对实现珠宝交换都有着高度的关联性。珠宝营销中既有生产观念、产品观念、推销观念,也有市场营销观念、客户观念和社会市场营销观念,但无论哪种观念,都要本着以下五个原则,即诚实守信,"货真价实,童叟无欺","诚招天下客,信揽四方财";义利兼顾,企业在追求利润的同时,要考虑是否符合消费者的利益,是否符合社会整体和长远的利益;互惠互利,企业既要为他人提供各种满足,又要依赖他人,从中得到自身的利益;理性和谐,珠宝市场的营销活动,保持在适度竞争的水平上,避免过度竞争而导致资源浪费、两败俱伤的局面;消费者满意,满足消费者多方面、多层次和动态变化的需求。

知识链接

珠宝从业人员应具备以下职业道德[①]:

(1)热爱珠宝首饰行业,立志当美的传播者,确立职业的责任感与荣誉感,摒弃轻视商业和服务性工作的陈旧观念,认识到所从事的工作正在美化人们的生活,为社会增添光彩。

(2)严守商业信用,诚信无欺,价格公平透明,实事求是地介绍出售的珠宝首饰(名称、大小、质量、款式、产地、售后服务等),禁止牟取暴利,不出售来历不明的珠宝首饰。

(3)提供优质服务,文明经商,对消费者一视同仁,出售商品货真价实。不以次充好,不以假充真,不玩文字游戏,不编造各种理由虚假打折,不误导消费者,不欺骗或欺诈消费者,态度和蔼,待客热情,服务周到,以人为本。

(4)严格执行有关规定,不偷税漏税、不私买私卖。不以营业权谋私利,愿意接受群众监督,欢迎群众批评指正,讲求行业自律,坚决抵制珠宝市场领域中的不正之风。

(5)不断地努力学习专业知识,积累丰富的专业经验,做一个珠宝首饰业的"通才"。同时要懂得有关政策和法律知识,懂得一些经济学、市场营销学的业务知识,让更多的顾客成为消费者,让消费者成为朋友。

任务三 珠宝营销管理

学习指导

❓做什么

选择某珠宝公司的产品,分析其需求和某时间段的营销任务,再认真阅读后面的参考资料《石头记的品牌管理》,分析在学习过程中本团队怎样去做自己的品牌,并分组介绍。

---

①资料来源:整理自 http://zhubao.jiameng.com/news/45440_1.htm。

> **怎么做**
>
> 1. 由3~4人组成学习小团队,实行组长轮换制。
> 2. 认真阅读《石头记的品牌管理》。
> 3. 填写品牌管理表。
> 4. 小团队以自主创业品牌为例,分析珠宝营销管理。
> 5. 分析其需求和某时间段的营销任务。
> 6. 分析本团队的品牌现状并提出管理建议,交流与学习。

情境导入

石头记的品牌管理[①]

一、品牌文化

1970年,在台湾北部多雨的基隆市郊,三位来自彰化乡下浊水溪畔的农家少年,设立了一家客厅式的小型作坊,代客加工台湾玉,他们省吃俭用,胼手胝足,在困境中,开启了石头记惨淡启业的序篇。

石头记以人为本,重视人文思想、人性化管理,用平和的心,做辉煌的事业,多年努力打造了一个风靡中国、深入人心的石头故事,企业全体员工上下一致、齐心协力以创建世界名牌为努力目标,并以此信念作为创业发展的座右铭。

石头记的品牌标语如下。

1. 世上有此一件,今生与你结缘

释义:拥有属于生命中的那块玉石,是人类怀石拥玉的终极梦想,而每块天然玉石,其材质、纹路、色泽都不尽相同,因此每块玉石与其拥有者之间的缘分,便显得格外珍贵。石头记顶着《红楼梦》的文学光环,结合璀璨的中国玉文化,与您结缘,一起追寻生命中那块美丽的玉石。

2. One stone One story

表达产品的与众不同,清新易懂,朗朗上口,也蕴涵着石头记求发展、重创新的品牌诉求。

3. 真石就是美

释义:取"真石"与"真实"的双关语意。字面是针对真实饰品的漂亮和色彩斑斓而言;隐含的意义是以广义的美来注解一个"真"字,表达对真实的、回归天然的事物和对人性中最可贵的品质的赞美。

4. 英文:Secret Fond dream Joyful,中文:神秘 美梦 欢喜

从品牌名称衍生出来的扩展主题。直接含义自《红楼梦》故事本身所具有的特点,如贾

[①]资料来源:覃景."石头记"魅力品牌演绎精彩人生[J].中国宝玉石,2007,16(4):197-198;http://info.ceo.hc360.com/2011/05/300820156658.shtml;http://www.glosspp.com/42362-brand/。

宝玉衔玉降生的神秘身世,如梦如幻的繁乱红尘,主人公们的风花雪月、喜怒哀乐等。引申的含义,可涵盖非常广泛的意思:从宝玉石材质的来源、寓意、带给佩戴者的感觉,到现代生活中时尚文化的多元化思维表达,都能够从这六个字中找到相应的意义。从标语本身的结构来说,由于词汇的指向性不强,词汇之间亦无必然的连贯性,因而具有广阔的联想空间和使用上的灵活性,也为"石头记"品牌形成大气的、包容面很广的风格印象,有助于"名牌"效应的形成。

5．传情达意　石头会说话

释义:强调石头记与"情"之间的关系,寓"情"与"石"。人与人之间的关系不外乎一个"情"字,亲情、爱情……;石头记将世间最宝贵的情感赋予这些美丽、灵秀的石头,让石头说出心中的祝福,传递人间真情。

6．唯一的你　真实的心

释义:石头,浑然天成,给人以神秘、内涵丰富的无限遐想。石头的"唯一性"与"真实性",正是现在人所渴望得到的,唯一和真实不但是石头的本质,更是人与人之间的一种最原始、最真挚的情感。此标语将石头的本性与石头记饰品的特点巧妙结合,一语概括,为石头记饰品传达了人间真实可贵的情感。

二、品牌理念

"人与自然的美妙会合"。"石头记"名称的与众不同之处,在于其超凡脱俗的文化内涵,由此而形成了企业核心理念,简洁中包括着丰富内容,朴实中蕴涵着深刻的哲理,它表达出企业的行为依归,尽在对一种境界的追求之中。

人,自然,这两个看似独立的概念,其实是紧密相关的,也是21世纪人类的主题。而在企业核心理念中,它包含了两层意思:首先,"真石饰品"作为"石头记"的主要产品,其原材料取自天然,将这些天然材料做成首饰戴在身上,即实现了人与自然的亲密接触,许多石头更被赋予了人文概念,人们在这过程中寻找到心灵的寄托。其次,石头记矿物园荟萃世界各地奇宝玉石,这些亿万年前大自然的精灵,记录了宇宙洪荒、地壳变迁、年代更替,伴随着所有生命的起源与发展。

I stone 作为"石头记"中文品牌的辅助与补充,是基于品牌发展之需要而创立,它是由"I"与"stone"两个英文单词组合而成。在英文中,"I"为第一人称"我",有极强的个性色彩,同时其发音张扬、流畅、有韵律感,形成具有自豪感的外部特征。包括形译、音译、意译在内,"I stone"有"第一石头""我的石头""我爱石头"等中文意境,在深层意义上与"石头记"形成关联。

石头记的品牌战略:①技术指标:同业第一,国际领先。②营销网络:深化经营,无远弗届。③产品文化:神秘、美梦、欢喜。④品牌形象:真石情缘,浓郁中国风。⑤企业理念:人与自然美妙会合。⑥经营目标:成为最有中国特色的世界品牌。

三、品牌优势

石头记成立几十年,深深体会到改革开放以来,中国经济力量的蓬勃发展、一日千里,整体人民生活水平已经获得重大改善,民生消费已从基本需求层次慢慢走向精神需求、文化面貌的需求,未来国人对于利用珠宝玉石装饰扮靓的需求,必会呈现高速的增长。我们希望以"石头记"卓越的品牌来领导流行创造时势,开拓市场,使宝玉石饰品这个最有中国特色、最具东方特色的商品,定位明确,重新出发,成为高度工业化大量生产,高度企业化管理经营的名牌产品,行销全球。

四、品牌传播

从1997年石头记品牌首创以来,在国内的各级城市,石头记传播的"真石就是美"的观念已经被越来越多的消费者接受。石头记的商业运作策划、创新的成功案例也使珠宝业界人士耳目一新:利用最先进的自动化设备生产提供设计优美、熠熠生辉的玉石,保证平民消费者都能够负担得起的玉石饰品,靠低价、高质的经济玉石饰品赢得利润。

石头记产品有出色的设计、优质的原材料、精细的做工。保持完好的价格体系能够培养消费者对品牌的信赖感,为连锁店培养一大批忠实的消费者,从而保证连锁渠道的正常运营和稳定。石头记连锁店中全国统一定价,将定价权集中在总部,保证了产品定位、企业形象和品牌的塑造。

自1997年品牌诞生伊始,石头记从最初的品牌+连锁策略,到启动转型工程,创建品牌总部(工业园),实现全智能化管理,与央视紧密结盟,调整品牌体质,挑战文化创意(矿物园),以及产品研发不断地深入优化改良等,十几年来孜孜以求,自强不息,一步一个脚印走向成熟,走向成功。

石头记的商业文化秉承《红楼梦》的思想,并融入现代饰品文化,形成了别具一格的传统与时代交融、浪漫与朴实交错的特点,每年石头记都要出版新的产品目录,向顾客分发印刷精美的购物手册,已经成为其经营手段之一,在国内知名杂志和各级电视台上我们也经常看到石头记在宣扬:"真石就是美"的石头记格言。

五、品牌卖点

人们心目中的玉石只有两种,一是古董店中的玉石,另一个是珠宝店中的珍贵玉器。传统观念认为,玉石是避邪护身之物,或是把玩的玩物,而不可能成为流行饰品,"真石就是美"赋予石头记新的卖点,玉石可以是流行时尚饰品。

石头记创造性地提出了真石饰品的概念,为每个产品提炼出一个卖点。因为若卖点太多,人们根本记不住,你宣传一个卖点,消费者记得;说三个勉强记得一个;超过五个,消费者的印象就模糊了。对于有不同卖点的产品,石头记则依照顾客群的不同,对卖点进行规划,在不同的消费者群体中强调不同卖点,同时在不同时期互相交错;在一个时期强调情感利益,另一个时期就可以强调功能利益。如紫水晶挂表,送朋友时是强调感情利益,而装饰时就是强调功能利益。这些卖点的主要消费者多是青年群体。通过广告、媒体宣传、店面设计展示等,传递着浪漫、吉祥如意、装饰等各种概念。这些卖点,吸引着众多的消费者。

石头记在一系列的成长历史中始终保持清醒的头脑,并不盲目扩张,而是稳扎稳打,逐步确立"石头记"在消费者心目中的地位。同时,"石头记"还加强了广告促销力度,改进产品包装,专门聘请设计公司,为专卖店的规范化布局进行整体设计;加强报纸、杂志等平面宣传广告和影视、灯箱等声、光立体宣传广告,多方位展现石头记品牌、石头记产品、石头记企业和石头记人。并在中央电视台播出了"石头记"的广告,在社会上掀起了佩戴真石饰品的热潮,起到了很好的效果。

参考上面的石头记的资料,试着分析一下团队模拟企业的营销管理情况,并填写表1-1-6。

表1-1-6 品牌管理分析表

讨论的问题	你的想法	团队讨论的结果
1. 珠宝企业是否有组织架构		
2. 品牌理念和品牌文化		
3. 人们对珠宝是哪一种需求		
4. 如何开发出新的需求		
5. 不同的需求阶段怎样促销		

一、营销管理的实质

营销管理实质就是需求管理,即对需求的水平、时机和性质进行有效的调节。营销管理要满足企业、消费者、经销商、终端、销售队伍的需求,在不断满足需求的过程中企业得到了发展。

满足消费者的需求:消费者对较高的产品质量、合理的商品价格、良好的售后服务有需求。满足消费者的需求是企业存在的价值,是企业最长久的保障。在满足需求的基础上,企业还要发掘需求,引导消费的潮流。

满足企业的需求:企业在产品生命周期的不同阶段有不同需求,在满足消费者需求的基础上,满足企业需求是必需的。营销决策者要考虑老板、公司、股东需要决策者做什么?然后在具体落实企业需求的过程中,考虑其他四个需求。

满足经销商的需求:经销商的需求是经常变动的,主要包括较大的销量、较高的利润率、稳定的客源三方面。企业在制定营销政策时要知道经销商的需求是什么。不同的发展阶段,经销商的需求不同,企业要针对经销商实际需要制定出合适的销售政策、产品政策、促销政策。

满足终端的需求:"终端为王",企业应制定区别于经销商的终端政策,满足终端的需求。

满足销售队伍的需求:任何营销政策,最终都靠销售队伍来贯彻,销售代表执行力度的大小,甚至比销售政策制定更重要。一个销售代表的背叛可能导致一个地区业务的失控。销售队伍的需求无外乎生存和发展,销售队伍对合理的待遇有需求,对培训机会有需求,对发展空间有需求。

消费者需求是根本,是营销管理的出发点。其中企业的需求、经销商的需求、终端的需求是串联的,一个环节没满足,就会使营销政策的执行出现偏差。优秀的营销管理者,要善于分析这五个方面,善于平衡这五个方面的资源投入,取得营销的最佳效果。

二、珠宝产品的需求状态和营销任务

由于珠宝及其产品的特殊性,其消费需求主要有以下几种。

1. 无需求

无需求是指消费者对新产品、新的服务项目不了解而没有需求;或因产品是非生活必需的"奢侈品""赏玩品"等,超出了消费者的购买能力,是"有闲阶级""有钱阶级"的选择。

营销任务:刺激需求。激发需求要在预期收益上做文章,设法引起消费者的兴趣刺激需求。

2. 潜在需求

潜在需求是指消费者对现实市场上还不存在的某种产品或服务的强烈需求。如培育钻石为新的钻石产品,许多消费者对培育钻石认识不足,一旦认识清楚之后,需求会增加,也有可能替代天然钻石,毕竟有价格优势。

营销任务:开发性营销。设法提供能满足潜在需求的产品或服务。

3. 下降需求

下降需求是指消费者对产品的需求和兴趣从高潮走向衰退。如一段时期,年轻人认为珍珠首饰的是中老年人的最爱,他们宁可选择装饰性强的饰品。

营销任务:恢复性营销。设法使已衰退的需求重新兴起,但实行恢复性营销的前提是处于衰退期的产品或服务有出现新的生命周期的可能性,否则将劳而无功。如珍珠商家重新定位产品,设计出年轻消费群体喜欢的首饰,投放市场后深受年轻人的喜爱,不再有"中老年专属"印象。

4. 饱和需求

饱和需求是指当前的需求在数量和时间上同预期需求已达到一致,但会变化:一是消费者偏好和兴趣的改变;一是同业者之间的竞争。

营销任务:维护性营销。设法维护现有的销售水平,防止出现下降趋势。

珠宝市场的饱和需求只是在局部市场,根据近几年珠宝消费调查,随着我国经济的发展,个人可支配收入增加,珠宝及首饰消费还会有较大幅度的提升。

5. 过剩需求

过剩需求是指需求量超过了卖方所能供给或所愿供给的水平。

营销任务:限制性营销。通常采取提高价格、减少服务项目和供应网点、劝导节约等措施。

知识链接

珠宝首饰行业发展趋势分析[①]

1. 行业集中度逐步提高,市场向知名品牌聚集

国内珠宝消费品牌意识尚处于初期阶段,区域型品牌或者市场杂牌分流了近半的购买力。未来随着人们收入水平和消费升级意识的不断提升,行业整合的速度进一步加快,使市场向更具品牌、渠道优势及产品设计能力的企业集中,珠宝首饰行业竞争日益激烈。

随着市场逐渐成熟,消费者对产品设计工艺、品牌文化内涵的理解加深,资金实力薄弱、品牌形象模糊、产品缺乏特色的小珠宝企业将面临淘汰。

2. 三四线城市发展潜力巨大,成为行业增长点

目前,三四线城市的居民贡献了近60%的城镇消费总额,同时未来75%的消费增长将来自三四线城市。中小城市的消费增长需求已成为我国消费市场的主要推动力。

由于二三线城市珠宝首饰品牌渗透率还相对较低,随着城乡居民可支配收入的持续快速增长,三四线珠宝首饰市场的增长速度将持续高于一二线城市。

3. 渠道价值提升企业的核心竞争力

从商业价值链来看,城市核心商圈的优质渠道资源是有限的,拥有优质的渠道资源可以持续提升企业的核心竞争力。越来越多的国内珠宝首饰企业开始通过建立核心商圈旗舰店、增加高端商铺专柜以及扩大加盟门店规模等手段来加强对终端销售的控制力和渠道建设。渠道资源作为品牌珠宝首饰企业赢利能力和竞争能力的重要构成因素,将持续被珠宝首饰企业重点关注和投入。

4. 提高产品设计能力成为未来发展趋势

国内珠宝首饰消费市场主要以黄金饰品为主,相较于产品设计款式,消费者更注重于材质,产品同质化高,珠宝首饰企业设计基因不足。随着市场渐趋成熟,珠宝首饰的设计风格、款式、工艺也日益被消费者看重,产品原创设计能力将成为珠宝首饰企业获得市场份额的核心竞争力之一。

5. 钻石镶嵌等非黄金首饰的市场份额将进一步提升

随着居民消费需求升级和消费群体的年轻化,预期钻石镶嵌首饰产品的市场份额将逐步提升,向发达国家首饰消费看齐。"周大生"等以钻石镶嵌为主导产品的珠宝首饰品牌的盈利成长空间将高于传统黄金首饰品牌商。

6. 资产证券化、资本化趋势将会明显加强

珠宝业是资本密集型产业,对资本的需求非常大。随着行业成长性被社会认可程度的不断提高,我国珠宝企业的融资能力也在不断增强。目前,我国珠宝行业共有67家企业在A股、新三板、港股及美股证券市场成功上市,数量分别为23家、30家、13家、1家,还有更多

---

① 资料来源:选自前瞻产业研究院发布的《珠宝首饰行业消费需求与市场竞争投资预测分析报告》。

的企业正在谋求登陆证券市场。未来,随着我国珠宝产业更加健康、更可持续的发展,我国珠宝企业资产证券化、资本化的趋势将会进一步加强。

三、营销管理的"五维定位"法则

营销学之父菲利普·科特勒认为,企业进行市场营销的职能是:它识别顾客的需要和欲望,确定企业所能提供最佳服务的目标市场,并且设计适当的产品、服务和项目,以便这些市场的需要得以满足。由此,企业需要在 5 个属性上定位,这就是"五维定位"。

"五维定位"法则:根据产品、价格、使用方便性、增值服务和客户体验 5 个属性,按属性得分进行评价,最高 5 分,最低 1 分,属性量化便于有效满足市场需要(表 1-1-7)。

表 1-1-7 菲利普·科特勒的"五维定位"法则

属性	5分(支配)	4分(有别于其他)	3分(中等)	2分(中等之下)	1分(差)
产品					
价格					
使用方便性					
增值服务					
客户体验					

属性分数分别说明:5 分是属于支配地位的产品,4 分是有别于其他品牌的,3 分属于中等水平,2 分在中等之下,1 分应该是差评产品。一个 5 分表示一门为特别的强项,4 分则显示公司与其他公司的区别,3 个 3 分表明公司其他的综合实力也不弱。优秀公司的分数分配模式为:5 分、4 分、3 分、3 分、3 分。如果追求门门都是 5 分,公司在营销方面的投入过大,增加成本,这样反而会减少企业的赢利能力。菲利普·科特勒认为,优秀的公司会在一个属性上处于支配地位,在另一个属性上表现为中等以上(有别于其他),在其余 3 个属性上处于中等。

珠宝企业根据"五维定位"法则进行珠宝的属性管理,有助于珠宝品牌价值的提升。

一、单选

1.(　　)获得珠宝产品再行销售给他人以取得利润的组织或个人;或者是从事珠宝批发贸易、零售贸易和代理的组织和个人。

　　A. 珠宝中间商　　　　B. 珠宝零售商　　　　C. 珠宝服务商　　　　D. 珠宝中介

2. 珠宝零售市场位于珠宝市场的(　　)。

　　A. 上游　　　　　　　B. 下游　　　　　　　C. 中间　　　　　　　D. 中上游

二、多选

1. 珠宝是（　）可加工成装饰品的物质。

　　A. 具有美观、耐久、稀少等特性　　　　B. 包括有机物和无机物

　　C. 天然生成或人工合成　　　　　　　　D. 具有一定工艺价值

2. 首饰是（　）功能的饰品。

　　A. 有形存在的　　B. 具有装饰作用　　C. 具有实用性　　D. 传达信息

3. 从消费目的的不同对珠宝市场进行划分，可以将其分为（　）。

　　A. 珠宝消费者市场　　　　　　　　　　B. 珠宝中间商市场

　　C. 珠宝生产者市场和珠宝服务市场　　　D. 珠宝文化市场

4. 中间商的购买可以分为（　）。

　　A. 再销售的中间商　　B. 原料中间商　　C. 生产者中间商　　D. 加工中间商

5. 珠宝批发商的类型包括（　）。

　　A. 单一品种的宝石批发商　　　　　　　B. 综合性宝石批发商

　　C. 珠宝成品批发商　　　　　　　　　　D. 宝石储运批发商

三、判断

1. 珠宝的珍贵性体现在它是通过人为加工而产生的精美装饰品，具有创作风格和时代的文化背景。（　）

2. 珠宝服务市场包括各种设备供给、宝石加工服务。（　）

3. 市场营销的核心是产品组合。（　）

4. 当收入一定时，储蓄越多，潜在消费量越小。（　）

5. 首饰是有形存在的、具有实用和传达信息功能的物质。（　）

6. 流行珠宝首饰取材随意，可以是贵金属和珠宝搭配，更多的则是木头、石头与皮革、布料等相互搭配。（　）

四、简答

1. **材料分析**：在上海淮海中路528-536号比利时TESIRO通灵亚洲旗舰店，通灵"传世翡翠"精品展出主体为鸽子蛋大小蛋面翡翠。用220颗总重1.596克拉的细钻镶嵌镂空皇冠底座，上方是1枚2.26克拉、光彩四射的钻石，整个翡翠吊坠总重21.7克。分析上述材料回答问题：这颗传世翡翠体现了珠宝商品属性的哪些方面？

2. 简述首饰陈设、包装服务市场。

3. 中国珠宝加工市场发展特点有哪些？

五、材料分析

我国目前的珠宝市场主要有以下10类[①]。

1. **黄金首饰市场**

世界黄金协会的报告曾指出，金饰需求开始重新增长至650吨。企业开始更加注重提高金饰的装饰价值，加上中国虽然增速放缓，但居民财富不断增长，预计未来金饰销量会持

---

①资料来源：选自http://news.wto168.net/zixun/guowaixinwen/2019/1017/1735773.html。

续增长。近年来黄金首饰开始突破以往款式单一的传统,大胆地与其他物料搭配,使得黄金首饰也开始受到越来越多年轻男女的喜爱。

2. 铂金首饰市场

中国内地是铂金首饰的最大消费市场之一。但据 Platinum Guild International 报告指出,内地的铂金首饰零售额同比约下跌了2.8%,相信部分由于消费者更热衷于购买黄金。

3. 钻石首饰市场

美国是全球最大的钻石消费市场,有70%的美国人拥有钻石首饰。与此相比,目前只有20%的内地城市居民拥有钻石首饰,因此中国的钻石销售市场还有很大的开拓空间。

4. 奢华珠宝市场

据Euromonitor调查显示,奢华珠宝的零售额达到149亿元,比往年增长6.6%,占整体首饰零售额的2.3%。由于越来越多的女性收入增加,带动对奢华珠宝的需求。女性倾向用奢华珠宝装扮自身,男性则倾向购买奢华珠宝以显示他们的身份地位。

5. 定制珠宝市场

由于珠宝企业的传统成品销售模式难以满足消费者越来越高的专属化、个性化需求,近年来,定制珠宝引起了行业内外的关注,一些企业纷纷开辟了此项服务,让消费者参与产品的设计,甚至部分的工艺环节。有调查资料显示,北京、上海、深圳、成都等一二线城市80、90后在购买婚戒时,有近75%的人选择个性化定制钻戒。

6. 婚庆市场

在中国内地珠宝消费总额中,因婚庆带动的珠宝销售额占比较大,并且越是相对不发达的市场,所占比例越高。往年,内地结婚人口高达1 132.8万对,预计未来几年,结婚人口将继续保持每年1000万对以上的态势,珠宝首饰类商品作为中国传统结婚习俗中的必备品,将受益于结婚人口的增加。

7. 节庆市场

内地首饰市场销售对节庆敏感度较高。人们对生日、节日尤其农历新年、情人节等皆有购买首饰送礼习惯,不少商场亦会配合节日推出促销活动。

8. 男性市场

在商家大力争夺传统女性市场的同时,男性首饰市场方兴未艾。除了传统的戒指饰品外,男性市场还包括领带夹、袖扣、皮带扣等。

内地男性群体对珠宝首饰类产品的消费兴趣,大多源于对钻石的认识。调查报告显示,在30~44岁的中国男士中,有67%的男士希望拥有钻石。与不断增长的需求相比,内地男性珠宝首饰市场却发展缓慢。针对这种情况,企业可以从产品设计、产品文化内涵、产品终端行销方式和广告宣传方面进行挖掘和创新,以开拓市场。

9. 儿童市场

我国自古就有给小孩佩戴长命锁、手镯、项圈的风俗以表达长辈对后代健康和平安成长的期盼。兼具佩戴与保值功能的金饰是不少精于理财家长的首选。随着二孩政策全面实施,儿童市场需求有望增加。相比于成年人首饰层出不穷的新品推出,市场上儿童饰品的种类、样式都比较少,相关推广活动少。

10. 银发市场

与年轻人相比,老年人更关注的是一种兼顾保值功能和情感内涵的时尚。业内人士称,老年人如今对首饰的消费范围已不再局限于过去的"黄金老四样":金戒指、金手镯、金耳环、金项链。红宝石、蓝宝石和翡翠饰品开始获得老年人青睐。

问题:
1. 材料中珠宝市场的类型是以哪几个标准划分的?
2. 为什么说我国的珠宝首饰市场还有很大空间?
3. 根据材料总结珠宝首饰的特征。

单元二 珠宝市场分析

学习目标

技能目标：能进行珠宝企业营销环境分析；能分析目标市场消费者行为；能做基本的市场调查。

知识目标：掌握宏观环境和微观环境；熟知珠宝消费者心理与行为特点；熟悉珠宝市场调查与分析。

素质目标：具有环境变化的基本洞察能力，善于分析，实事求是，用积极的态度做好工作。

项目一 分析珠宝市场环境

任务一 珠宝市场宏观环境分析

学习指导

做什么

根据珠宝市场宏观环境理论，以小组为单位，从铂金市场入手，分析影响珠宝市场的宏观因素，再分析其他珠宝市场的宏观因素，并分组介绍。

怎么做

1. 确定本次任务组长。
2. 仔细阅读有关铂金的资料，完成后面的问题讨论。
3. 分析并记录影响铂金市场的因素。
4. 小团队讨论不同珠宝市场的宏观影响因素，并填写珠宝市场环境分析记录单。
5. 交流与学习。

珠宝首饰营销 ZHUBAO SHOUSHI YINGXIAO

情境导入

珠宝市场在运营过程中会受到许多因素的影响，珠宝企业制定营销策略的第一步就是对宏观环境和微观环境进行分析，根据环境变化制定应对措施。珠宝市场的营销环境是什么？如何分析利用？这也是营销策略制定的关键步骤。

1939—1945年第二次世界大战期间，铂金在美国被宣布为战略金属，用于制造武器，并被禁止用来制造首饰。在战后，随着和平年代的到来，人们有了崭新的生活，对首饰消费也日益热衷，铂金在美国也取消禁止，成为全球公认的贵金属，铂金由此再次风行起来。20世纪90年代，全球铂金饰品销量得到了前所未有的增长，中国新市场的开发，欧美等市场铂金被用作婚庆饰品需求的增长，使得全球白色饰品的流行趋势被再度激起，铂金销售价格依旧看好。铂金在世界首饰市场上正扮演着越来越重要的角色。

自20世纪90年代中期起，铂金饰品市场开始蓬勃发展。1995年，国际铂金协会在四大市场均设有办事处，其中仅日本市场就承购了81%的铂金饰品。1997年，国际铂金协会在中国开设办事处，从那时起，中国就成为最大的市场，承购额占了饰品销售总量的50%。现在中国铂金饰品销量几乎占每年铂金开采总量的50%。随着亚洲市场，尤其是中国对铂金消费的崛起，铂金料价不断上扬，屡创新高。2010年中国用于首饰的铂金需求为120万盎司（1盎司=28.35克），较前一年上升约10%，2011年为52.3吨，2012年为59.7吨，占全球总需求的70%。铂金在世界首饰市场所扮演着越来越主导的角色。铂金的价格也随着铂金饰品销量的持续增长而不断攀高，导致铂金制造商与销售商的利润逐步收窄。原材料的高昂价格，也使得消费者对铂金饰品的购买面临着挑战。

2000年，中国已经成为了继日本之后，世界第二大铂金饰品市场。随着西方市场婚礼铂金首饰和近年来中国市场铂金饰品需求的不断增长，"白色金属"热潮依然流行全球。在"畅想新世纪"首饰营销研讨会上，中国区负责人发言表示，中国未来5年内"白色浪潮"将继续风行。2003年8月上海黄金交易所开始铂金交易，使得铂金制造商能更方便地购买到铂金原料，且价格也变得更加透明。2007年铂金价格涨幅超过黄金。

铂金最大的应用领域第一是汽车催化剂，第二是珠宝首饰业，第三是工业领域的应用，第四是投资需求。截至2008年中国产业信息网统计数据，近几年汽车的消费量都在88吨/年以上；珠宝首饰业消费量在66吨/年左右，但呈现下降趋势；铂金在工业领域的应用大约为50吨/年以上，并且呈现上升的趋势，如果在氢能源广泛普及，铂金需求未来有望持续增长。投资需求在不同年份的波动性很大，主要是受到铂金价格趋势的影响。

从供给端来看，铂金供给地区固定，主要集中南非、俄罗斯和加拿大，全球铂金产量稳定。贵金属价格上涨可能带动回收供给增加。受到开采难度加大、矿山事故和罢工的影响，总体供给短缺的可能性上升（表2-1-1）。

表 2-1-1　铂金供需情况　　　　　　　　　　　　　　　　　　　　（单位：吨）

	年份	2013	2014	2015	2016	2017	2018	2019	2019/2018
供给	南非	123.5	88.3	127	120.6	124.2	126.4	129.5	
	津巴布韦	11.5	11.5	11.5	13.9	13.6	13.2		
	北美	10.1	11.3	10.9	11.2	10.3	10.1		
	俄罗斯	21	21	20.1	20.3	20.4	18.9	19.9	
	其他	6.1	5.5	5.1	5.1	5.1	4.8		
	增减	−6.1	9.9	0.9	0.9	0.9	0.3		
	矿山供给	166	147.6	175.5	171.9	174.5	173.6	175.5	1.10%
	回收	56.1	57.7	48.3	52.2	53.6	54.9	62.9	14.70%
	总供给	222.1	205.3	223.8	224.1	228.1	228.5	238.4	4.30%
需求	汽车催化剂	88.5	92.7	95.5	97.7	94.4	88.6	88.6	0.00%
	珠宝	83.5	85	80.5	71	69.7	65.9	63.2	−4.10%
	工业	42.1	44.7	48.5	51.1	47.6	54.4	66	21.30%
	投资	26.5	4.3	8.6	15.2	7.8	0.4	24.3	5 614.40%
	总需求	240.5	226.7	233.2	235.2	219.6	209.4	242.1	15.60%
	供需平衡	−18.4	−21.4	−9.4	−11.1	8.5	19.1	−3.7	−119.30
	库存	99.9	77.5	68.2	57.1	65.6	84.8		

　　铂金供给市场存在明显"易增难减"的规律，增产空间较大、而减产相对缺乏弹性。铂金储备丰厚，开采难度较低，一旦铂金价格上涨，会迅速吸引资本投入扩大产能。而主要产地南非的矿产企业长期面临政府施压和工会抗争，很难快速应对价格下滑而做出减产决策，再加上其伴生矿钯金的不断增产和矿业企业的持续盈利也阻碍了铂金的减产。

　　所以，过去十年，虽然铂金价格一路下滑，但铂金市场却一直面临供给过剩的局面。长期来看，除非铂金需求大幅增长，或者铂金价格大幅下跌低于综合开采成本，否则目前供给过剩的局面将继续维持[1]。

　　回答任务问题并填表 2-1-2、表 2-1-3。
　　(1) 案例中铂金市场都受了哪些因素影响？
　　(2) 贵金属市场的影响因素还可能有哪些？
　　(3) 钻石、彩色宝石、人工合成和有机宝石市场的影响因素又有哪些？

---

[1] 资料来源：中国铂金饰品行业市场前景分析预测报告、网上资料综合。

表 2-1-2 珠宝市场环境分析记录单

讨论问题	自己的观点	团队其他人的观点
1. 铂金市场都受哪些因素影响?		
2. 钻石、彩色宝石、人工合成和有机宝石市场有哪些特殊的影响因素?		
3. 对当前珠宝市场的宏观影响因素进行排序,说明原因。		
4. 风俗习惯对不同珠宝类型的市场有怎样的影响?		
5. 查资料,分析珠宝文化与哪些因素有关?		
6. 怎样理解影响珠宝市场的微观因素?		

表 2-1-3 活动评价表

评价指标	单项指标	评价标准	自我评价
参与情况	学习投入情况	按课堂要求思考问题、参与小组活动	☆☆☆☆☆
	提出问题并发表见解	参与问题讨论,有自己的见解	☆☆☆☆☆
合作与交流情况	认真听取别人意见并询问	认真倾听,礼貌,有回应,适时询问	☆☆☆☆☆
	将自己的资料与大家分享	表达自己见解并与大家交流	☆☆☆☆☆
	参与团队讨论	积极主动,踊跃发言	☆☆☆☆☆
时间利用	在规定的时间内完成任务	时间效率	☆☆☆☆☆
学习主动性	遇到自己不能解决的问题请教他人	询问并记录要点	☆☆☆☆☆
	遇到自己不能解决的问题查资料	查阅且做好记录	☆☆☆☆☆
任务完成情况	是否完成所有任务	能完成每个任务	☆☆☆☆☆
	有新的发现	能否创新	☆☆☆☆☆
	对问题的理解	迅速找到问题的关键词	☆☆☆☆☆
综合表现	展示出自己最好的状态	根据自我感受	☆☆☆☆☆
评价结果"☆"少的如何改进:			
教师点评:			

注:优☆☆☆☆☆;良☆☆☆☆;中☆☆☆;差☆☆;没参与☆。

影响市场营销活动的诸多因素并不是固定不变的,而是经常处于变动之中。市场营销环境因素的不断变化,都会影响到企业的市场营销活动,不断变化的市场环境既可以给企业带来有利的市场机会,也可以给企业带来一定的威胁。这种环境的变化是客观存在的,企业不能从根本上左右环境的变化,但企业可以积极主动地观察、分析、预测和研究环境变化的趋势和运动特点,从中发现并把握有利于企业发展的市场机会,避开不利于企业发展的威胁。影响珠宝市场营销的环境一般可分为宏观环境和微观环境。珠宝市场营销的宏观环境是企业所不能控制的,对珠宝市场营销活动会产生非常大的影响。宏观环境主要包括政治与法律环境、经济环境、社会与文化环境、人口环境、科技和自然环境等。微观环境包括企业的内部环境、消费者、中间商、竞争者和社会公众等。本部分内容重点分析的是宏观环境对珠宝市场的影响。

珠宝营销环境概述

一、政治与法律环境

1. 政治法律环境

企业的营销活动都必定要受到政治与法律环境的规范、强制和约束。企业总是在一定的政治与法律环境下运行的。总体原则是企业必须遵守国家的法律法规,在国家的政策法规下从事合法的市场营销活动。珠宝的原材料主要有贵金属、宝玉石、有机宝石、人造宝石、其他耐用的装饰品,贵金属、宝玉石都是地壳蕴藏的矿物,矿产在世界各地分布极不均匀,矿物的开采受各国政治法律约束。

政治环境是指企业市场营销活动的外部政治形势,主要分为国内的政治环境和国际的政治环境。国内政治环境有政治制度、政党和政党制度、政治性团体、党和国家的方针政策、政治气氛。国际政治环境主要有国际政治局势、国际关系、目标国的国内政治环境。政治局势稳定、贸易国间关系友好,有利于包括珠宝及首饰的国际贸易的进行。

法律环境是企业经营活动的行为准则。包括:①与企业营销活动密切相关的经济立法。经济立法旨在建立并维护经济秩序(或市场秩序)、保障所有权、保护竞争、保护消费者利益或保护社会的长远利益。每一项新的法令、法规的颁布,或原有法令、法规的修改都会影响企业的营销活动。②与珠宝首饰企业相关的法律、法规。如专利法、反不正当竞争、商标法、劳动法、拍卖法、保护消费者权益法、环境保护法、矿产资源法、产品质量法、税收征收管理法、价格管理条例、金银管理条例等。企业必须在国家的政治法律环境下从事正常的市场营销活动。

政治法律环境是强制和制约企业市场营销活动的各种社会力量。具体来讲是指影响和制约珠宝及相关企业营销活动的政府机构、法律法规及公众团体等。政治环境能够引导企业营销活动方向。如2013年颁布的《中华人民共和国消费者权益保护法》、2003年中国珠宝玉石首饰行业协会的《中国珠宝玉石首饰行业自律公约》等许多相关法律和规定,从不同层面规范珠宝企业的管理运行。

知识链接

近年来,我国出台的与珠宝首饰零售行业相关的法律法规及行业政策如表 2-1-4 所示。

表 2-1-4 我国出台的与珠宝首饰零售行业相关的法律法规及行业政策

法规名称	实施日期	行业影响
《中国珠宝玉石首饰行业自律公约》	2003.2	从行业自律角度进一步规范珠宝玉石首饰行业,鼓励、支持开展公平、公正、合法、有序的行业竞争,为珠宝首饰行业向进一步市场化和国际化发展提供了自律规范
《国务院关于取消第二批行政审批项目和改变一批行政审批项目管理方式的决定》	2003.3	中国人民银行停止执行包括黄金制品生产、加工、批发、零售业务在内的 26 项行政审批项目,标志着黄金、白银等贵金属及其制品从管理体制上实现了市场的全面开放
《关于规范珠宝首饰艺术品评估管理有关问题的通知》和《资产评估准则——珠宝首饰》	2007 和 2010	进一步引导和规范珠宝首饰艺术品评估。这些规定在珠宝企业的产品定价、融资、资产重组等方面发挥重要作用,搭起了珠宝首饰行业与资产评估行业的桥梁,为珠宝企业进入资本市场提供了技术支持和保障
《财政部、海关总署、国家税务总局关于调整钻石及上海钻石交易所有关税收政策的通知》	2006.6	自上海钻石交易所销往国内市场的毛坯钻石,免征进口环节增值税;自上海钻石交易所销往国内市场的成品钻石,进口环节增值税实际税负超过 4% 的部分由海关实行即征即退;对国内加工的成品钻石,通过上海钻石交易所销售的,在国内销售环节免征增值税。这些规定为我国珠宝首饰企业参与国际竞争、提高竞争实力提供了重要保障
《关于促进黄金市场发展的若干意见》	2010.7	要求切实加大创新力度,积极开发人民币报价的黄金衍生产品,丰富交易品种,完善黄金市场体系,进一步深化市场功能,提高市场的规范性和开放性,促进形成多层次的市场体系
《中共中央关于制定"十二五"规划的建议》	2010.10	坚持扩大内需特别是消费需求的战略,必须充分挖掘我国内需的巨大潜力,着力破解制约扩大内需的体制机制障碍,加快形成消费、投资、出口协调拉动经济增长新局面
《关于"十二五"时期促进零售业发展的指导意见》	2012.2	深入贯彻落实科学发展观,以提升零售业整体发展水平为目标,以加快零售业发展方式转变、结构调整为主线,以扩大消费、增加就业、引导生产、改善民生、促进和谐为根本出发点和落脚点。"十二五"时期,商品零售规模保持稳定较快增长,社会消费品零售总额年均增长 15%,零售业增加值年均增长 15%

注:选自 http://www.chyxx.com/industry/201511/358482.html 中国产业信息网。

2. 政治法律环境影响的特点

政治法律环境对珠宝企业的影响具有直接性、难以预测性、不可逆转性。

(1) 直接性。即国家政治环境直接影响着企业的经营状况。

(2) 难以预测性。对于企业来说,很难预测国家政治环境的变化趋势。

(3) 不可逆转性。政治环境因素一旦影响到企业,就会使企业发生十分迅速和明显的变化,而这一变化企业是驾驭不了的。

二、经济环境

经济环境指珠宝及相关企业市场营销活动的外部经济条件,包括一个国家或地区的经济发展状况、社会购买力、消费者收入与支出、物价水平、消费信贷和居民储蓄等因素。珠宝首饰的市场需求,受经济发展水平、消费者收入和支出模式等因素的影响。经济环境是影响和制约珠宝消费的主要环境因素。

1. 社会购买力

社会购买力是指一定时期由社会各方面用于购买产品(或劳务)的货币支付能力。市场现实商品需求与潜在商品需求的规模大小,主要取决于社会购买力的大小。珠宝市场营销活动受社会购买力发展变化的影响和制约。

1) 购买力水平

社会购买力的大小取决于国民经济发展水平以及由此决定的国民平均收入水平。经济发展快,人均收入水平高,社会购买力就大,企业的市场营销机会就会随之增加;反之,经济衰退,市场规模缩小,则会迫使企业缩小经营规模。

经济环境对珠宝的购买 (1)

购买力水平是市场的形成、市场规模大小的决定因素。珠宝及首饰目标市场的消费者所在地的经济发展水平、消费者的收入水平等会影响珠宝首饰的消费。

消费者收入水平与国内生产总值(GDP)、人均国民收入、家庭收入、个人可支配收入、个人可任意支配收入有关。

GDP 是国内生产总值,我国的 GDP 是在中国境内的"中国国民+外国人"共同创造的产品或服务的总价值。

GNP 是国民总收入,指的是一个国家的公民,在自己国家境内以及在全球其他各地区所创造出来的最终产品或服务的总价值。"只计算自己国家的人,不管其居住在哪里"。

人均国民收入是人均 GNP,是国民收入总量与国民总人口的比值。GNP 大体反映一个国家人民生活水平的高低。一般来说,人均收入增长,对珠宝类需求和购买力增大;反之,就减小。2018 年我国的人均 GNP 约为 9732 美元。

2) 社会购买力的实现与市场供求状况密切相关

通常企业在营销活动中较直接感受到的是市场商品供求结构比例的影响。企业的产品在市场上处于供不应求的状况时,企业生产量的扩大和销售量的增加就相对容易得多;而在市场上处于供过于求状况时,企业所承受的外部压力则大得多。

3）社会购买力的实现还与是否存在通货膨胀密切相关

通货膨胀意味着纸币贬值，物价上涨，货币的购买能力下降。通货膨胀一方面会引发恐慌心理，导致市场上出现以保值为目的的抢购风潮，从而给企业输入大量混乱、虚假的需求信息，增加了企业未来发展的风险度；另一方面由于各种生产要素涨价，既会提高产品的成本，也会对企业的资金周转、投资组合、营销组合等形成冲击，增加营销活动难度。

4）社会购买力的强弱还与储蓄的增减变动密切相关

居民储蓄来源于消费者的货币收入，最终还会用于消费。但一定时期内储蓄增加会减少近期的消费资料购买力；反之，则会增加近期的消费资料购买力。

2. 消费者收入

消费者收入是指消费者个人从各种来源所得到的货币收入，收入包括税后工资、投资收益、经营性收益（如做生意赚的钱、收的房租）、转移性收益（如给补贴的钱，国家对幼儿园的补贴、老年人的养老金）等。消费者收入主要形成消费资料购买力，是社会购买力的重要组成部分。消费者收入的多少，直接影响着购买力的大小，从而决定了市场容量、消费者支出规模和消费结构。消费者收入又分为个人可支配收入和可任意支配收入。

经济环境对珠宝的购买（2）

个人可支配收入是在个人收入中扣除税款和非税负担后的余额。非税负担是指在收入中可以用于消费或储蓄的部分，构成实际购买力。

个人可任意支配收入是在个人收入中减去用于维持个人与家庭生存不可缺少的费用后剩余部分。维持生活所必需的支出有食品、衣服、住房、水电气费，以及分期付款、学费等其他固定支出，这部分收入是消费需求变化中最活跃的部分。可任意支配收入直接影响非生活必需品的消费，如购买珠宝、旅游等。

消费者的个人收入与消费支出之间的关系是不同的，一般生活消费支出随个人收入的增加而增加，生活消费支出的增长幅度会逐渐小于个人收入的增长幅度。也就是说，一个原来收入很低的人，当收入增加时，大部分甚至全部增加都可能用来生活消费；当消费者的收入水平提高到一定程度时，增加的收入只有很少一部分用于生活消费，大部分收入将用来储蓄或非生活用品的消费。珠宝属于非生活必需品，我国经济的发展为珠宝首饰的消费创造了良好的经济环境。

3. 恩格尔系数

德国的统计学家恩格尔1858年对德国萨克森地区的工业生产人口的家庭进行深入调查后得出结论：在其他条件相同的情况下，收入中用于食品部分的数量，可以作为该类居民福利水平高低的标志。常用恩格尔系数来分析消费者支出模式和消费结构。恩格尔系数是家庭用于食品消费的支出额占家庭消费支出总额的百分比，即：

$$恩格尔系数(\%)=\frac{家庭食品消费支出额}{家庭消费支出总额}\times 100\%$$

恩格尔系数是衡量一个国家或地区家庭生活水平高低的重要参数。在人们收入水平较低时，食品在消费支出中必然占有重要地位。随着收入的增加，食品需求基本满足后，消费的重心会向衣着、用品等其他方面转移。恩格尔系数已成为衡量家庭、阶层乃至国家富裕程度的主要参数。根据联合国粮农组织提出的标准,恩格尔系数在59%以上为贫困,50%～59%为温饱,40%～50%为小康,30%～40%为相对富裕,20%～30%富裕,低于20%是极为富裕。我国城镇居民1995年恩格尔系数下降为50%以下,2000年下降到40%,2019年全国居民恩格尔系数为28.2%,我国居民生活已进入富裕阶段。

根据恩格尔规律,恩格尔系数越低,消费者用于购买耐用消费品、奢侈品和服务产品的比重越高。

经济发展阶段不同,居民收入不同,对珠宝的需求量也有差别,影响珠宝企业的营销。不同经济发展程度的城市,珠宝营销策略应该有差别。企业的营销活动受到国家或地区整体经济发展水平的制约,经济环境因素间接影响珠宝消费。

三、人口环境

人口环境是指目标市场在人口方面的各种状况,珠宝市场中的人口即消费者,是珠宝市场营销环境的基本组成因素,对珠宝市场影响非常明显。人口既是珠宝企业人力资源的组成部分,更是珠宝市场的基本要素之一。人口环境包括人口数量、人口分布、人口结构、受教育程度及家庭因素,以及在地区间的移动等,这些不同的状况会影响目标市场购买者的消费需求及购买行为。

人口数量即总人口的多少。一个地区或一个国家的总人口数,基本反映了该地区、该国家的消费市场大小。生活必需品消费量与总人口数成正比;珠宝是非生活必需品,珠宝消费量虽然不直接由人口数量决定,但也与其有着极为密切的联系。我国是世界上人口最多的国家,也是世界上最大的消费市场,经济发展较快,市场发展的潜力巨大。

人口分布主要是人口的地理分布、人口密度与流量。单位土地面积上的人口数量是人口密度;人口流动量又称人口流量。从人口分布来看,我国70%以上的人口集中在农村,消费水平比较低,受教育程度比较有限,消费观念和消费意识比较传统,在很长时间内,这个占人口主体的农村市场还不能成为珠宝消费的主体。我国城市人口虽然占人口的少数,但由于其经济发展相对较快,消费观念和消费意识能够跟得上时代发展的潮流,是我国珠宝消费的主体。随着国民经济的迅速发展,中小城市珠宝市场近年来的发展速度较快,已经成为有潜力的市场,农村已经成为珠宝的潜在市场。人口密度、人口流动量影响着地区市场需求量。经济发展好,人口密度与珠宝消费是正相关的。如深圳2016年的人口密度已经是5963人/平方千米,据金融界发布的数据,2018年深圳人均可支配收入为5.7万元,这里有一定比例的珠宝消费。

人口结构包括人口的自然结构和人口的社会结构。性别结构和年龄结构就是人口的自然结构;民族、职业、受教育的程度等就是人口的社会结构。从人口结构来看,我国的人口政策使人口结构具有鲜明的特点,在20世纪70年代以前出生的人,为老中青三结合的人口结构,中老年人沿袭着为子孙后代造福的传统观念,为他们的子孙后代积累着财富;中青年人有着良好的生活环境和生活条件,消费意识较强,接受新的东西较快,经济生活水平与20世纪八九十年代相比,有明显的改善和提高,具备珠宝消费能力。不同年龄段的消费者喜欢的珠宝类型不同,不同职业、不同民族、不同受教育者也都有各不相同的喜好,这对珠宝及其首饰市场有着非常大的影响,进而影响珠宝企业的战略决策。

从家庭因素来看,家庭是社会的细胞,也是一种社会基本消费单位。对于某些耐用消费品来说,它的市场需求量与家庭总数成正比,常用"家庭普及率"衡量其普及的程度。这一指标作为衡量一个国家生活水平高低的标志之一。

此外,家庭生命周期也是一个不容忽视的因素。每个人在其人生的不同阶段,都会自觉不自觉地改变着对消费的态度,改变着对获取满足需求的某些商品的欲望。在不同的家庭生命周期阶段,家庭的收入变化状况也是不同的。单身阶段开始没有收入,靠家庭抚养,工作后略有结余;新婚阶段支出费用高,但收入逐年增多,家庭需要也快速增加,家庭收支基本处于平衡;子女工作后,收入大于支出,有一定的储蓄。因此,可以得出这样的结论,即家庭收入是逐年上升的直线,而需求是中间高两头低的曲线,两线相交,形成一个消费高潮期,这一消费高潮期,通常是珠宝消费的主要时期。

此外,分析和研究中国珠宝市场环境组成因素的人口环境时,还要注重教育程度和民族构成,珠宝商品大多是带有文化内涵的饰物,其消费水平与国民的受教育程度有很大关系。近年来,我国重视人口素质教育,为我国的珠宝消费奠定了一个比较好的基础;我国是一个多民族国家,发展民族特色珠宝产品也具有广阔的市场。以上这些因素都影响着珠宝及首饰市场,如珠宝市场的规模、对制造商和经销商的吸引力、制作什么样的首饰,等等。

知识链接

家庭生命周期的七个阶段[①]

家庭生命周期理论把人的一生分为七个阶段。

(1)单身阶段:包括未成年和成年未婚。

(2)新婚阶段:年轻夫妇,尚没有小孩。

(3)刚有子女阶段:最小孩子不到6岁。

(4)抚育子女阶段:最小孩子超过6岁,开始上学。

(5)子女工作阶段:夫妇已近中年,子女尚未结婚。

(6)空巢阶段:夫妇年老,子女不在身边。

(7)寡居阶段:老年一人独居。

根据这一分类可以看出,人们在不同的阶段,有着不同的需求和兴趣。单身阶段以身体成长和智力成长为主,对文化用品的需求较大,未成家前,有钱愿意储蓄,以准备婚事用。新婚阶段则是购买的旺盛期等。

---

①资料来源:柴少宗,贾桂玲. 消费行为学[M]. 北京:清华大学出版社,2019。

四、社会文化环境

社会文化环境是指在某一社会环境里,人们所共有的由后天获得的各种价值观和社会规范的总和,也是人们生活方式的总和。任何人都是在一定的社会文化环境中生活的,他认识事物的方式、行为准则和价值观念等都会区别于不同社会文化环境中的人们。社会文化环境包括各种社会组织、机构体制、生活规范、风俗习惯、宗教信仰、文化艺术、伦理道德、审美观念和政治法律等。

文化环境与珠宝首饰

1. 风俗习惯

风俗习惯是人们在一定的社会物质条件下,长期形成的风尚、礼节、习俗和行为规范的总和,主要表现在人们的饮食、服饰、居住、节日、婚丧嫁娶、伦理道德、行为方式和生活习惯等方面。各个国家和地区,风俗习惯的不同对人们的购买行为和购买动机会产生很大的影响。在中国,各民族的风俗习惯差异很大,但珠宝的消费理念总结起来有以下几个方面:首先,珠宝作为一种装饰,体现出美。其次,珠宝是富贵、吉祥之物,佩戴珠宝能够保平安。最后,珠宝作为信物,寄以爱情、幸福、长久的含义。

2. 审美观念

审美观念通常是指人们对某种事物的好坏、美丑、善恶的评价。根据国家、地区、民族不同,审美观念体现出地域性、民族性和传统性。如中国人以对称为美,对玲珑秀美的首饰情有独钟。中国北方和南方在珠宝款式风格的追求上又略有差异,北方以大气型的款式为主,而南方更偏爱秀气型的款式。

审美观直接影响到人们对珠宝商品的款式、规格、色彩的选择。审美观是随着时代的发展而发展的,而不是一成不变的。随着经济的发展、中西方文化的交流,消费者的消费观念将受时尚潮流的影响而发生根本的变化。

3. 价值观念

价值观念是社会文化环境的核心,是人们在长期的生活中形成的对各种事物的普遍态度和看法。价值观念不同的消费者,生活态度、购买动机和购买行为都有着很大的差异。生活在不同社会环境下,人们的价值观念会相差很大。消费者对商品的需求和购买行为深受价值观念的影响。如中国人十分注重为后代储蓄金钱或留下传家之宝的观念,使得中国消费者购买珠宝除了自己佩戴、保存之外,还有一个作用就是留给后人一笔财富。对于不同价值观念的消费者,必须采取不同的营销策略。

4. 宗教信仰

宗教信仰是文化的重要组成部分,它直接或间接地影响人们的价值观念和行为,进而对珠宝市场的营销活动产生影响。世界各民族消费习俗的产生和发展变化,与宗教信仰是息息相关的。宗教信仰是影响人们消费行为的重要因素,有时甚至有巨大的影响力。一种新产品的出现,宗教组织有时会提出限制或禁止使用的强制规定,原因可能就是因为该产品与宗教信仰相冲突;相反,有的产品如符合宗教信仰所倡导的观念,则会得到宗教组织的赞同与支持,甚至主动号召教徒购买、使用,从而起到了一种特殊的推广作用。

对于许多宗教国家或者信奉宗教的群体,宗教影响着他们的生活,珠宝市场营销应充分尊重目标市场的宗教信仰,以便把握机会,规避风险。

5. 亚文化群

亚文化群是指在共同的文化传统大集团中存在的具有相对特色的较小团体。每一种社会文化的内部都包含若干亚文化群。亚文化群不仅可以划分为种族的、民族的、宗教和伦理的团体,而且还可以按年龄群(如老年人、中年人、青年人等)、活动爱好(如足球迷、篮球迷、桥牌迷、围棋迷、拳击迷等)划分为其他团体。亚文化群实质上是一种非正式组织,但它对企业市场营销却有着重要的影响。企业可以把每一个亚文化群作为一个细分市场,采取不同策略进行市场营销活动,以更好地满足消费者需求。

因此,企业在进行市场营销活动过程中,必须全面了解、认真分析所处的社会文化环境,以利于准确把握消费者的需要、欲望和购买行为,制定切实可行的营销方案。

五、科学技术环境

科学技术环境主要包括科技发展水平,新发现,新发明的获得,新材料、新技术、新工艺的应用、新产品的问世等。科学技术深刻地影响着人类的社会历史进程和社会经济生活的各个方面,珠宝企业可以利用新的技术寻求发展机会,不断满足消费者新的需求。随着科学技术的进步,珠宝相关行业引进先进技术、工艺、设备,涉及采矿、筛选、加工、管理等各个环节,从生产方式、产品设计、产品加工制作等方面最大限度地利用高科技的设备和手段来提高产品质量和效益。

技术进步使得产品生命周期缩短、产品的科学技术含量提高、竞争愈加激烈、新技术革命对人们的消费习惯产生冲击,如,网上购物成为时尚。

钻石珠宝市场,一场科技与浪漫的较量①

在20世纪50年代,世界上就出现了人工制造的钻石。然而,直到近年来,培育钻石的制造成本才开始明显低于开采钻石的成本。

最新的科技进步大大降低了实验室培育钻石的制造成本。一般来讲,培育钻石的成本比开采钻石的成本低30%~40%。这场较量,谁将成为最后的赢家?是地底下自然形成的开采钻石,还是科技造就的培育钻石?

实验室培育钻石和开采钻石有着相同的物理、化学和光学成分,看起来跟开采钻石一模一样。在极度高温和高压的环境下,实验室培育钻石仿效开采钻石的形成步骤,从微小的钻

---

① 资料来源:节选自 http://www.centrechina.com/biz/106642.html。

石种子长成更大的钻石。培育一颗钻石在实验室只需要数周的时间,而开采钻石虽然形成的耗时也差不多,但其在地底下形成的年代可以追溯到数亿年前。

CARAXY Diamond Technology(凯丽希钻石科技)是国内的培育钻石市场先锋,也是第一位在国内开展业务的IGDA(国际培育钻石协会)成员。

CARAXY能够培育出白钻、黄钻、蓝钻和粉钻。目前CARAXY在尝试绿钻和紫钻的培育。中国市场上大部分的实验室培育钻石都小于0.1克拉,但是CARAXY销售的培育钻石能达到5克拉级的白钻、黄钻、蓝钻以及2克拉级的粉钻。

浪漫与科技的较量日益白热化。人工宝石的销售商不断向消费者控诉开采钻石对环境带来巨大破坏,以及"血钻"(2006年的一部电影)牵涉到的道德问题。

开采钻石巨头戴比尔斯(De Beers)钻石销量占全球销量的三分之一,该巨头对合成钻石持悲观态度。Jonathan Kendall,戴比尔斯国际钻石分级与研究机构董事长说:"我们在全球进行了广泛的消费者调研,并没有发现消费者对合成钻石有需求。他们想要的是天然钻石。"

六、自然环境

影响珠宝市场的自然环境主要是自然物质环境。从宏观角度上来说,自然资源日益短缺,能源成本越来越高,环境污染日益严重,政府对自然资源管理的干预不断加强。珠宝首饰企业对资源的依赖性极强,包括宝石、玉石资源和贵金属材料资源,是在地球漫长的演化过程中逐步富集而形成的,均是不可再生性资源,且分布和产量有限。任何资源量的波动都会给珠宝市场需求状况带来一定的影响和变化。

自然环境是在不断发展变化的,它既可能给企业造成市场营销的机会,也可能成为企业市场营销活动的障碍。

任务二 珠宝市场微观环境分析

学习指导

做什么

根据珠宝市场微观环境理论,以小组为单位,从铂金市场入手,分析影响珠宝市场的微观因素,再分析其他珠宝市场的微观因素,并分组介绍。

怎么做

1. 确定本次任务组长。
2. 阅读P32情境导入,完成下面的问题讨论。
3. 站在珠宝企业的角度分析并记录影响铂金市场的因素。
4. 小团队讨论影响珠宝市场的微观因素,并填写珠宝市场环境分析记录单。
5. 交流与学习。

情境导入

根据 P32 情境导入回答下列问题,并填写表 2-1-5。

(1)站在珠宝企业角度,本企业的铂金市场除了受宏观环境因素影响,还可能有哪些因素影响?

(2)竞争者可能有哪些?是怎样的竞争?

(3)政府如何影响珠宝企业?

表 2-1-5 珠宝市场环境分析记录单

讨论问题	自己的观点	团队其他人的观点
1. 珠宝企业的铂金市场除宏观环境外还受哪些因素影响?		
2. 这些因素怎样影响本企业的市场?		
3. 对当前珠宝市场的微观影响因素进行排序,说明原因。		
4. 针对风俗习惯和文化的不同,珠宝企业怎样面对市场?		
5. 查资料,分析不同区域对珠宝需求的特点。		

在同一时间段内,市场的宏观因素对所有企业的影响是一样的,珠宝企业之所以有着不同的发展和市场,原因是有的企业能够把握环境变化,积极应对市场,有的企业面对不可控因素时不能从容应对。另外,微观环境也会对企业产生直接影响。它包括产生直接或间接交易的供应商、消费者与顾客、竞争者以及其他少数股东等。微观环境由下列因素组成。

一、企业本身

珠宝企业自身情况影响着本企业的营销和在市场中的地位,通常企业自身情况包括企业的实力、管理者的特点、企业的竞争力、企业的营销、盈利等。企业是由营销部门来管理市场营销的,营销部门是企业的一个重要组成部分,首先要做好与其他部门,如与最高管理当局、财务部门、采购部门、会计部门等的协调工作。其次营销部门必须按高层管理部门的规划来决策,同时营销计划必须经最高管理层同意才能实施。市场上大大小小的珠宝企业众多,有的珠宝企业被国内外消费者知晓,有的珠宝企业仅在企业所在区域内被知晓;有的实力雄厚,是市场的领先者,有的珠宝企业在夹缝中生存。

二、供应商

供应商是向企业供应生产或经营特定产品和劳务所需要的各种资源的企业或个人。珠宝市场的供应商有原材料供应商、加工设备和仪器供应商、珠宝首饰的成品和半成品供应商、服务供应商等,供应商对企业营销活动的影响主要体现在以下几个方面:

(1)资源供应的价格和变动趋势,将影响到产品的质量。如宝玉石原材料价格上涨,首饰的价格会随之升高,或者同等价格的首饰所用宝石品质下降。2020年上半年,国际黄金价格由1月初的347.38元/克上涨到6月中旬的389.59元/克,每克增加了42.21元,黄金作为原材料成本提升,则黄金首饰价格也会相应地升高。

(2)资源供应的可靠性,即资源供应的保证程度,将直接影响到企业产品的销售量和交货期。仍以珠宝原材料为例,原材料的质量、真假,对珠宝首饰有着直接的影响。

(3)资源的质量水平,这将直接影响到产品的质量。

知识链接

2016年日内瓦表展上,梵克雅宝展出了一款用115颗顶级红宝石打造的红宝石非凡手镯腕表。这115颗莫桑比克红宝石是梵克雅宝从多个红宝石供应商的产品中甄选出的,宝石总重151.25克拉,色泽深邃明亮,品质一致,为了达到好的镶嵌效果,切工略有区别,每颗红宝石都有自己唯一的位置,根据每颗红宝石的微细差异排列成三行,行间用方形切割美钻镶嵌于白K金镶座上,作品绽放出璀璨动感,突显钻石光芒。钻石与红宝石并列,璀璨光芒合奏出一阕瑰丽的交响乐,令红宝石在浓郁的殷红色调中投射出一丝粉色光芒。每颗宝石均独一无二,在圆形手镯上互相辉映,配合得天衣无缝。白K金表面藏于手镯之中,令复杂工艺深藏不露,缔造隐秘艺术新境界。手镯以装饰艺术图案点缀,隐藏珠宝结构的同时,亦让光线穿透宝石。制作手镯的另一挑战,是研发可让手镯完全打开的隐秘式铰链,并于侧边附设小暗格,以充分隐藏表面。只要按下红宝石,即可打开暗格,展示成功藏于手镯中的表盘。暗格嵌入腕表模块,于宝石腰棱之下的0.01毫米处敞开,而不会与宝石发生摩擦。从机芯精密以至精准无误的红宝石镶工,每个制作过程均讲求一丝不苟的精准度,以及不断突破的崭新技术[①]。

三、营销中介

营销中介是指能协助企业推广、销售和分配产品给最终用户的机构团体。包括中间商、货物储运公司、营销服务机构、金融机构等。

中间商前面已做过叙述。

货物储运公司:主要协助企业从原产地到目的地的过程中存储和移送货物。在与仓储、运输企业打交道中,公司必须考虑成本、运输方式、速度及安全性等因素,从而决定运输和存储货物的最佳方式。

营销服务机构:包括市场调研公司、营销咨询公司、传媒机构,他们帮助企业正确定位和促销产品。企业应谨慎选择该和哪些营销服务机构合作。

---

① 资料来源:修改自 http://geneva.xbiao.com/20160119/35918.html。

金融机构:包括银行、信贷公司、保险公司及其他机构,他们负责为货物的买卖提供资金和保险服务。大多数公司和客户都需要借助金融机构来为交易提供资金。信贷来源的限制或贷款成本的上升会使公司的生产、营销等活动受到严重的影响。

四、顾客

珠宝企业的目标顾客可以是珠宝消费者、珠宝生产者、政府、中间商,也可以是国际市场中的一种或几种。

知识链接

珠宝销售技能:要顾客再次来光顾,你要做到哪些[①]。

希望顾客下次再来,至少要做到以下12个方面。

1. 永远把自己放在顾客的位置上

换位考虑,把自己摆在顾客的位置上,你希望如何被对待?上次你遇到的问题是如何得到满意解决的?找到解决此类投诉问题的最佳方法。

2. 多说"我们",少说"我"

导购在说"我们"时会给对方一种心理的暗示:我和顾客是在一起的,是站在顾客的角度想问题,虽然它只比"我"多了一个字,但却多了几分亲近。

3. 表现出你有足够的时间

即使再忙也不要在顾客面前表现出你没有时间给他。用轻松的语调和耐心的态度对待他,即便你不能马上满足他的要求,但若顾客能感到你在努力帮他,他也会很高兴。

4. 与顾客交谈中不接电话

接待顾客时,不接听电话,就算你有礼貌地征得了顾客同意,顾客也会有:"好像电话里的人比我更重要,为什么他会讲那么久"的想法。如是重要人物来电,也要接了后迅速挂断,待顾客离开后再打过去。

5. 不要放弃任何一个不满意的顾客

一个优秀的导购非常明白:顾客的主意总是变来变去的,问他的喜好,把所有的产品介绍给他都是白费;刚刚和他取得一致意见,他马上就变了主意要买另一种产品。

向顾客提供服务也是一样的:有时五分钟的谈话就足以使一个牢骚满腹并威胁要到你的竞争对手那里去的顾客平静下来,并接受和购买你的产品。

6. 花更大的力气在那些不满的顾客身上

"谢谢你通知我",面对一个抱怨的客人应这样回答。根据统计,在不满的顾客当中,只有10%的人什么也不说,但将来仍然回来同你做生意!90%的顾客会投诉他们的不满,并最终得到了补偿和满意的服务,他们将仍是你的顾客。顾客提出他们要求的时候,也是处理门店和顾客关系的重要时刻。若处理得好,则更容易让顾客信任门店。所以,一定要让顾客在

[①]资料来源:修改自中诺珠宝招商网.2017.7.4。

出现问题时能够很容易地联系到你,他们找你的次数越多,你就有更多的机会留住他们,让他们成为你的老顾客。

7. 不要怕说"对不起"

当顾客讲述问题时,他们希望得到销售人员有人情味的回应,表明你理解他们。如果顾客投诉,首先表示歉意,如果要以个人的名义道歉,就要表现得更加真诚。然后明确告诉顾客你将尽一切努力帮他们,直到他们满意为止。

8. 不要缩小顾客的问题

对顾客反映的问题,千万不要说"我根本没听过""这是第一次出现此类问题",这样处理只会对你的顾客产生极差的效果,还会有损门店形象。每位顾客都希望得到你的重视和注意,他们认为你所受的培训及所获得的经验只有一个目的,就是帮他解决问题。

9. 重视顾客的满意程度

努力了解顾客下意识的反应,如"我所讲的对您是否有益?""这个满足您的要求吗?"当然还有"我还有什么可以为您做的吗?"

10. 跟进问题直至解决

不管是新顾客还是老顾客,顾客购买产品后,一定要及时分阶段跟进,了解顾客使用的感受。主动帮助顾客解决问题,并询问顾客是否还需要其他帮助,尽量做到让顾客满意。

11. 不要自高自大

你可能是最好的销售人员,现在同你接触的顾客不知道也不关心你之前的顾客满意度,即使99%都满意而归,这1%的顾客,仍然是最重要的。

12. 给予、给予、再给予

在与顾客交流时,经常有的顾客会问送什么,怎么送。顾客的问答反映了顾客自身的需要和偏好。可见,一个好的开端是为顾客提供给予开始的。给予顾客的是一种服务、是一种顾客所关心的事物的说明。作为一个成功的销售人员,永远不要向顾客索取什么,哪怕是一种回答。永远记住:给予、给予、再给予!而不是索取!

五、竞争者

从市场需求的角度划分,竞争者可分为愿望竞争者、平行竞争者、产品形式竞争者、品牌竞争者。

愿望竞争者是提供不同的产品以满足消费者不同需要的竞争者。消费者具有多方面的需要,消费者的选择因人、因时、因地而异。企业为满足消费者的某种愿望而开展的竞争就是愿望竞争,而这些企业相互间是愿望竞争者。

平行竞争者是提供不同类别的产品去满足消费者同一愿望的竞争者。如不同材质的某一种首饰的市场之间的竞争。

产品形式竞争者就是提供不同形式的产品去满足消费者同一种愿望的竞争者。若消费者想用水果来满足目前吃的愿望,他可选择苹果、梨子或桃子等。不同形式的水果提供者相互之间是产品形式竞争者。

品牌竞争者指的是同一市场不同品牌具有相同的规格、型号的产品。

六、公众

公众是指对某一企业实现其目标有着实际或潜在兴趣或影响的群体。公众可能有助于实现该企业的目标，但也可能会妨碍该企业目标的实现。一个企业所面临的公众主要有以下七种。

（1）金融公众。金融界对企业的融资能力有重要的影响。其中包括银行、投资公司、证券交易所、保险公司等。

（2）媒介公众。主要指报纸、杂志、电台、电视、网络等。

（3）政府公众。包括负责管理企业经营活动的各有关政府机构。

（4）社团公众。包括消费者利益保护组织、环境保护组织、少数民族团体等。

（5）社区公众。包括企业所在地的社区组织、邻里组织、地方官员等。

（6）一般公众。指与企业经营活动无关的一般消费者。一般公众对企业的印象影响着目标消费者对该企业及其产品的看法。

（7）内部公众。包括职工、经理、董事会等。

知识链接

梦金园：品牌先行引导品质消费

梦金园是珠宝行业内第一家做央视综艺节目冠名和第一家做春晚特约的企业，开了行业先河。

在2012年以奖品赞助、中插广告的形式试水央视投放后，梦金园于2013年开始发力央视综艺冠名，提升知名度，和《黄金100秒》《星光大道》《青年歌手电视大赛》合作，打开了品牌传播的新局面。

2014年继续大量冠名维护品牌高地，这一年，梦金园创新尝试、优化投放组合，冠名《黄金100秒》，奖品赞助《直通春晚》，投放《星光大道》等CCTV-1、2、3、8、10等多频道。更广、高频传播自己产品，从而抓住了关注高品质消费者的心，带来了企业利润增长。

2015年，梦金园始终维持央视投放力度，提升影响力。借力羊年春晚特约，梦金园加盟信息搜索量同比上升528%；上升最快检索词前五均与本品牌相关，无形之中影响品牌加盟。

2016—2019年，梦金园连续冠名《黄金100秒》。亮眼的收视给品牌带来的传播效果不言而喻，梦金园已是拥有2600+加盟销售及服务网点的全国大型品牌之一。2019中国金店100强榜单中梦金园有四家门店上榜。

一、单选

1. 审美观直接影响到人们对珠宝首饰的（　　）、规格、色彩的选择。
   A. 价格　　　　B. 款式　　　　C. 质量　　　　D. 大小
2. 对中国珠宝市场营销的社会文化环境产生影响的有（　　）和生活习惯。
   A. 价值观念和审美观　B. 职业道德　　C. 消费理念　　D. 收入水平
3. 人口的构成包括（　　）和人口的社会构成。
   A. 人口的自然构成　B. 消费构成　　C. 生活爱好　　D. 人口数量
4. 影响珠宝市场营销的环境一般可分为（　　）和微观环境。
   A. 自然环境　　　B. 宏观环境　　C. 销售环境　　D. 科技环境

二、多选

1. 珠宝市场的微观环境是由（　　）企业内部决策部门等组成。
   A. 政府公众　　B. 社会公众　　C. 供应商　　D. 营销中介
2. 宏观营销环境包括（　　）等。
   A. 政治与法律环境　　　　　　B. 经济环境和社会与文化环境
   C. 人口环境　　　　　　　　　D. 科技和自然环境

三、简答

科技环境如何影响珠宝市场？

四、案例分析

阅读 P42 案例资料，回答：

1. 钻石市场受哪些因素影响？
2. 戴比尔斯为什么把培育钻石看成是自己的竞争者？

五、分组实践

假设你所在的珠宝企业要开发某少数民族地区的三四线城市市场，需要先了解宏观环境、竞争对手、市场容量情况，并进行分析。

任务：

1. 收集影响该企业进入的宏观环境、竞争对手、市场容量情况。
2. 对收集的信息进行分析，写出分析报告。
3. 讨论进入该市场还需要收集哪些资料。

珠宝首饰营销 ZHUBAO SHOUSHI YINGXIAO

项目二 珠宝市场购买行为分析

任务一 顾客让渡价值分析

学习指导

做什么

阅读情境案例,根据顾客让渡价值概念,分析珠宝企业应该如何提高顾客的让渡价值。以小组为单位讨论,并分组介绍。

怎么做

1. 确定本次任务组长。
2. 仔细阅读情境案例,完成后面的问题讨论。
3. 分别分析你所在城市的某珠宝店和在京东珠宝购买的让渡价值,并填写顾客让渡价值分析记录单。
4. 小团队讨论:作为珠宝企业,如何有效提升顾客的让渡价值?
5. 交流与学习。

情境导入

这才是未来珠宝企业取胜的法宝[1]

在主流消费者的主导下,国内珠宝消费将在未来呈现出日常化、理性化和个性化的整体趋势,这既为企业提供了广阔的发展空间,也对企业提出了更高的才能要求。那么,企业究竟应该怎么应对即将来到的消费 3.0 时代呢?

针对细分顾客供给极致化的产品价值将成为珠宝企业制胜未来的法宝。

1. 极致个性化

未来的珠宝消费市场,将是个性化产品当道。在互联网助推的个性化标签信息收集日益走向成熟的未来,借助大数据挖掘技术,商家将能够从消费群体的消费记录和在线反馈信

---

[1] 资料来源:选自中国经济网.2016.3.16,有改动。

息中快速准确地把握目标消费群体的个性化需求,甚至预测其未来的需求动向和发展轨迹;在此基础上,厂商能够对自身产品进行细分价值领域的准确定位,进而能够精准地匹配个性化目标群体的特定需求。甚至,随着技术的进一步发展,工业4.0日益成熟,小批量快速生产的柔性制造可以发展演变为较低成本的个人定制,这将从根本上解决库存问题,同时真正实现对顾客个性化需求的完美满足。

2. 极致性价比

经历过货品短缺的"厂商为王"时代和靠分销取胜的"渠道为王"时代后,互联网助推了消费者驱动时代的到来,消费者开始成为市场中最大的赢家。当珠宝搭上电子商务的快车,网店这种创新扁平化的销售渠道一改传统实体零售渠道下的层层加价模式,能够以明显更低的价格销售,从而给顾客更多的让渡价值,逼迫传统渠道不断降低价格,甚至在此基础上附送洗衣券、电影票等附加赠品;在未来一段时间内仍然供过于求的激烈市场竞争下,以更低的价格提供更多的价值也将成为珠宝行业必须面对的趋势。在消费者驱动时代,只有提供极致性价比的企业才能生存,珠宝行业未来可能走入微利时代。

3. 极致敏捷性

未来的珠宝行业供应链体系,不仅要快,而且要求中间环节能根据反馈信息进行实时调整。柔性制造将使小批量生产和快速交单成为现实,将使人才和资源创新高效利用更上一个台阶,在此之上的工业4.0更将能够高效整合物理信息系统实现供应链效率和反应速度质的提升,未来供应链体系的竞争优势来自极致的敏捷性。

4. 极致便利性

购买过程中的不便利已经成为未来消费者消费行为中的一大痛点。改变消费者如今在购买过程中的不便利,可以通过优化提升现有的销售渠道,拓展电商渠道,解决消费中不便利的痛点问题。部分钻石珠宝品牌已经选择把租金昂贵的街边铺搬进写字楼,不仅租金低廉、停车方便,而且可以通过预约到店的方式避开交通拥堵时段并且享受一对一的现场介绍服务。目前国内风靡的O2O模式更是将线上与线下渠道进行结合,既能发挥线上方便查询比较和付款的优势,又能保证现场试戴的真实体验,这一系列在现有渠道模式基础上的融合和创新,都提升了消费者在购买过程中的便利性,未来,消费者只会选择最便利的。

5. 极致满意度

选准服务的切入点并竭尽全力做到极致才能达到远超预期的效果,从而带来极致的满意度,珠宝行业未来必然需要这样的突破。

回答问题并填写表2-2-1。

(1)从珠宝消费者角度,极致产生的原因都是什么?

(2)怎样体现消费者的让渡价值?

(3)如果是创新创业的小企业,如何更好地提高消费者的让渡价值?

表 2-2-1　在实体店铺购买时顾客的让渡价值分析记录单

讨论问题	自己的观点	团队其他人的观点
1. 消费者购买珠宝首饰的总成本有哪些？		
2. 消费者购买珠宝首饰的价值有哪些？		
3. 作为消费者你购买珠宝期望获得什么？		
4. 以往购买你喜欢的小玩意或饰品时，你的满意程度怎样？		
5. 有没有不满意的购买经历，说明原因。		

消费者在购买活动中总会有满意或不满意的态度，满意程度也不是由单一因素决定的，菲利普·科特勒在《营销管理》一书中提出了顾客让渡价值的概念，认为提高顾客的让渡价值可以提高消费满意度。

一、顾客让渡价值的相关概念

顾客让渡价值是指顾客总价值与顾客总成本之间的差额。

顾客总价值是指顾客购买某一产品与服务所期望获得的一组利益，包括产品价值、服务价值、人员价值和形象价值等。

顾客总成本是指顾客为购买某一产品所耗费的时间、精神、体力以及所支付的货币资金等。因此，顾客总成本包括货币成本、时间成本、精神成本和体力成本等。

顾客让渡价值＝顾客总价值－顾客总成本。消费者获得的价值与成本相差越大，所获得的顾客让渡价值越大，他的满意度就越高；相反，他获得的价值与他所付出的成本相差越小，顾客让渡价值越低，甚至为负值，其满意度就越低。本任务中情境导入案例的 5 个极致，实际上都是改变顾客让渡价值的措施。

研究表明，顾客很少以市场平均价格去购买质量与功能都很一般的产品。顾客只有在购买中获得功能和价值高于平均价格的产品，才会带来比较好的心理满足。反之，顾客获得的功能和价值如果低于平均价格，他会认为这是一次错误或失败的购买，顾客很不满意，必然影响企业的信誉度。

人们购买珠宝及产品均不是为满足生理生存需求，购买体积小价值相对较高的珠宝品，无论是佩戴还是作为礼物送给其他人，或者投资等其他用途，更容易达到或超过顾客的心理预期，更容易获得较高的顾客让渡价值。

二、提高顾客让渡价值的途径

根据顾客让渡价值的概念，要提高顾客让渡价值，可以从提升顾客总价值和降低顾客总成本两个方面入手。

(一)提升顾客总价值

提升顾客总价值,可以关注以下几个方面内容。

(1)产品价值。产品价值即产品内在的功能、质量、特性和外在的式样、色彩、造型等实体产品带给顾客的使用价值。

(2)服务价值。服务价值即企业向顾客提供的售前、售中和售后服务所产生的价值。

(3)人员价值。人员价值即企业员工的经验理念、知识水平、业务能力以及效率、仪表仪容等所产生的价值。

(4)形象价值。形象价值即企业及其产品在社会公众中的总体形象,包括企业形象、品牌形象、终端形象以及产品外观等。提高企业形象与品牌形象,要通过媒介舆论宣传提高企业与品牌知名度与美誉度、联想度,诚信经营,注重服务。现在越来越多的企业积极参与各种社会公益活动,有利于提升品牌美誉度。而品牌整个CIS系统能为大众接受,终端形象大方,产品款式新颖等都能在相当程度上提高顾客总价值。

(二)降低顾客总成本

降低顾客总成本,重点考虑以下几个要素。

(1)货币成本。降低顾客的货币成本,注意降低货币成本不能损害企业品牌形象、降低品牌档次。

(2)时间成本。降低顾客的时间成本,即提高服务水准及扩大服务内容,包括提高导购员素质及熟练度,销售过程中要动作麻利、表达明确,售后服务要及时、周到,不要耽搁拖延、敷衍了事等。

(3)精力成本。提倡优质服务,注重细节营销,加强对导购员的培训,强化包括售前与售后的服务精神,遵循"顾客就是上帝"的原则,努力做到让每一个顾客都能满意。换句话说,让顾客不要浪费太多精力,就必须让我们自己花更多精力。

(4)体力成本。降低顾客体力成本,服务及时,尤其要做好售后服务。

综上所述,要想提高顾客让渡价值,要么提高顾客总价值,要么降低顾客总成本,或者二者同时进行。总而言之,让消费者获得更大的让渡价值,就是让消费者感受获得更多的利益,获得更多的满意。

珠宝首饰营销 ZHUBAO SHOUSHI YINGXIAO

任务二 珠宝消费者市场购买行为分析

学习指导

做什么

通过案例分析珠宝消费者的购买行为和影响因素,小组讨论,个人发表观点,分享讨论结果。

怎么做

1. 确定本次任务组长。
2. 仔细阅读下方情境导入,自己试着写出任务问题的答案。
3. 完成珠宝消费行为学习记录单个人观点部分填写。
4. 团队讨论完成任务问题和珠宝消费行为学习记录单。
5. 站在珠宝销售者的角度分析上述问题。
6. 交流与学习。

情境导入

中国内地珠宝消费者调查[①]

中国内地的高端消费市场备受重视。民众的消费意愿和模式如何,是市场增长的关键。为了解内地消费者的珠宝购买模式,2015年香港贸易发展局做了"中国城市消费者调查:珠宝购买模式及香港优势"调查,对国内十个城市:北京、上海、广州、杭州、南京、成都、重庆、大连、沈阳和武汉的女性珠宝消费者进行调查,并根据调查结果,向有意拓展内地珠宝市场的香港公司提供若干建议。

10个城市选择总样本为3000名女性,其中每个城市分别访问300名消费者,又分为三组年龄组别,即18至30岁、31至45岁及46岁或以上,各年龄组分别访问100人。总的结论是:消费者购买珠宝的主要目的为紧跟潮流及搭配服饰,且越来越多于平日佩戴,重视配衬服饰和形象品味;佩戴场合主要是"平日上班工作"。另外,受访者表示款式/设计、品质/做工以及品牌/口碑是选购珠宝首饰最重要的考虑因素。

调查结果显示,消费者近年购买珠宝首饰的动机有明显改变,越来越多消费者于日常佩戴珠宝首饰。从业者可在款式设计及物料上配合市场需要,例如多设计轻巧、时尚、容易配

[①] 资料来源:修改自 http://shoucang.southmoney.com/yuqi/5827.html。

衬服装的款式，又或与时尚服装品牌或设计师合作，推出限量系列产品。物料应用方面，可采用K金而非足金，吸纳年轻人、购买力低的消费者。事实上，钻石、翡翠或其他宝石装嵌类的小巧配饰如链坠等亦很适合年轻消费者日常佩戴。

项链是各城市及组别中最畅销的首饰类型。75％的受访者表示，未来一年会优先考虑购买项链。在首饰材料上，首选黄金，其次为铂金和K黄金；年纪越轻，对钻饰的兴趣越大。家庭月收入越高，购买翡翠等玉石、钻石及蓝宝石、红宝石的意愿较高。

调查报告分析得出，"个别城市的增长动力不足，且价格没有明显的上升空间，或反映珠宝市场已逐渐饱和，从业者须要发挥创意，创造新的市场空间。可考虑开拓新品类的珠宝首饰，利用不同物料，配合不同设计风格，引领潮流。事实上，转运珠、长命锁等非传统主流的首饰相当流行。虽然整体而言黄金最受追捧，但不同城市、年龄和收入组别的受访者对其他首饰物料亦有偏好。除了主流的简约风格外，年纪较轻的消费群较接受不同风格的设计，如时尚潮流、欧式经典及异国情调设计等。"

在宣传、推广方面，应更关注和满足消费者的心理，例如塑造自信、大方、独立的时尚达人品牌形象。在宣传刊物和橱窗设计上，可考虑多采用形象鲜明的模特或人像，突出珠宝首饰与时装结合的整体时尚风格；店铺选址可设与时装品牌毗邻，让消费者在选购时装的同时，联想到有配衬饰物的需要。销售人员亦须加强在服饰潮流、配搭等方面的认识，以助顾客选购。

另外，消费者对体验式消费的需求显著增加。因此从业者应重视顾客的消费体验，比如可考虑改变店铺的装饰设计，缔造一个更舒适的购物环境，又或更多利用店铺空间作体验推广活动。在资讯泛滥的年代，从业者须在手法和创意上多下功夫，例如利用电商渠道、会员制及顾客自愿提供的资料和购买记录，开展精准的营销工作及资讯推送。

受访者普遍认为香港珠宝首饰品牌风格独特、款式迎合潮流及有创意。八成受访者认为香港的珠宝品牌属中高档，两成认为属高档；但即使香港珠宝首饰品牌在国内形象甚佳，一线城市上海和广州受访者给予香港品牌的溢价仍不足10％。另一方面，家庭月收入达人民币15 000元或以上者，对香港珠宝品牌的印象最佳，他们给予的溢价却是各组别中最低的，只有33％。这显示她们不纯粹因为那是香港品牌而愿意给予特别高的价钱，香港品牌须要更努力为品牌增值。香港珠宝品牌最适宜走中高档路线，高档市场也有竞争潜力，借助国内消费者对香港珠宝首饰的认知和好感，发展不同材质、款式、设计、价位的产品，延伸至其他细分市场，争取市场占有率。

回答任务问题并填写表2-2-2。
(1)案例中影响珠宝消费行为的因素有哪些？
(2)消费者购买珠宝首饰受哪些因素影响？
(3)作为消费者的你如果购买珠宝及产品，你会考虑什么？

表 2-2-2　珠宝消费行为学习记录单

讨论问题	自己的观点	团队其他人的观点
1. 消费者购买珠宝产品时,哪些因素会影响满意度?		
2. 这些因素怎样影响?		
3. 作为消费者的你如果购买珠宝及产品,你会考虑什么?		
4. 什么原因导致你从这些角度考虑?		
5. 不同年龄的消费者影响购买的因素有哪些不同?		
6. 不同性别的珠宝消费者影响购买的因素有哪些不同?		

消费行为是指消费者为了满足自己的某种需要,通过交换得到某种特定物品的行为。珠宝企业研究珠宝消费者购买行为的目的是赢得珠宝市场,珠宝消费者是珠宝市场的重要组成因素。

一、消费者的购买心理

消费者的购买行为从心理活动过程来看,是一种对外界刺激的反应。购买—反应模式如表 2-2-3 所示。

表 2-2-3　消费者购买—反应模式

外界刺激		购买者心理黑箱		购买者反应
市场营销刺激	环境刺激			
产品信息 价格信息 渠道信息 促销信息	政治法律 经济 社会文化 技术	购买者个人特性	购买者心理决策过程	产品选择 品牌选择 购买时间选择 购买地点选择等

市场营销人员的主要任务,就是要从消费者的心理过程和个性心理特征两个方面来加以分析,尽快弄清这个"黑箱"中究竟发生了什么事情,然后,采用相应的经营策略,传递合适的市场营销信息,去刺激和影响消费者的心理过程及其购买行为。

二、消费者的购买动机

动机是推动人们从事某种活动的愿望和理想,是人类行为的驱动力。所谓购买动机则是指人们进行购买活动的愿望和理想,是人们购买活动的驱动力。消费者的购买行为来源于购买动机,而动机是为了满足人们某种未满足的需求而产生的。动机与需求之间的密切相关,美国心理学家亚布拉罕·马斯洛提出了需求层次论,认为一个人有多种需求,这些需求按照其重要性不同可分为五个层次;人必须首先满足低层次的需求,当低层次的需求被满足以后,人的需求就会向高层次发展。

(一)需求层次论

马洛斯的需求层次理论按照需求的轻重缓急,由低向高排列,形成一个"需求金字塔",最基本的需要是维持生存的生理需要,它处在"需求金字塔"的最底层,向上依次为人们对安全的需要、社会交往的需要、尊重的需要和自我实现的需要。

1. 生理的需要

为维持生命所必需的各种需要,包括衣、食、住、行及阳光、空气、水等人的生理过程的基本需要。生理需要是驱使人们进行各种行为的强大动力。只有当人们的生理需要得到满足以后,更高层次的需要才能产生。这种需要具有永久性的特点,对应消费的商品包括食品、饮料、服装等。珠宝及产品在生理需要层次没有需要。

2. 安全的需要

人们在社会生活中要求得到各方面的安全,如生活环境具有一定的稳定性,有一定的法律秩序,所处的环境中没有混乱、恐吓、焦虑等不安全因素。消费的商品包括保健防护用品、劳保用品、药品、保安用品,以及购买人身与家庭财产的保险服务等。珠宝及产品具有药用价值或保健作用就是安全需要的体现。如"玉养人,人养玉"的观念就是安全需要的体现。

3. 社会交往的需要

在人们的生理需要和安全需要得到一定程度的满足后,人们会很自然地产生社会交往的需要。给他人以帮助并得到来自社会的关心与温暖,是人们正常生活不可缺少的组成部分。在这种需要的驱使下,人们会主动地结交朋友,寻找喜欢自己的人和自己所爱的人。随着人们生活水平的不断提高,生活节奏越来越快,人际交往的需要也越来越强烈,所消费的商品包括礼品、公共场所的娱乐品、旅游工艺品、珠宝首饰品,以及各种营业性社交场所等。

4. 尊重的需要

人们的生理需要与其他心理需要得到满足之后,要求受到尊重并获得荣誉、地位、威望的高级需要随之产生。人们需要他人承认自己的实力、成就,得到个人的荣誉和威信。具备以下特点的商品能够满足尊重的需要:一是知名度很高,购买了这一类商品的消费者,由于商品的知名度而提高了消费者本人的知名度;二是消费这类商品的人数较少;三是商品的性质独特。消费的商品包括各类名牌商品、名贵商品、稀有商品等。

5. 自我实现的需要

这是最高级的需要层次,即实现自我价值和发挥自我潜在能力的需要,在这种需要的驱使下,人们会尽最大的力量发挥自我的潜能,实现自我的目标,将自己的价值付诸行动。如有的人在实现自我目标后,把拥有某奢侈品品牌的珠宝首饰作为标志。

每个消费者都会产生不同层次的需要,只有满足了最低层次的基本需要,即生理需要和安全需要以后,消费者的需要才能向更高的层次发展。例如,为了满足社会交往的需要,消费者需要购买礼品,在社会交往中为了显示自己的身份和富有,产生了对珠宝商品的需求。需要的层次越高,对珠宝商品的质量、价格、品牌等方面要求越高。

(二)消费者的购买动机

消费者的购买动机是激励人们行动的内在动力,是在需要的基础上产生的。它不仅反映了消费者的需要,而且形成了为获得满足而实施购买行为的决心和意志。

动机=需要+目标+实现目标的可能性。

动机的形成还受到环境压力的影响。环境压力包括群体压力、社会舆论和竞争。环境压力主要影响动机的强弱,压力不足,行为人可能就缺乏足够的心理动力;压力过大,动机就会过于强烈,从而产生紧张和焦虑。

因此,动机可以强化人们的需要,从而使人们产生满足需要的愿望、信念;动机能够唤起或引起人们的某种行为;动机促使人朝着一定的目标去行动,使行为沿着一定的方向发展;动机的实现和需要的满足都需要一定的时间过程;动机作用于行为的产生、进行,直至终止的全过程之中。良好的结果会强化行为动机;反之,不良的行为结果促使动机减弱,从而降低行为的内在驱动力。

消费者选择某种商品或者某些服务项目的时候都是基于多种需要、多种动机的。而最终选择的哪种商品和服务一般应能够满足其主要动机。由于影响消费者购买的因素除了那些消费者自身需要的内在因素外,还有众多的外在刺激因素,所以消费者的购买动机复杂多样,而且因时、因地产生变化,如何把握消费者的购买动机,向消费者提供符合需要的商品和服务方式,是所有经营者必须面对的问题。任何商品都必须具有独特的功能和用途,满足消费者的某种需要,才可能打动消费者,从而引起其购买的欲望和兴趣,才能产生购买行为。

消费者购买珠宝类商品的动机类型大致可分为以下几种。

1. 求美的购买动机

以注重商品的欣赏价值与审美价值为主要特征。求美的购买动机主要表现为以下两种形式:①商品本身存在客观的美的价值;②商品能为消费者创造出美感来,美化自我形象,美化个人的生活环境等。

2. 求名的购买动机

以追求名牌优质商品或特殊商品为特征。通过购买这种商品来达到宣扬自我的目的。具体表现在购买名牌商品、名贵商品、稀有商品、价格惊人的商品。如消费者购买珠宝商品,知名的品牌都代表了一种经营理念或人生态度。消费者与其说是在购买珠宝首饰,不如说是在购买相应的生活品味与格调。国外有很多成功的例子,如蒂芙尼(Tiffany)代表了完美与自然,卡地亚(Cartier)代表了精湛与尊贵。

3. 自我表现的购买动机

以显示地位、身份和财富或者以追求商品的时髦、奇特与新颖为目的的购买动机。这类消费者对商品的实用性与耐久性及其价格的高低不介意,他们关心的是商品的时髦、奇特与新颖,特别是具有一定社会地位的各界名流喜欢拥有、佩戴珍稀昂贵的珠宝首饰,以此突出自己的富有与高贵。随着人们生活水平的提高,人们对珠宝的档次要求也越来越高。

4. 储备性购买动机

以储备商品的价值或储备商品的使用价值为目的。储备的商品价值较稳定,一般不会贬值,随着时间的推移,还会出现增值现象。

5. 纪念性购买动机

消费者出于纪念的心理而购买,如订婚戒指、结婚戒指等。

6. 馈赠性购买动机

购买商品的目的是馈赠他人。此时消费者比较重视商品的实用价值、质量、外观和象征意义等方面。

7. 习俗性购买动机

受文化或亚文化影响的购买动机,与地理、气候、民族、宗教、信仰、历史与文化传统、价值观念等因素有关。一个地区、一个民族或一个相关群体受习俗影响往往具有相同的心理习惯。

8. 从众性购买动机

以仿效与趋同心理为特征。

9. 求廉的购买动机

以追求商品的低价格为特征,同样品牌的商品、同一类型的商品,或在商品功能外观质量相似的情况下,消费者会尽量选择价格最低的那种商品。

10. 求实的购买动机

以注重商品的实用价值为特征,讲究商品的内在质量与性能,希望购买经久耐用、有实际效用的商品。产生这种购买动机的条件有以下三种:①消费者选购商品把其实用性放在首位;②消费者的经济能力有限;③商品的价值主要表现在实用性,消费者没有必要去追求商品的其他特性。

影响消费者购买动机的因素有许多,主要因素有以下几种。

(1)商品本身的因素:包括色彩、款式、品牌、价格、质量、质地、制作工艺等。

(2)消费者个人的因素:包括年龄、性别、文化、民族、职业、地区性等。

(3)经济因素:包括消费者的个人收入、家庭收入、家庭负担、生活方式等。

(4)媒介因素:包括口碑、陈列、展示、广告等。

(5)经营因素:包括地点、品种、信誉、购物环境、服务、商品的特色等。

三、消费者购买行为

行为是在动机的驱使下所发生的实践活动,它是具体的、现实的、可以观察到的。

购买行为完成的过程就是动机趋向削弱、心理冲动逐渐解除的过程，同时是需求不断得到满足的过程。随着购买行为的逐步完成，新的需求会逐步产生、强化，新的购买动机逐步形成，新的购买行为就会再次引发。

(一) 影响消费者行为的基本因素

影响消费者的购买行为的因素主要是文化、社会、个人、心理等多方面的因素。

1. 文化因素

文化是指一系列习俗、规范和准则的总和，起着规范、导向和推动社会发展的作用，是人类在社会发展过程中所创造的物质财富和精神财富的总和，是根植于一定的物质、社会、历史传统基础上形成的特定的价值观念、信仰、思维方式、宗教、习俗的综合体。作为一种观念，文化看不见、摸不着，但人们能感觉到它的存在，如东、西文化的巨大差异，同属于东方文明的中、日文化之间的差异等，作为其有形的一面，文化又反映在一国的建筑、城市风貌、文学艺术、衣着甚至饮食上。

文化是影响人类欲望与行为最基本的因素，大部分人尊重他们的文化，接受他们文化中共同的价值观，遵循他们文化的道德规范和风俗习惯。所以，文化对于消费者的购买行为具有强烈和广泛的影响。

在每一种文化中，往往还存在许多在一定范围内具有文化同一性的群体，他们被称为亚文化群体。在我国主要包括民族亚文化群、宗教亚文化群、地理区域亚文化群。文化是人们在成长的过程中，从社会环境中获得的。人类行为大部分是通过学习而形成的，人们从出生到死亡都在不断地受到周围文化的影响，形成与周围环境比较接近的整体价值观。文化的形成需要时间，但文化一旦形成，它对于社会个体的影响却是不容忽视的。

知识链接

玉器、玉佩中的龙凤造型[①]

✱ 龙

龙是我国神话传说中的一种神奇动物，几千年来，它从没离开过中国人的文化与生活，无论是达官贵人，还是平民百姓，都尊龙为动物之长乃至万灵之长。中国人自称为"龙的传人"。

龙是古人将一些爬行动物、哺乳动物以及某些自然天象模糊集合而创造的一种神物。虽然未曾见到过龙，但人们对龙的形象却颇为清楚：龙自首至脖、自脖至腰、自腰至尾，三段长度都相等；龙的角似鹿、头似蛇、项似蛇、腹似蜃、鳞似鱼、爪似鹰、掌似虎、耳似牛。龙很神秘，它出现时见首不见尾，它的出现是天下太平的征兆。龙被视为世上最大的吉祥物。

[①] 资料来源：综合南阳日报．2015.4.30。

在中国人的观念中,虽然龙以各种各样的形象出现,但龙仍是一种性情良好、温和仁慈的神物,有很高的德性。古人还把龙分为四种:第一种为"天龙",代表着天的更生力量;第二种为"神龙",起"兴云布雨"的作用;第三种为"地龙",分派着地上的水源;第四种为"地藏龙",保护着天下的宝物。龙还代表方位,它象征东方,即太阳升起的地方。

由于龙是天上的神物,所以只有在国君德政清明时,它才会出现。后世人们就尊最高统治者为"真龙天子",龙成了皇帝及皇室的象征。望子成龙,是天下父母的最大愿望,一条大龙和一条小龙的吉祥图案,就表达了这一主题。作为吉祥物的龙,有腾飞、振奋、变化等寓意。"巨龙腾飞""龙腾虎跃"等成为人们经常运用的吉祥图案,而传统的"二龙戏珠""夔龙拱璧""龙凤呈祥"成为流行的吉祥图案。

✽ **凤凰**

头象天,目象日,背象月,翼象风,足象地,尾象纬的凤凰,是天地之灵物。在百鸟中雄居首位,为瑞鸟。它蛇头燕颔,龟背鳖腹,鹤顶鸡喙,鸿前鱼尾,青首骈翼,鹭足而鸳鸯腮。传说它首之纹为德,翼之纹为礼,背之纹为火,胸之纹为仁,腹之纹为信。可见,凤凰的身体为仁、义、礼、德、信这五种美德的象征。

人们认为凤凰生长于东方的君子之国,翱翔于四海之外,只要它在世间出现,天下就会太平无事。凤凰不啄活虫,不折生草,不群居,不乱翔,非竹实不食,非灵泉不饮,非梧桐不栖。当君道清明,其政太平时,凤凰才会飞临世上。

凤凰和龙构成了中国特有的文化传统。在这一传统中,龙用来指男性,凤用来指女性。在古代,龙凤在一起,只能象征皇后和皇室。后来,人们逐渐将龙凤画在一起,寓意新婚夫妇生活和谐美满。

凤凰作为天下神物,天上神鸟,其吉祥意义是非常丰富的。"凤凰来仪"图案,象征着钟情男女的结合;"丹凤朝阳"图案,寓意着贤才遇时而起;"凤凰于飞"图案,寓意夫妻和谐;"龙凤呈祥"图案,寓意姻缘美好;"凤麟呈祥"图案,寓意子女贤达,等等。

2. 社会因素

社会因素是指消费者周围的人对他所产生的影响,其中以参考群体、家庭,以及角色地位最为重要。

参考群体。参考群体是指影响一个人态度、意见和价值观的所有团体,其中分为两种:一是成员团体,即自己身为成员之一的团体,如家庭、亲朋好友、同事、同业公会等;成员群体又分为首要群体和次要群体两种。首要群体是某人直接、经常接触的一群人,一般都是非正式群体,如家庭成员、朋友、同事、邻居等。次要群体是对其成员不产生经常性的影响,但一般都较为正式的群体,如宗教组织、职业协会等。二是崇拜团体,即自己虽非成员,但愿意归属的团体,如运动英雄、影视明星等,对消费者行为相当有影响力。如崇拜团体为消费者展示出新的行为模式和生活方式;消费者有效仿其崇拜团体的愿望;崇拜团体促使人们的行为趋于某种"一致化"。

家庭因素。家庭是一个拥有共同收入、进行共同消费的单位。在家庭消费活动中,很多情况下产品或服务的购买者与使用者不是同一个人。这一现象说明,在家庭中为了使其功能得到正常发挥,各成员在购买中扮演着不同的角色。进一步研究认为,在家庭消费决策中主要有以下五种角色。

倡议者:提议购买某种产品或使其他家庭成员对某种产品产生购买兴趣的人。

影响者:为购买提供评价标准和哪些产品或品牌适合这些标准之类的信息,从而影响挑选产品的人。

决策者:有权决定购买什么及何时购买的家庭成员。

购买者:实际进行购买的家庭成员,购买者与决策者可能不同。

使用者:在家庭中实际消费或使用由家庭成员所购产品的人。

家庭购买决策研究中的一个重要问题是,对于不同产品的购买,家庭决策是以什么方式做出的,谁在决策中发挥最大的影响力。

社会角色。一个人在其一生中会加入许多群体,如家庭、俱乐部及其他各种组织。每个人在各个群体中的位置可用角色和地位来确定。每个角色都将在某种程度上影响其购买行为。每个角色都伴随着一种地位,这一地位反映了社会对他的评价,而地位标志又随着不同阶层和地理区域而有所变化。

3. 个人因素

消费者购买行为受其个人特征的影响,特别是受消费者经济状况、职业和地位、年龄和性别等的影响。

影响珠宝消费的个人因素

消费者的经济状况会强烈影响消费者的消费水平和消费范围,并决定着消费者的需求层次和购买能力。消费者经济状况较好,就可能产生较高层次的需求,购买较高档次的商品,享受较高级的消费。相反,消费者经济状况较差,通常只能优先满足衣食住行等基本生活需求。

消费者的职业和地位不同,对于商品的需求与爱好往往不尽一致。一个从事教师职业的消费者,一般会较多地购买书报杂志等文化商品;而对于时装模特来说,漂亮的服饰和高雅的化妆品则更为需要。消费者的地位不同也影响着其对商品的购买。社会地位较高的消费者,将会购买能够显示其身份与地位的较高级的商品。

消费者的年龄与性别不同,购买行为有很大的区别。消费者在家庭生命周期的不同阶段,相应需要各种不同的商品。

消费者的性格,指一个人对其客观环境做出的一贯、持久反映的明显的心理特征,通常用刚强或懦弱、热情或孤僻、外向或内向、创意或保守等去描述。不同性格的消费者具有不同的购买行为。

4. 心理因素

心理因素是影响消费者购买行为的内在因素。这些因素有感觉和知觉、经验等。

感觉和知觉。客观事物具有一定的属性,如颜色、声音、味道、气味、温度、软硬等。当事物的这些个别属性作用于人的感觉器官,大脑就产生对它的反映。这种由脑对直接作用于人体感觉器官的客观事物个别属性的反映就是感觉。感觉是大脑反映现实的最简单的心理过程。

在现实生活中,人脑总是以事物的整体为单位来反映的。如认识苹果,并非只对苹果的某一属性,如红色、香味、光滑等做出反映,而是把苹果的色、形、味等属性综合起来对苹果整体做出反映。人脑对直接作用于感觉器官的客观事物整体的反映,就是知觉。知觉对事物整体反映不是指对事物各种感觉刺激的简单总和,而是对事物多种属性和各部分之间相互关系的综合反映,是比感觉复杂的心理过程。感觉和知觉间存在着不可分割的联系。感觉是知觉的基础,知觉是在感觉的基础上产生的。它们都属于认识过程的初级阶段。

由于每个人都以各自的方式注意、整理、解释感觉到的信息,因此不同的消费者对同种刺激物或情景的感觉可能是不同的,这就是知觉的三个特性,即注意的选择性、理解的选择性和记忆的选择性。这些特点导致消费者对于同样的商品采取不同的处理方式。

经验,就是人们通过自身的经历、感受和学习所积累的知识,它能引起个人行为的变化。一个人的后天经验会直接影响个人的消费行为。如某人在消费某种商品后,如果感觉很好,将直接促使他有第二次、第三次的购买行为;反之,如果第一次消费后感受欠佳,可能他就再也不想去消费这种商品。可见,经验对个人消费行为的影响是非常直接的。

(二)消费者购买行为的特点

消费者购买行为具有目标性、系列性、连续性、可控制性和变异性等特点。

人的行为第一要素,就是明确目标。明确目标的过程,就是目标导向行动。消费者追求商品的使用价值,用以满足某种需求,形成了消费者的购物目标。

消费者的购买行为分解成既互相紧密联系、相对独立的若干阶段过程,也是消费者购物目标的逐步、逐层次、明确化和具体化的过程。

消费者的购买行为往往不能通过一次行动就能达到预期目标,必须连续或重复进行,这就构成购买行为的连续性。

消费者的购买行为具有可控制性,包括自我控制和间接控制。自我控制是指消费者在购买行为的每一个阶段中,都会自觉或不自觉地调整和修正自己的购买决策,控制自己的购买行为方式和途径,以便能更合理、更快速地实现预期目标。间接控制则是来自外界,外界的环境因素变化当然会引导、修正和改变消费者的购买行为。

购买行为的目标实现过程的行动,可能会由于消费者内在因素的重大变化而改变——变异性,外界环境因素的重大变化,也会在很大程度上改变消费者的购买行为。

(三)消费者购买行为的类型

由于消费者的个性、能力、爱好、兴趣以及年龄、性别、文化素养、职业等条件的不同,消费者的购买行为往往呈现出多方面的差异性,具体地分析这些差异,将有利于营销活动的改善和提高。

珠宝消费者购买行为分类

1. 根据消费者个性分类

根据消费者的个性可以把消费者的购买行为分为以下六种类型。

(1)习惯型。购买日用消费品时,由于消费者已熟悉产品的性能与品牌,购买时目标明确,习惯某一固定的牌号,很少花时间与精力去挑选。

（2）理智型。购买价格较高、使用时间较长的耐用消费品时,消费者往往要花费较多的时间与精力,认真仔细地搜集信息,进行综合比较评价,最后才作出购买决策,慎重地进入购买过程。

（3）价格型。这类购买方式的采购者往往比较重视价格因素,货比三家,除比较质量上的差异外,更注意比较不同厂家、不同品牌、不同店家在同类产品上的价格差异。

（4）冲动型。感情表现比较外向和充分的消费者,往往受环境因素较大影响而产生一时的购买动机,不加慎重考虑即作出购买决策,采取购买行动。这类人动机形成快,但消失也快。

（5）感情型。这类消费者的购买方式偏重感情因素。由于产品名称、品牌、商标设计等,使顾客产生感情上的联想与共鸣,往往能促进购买动机的形成。

（6）疑虑型。表现为消费者购买时举棋不定,疑虑重重且犹豫不决,挑选商品时小心翼翼,时常中止购买行为。

2. 根据消费者情感分类

根据消费者在购买现场的情感反映,将消费者的购买行为分为以下五种类型。

（1）沉稳型。消费者情绪平静而灵活性低,反应比较缓慢而沉着,一般不为无所谓的外因而分心。因此,在购买活动中往往沉默寡言,情感不外露,举动不明显；购买态度持重；不愿与营业员谈与产品无关的话题。

（2）温顺型。这类消费者由于情绪容易变化,在生理上不能忍受或大或小的神经紧张,这类消费者选购产品往往尊重营业员的介绍和意见,做出购买决定较快,并对营业员的服务比较放心,很少亲自重复检查商品的质量。这类消费者对购买产品本身并不过于考虑,而更注重营业员的服务态度与服务质量。

（3）健谈型。这类消费者情绪平稳而灵活性高,能很快适应新的环境,但情感易变,兴趣广泛。在购买商品时,能很快与人们接近,愿意与营业员和其他顾客交换意见,并富有幽默感,喜欢开玩笑,有时甚至谈得忘掉选购商品。

（4）反抗型。这类消费者具有高度的情绪敏感性,对外界环境的细小变化都能有所警觉,性情怪僻、多愁善感。在选购中,往往不能接受别人的意见和推荐,对营业员的介绍异常警觉,抱有不信任态度。

（5）激动型。这类消费者由于具有强烈的兴奋过程和较弱的抑制过程,因而情绪易于激动,暴躁而有力,在言谈、举止和表情中都有狂热的表现。此类消费者选购商品时表现有不可遏制的劲头,在言语表情上显得傲气十足,甚至用命令口气提出要求,对商品品质和营业员的服务要求极高,稍不如意就可能发脾气。这类消费者虽然为数不多,但营业员要用更多的注意力和精力接待好这类顾客。

3. 霍华德（Howard）和西斯（Sheth）行为分类法

美国市场学家霍华德（Howard）和西斯（Sheth）曾把消费者的购买行为视同解决问题的活动,他们把消费者的购买行为分为以下三种类型。

(1)常规反应行为。这是最简单的购买行为,一般指价值低、次数频的商品的购买行为。购买者已熟知商品特性和各种主要品牌,并在各品牌中有明显的偏好,因此购买决策很简单。但由于缺货或其他品牌商品的优惠条件,或受喜新尝鲜心理的影响,有时也会更换品牌。但一般来说,这类购买行为如同日常的例行活动,不需花费太多的时间和精力。

(2)有限解决问题。消费者熟悉某一类商品,但不熟悉所有的品牌,要想买一个不熟悉的品牌时,购买行为就较为复杂。

(3)广泛解决问题。消费者面对一种从来不了解、不熟悉的商品,购买行为最为复杂。如第一次购买珠宝商品的消费者,对宝石品种、首饰款式、工艺技术水平、贵金属类型和成色等一无所知,就需要广泛解决有关该商品的一切问题。

知 识 链 接

男性珠宝市场带来的营销启示[①]

佩戴璀璨的珠宝并不都是女人的专利,如果在珠宝耀眼的光环中适当增加一些代表阳刚和坚毅的内涵元素,则形成了一个令广大男士们心驰神往的珠宝市场新潮流——男性珠宝饰品市场。

近年来,随着社会的发展与时代的进步,广大珠宝商家开始把目光投向昔日被视若鸡肋的男性珠宝市场。据美国珠宝商(JA)组织公布的消息显示,去年仅美国市场就有2000多万件约合50亿美元的珠宝首饰被男性顾客抢购一空,他们购买首饰主要是给自己佩戴,而之前被视为珠宝饰品消费主流人群的女性群体,她们现在购买珠宝饰品的目的也逐渐开始从自己佩戴向送给男性友人转变。

无独有偶,MVI研究中心最新的调查也显示:在2000名受访女性中,有72%以上的受访者希望她们的伴侣或男性友人佩戴手表、戒指、项链、手镯等珠宝首饰;在500名男性受访者中,有32%的受访者拥有手表,30%的受访者佩戴戒指,16%的受访者佩戴项链……

在这个彰显个性、追逐潮流的年代,男性珠宝饰品市场早已暗流涌动,初显锋芒,那么,究竟是什么因素促使男性珠宝饰品行业如此走俏呢?

首先,多元文化催生下的个性审美认识驱使。随着社会的进步,男性与女性的思想及行为差异正在发生着微妙的改变。时间追溯至20世纪70~80年代,男士进美容院美容几乎是难以想象的事,不仅男士自己感到难堪,也会被外人看作是变态。但如今专门面向男性群体服务的美容机构却越来越多,据权威部门统计,我国每年男性美容的消费市场份额已高达几十亿元,男性整容市场也在悄然诞生。此外,商场中专门面向男性消费群体的香水、护肤品、化妆用具等商品也在日渐走俏。

这股新的消费潮流,正好切合了80、90后消费群体那颠覆传统的审美情趣,他们个性张扬,敏感叛逆,喜欢探究新生事物,迫切希望通过特定的符号意义来体现他们的身份和价值,

---

[①]资料来源:http://www.cainet.org.cn/wangkan/news.asp?publishid=32&smallid=7&id=741。

而在他们身上，那些代表性别概念的符号却越来越模糊。这从巴黎时装周中以裙装款式为主的男性时装展示中可见一斑，众所周知，裙子是代表女性的符号，但若从视觉与文化的角度重新审视，裙装同样会体现出一种阳刚与力度之美。据了解，美国某艺术中心曾做过一项调查：大多数受访者认为，穿着兽皮装束的男性更具阳刚和力度之美。此外，服装设计师们也敏锐地发现，如今很多男士喜欢把衣服像裙子一样围在腰间，他们感觉这样着装帅气而洒脱，由此，设计师们的创作灵感呼之欲出，于是在巴黎时装周中，也催生了一个令男性珠宝首饰畅销的因素，即男性珠宝首饰搭配个性化的服饰，不仅可以彰显佩戴者的身份、地位，还可以成为他们宣泄个性与品味的最好渠道。

其次，男性珠宝饰品成了经济基础上耀眼的华丽建筑。据了解，从16世纪甚至是更早的时候开始，中外各国的男性就开始通过佩戴珠宝或使用昂贵的器具来展示自己的权利与富有。比如，佩戴带有珠宝的帽子，携带镶嵌宝石的武器，使用稀有材质制成的餐具，以及使用镶嵌珠宝的马鞍、马鞭、刺马针等物品……

现代社会，人们对男性珠宝饰品则有了更加多元化的发展与诠释。比如，随着文化与思想的多元化发展，从台湾、香港等地传入的玄学风潮也深深地影响了无数的内地人，珠宝首饰更被赋予了更多的含义与象征，比如蓝宝石可以让女人永葆青春魅力；六瓣水晶送给病人可以帮助其早日康复；紫宝石可以让男性官运亨通；红宝石可以挽回破裂的感情，使有情人终成眷属；绿翡翠可保家宅平安……这些带有美好祝福的珠宝饰品不论是否会产生这些作用，但至少可流露出一个重要的营销信息：如今的珠宝商品在带给广大消费者美观感受的同时，更抓住了国人向往幸福与和谐的迫切心愿。

男性珠宝饰品作为珠宝饰品行业中的一支新生力量，与其火热的市场需求相比，市场的反应略显迟缓，整体市场也不够成熟。但越是稚嫩的新生事物身上越是暗藏着无尽的商机，商家要想坐享男性珠宝市场这块诱人的蛋糕，则需要掌握一定的技巧和方法，笔者将这个步骤总结为四步。

第一步，产品突围。目前，珠宝饰品消费的主流思想仍停留在将其作为女性专属品的肤浅阶段，所以，笔者认为，男性珠宝饰品想要得到更多男性的认可，必须在产品设计与功能性上明显区别于女性珠宝饰品。具体来说，相比女性珠宝饰品的华丽与悦目，男性珠宝饰品则要更多体现男性深沉、含蓄的内涵特征。比如，男性很希望通过开启镶嵌宝石的高档打火机发出清脆的声音来吸引旁人羡慕的眼光，更希望通过自己抬起手臂查看高档手表时来凸显自己的实力与品位。与之相反，他们不喜欢通过繁琐、花哨的设计来引起外界的注意。由此，笔者建议男性珠宝饰品的设计者们将功能性价值列入第一设计理念，如果能在诸如袖扣、领带夹、手表、烟斗、打火机等男性钟爱且实用的物品中适当添加可体现其身份、品位的宝石元素，则将会广开销路，创造营销的成功。

第二步，感性精神层面突围。感性精神层面决定着一个产品的个性和生命，也在一定程度上决定着一个奢侈消费品的品位与价值。"一个仰首，一个回眸，不经意间闪过的一丝惊艳后，你将成为众人目光的焦点，一道被人仰慕的美丽风景，这种美在轻曳摇摆中映衬出你无限的魅力……"这是周大福旗下一款珠宝首饰的广告节选，这则广告正是从感性层面来唤起女性对其珠宝饰品价值认同的最好体现。相比女性珠宝饰品而言，男性珠宝饰品在诉求点上略有不同,即它是从感性、个性、时尚层面划分出男性饰品与女性饰品在感性层面上的差异,设立更加明确的专属意义,从而为广大男性消费者提供一个购买感性消费品的理由。珠宝饰品作为一种满足温饱需要后的精神需求性消费品,蕴含着高于物理属性价值的灵魂,所以,商家对其感性层面的深入挖掘就显得十分重要,具体来说可以在感性层面突破大家对珠宝饰品固有的思想认知,创造一个全新的思想领地,最终让广大男性消费者找到感性层面的归属与认知。

第三步,文化突围。"低水平的销售卖产品,高水平的销售卖文化",这里的"文化"指的是包括产品本身在内的文化内涵及相关的文化要素。笔者认为,开发一些以文化为基础的珠宝产品,来激发消费者的购买意愿,可以进一步扩大市场需求。比如结婚纪念日时,男女双方互赠珠宝饰品作为礼物;男女双方依据对方的星座生辰互赠幸运宝石;情人节男性送女性红宝石饰品,女性送男性蓝宝石饰品,以象征永久坚定的爱情等。此外,笔者通过市场调研后发现,剃须刀的购买者并不都局限于男性消费者,购买剃须刀作为礼物送给男性的女性顾客竟然比男性顾客还要多,于是商家推出了礼盒包装服务,广受市场好评。由此,珠宝饰品市场也可以同样借用此种营销手段,从礼品的文化角度切入,创造出更多的市场需求。"文化突围"需要针对目标消费者、购买者、使用者、购买影响者、购买决策者进行综合分析,充分挖掘他们的文化、精神、行为等各层面的特点与喜好,从而投其所好地进行销售。此外,商家还要在创造产品本身专属意义上下功夫,因为商品可根据不同的材质、造型、佩戴方式及其组合方式细分为众多的分市场,所以,细分市场不仅让消费者有了明确的归属感,而且更扩大了整体市场份额。

第四步,终端突围。针对目前市场环境下男性消费者在购买珠宝饰品时还存在一些心理障碍的弊端,笔者建议,商家在精心创造适合男性珠宝饰品消费者的购买环境时,更要加强对店铺导购的培训力度,以便通过销售人员专业的推介使男性顾客很快进入购买状态。例如,上海一家琉璃时空装饰品店,在消费环境与购物体验方面就采用了"终端突围"的营销战略:整个店铺均采用玻璃制品装饰,然后分别以中国传统风格、法国风格、美国风格以及日本风格等不同的主题思想来装点各个展区,此外,每个展区又分别以不同的主题颜色来代表不同的文化气息。最后,再辅以灯光和音响的配合,最终使每个置身其中的消费者均能体会到一种别样的异域风情。此外,衣着考究的销售人员也不会喋喋不休地向顾客介绍商品,他们只是安静、自然地站在一个固定的位置,给顾客创造一个安静、自由的选购空间。

四、消费者的购买过程分析

消费者的购买程序可分为以下五个阶段。

1. 唤起需要阶段

需要是消费的根源,可以被人的内在因素或外部刺激所唤起。企业不仅要唤起消费者的现实需要,而且还要研究与把握消费者的潜在需要,并摸索出其中能引起人们需要的种种诱因。

2. 收集信息阶段

当消费者拥有珠宝产品的心理需要被唤起并产生购买动机之后，就要考虑如何购买的问题，如到什么地方购买？什么时候购买？哪一家商店的信誉最好、服务质量最佳？因此，消费者就要开始收集有关的信息资料。信息的来源主要有以下途径：①个人来源：家庭、朋友、邻居和同事等。②商业来源：各种媒体的广告、销售人员、商店、包装和商品展示等。③公共来源：大众传媒、消费者协会及政府的有关机构等。④经验来源：消费者通过参观和实际使用所获得的经验与感受。各种来源的信息对消费者都有相当的影响。

3. 比较评价阶段

消费者在广泛收集信息的基础上，根据已掌握的信息资料，对自己所需购置的商品信息进行衡量比较，作出评价与选择，决定购买对象。尤其是宝石的类型与质量、价格、款式、服务质量和信誉等。

4. 决定购买阶段

决定购买有以下三种情况：①决定购买，立即成交；②延缓购买，如需对商品作进一步的了解等；③决定停止购买，经过比较评价认为商品的质量、款式、价格等具体内容尚不符合自己的需要而不购买。经过比较、评价后，消费者产生真正的购买意图，实施具体的购买行为。购买的最后决策，还会受到其他因素的影响，如他人对其购买决定的评价、对珠宝产品的满意程度、价格因素以及商店营销人员的态度等。

5. 购后行为阶段

该阶段包括两个方面：一是消费者的购物体验；二是消费者的使用评价。消费者的用后感觉，不仅影响他本人的下一次购买行为，也会影响到其他消费者的购买，并会直接影响到企业对这种商品的继续销售。

顾客满意非常重要，企业的销售来自两个基本群体——新顾客和老顾客。通常吸引新顾客比保住老顾客的花销大，最好的留住现有顾客的方法是使他们满意。满意的顾客会再次购买产品，会对其他人夸赞这些产品。买了满意产品的顾客，不太注意竞争中的其他产品或广告，而会继续从这家公司买其他产品。许多营销者尽力满足顾客的期望，他们注意使顾客满意。一个满意的顾客平均告诉 3 个人关于好产品的情况，而一个不满意的顾客会告诉 11 个人他的不幸，因此使顾客满意是重要的。显然比起好话来，坏话传得既快又远，并且能迅速败坏消费者对某个公司或产品的形象。

五、不同年龄层次珠宝首饰消费者的心理特征

国内珠宝产品的消费群体，从年龄上划分主要为三部分，即青年消费者群体（包括刚踏入社会不久的年轻女性、正在筹备嫁娶的新人、白领青年、校园中的青年学生及社会上的年轻族）、中年消费者群体（包括工薪阶层中收入稳定的中年人、收入较高的中年人）和老年消费者群体。不同年龄段的消费群体对珠宝首饰的消费心理是不同的。

1. 青年消费者

青年消费者的共同特点是求新、求异、追求时尚,在购买过程中往往带有较强的冲动性和情绪性,容易受环境因素和营销人员的诱导。因此,青年珠宝消费者在购买珠宝时,往往选择颜色艳丽、款式新颖、设计别致的珠宝首饰。这部分消费者是珠宝首饰促销的主要对象。在这类消费者中有的经济上尚需依赖外界的资助,只要条件许可,他们会毫不顾忌地随意选购,就是尽可能满足自己的需要和爱好,很少考虑其他因素。

2. 中年消费者

中年的珠宝首饰消费者,主要以家庭的经济条件为基础,购买时感性、追求品质。经济条件较好的主要选购钻石、红宝石、蓝宝石、祖母绿、优质翡翠等。经济条件一般的则主要选购尖晶石、石榴石、紫晶、托帕石、水晶等中、低档镶嵌首饰。

3. 老年消费者

老年消费者购买珠宝首饰,主要出于储备心理、纪念心理、身份心理和社会礼仪心理,购买过程中往往经过深思熟虑,并进行必要的技术咨询,同时会货比三家后才决定购买。他们一般喜欢端庄大方的首饰款式,并且注重所镶宝石的质地,以购买优质翡翠、红宝石、蓝宝石、钻石等高档镶嵌首饰为主,所选的首饰通常造型端庄,以示自己的身份和名望。

知识链接

玉器、玉佩中部分动物吉祥物造型[①]

(1)象:"象"与吉祥的"祥"字谐音,它身形庞大、气力惊人,但却性情温和、温文尔雅、安详端庄、知恩必报,是兽中之"德高望重"者。常有"吉祥平安""太平吉祥""吉祥如意"等,用以表达人们祈盼太平盛世和吉祥如意的心愿。

(2)豹:豹是山林中的猛兽。其体态矫健英武,加之斑纹多彩,而为人们所喜爱。在古代,豹尾被作为爵禄和荣誉的象征。豹为有韬略的猛兽,"君子豹变"作为吉祥图案,比喻人生事业鸿途永展。

(3)狮:狮为百兽之王,与虎同尊。因旧时"狮"字多写作"师",且"狮"与"师"同音,而古代官职中有居于"三公"之首的太师和"三孤"之首的少师,故民间常用图案为大小两只狮子的"太师少师"来祝福官运亨通、飞黄腾达。其他吉祥图案还有"双狮戏绣"和"狮子滚绣球"等。

(4)马:马是十二生肖之一,在我国一直是民族生命力的象征,马是历史文化上最奔放活跃的角色。马神采奕奕,尤其是它奋蹄奔驰更是潇洒奔放。

龙马精神,是中国人所崇尚的一种不灭的精神,神龙与骏马任何时候都受到人们的喜欢。在我国古代的神话传说中,关于千里马、神马、天马的记载很多,其中"天马行空,独往独

[①] 资料来源:综合《南阳日报》,2015.4.30 和网上公开资料。

来"的观念代表了中国人淡泊自为的一种潇洒风度。奔腾的群马,寓意事业发达。

(5)牛:牛是十二生肖之一,在我国民间被认为是一种神物,在神话传说中有关牛的故事很多。人们认为牛和水有着很密切的关系。在许多地方,人们将石头的或青铜的牛塑像投入水中,以此镇水,防止洪水泛滥,冲毁堤坝。

(6)羊:羊是十二生肖之一,其性情温顺,体态对称和谐,在古代就有"羊大为美"、羊兆瑞祥之说。

(7)狗:狗是十二生肖之一,忠厚老实,看家护院,是世界公认的人类的朋友。它跟人有特殊的感情,能通人性,世界上每个角落都流传有义狗救主人的故事。狗可以御凶,可护人。

(8)猴:猴是十二生肖之一,聪明机智,灵活多变,深受人们的喜爱。猴的吉祥意义,则大多取之于"猴"与"侯"同音。侯是中国古代的爵位之一,历代都有。它有人们美好象征意义"马上封侯""背背封猴"等。

(9)兔:兔是十二生肖之一,机智灵活,玲珑柔顺,在中国古文化中同样占有一席之地,传说它是由玉衡星散开而成,能兆吉祥。此外,"蛇盘兔"吉祥图案用于婚配及家业兴旺的意愿表达中。

(10)虎:虎是十二生肖之一,为百兽之王,威风凛凛,特别是额头正中的"王"字纹样,更显示出它的英雄本色。虎威武勇猛、剽悍有力而为人所畏惧,它是勇气和胆魄的象征。

(11)雄鸡:雄鸡具有五德,头顶红冠,是文;脚踩斗距,是武;见敌善斗,是勇;遇到食物召唤同伙,是仁;按时报时,是信。由于雄鸡的五种至高品德,斗鸡的图案被视作"英雄斗志",属鸡的人更是把鸡视为自己的吉祥物,而对鸡怀有一种特殊的感情。

雄鸡的鸡冠高耸、火红,表示吉星高照;雄鸡勇猛善斗,是英雄武勇的象征,用来比喻人骁勇善战;雄鸡长鸣形象表示"声声报吉";一只雄鸡与五只雏鸡相戏的图案表示"五子登科",祈祝仕途顺利。

(12)龟:龟与龙、凤、麟并称为"四灵",其中龟是真实可见的动物,寿命极长。它在我国总是被赋予一种神秘的色彩,而成为最大的灵物和吉祥物之一。龟是长寿的象征,还具有忠厚善良、知情知义、受恩必报的寓意。早在先秦时期,我国就以龟作为避害的吉祥物,现代人同样在石器、文具等器物画上龟以示吉祥。龟还象征着不朽和坚定。

(13)鹿:鹿在中国的文化中占有相当重要的地位。"鹿"与"禄"同音,鹿常用来象征富裕,还作为长寿的象征,用在多种场合来表达祝寿、祈寿的主题。

(14)蜘蛛:蜘蛛又被称为喜母、喜子、亲客等。古代人们普遍地以蜘蛛作为吉祥物,认为一群蜘蛛集在一起,就预兆着要发生喜事,蜘蛛沿着一根丝往下滑,则表示"天降好运"。蜘蛛吊垂巢下,其下有枇杷、蒜、樱桃等,称之为"天中集瑞图"。

(15)蚕:"春蚕到死丝方尽,蜡炬成灰泪始干"。春蚕一生忙忙碌碌、结茧吐丝,给人带来财富,被人们看作吉祥之物。由于春蚕终生忙碌不停,人们常把蚕比喻勤劳的人。

(16)蝙蝠:蝙蝠的"蝠"与"福"同音,蝙蝠成了好运气与幸福的吉祥象征物。凡是表示"福"的主题的祝愿都可以通过带有蝙蝠的图案来表示。玉雕中有"天赐五福""平安五福""好运即将来临""洪福无量"等不同雕刻的多种寓意。

(17)鹤:鹤为长寿之鸟,有仙风道骨之气,在中国的文化中占有很重要的地位。鹤常为仙人所骑之物,古代神话中的老寿星,常以驾鹤翔云的形象出现。鹤主要的吉祥意义是"长寿",鹤与松构成的图案,寓意"松鹤长寿""鹤寿松龄";鹤与龟构成的图案,寓意"龟鹤同龄""龟鹤延年";鹤与鹿、梧桐构成的图案,寓意"六合同寿""鹿鹤同春";众仙拱手仰祝寿星驾鹤的图案,寓意"群仙献寿"。

任务三　珠宝组织市场购买行为分析

学习指导

做什么

通过案例分析珠宝组织市场的购买行为和特点,小组讨论,个人发表观点,分享讨论结果。

怎么做

1. 确定本次任务组长。
2. 阅读下面情境导入,自己试着写出任务问题的答案。
3. 完成珠宝组织市场讨论记录单个人观点部分填写。
4. 团队讨论完成任务问题和珠宝组织市场讨论记录单。
5. 站在珠宝销售者的角度分析上述问题。
6. 交流与学习。

情境导入

珠宝首饰产业链可简单地分为上游、中游和下游市场,各市场具体内容如图2-2-1所示。

珠宝行业可以说是资金密集型企业,同时,珠宝加工制作所需的原材料受多种因素影响,原材料价格的波动势必造成珠宝产品价格的变化,甚至影响较大。如黄金、钻石等原料价格上涨时,如果珠宝企业当前持有的原材料存货成本较低,则对企业利润具有正面影响;反之,珠宝企业当前持有的原材料存货成本较高,则对企业利润具有负面影响。因此,珠宝加工所用原材料的价格波动是珠宝首饰企业的经营风险之一。

回答任务问题并填写表2-2-4。
(1)珠宝企业采购原材料有哪些特点?
(2)假设进行连续3年的原材料采购,你认为会有哪些变化呢?
(3)珠宝企业的采购受哪些因素影响?

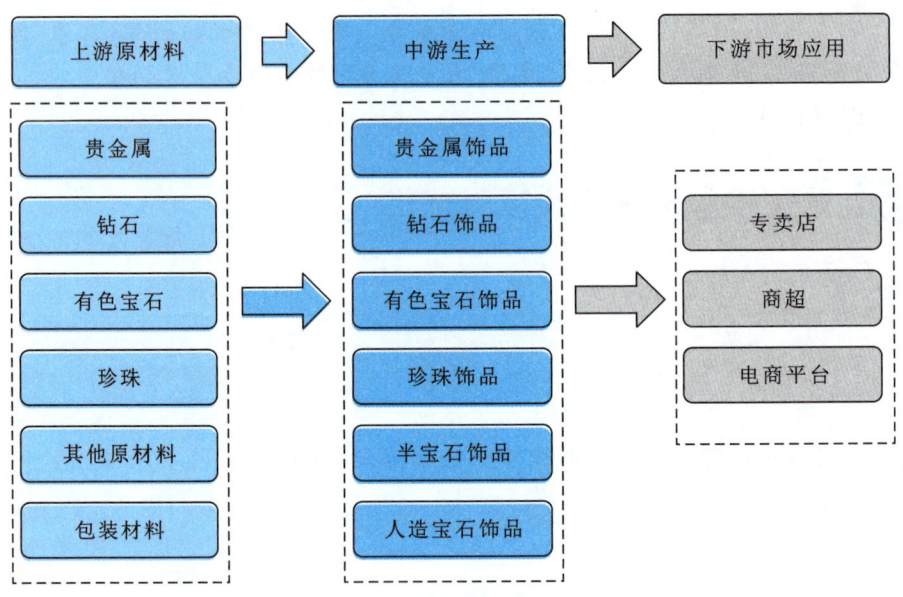

图 2-2-1 珠宝首饰产业链示意图

表 2-2-4 珠宝组织市场讨论记录单

讨论问题	自己的观点	团队其他人的观点
1. 珠宝企业采购原材料有哪些特点？		
2. 珠宝原材料的主要来源地有哪些？		
3. 珠宝企业购买原材料时应考虑什么？		
4. 珠宝的上游市场除了原材料交易还有什么？		
5. 珠宝企业购买原材料都可能有哪些角色参与其中？		

一、组织市场的构成

组织市场是由各种组织机构形成的对企业产品和劳务需求的总和。珠宝市场的组织市场主要涉及到的是原材料、机器及相应的服务提供给注入企业、中间商、政府等组织用户构成的组织市场。它分为三类，即生产者市场、中间商市场和政府市场，珠宝市场涉及最多的是生产者市场和中间商市场。

二、组织市场的购买行为

(一)生产者市场购买行为

生产者市场又叫企业市场,他们采购货物和劳务的目的不是为了个人消费,而是为了加工生产其他产品,以便出售或出租,从中牟利。

1. 生产者市场的特点

生产者市场与消费者市场相比较具有以下明显特点。

(1)购买者数量较少,购买量大。购买主体是企业,购买主要是用于再生产,购买量比消费者市场要大。

(2)用户地理位置集中。由于资源、交通条件和历史原因、竞争等,致使行业分布呈现区域性。

(3)生产者市场的需求缺乏弹性。产品和服务的需求受价格的影响比较小。

(4)专家购买。生产者市场的购买必须要求参与购买的人是经过训练的、懂行的专家。

(5)需求的派生性和波动性。生产者市场对产业用品的需求,是从消费者市场的需求派生出来的。这就是生产者市场需求的派生性。需求的波动性是指生产者市场购买者对于生产用品和劳务的需求比消费者市场的需求更容易发生变化。

2. 生产者市场的购买类型

生产者市场购买类型分为三种,即直接购买、修正购买和新购。

1)直接购买

即企业的采购部门根据过去和许多供应商打交道的经验,从供应商名单里,选择供给企业,并直接采购所需重复购买的产品。买方选择熟悉并满意的供货方,持续购买,且对购买方式及订货条款都不需要做任何修正,甚至建立自动订购系统。

2)修正购买

即企业的采购部门为了更好地完成任务,适当地改变其采购的某些产品的规格、价格等条件或供应商。这类购买会给原先不在供货商名单中的企业提供机会。

3)新购

即企业第一次采购某些产品。由于第一次采购时交易双方为初次接触,所以需要大量的有关信息,且购买成本高,风险大,企业往往参与购买的人很多。这种购买能给供货企业提供交易机会。

3. 生产者市场购买者的参与者

参加采购的人员由于工作重心不同,在购买中担任不同的角色,这些角色可以概括为以下五种。

(1)实际使用者,通常首先由他们提出购买建议。

(2)影响者,企业内外一切对最后购买决策有影响的人,如使用者、技术人员、推销员均可能是影响者。

(3)决策者,拥有决定权的人。一般情况下,决策者就是采购者,但是在交易大而复杂的情况下,决策者可能是企业主管,负责批准采购人员的采购方案。

(4)采购者,被企业正式授权执行采购任务的人。

(5)控制者,能阻止买方推销人员与企业采购中心人员接触,或控制与采购有关的信息流入企业的人,如采购代理人、接待员、电话员、秘书等。

4. 生产者市场的购买过程

生产者市场的购买过程和消费者市场有些差异,归纳起来大致有以下几个阶段。

(1)认识需要。在企业的生产经营过程中,企业中的人员发现企业生产中对某项产品有需要,生产者的购买就开始了。

(2)确认需要。即确认产品的可靠性、耐用程度、价格和其他必备的属性,并确定需要的数量。

(3)说明需要。企业的采购组织确定需要以后,要指定专家小组,对所需要的品种进行价值分析,作出详细的技术说明,作为采购人员取舍的标准。

(4)物色供应商。可通过工商名录或其他资料查找,也可以通过其他企业介绍。然后对这些供货商的生产、供货、人员配备及信誉等方面进行调查,从中选出理想的供货商。

(5)征求报价。向合格的备选供应商发函,请他们尽快寄来产品说明书、价目表等有关资料,如果是复杂、贵重产品的新购,更需要详细的资料。作为买方企业,此阶段应尽量提供详细的产品资料,同时强调公司的生产资源和条件。

(6)选择供应商。企业在对供货商资料详细比较后,选择合适的供应商。选择时重点考量以下方面:交货能力;产品质量、规格;价格;企业信誉及历来履约情况;维修服务、维修能力;技术和生产能力;财务状况;地理位置等。

(7)正式订货。即正式发出订单,在订单上写明所需产品的规格、数量、交货时间、退货条款和保修条件等。双方签订合同后,合同或订单副本被送到进货部门、财务部门及企业内其他相关部门。

(8)绩效评估。采购完成后,采购部门还应和使用部门常保持联系,及时了解产品的使用情况,以供日后采购的参考。

(二)中间商市场购买行为

中间商市场,亦称转卖者市场。它是由所有以营利为目的从事转卖或租赁业务的个体和组织构成,包括批发商和零售商两部分。中间商在地理分布上比生产者分散,比消费者集中。产业市场的特点大部分对中间商市场也适用,决策过程也类似。

1. 中间商采购业务的类型

中间商的采购业务一般有三种类型,各有其特点。

(1)新品种的购买。这与前述生产者的新购不同,生产者对某种新产品如有需要,非买不可,只能选择供应者;而中间商对某种新产品则可根据其销路好坏,决定是否购进。

(2) 选择最佳供应者。中间商需要经营的产品确定后,经常要考虑的是选择最佳的供应者,即向谁进货。因为中间商限于条件,不能经营所有供应者的产品,只能从中选择一部分;中间商还可能用自己的品牌销售商品,必须寻找有一定水平又有合作意愿的供应者。

(3) 寻求较好的供应条件。如服务、较合适的信贷条件、较大的价格折扣等。

2. 中间商的主要采购决策

中间商必须按照顾客的需求来制订采购计划。要考虑经营范围和商品搭配、选择什么样的供应者、以什么样的价格和条件采购。

中间商在决定是否采购某种新产品或选择某家供应者时,通常要考虑的主要因素是:商品价格和利润率;商品的独特性和受顾客欢迎的程度;供应者对该产品的市场定位及营销策略;供应者为该产品提供的广告和促销补贴;供应者的声誉或企业形象等。

3. 中间商的采购决策过程及其影响因素

中间商的采购者同产业用户一样,也要受到环境因素、组织因素、人际因素和个人因素的影响。此外,采购人员的采购组织风格,也要予以考虑。有学者把中间商的采购者分为如下七种类型。

(1) 忠实采购者。这种采购者年复一年地忠实于同一货源,不轻易更换供应者。

(2) 机会采购者。这种采购者善于从备选的几个符合其长期利益和发展前途的供应者中,随时选择最有利的货源,而不固定于任何一个。

(3) 最佳交易采购者。这种采购者专门选择在一定时间内能给予最佳交易条件的供应者成交。

(4) 创造型采购者。这种采购者向供应者提出他所要求的产品、服务和价格,希望以他的条件成交。

(5) 广告型采购者。这种采购者在每一笔交易中都要求供应者补贴广告费。

(6) 吝啬型采购者。这种采购者在交易中总是要求供应者给予价格折扣,并且只同给予最大价格折扣的供应者成交。

(7) 精明干练采购者。这种采购者选择的产品,都是最物美价廉的、品种搭配最好的。

中间商市场的营销者如果了解买方采购者的特点,就可因人制宜,促成交易。

知 识 链 接

珠宝企业对珠宝采购员的要求[①]

不同企业和工作任务不同,对珠宝采购员的要求不完全相同,列举以下3种要求,见表2-2-5。

---

① 资料来源:整理自 https://www.kanzhun.com/duty/182684/。

表 2-2-5 三种不同的要求

	要求 A	要求 B	要求 C
岗位职责	1. 负责新开店货品挑选，门店货品补充采购； 2. 负责到供应商处挑选款式，核对价格，检验产品，对账结算； 3. 负责与工厂协商对接工作	1. 全面主导公司供应链管理工作，包括内外部供应链流程的梳理与完善； 2. 统筹规范公司物流管理体系，整合钻石供应链资源，增强供应链管理应变能力； 3. 对需求计划、采购、质检及配货等体系进行有效规划、管理及优化，打造高效精益的运营管理基础； 4. 根据全国店铺存销状况，确定商品需求，完成订补货计划，做好销售及库存数据分析； 5. 建立和健全供应商、承运商的开发、维护、跟踪及评估体系，合理控制采购及运输成本并保证品质； 6. 负责 ERP 系统推行，完善公司系统化管理平台； 7. 负责仓库运作及账务平台管理，钻石原材料及成品管控等工作	1. 依据公司发展需要，规划及管理经营的 12 个品牌及产品发展方向，按时间周期制定产品开发主题、产品款式构架； 2. 负责公司产品的选品与开发，制定产品的推广计划，撰写产品营销方案，挖掘产品卖点，与相关部门沟通，制定产品营销推广方案并跟进； 3. 根据反馈信息不断改良设计，使产品适应市场需求； 4. 督导产品研发中心的日常工作，定期召开产品会议，确保产品中心正常运转能满足业务需求； 5. 掌握珠宝首饰流行趋势，收集整理流行资讯，调研分析用户需求，密切关注和分析行业动态，定期完成竞品调研分析，确保新产品与市场接轨； 6. 掌握有市场竞争力的产品资源，分析市场发展方向和动态，消费群体的服务需求
岗位要求	1. 珠宝专业或从事珠宝采购相关工作 1 年以上，具有琥珀珠宝采购经验优先； 2. 熟知珠宝行业消息，具备良好的珠宝配色能力，能建立并开拓采购渠道，具有优秀的商业谈判技巧和实操经验优先； 3. 熟悉珠宝加工工艺，了解珠宝加工造价，有珠宝厂家资源最佳	1. 对珠宝互联创新型运营模式有一定了解； 2. 有较强的渠道开拓能力、资源整合能力； 3. 谈判能力强，精通产品业务的开发、管理及服务，并具有创新意识，抗压能力强； 4. 熟悉珠宝采购商及珠宝零售门店等运营管理流程，具有丰富的运营策划能力、市场预见能力； 5. 具备一定的中高端品牌客户资源，良好的沟通技巧，组织协调渠道和营销网络资源，具备市场拓展业务管理经验	

一、单选

1. 珠宝消费者的购买行为模式是（   ）。
   A. 习惯性　　　　　　B. 理智型　　　　　　C. 冲动型　　　　　　D. 5W1H

2. 珠宝服务市场不包括（   ）。
   A. 设备供给和宝石加工服务　　　　　　B. 首饰镶嵌服务和珠宝首饰陈列
   C. 银行金融服务　　　　　　　　　　　D. 包装服务

二、判断

1. 我国珠宝首饰市场有很大的市场空间。（   ）

2. 习惯型消费者对某一品牌的珠宝首饰具有特殊的感情,或对某一珠宝首饰专卖店有特殊感情,喜欢购买、经常光顾。（   ）

3. 造成翡翠首饰价高原因之一是高档翡翠原料枯竭,很难产出大颗粒可制作翡翠首饰的高档原料,好原料颗粒越来越小。（   ）

4. 从物质需要到精神需要,这样的层次呈现出由高到低的特点。（   ）

5. 同样的动机可产生不同的行为。（   ）

6. 生产者市场上的购买者往往集中在少数地区。（   ）

7. 象征寓意心理表达的是消费者某种愿望,或一种美好的寄托。（   ）

8. 色泽艳丽、造型奇特、款式新颖、美观漂亮、秀气细巧的珠宝首饰,是这类消费者的理想装饰品。（   ）

9. 生产者市场的购买者数量较多,购买者的规模较小。（   ）

10. 珠宝首饰不会带给人们的是一种自信心的满足,是一种心理上的平衡和喜悦。（   ）

三、简答

1. 男性消费者的购买特点。
2. 简述求美购买动机。
3. 珠宝首饰消费需求特点。
4. 研究消费者心理及行为对珠宝首饰营销的意义?

四、分组实践

假设你所在的珠宝企业要开发某少数民族地区的三四线城市市场,已经分析了宏观环境、竞争对手、市场容量情况,为了更好地提供消费者喜欢的珠宝首饰,需要清楚当地消费者的喜好和购买的珠宝档次。

任务:

1. 收集与消费者喜好有关的因素信息,了解当地消费者可能的消费动机、家庭收入情况。
2. 收集不同年龄、不同性别群体的珠宝需求特点。
3. 分析上述信息,写出分析报告。

项目三 珠宝市场调查

任务一 认识珠宝市场调查

学习指导

做什么

分析下面的情境导入推出自助式DIY定制的原因?根据市场调查理论,以小组为单位,通过收集珠宝市场资料(注意收集资料的方法),分析你所在城市今年的珠宝市场情况,在"大众创业、万众创新"的时代,如果进行自主创业,你会从哪些方面入手?并交流共享。

怎么做

1. 3~4人一组,确定本次任务的组长。
2. 阅读下面情境导入,进行小组讨论,案例中的数据都说明什么问题?填写珠宝市场调查内容表单。
3. 讨论分析下面情境导入后面的问题。
4. 分析你所在城市今年的珠宝市场情况,在"大众创业、万众创新"的时代,如果进行自主创业,你会从哪些方面入手?
5. 分享交流。

情境导入

2018年珠宝定制行业成市场新宠,自助式DIY定制是大势所趋[①]

一、珠宝定制行业概述

许多在终端品牌店选购过珠宝首饰的消费者一定有过这样的经历,虽然店铺内商品琳琅满目,款式多样,但选来选去,却总也难以选到自己喜爱的。如今,越来越多的年轻消费者,特别是90后这些年轻适婚群体追求个性,愿意拥有与他人不一样的观点和表达方式。无论是订婚,还是结婚,抑或者自己佩戴,他们都更想通过一件有温度的珠宝首饰来展现。

---

① 资料来源:https://www.huaon.com/story/499383。

珠宝私人定制的出现恰好能够有效解决这些需求(表2-3-1)。

表2-3-1 珠宝首饰行业发展特点

特点	说明
资本密集型行业	需要较多的资金购买单价较高的原材料,较大规模的产品铺货及流动资金
百货商场是主要渠道	珠宝专营店有百货公司品牌及企业双重担保,消费者更有倾向性
多元化的细分特征	消费者需求正朝着多样化、个性化的方向发展

目前中国珠宝行业格局大致可分为4个部分,分别是国际知名品牌、港资品牌、内地全国品牌和区域性品牌。中国珠宝行业市场集中度不高,企业非常分散,因此为珠宝定制行业提供了一定的支撑(图2-3-1)。

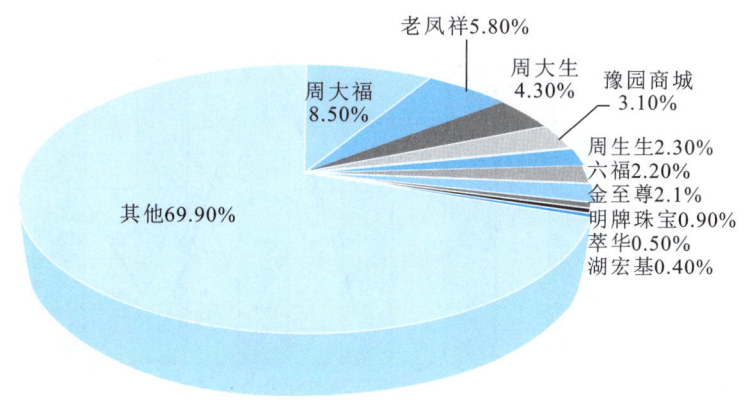

图2-3-1 珠宝行业市场占有率

(华经产业研究院发布的《2020—2025年中国珠宝首饰行业竞争格局分析及投资规划研究报告》)

二、珠宝定制驱动因素

从人均可支配收入来看,2018年我国人均可支配收入为28 228元,同比增长8.7%,国民有更多的余钱去消费(图2-3-2)。

随着经济发展,高端消费呈现趋势,珠宝行业从粗放式增长转变为需求调整带来的结构性变革,品质化、品牌化将成为新时期的主题。2018年,我国珠宝首饰及有关物品制造销售收入为4516亿元,同比增长10%,见图2-3-3。

三、珠宝定制发展趋势

1. 价格相对实惠

受影视、书本中"高大上"场景的影响,一提到私人定制,人们往往想到的是价格贵、出货慢、做工复杂,总而言之,就是与普通人的生活格格不入。由于珠宝行业原材料本身的昂贵,无论是量产还是私人定制,都不能说把成本极大地压下来,然而定制珠宝相对于品牌珠宝来

图 2-3-2　2014—2018 年全国人均可支配收入统计情况

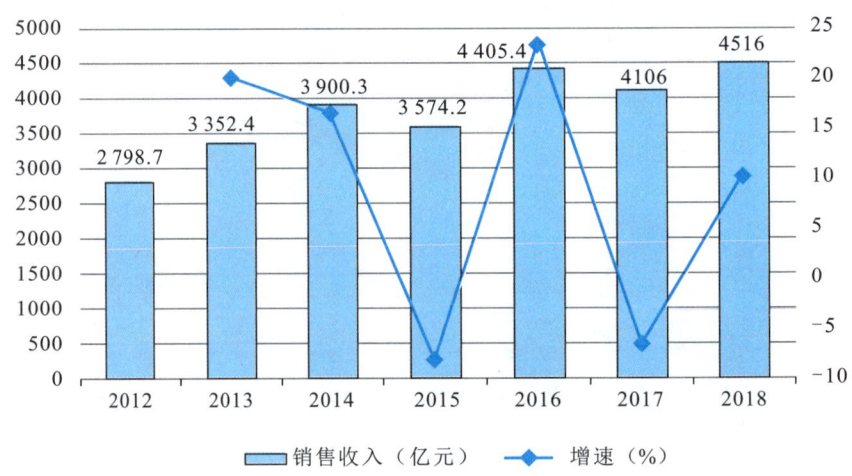

图 2-3-3　2012—2018 年珠宝首饰及有关物品制造销售收入统计

说,价格相对来说要更实惠,因为品牌的经营成本会远远高于工厂,而定制珠宝一般都是工厂出的,所以定制珠宝售价会低于品牌珠宝。

2. 现象普及,高端定制走向平民化

在珠宝行业,私人定制已经不算是什么稀奇的事情了,不管是个人工作室还是珠宝的门店甚至是品牌都打上了私人定制的标签。国内珠宝市场不断嬗变,人们对珠宝的认知更加深入,许多消费者不只是满足于拥有一两件珠宝,更想拥有属于自己的个性设计。于是一些业内人士便开了自己的私人定制工作室,尝试给朋友、熟人定制原创设计的珠宝首饰。

3. 推出自助式 DIY 定制

自助式 DIY 定制是让客户自己动手来定做珠宝首饰,是客户参与设计,为自己量身定做的过程。产品款式有型,未必有意义。这是因为,成品的珠宝是设计师从其专业的角度,将其对珠宝的理解、审美的理解兑现在款式中,所以,珠宝本身体现了专业和审美,至于意义,对于成品来说是奢侈。定制珠宝则把对珠宝意义的定义交给了客户,通过让客户自己来选金属、换宝石、换手寸、刻字,甚至可以将自己的灵感转述给设计师,从而DIY出一款自己的珠宝,这个过程本身就是让客户自己来设定珠宝的"意义"。

回答任务问题并填写表2-3-2。
(1)如何区分珠宝定制和DIY?
(2)珠宝定制的驱动因素有哪些?
(3)如果一个珠宝企业要进入定制市场都需要做哪些准备?

表2-3-2 市场调查内容分析

问题	你的回答	团队成员的回答
1. 珠宝的定制市场调查可能涉及哪些内容?		
2. 调查的内容中与消费者行为有关的是什么?		
3. 调查的内容中与商家有关的是什么?		
4. 调查的内容中宏观因素有哪些?		
5. 珠宝DIY市场调查属于哪种类型的调查?		

一、珠宝市场调查

市场调查的应用起源于20世纪初,由德国发起,之后在美国迅速兴起,20世纪50年代后,世界各国的许多企业纷纷仿效美国,特别是经济发展速度快、市场竞争激烈的市场,出现了市场调查机构,并开展了广泛的市场调查活动。

每一家珠宝企业都一样,为了产生最大的价值和顾客满意度,在公司发展的任何阶段都需要各类信息,如消费者需求信息、市场环境信息、竞争对手信息等,这些信息不仅对开发新产品有用,而且对企业的战略制定、珠宝的营销都起着至关重要的作用。

1. 珠宝市场调查的概念

珠宝市场调查是珠宝企业现代营销中必不可少的一项工作,从珠宝市场的需求,珠宝产品的设计、研发,到珠宝品牌的定位与传播、珠宝产品的销售等各个环节都离不开市场调查。

珠宝市场调查是珠宝企业运用科学的方法,有目的、有计划、系统地收集珠宝市场营销方面的各种情报资料,通过对过去与现在营销状况及动态性影响因素的分析研究,为珠宝企业预测其未来发展趋势,为制定正确的决策提供可靠的依据。

珠宝市场调查的内涵如下。

(1)珠宝市场调查是有目的收集信息并对信息进行分析的过程。合理安排调查工作,达到调查目标,完成好珠宝市场调查需要进行调查设计。

(2)珠宝市场调查收集的资料包括过去有关经济及其他影响较大的宏观环境、消费者消费特征及消费情况、企业的营销状况、现在的营销环境影响、消费者情况等。

(3)收集的相关信息需要分析研究,并通过分析对未来发展趋势进行预测,进而为制定正确的决策提供可靠的依据。

(4)珠宝市场调查的方式多种多样。

2. 珠宝市场调查的作用

珠宝市场调查是珠宝企业有效利用企业内部和企业外部信息,为了更好地满足消费者需求,赢得市场所必需的。调查中更新信息的开发,对企业的发展具有重要作用。珠宝市场调查的作用表现在以下几个方面。

(1)为珠宝企业的发展方向的确定提供可靠依据。

(2)市场调查是珠宝企业新产品开发的基础。洞察消费者,才能设计出消费者心仪的珠宝产品,消费者的满意度是建立在喜欢珠宝产品的基础上。同时,珠宝企业清楚消费者的真正需求,也有助于企业适时地更新产品。

(3)经过充分市场调查而作出的生产和销售计划往往更科学。

(4)更贴近市场的营销组合策略,一定是经过珠宝市场的调查后制定的。如珠宝产品的定价策略、渠道策略、促销组合策略的确定和实施都离不开珠宝市场调查。

(5)珠宝市场调查有助于珠宝企业了解市场,依据市场的需求改善经营管理。

3. 珠宝市场调查的原则

珠宝市场调查的结果是珠宝企业经营决策的依据,在调查中要遵循以下基本原则。

1)实事求是原则

尊重客观事实,从珠宝市场本身和消费者需求的实际出发,实事求是,这样收集的资料对珠宝企业才有意义,切忌主观武断。

2)目的性原则

珠宝市场调查需要耗费人力、物力和财力,有目的、有计划、有针对性地进行调查对珠宝企业才有意义,才能为珠宝企业的经营决策服务。

3)系统性原则

影响珠宝市场变化的因素有珠宝企业内部因素,也有外部环境因素。珠宝企业处于不断发展变化的内外因素中,这些因素相互联系、相互影响,使得市场成为不断运动变化的系统。因此,进行珠宝市场调查要有系统的观念,全面分析和研究影响市场变化的各因素之间的内在联系,全面分析环境对市场的影响,找出珠宝市场变化的本质及珠宝市场发展变化的规律性,从而达到珠宝市场调查的目的。

4)效益性原则

珠宝市场调查要考虑珠宝企业的经济效益,采用科学的调查方法和调查手段,利用好二手资料及多方面的力量,特别是能够洞察消费者的大数据信息,以达到事半功倍的效果。

二、珠宝市场调查的内容

根据调查需求和调查目的不同,珠宝市场调查可以选择不同的调查内容,一般分为宏观环境调查和中微观环境调查两大类。

(一)珠宝市场的宏观环境调查

珠宝市场的主要宏观环境有政治、经济、社会、科技、人口、自然等。宏观环境具有一定时期的稳定性。珠宝市场国际贸易比较普遍,许多珠宝品牌从原材料的来源到珠宝产品的消费者,都有跨国跨区域存在。我国内地珠宝市场现有珠宝品牌主要包括国外品牌、香港品牌、境内品牌,形成三足鼎立的竞争局面。表2-3-3是前瞻产业研究院2017年的统计数据。

表2-3-3 我国内地珠宝现有市场情况

指标	高端市场	中端市场		低端市场
		香港品牌	内地品牌	
品牌	卡地亚、蒂芙尼、梵克雅宝等	周大福、周生生、谢瑞麟、六福珠宝	老凤祥、潮宏基、明牌珠宝、豫园商城、戴梦得、萃华等	以网络销售为代表的钻石小鸟、戴维尼,众多的珠宝加工企业等
特点	品牌知名度高,做工精细,款式设计时尚,品牌优势明显	占国内市场比例较大,香港品牌总体领先内地品牌。内地品牌意识提升		企业数量众多、规模小、分散,企业竞争力强弱不一

详细内容见珠宝市场营销环境部分的内容。

(二)珠宝市场的中微观环境调查

珠宝市场的主要中微观环境调查有:竞争者调查、消费者行为调查、市场需求调查、产品调查、竞争状况调查、销售渠道调查和促销活动调查等。

1. 珠宝市场竞争者调查

珠宝市场中竞争者调查主要有竞争对手基本情况调查、竞争企业的竞争力调查、与本企业相关的珠宝市场竞争状况调查、竞争者的竞争地位调查等,要做到知彼知己。

2. 珠宝消费市场需求调查

珠宝消费市场需求调查是针对最终消费者的调查,是市场调查内容的核心。珠宝消费者需求调查主要包括需求量多少的调查、珠宝消费结构调查、珠宝消费者的行为调查。

珠宝是非生活必需品,因此,珠宝消费的需求量首先取决于消费者的收入水平。目标市场消费群的收入水平、收入增长情况、拥有货币的投向,对珠宝消费需求量影响大。当人们的可支配收入高,在吃、穿等基本生理需求方面不需要特别关注时,随着收入的增长,人们对珠宝等非生活必需品的需求增长。其次珠宝消费市场需求取决于家庭的人口数量与消费。家庭人口数、家庭结构影响消费水平、消费结构。还有就是受消费者个人偏好、购买心理、购买习惯等影响。

3. 珠宝产品调查

珠宝产品的调查包括消费者喜爱的珠宝及产品种类、产品的款式、珠宝的品牌、珠宝及产品与消费者利益等。通过调查可以了解消费者对珠宝的品牌、质量、款式、包装、服务等方面的要求与偏好;对珠宝要求及偏好形成的原因;了解珠宝消费者对不同档次珠宝产品价格的理解和接受程度;消费者对珠宝及产品的需求受珠宝产品价格的影响程度等。

4. 珠宝产品销售渠道调查

渠道是珠宝生产企业与珠宝消费者的桥梁,渠道是否畅通,通过哪些渠道珠宝消费者能够便捷、高效、有保证地得到他们想要的珠宝产品,对于珠宝企业极其重要。珠宝产品的销售渠道调查内容包括中间商的销售额、经营能力、潜在销售量、珠宝消费者愿意接受的渠道形式、中间商的支付方式和中间商的市场信誉度等。

5. 促销活动调查

珠宝市场的促销活动调查包括人员推销活动、广告的效果、销售促进的影响、公共关系的有效性等,如促销活动的影响范围、消费者的参与度、促销活动的知晓度、促销前后消费变动情况、消费者对珠宝企业形象的认识等,也是市场调查的主要内容。

三、珠宝市场调查的分类

珠宝市场调查可以从不同角度进行分类,如按调查目的分类、按客户的类型分类、按上下游市场进行分类、根据获取资料的方式分类等。

(一)珠宝市场调查按调查目的分类

珠宝市场按市场调查的目的可分为探索性调查、描述性调查、因果性调查、预测性调查。

1. 探索性调查

探索性调查用于收集初步数据,研究问题真正性质的先导调查。经常被用于定义问题,也可用于进行追踪调查以寻找市场机会。珠宝企业在调查目的明确,但调查的范围和需要调查的问题不清晰时,为尽快确定研究的重点,可以用探索性调查。探索性调查事先不需要周密策划,在调查过程中,根据实际情况可以进行调整。

以产品概念的测试为例,进行探索性调查可以确定产品的概念是否符合消费者心目中的期待,概念概括得是否恰当等。一个让消费者认为"好"的产品概念,可以让消费者感受到自己需求的满足、产品能做的是什么、产品拥有的属性或特点。对于珠宝市场调查来说,就是从消费者角度提出有关问题,做好消费者洞察;说明产品能为消费者提供哪些好处,即珠宝产品的利益点有哪些;解释产品是怎样解决消费者观点中所提出的问题,即这些利益用珠宝及产品的哪些属性或特点支持。

2. 描述性调查

多数的市场调查是描述性调查,这类调查主要对市场上存在的客观情况进行深入细致的调查,并如实地加以描述,找出各因素的内在联系,得到调查问题需要的答案。与探索性调查相比,描述性调查研究的问题更加具体,能回答"是什么"的问题。珠宝市场的描述性调查主要进行珠宝市场及相关事实资料的收集、整理,重点回答的是消费者买什么珠宝,何时购买,购买珠宝及产品受谁的影响,在哪儿购买,如何购买等问题,如对90后、00后群体的特征与珠宝及首饰购买的调查。通过调查描述能够判断90后、00后群体对珠宝产品的需要、态度、行为、意见等特征。

3. 因果性调查

因果性调查是在清楚珠宝市场上某些现象或变量之间的相互关系的基础上,进一步分析研究市场现象与影响因素间客观存在的联系,揭示和鉴别各因素间的影响、影响程度等而进行的市场调查,回答"为什么"的问题。因果调查可以分析市场现象间的相互系的趋势和程度,找出联系的规律性。如90后、00后群体已逐渐成为珠宝消费市场的主力军,对该消费群体对珠宝及首饰有较高的消费影响因素的调查。

4. 预测性调查

预测性调查是根据调查目的收集过去和现在的各种市场资料,对其加以分析研究,估计未来一定时期内对珠宝及产品的需求量及其变化趋势的调查,是珠宝企业制定有效的营销规划、进行市场营销决策的前提。

(二)珠宝市场调查按客户的类型分类

珠宝市场调查按客户的类型可以分成对消费者和生产者的调查。

消费者调查,顾名思义就是对特定的消费者进行的调查,如在一定时间和范围内,对购买高档珠宝首饰的消费群体的调查,记录消费者感兴趣的属性元素,得出消费者的心理状况、购买行为、购买能力等方面信息,进而进行分析研究。

生产者市场调查,也就是产业市场调查,主要针对为再生产而采购的组织形成的市场调查。这里包括珠宝首饰加工企业、珠宝首饰批发和销售市场的调查。如调查珠宝首饰用的材料需求、原材料供应商的需求情况、销售市场情况等方面的信息,进而进行分析研究。

(三)珠宝市场调查按上下游市场分类

根据上下游市场不同,珠宝市场调查可分成珠宝批发市场调查、珠宝零售市场调查。批发市场,如珍珠批发市场收集其下游市场的服务情况、商品的供求情况、市场发展状况等信息,加以分析研究。零售市场,主要面向普通消费者的满意度、珠宝销售服务等的市场。

(四)珠宝市场调查按获取资料的方式分类

珠宝市场调查还有根据获取资料的方式分类,分为实地调查和文案调查。实地调查,顾名思义就是所有收集第一手资料的调查。通常有询问、观察、实验调查,这几种方法包括线上和线下调查。文案调查,是指所有的二手资料的收集和分析,同样也包括线上和线下的资料获取。在网络飞速发展的今天,调查者无论是实地调查还是二手资料的获取,借助于网络更加方便和简捷,当然,线下的实地调查也是必不可少的,尤其是珠宝首饰,价值相对比较高,普通消费者对其品质区分不清晰,消费者更注重体验感,线下实地调查就不能被完全替代了。

除了上述分类方式,还有按地域分类的市场调查,如国际珠宝市场和国内珠宝市场的调查。其他的市场调查类型就不一一介绍了。

任务二 完成一项珠宝市场的调查

学习指导

❓做什么

小组任务,根据珠宝市场调查的程序和具体方法完成一个珠宝市场项目的调查,并交流共享。

❗怎么做

1. 3~4人一组,确定本次任务的组长。
2. 根据下面情境导入要求,小组讨论,填写珠宝市场调查项目表单。
3. 讨论分析情境导入后面的问题。
4. 按调查程序进行珠宝市场调查。
5. 进行资料分析,写出珠宝市场调查报告。
6. 分享交流。

情境导入

在"大众创业、万众创新"的时代,如果进行自主创业,你会从哪些方面入手?设计并完成此项市场调查,写出调查报告。

回答任务问题并填写表2-3-4。
(1)该项调查如何进行?
(2)如果你的团队去调查,会选择哪些方法?

(3)如何找到调查的人群?

表 2-3-4 珠宝市场调查项目表

问题	小组讨论回答
调查项目	
调查目的	
调查的工作程序	
调查的区域	
调查的方法	
你将怎样分析调查资料	
如果需要把调查结果呈现出来,将采用什么样的方式	

一、珠宝市场调查的步骤

珠宝市场调查无论采用哪一种形式,进行哪一方面内容的调查,都是一次有组织、有计划的行动,都应该经过一定的步骤,才能达到预定的目标。调查一般要经过调查准备、正式调查、结果处理三个阶段(图 2-3-4)。

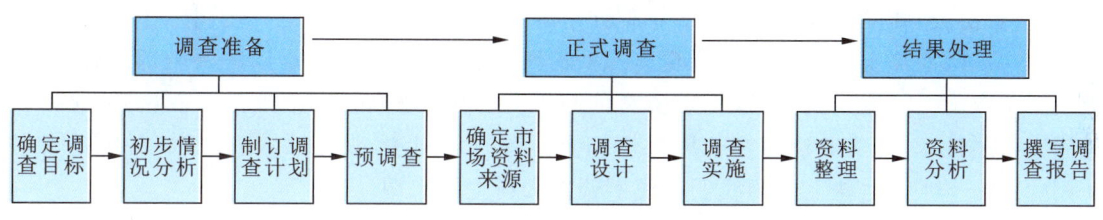

图 2-3-4 珠宝市场调查工作的步骤

(一)珠宝市场调查准备阶段

珠宝市场调查准备阶段包括以下四个步骤。

1. 确定调查目标

市场调查,必须首先确定调查研究的问题及其范围,确定调查的目标,这是市场调查的起点。

2. 初步情况分析

目标明确后,调查人员应根据珠宝企业内部及外部有关情报资料进行初步分析。企业内部资料包括珠宝企业技术状况、财务状况、市场情况、竞争实力、产品、价格、销售渠道、促销策略等市场营销手段;企业外部资料如政府的宏观经济政策、消费者的需求状况、相关珠宝首饰企业的经营策略等。调查人员应在分析现有情报的基础上,拟定假设条件,进行假定推断及提出可能解决的办法,圈定正式调查的范围。

3. 制订调查计划

市场调查计划是调查工作的行动纲领,是对调查工作的详细的安排,主要包括:①调查的方式;②调查的进度;③收集哪些信息和统计资料;④调查经费的预算;⑤确定调查人员及相关的培训计划等。

4. 进行预调查

根据初步情况分析,调查人员在小范围做一些试探性的调查,认真听取行业专家、渠道商、珠宝消费者等的意见。经过预调查检验,如果设计不合理、不能很好完成调查目标,则修改完善,使得正式调查能探求解决问题的真正答案。

(二)珠宝市场调查阶段

珠宝市场调查阶段包括以下五个步骤。

1. 确定市场资料来源

珠宝市场调查资料来源可分为原始资料和二手资料,原始资料又称为一手资料,是调查人员通过对现场实地调查所收集的资料,通过向消费者访谈、观察、实验等获取的与珠宝市场有关的资料。二手资料是指由他人收集并经过整理的资料,可以从政府有关部门、行业协会、消费者协会、新闻媒体、专业和非专业研究机构等提供的相关资料。使用二手资料省时、省力、省钱,因而珠宝市场调查多从收集二手资料开始,在二手资料难以解决全部问题时,再收集一手资料。一般来说,获取一手资料的三种方法中,观察法适用于探索性调查,访问法适用于描述性调查,实验法适用于因果性调查。有时访问法、观察法、实验法三种方法交替使用。图2-3-5是珠宝市场线上和线下调查资料主要来源。

2. 调查设计

珠宝市场调查设计前,根据调查目的先进行二手资料收集分析,二手资料无法完成的调查再用实地调查获取,然后进行调查设计。调查设计包括抽样的设计以及访谈、观察、实验的设计。访问法通常采用问卷调查、深度访谈获取信息,问卷和访谈问题设计的好坏将直接影响调查结果。抽样设计是在实地调查前,对调查对象、抽样方法、调查样本的多少的确定,为保证调查的质量,实地调查的消费者按照抽样设计的要求进行工作,网络问卷大多采用邀请和主动作答的形式回收问卷,样本来自网络用户,大数据也大多来源于网络用户的各种行为记录。

3. 调查实施

根据调查方案设计要求采取各种方式收集调查资料,到调查现场获取第一手资料。现场调查工作直接影响到调查结果的正确性。在实施调查过程中必须重视现场调查人员的选拔和培训工作,确保调查人员能按规定的进度和方法索取所需资料。

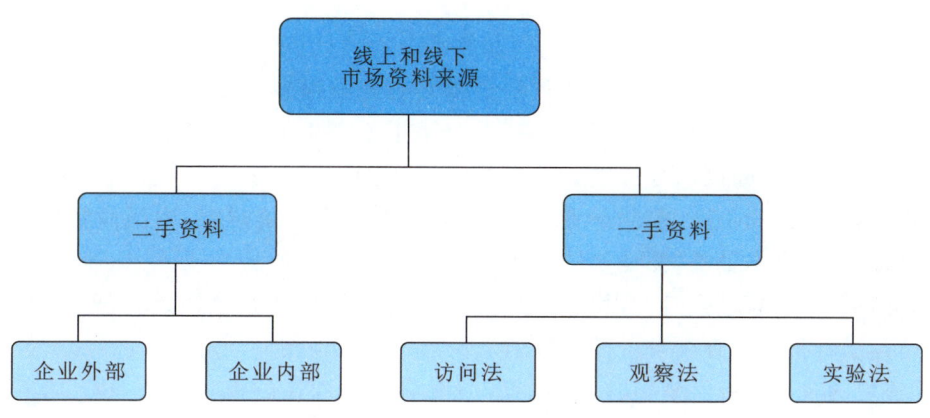

图 2-3-5　珠宝市场线上和线下调查资料主要来源

(三)珠宝市场调查资料的处理分析阶段

珠宝市场调查资料的处理分析包括资料的整理和资料分析、撰写调查报告三个部分。

1. 珠宝调查资料整理

珠宝调查资料整理主要是对资料的审核及整理统计。珠宝调查资料整理的目的主要是审核资料的完整性、时效性、准确性,将那些零散的、杂乱的资料进行筛选、编号、分类并统计,特别是获取的大数据,必须经过筛选、分类、统计,从中抽取有用信息,才能为数据分析打好基础。

2. 珠宝调查资料分析

将资料整理环节已经分类的资料进行统计计算,编制各种图表,建立数据库,并对各项资料中的数据和事实进行比较分析,得出相关的结论。

3. 撰写珠宝调查报告

根据调查过程、调查实施、调查数据的分析结果等写出相关的调查报告,作为珠宝企业决策时的依据。一份完整的珠宝市场调查报告包括调查工作的组织、调查人员组成、调查时间、调查分析、结论与建议、图表及数据索引及参考文献目录等。调查报告应做到:①实事求是,态度端正客观;②报告内容具体,重点突出,符合调查目的;③用语中肯,通俗易懂;④结论与建议可归纳为要点;⑤注意阅读对象,为便于阅读与使用,报告后附必要的表格与附件。

二、珠宝市场调查的方法

珠宝市场调查方法是指市场调查人员在调查过程中收集各种信息资料所采用的具体方法,包括收集一手资料和二手资料的方法。

(一)珠宝市场调查二手资料

二手资料也是通常所说的文案调查,是指所有的已经存在的由他人收集并经过整理的资料,包括线上和线下的资料。二手资料来源于政府有关部门、行业协会、消费者协会、新闻媒体、专业和非专业研究机构等提供的相关资料。如中国宝玉石行业协会发布的行业信息、《中国黄金报》的报道和信息,前瞻产业研究院、华经产业研究院研究,中国商情网收集的珠宝及行业信息和研究结果等,都是比较好的二手资料来源。

二手资料可以收集过去时间段的信息和研究成果,根据调查目标重新加以整理分析,结合实地调查结果可以进行未来珠宝市场的预测。

二手资料的获取具有经济、快捷的优点,但无法反映现在的市场情况,由于其信息的局限性,无法满足珠宝企业的调查要求,必须进行实地调查,获取一手资料,达到珠宝企业的调查要求。

珠宝市场资料收集方法(访问文案)

(二)珠宝市场调查的一手资料

珠宝市场调查的一手资料可以通过互联网进行,也可以通过线下的方式获取。调查方法包括访问法、观察法、实验法。

1. 访问法

访问法是最常用、最基本的一种调查方法,又有访谈和询问的方式。

访谈调查是调查人员以谈话的方式与调查对象接触获取资料的方法,又有个人谈话、集体谈话、专家谈话。访谈法可以根据调查目的进行深度访谈。如品牌专访之周大生"引潮流,珠宝更闪耀"就是访谈法。访谈法要求访谈者的应变力、对市场的洞察力等较高。

询问是由调查人员通过询问被调查者来了解所需要的信息,多指问卷调查,有线上和线下问卷调查。问卷调查法在实际工作中广泛使用,该方法是通过回答调查问卷的方式记录调查对象的看法。该方法适应面较广、调查的速度较快、记录调查结果方便、统计和分析调查结果比较容易、对于调查员的要求不如其他调查方法那样严格。如邮寄问卷、网页问卷等为线上问卷;现场问卷、留置问卷、电话问卷为线下问卷。网络问卷受所用软件影响,问题形式比较固定,但可以多设计一些问题,数据分析及时;电话问卷简单、明了,答案和问题设计较少;现场问卷问题设计丰富,收集信息多,数据处理分析不及时。

调查问卷的结构组成有:调查问卷的标题、调查说明语、调查的问题和答案、作业记录四部分组成。说明语是说明调查目的、问卷说明、提交方式等内容;作业记录主要是进行的工作记录,有时能收集的被调查者的基本信息也可以记录在最后。问卷的问题和答案的设计形式按有无提供答案又分为封闭式、开放式问题,每种问题的设计形式又有多种。如封闭式问题可以设计成单选式、多选式、表格式、评分式、比较式、自由排列式等;开放式问题可以是填空式、看图说话式、联想式、简要回答式等。大多数问卷采用多种形式设计问题和答案。无论哪种形式,其目的都是在有效的问卷中获取更多更有效的信息。

2. 观察法

观察法是调查者亲临现场观察，在被访者毫无察觉的情况下通过观察被调查者的活动来获得第一手资料。如观察实体珠宝店铺中消费者购买珠宝过程的行为表现。随着互联网的发展，观察法也有了新的内容，直播形式或者实时影像等，是人们借助于工具，通过网络"亲临现场"进行的观察。在珍珠产地销售珍珠，采用直播的形式，围观者进入直播间观看或参与购买，直播现场开蚌取珠，不仅可以观察围观人数，同时也能通过直播间观察到商家的火爆程度，这就让更多的消费者加入直播买货。

观察法的优点是被观察者不清楚自己被调查，其活动行为不受影响，能够获得被观察者自然、真实的资料；缺点是观察的只是外部活动和表现出来的行为，无法看到内在的因素变化，内在因素需要在反复观察的基础上分析得到，费时费力。

3. 实验法

实验调查法是进行调查时假设其他因素不变，有意识地改变市场某一个或几个因素，收集市场因素改变前后的变化情况，认识市场现象的本质和变化规律的调查方法。如市场上出现中国的培育钻石，消费者普遍认为不如天然钻石，甚至认为培育钻石就是假的钻石。假设某珠宝店铺进行为期一周的现场检测活动，并出具实验室培育钻石、天然钻石出具的鉴定证书，一周之后恢复原来的市场。对比有检测和无检测店铺、对比这一周前后的市场变化，特别是对销售的影响，为珠宝企业决策提供依据。

珠宝市场资料收集方法（观察法和实验法）

珠宝市场的实验调查法是实践性、动态性、综合性强的一手资料收集方法，需要有充分的代表性实验对象和一定的实验环境，它具有其他调查方法所没有的优点，最突出的优点是能在变化的市场环境中，发现一些市场现象之间的关系，能够掌握大量的第一手实际资料，也能够检验措施、方法的正确性和可行性。实验调查法的缺点是调查要求是一定条件下进行的，有时实验对象和实验环境的选择，难以具有充分的代表性，应用范围具有局限性，同时，对调查者的要求比较高，花费的时间也比较长，费用高。

（三）网络调查的特点

珠宝市场的网络调查是根据调查目的通过网络平台收集珠宝市场信息的调查，也就是线上调查。它可以客观地测定、评价及发现各种事实，获得竞争对手的资料，摸清目标市场和营销环境，为珠宝企业提供相对准确的决策依据。包括有一手资料收集和二手资料的获取。

网络调查的特点主要表现在以下几个方面。

1）网络调查无时空的限制

利用网络技术实现国内外的在线调查，参与调查人员不受时间和空间的限制。

2）高效率，高时效

利用覆盖全球的网络平台加上4G、5G的带宽进行珠宝市场调查，能够高效获取更广泛覆盖面的信息，能很好地满足信息的时效性。在我国，千禧一代已经是网络的原住民，手机也早已成为了人们生活中必不可少的一部分,网络调查也是当前许多企业选择的重要调查方法。

3)组织简单,费用低廉

网络调查在信息采集过程中不需要派出调查人员、不需要印刷调查问卷,众多网上用户的终端上完成,信息的回收和汇总可直接形成,更方便信息的分析和处理,信息检验、信息的检索等也更加便捷。与传统的市场调查相比,网络调查组织简单,省去很多环节,调查面广,效率高,降低了费用。此外,网络调查的组织可以复制,还可以再进行新的调查。

4)调查方便,统计准确

利用网络可以做到随时随地地进行调查,被调查者可以在无调查人员在场且相对从容的气氛中或填写问卷,或完成购买等。调查的信息在统计软件的配合下,用很短的时间就能完成标准化的统计分析工作。

5)共享性、匿名性效果好

网络时代的信息是海量的,共享信息量巨大,哪些是与调查项目有关且有用的信息,真正要做到去伪存真,去粗取精,获取真实的、有效的信息。网上珠宝市场调查适用于匿名提交,具有保密性。

6)调查结果和调查群体受调查对象影响

运用网络调查珠宝市场其调查结果一般只反映网民的情况,并且是对特定问题有兴趣的网民的意见,代表的群体可能有限,如果不能完全代表设计的调查对象,可以用线下调查作为补充。由于参与网络调查的消费者大多是完全自愿地参与调查,调查的针对性更强。调查问卷的回收率,则取决于被调查者对调查项目的兴趣。

每年中国产业信息网的《中国珠宝首饰行业分析及深度调研报告》《中国珠宝首饰终端市场格局分析》,中商情报网的《中国珠宝首饰市场调查及发展趋势研究报告》等大型专业调研报告,有本公司资深专家和研究人员周密的市场调研,还有专门网站发布的数据、对业内专家深入访谈作为一手资料,国家统计局、海关总署、经信委、证券交易所等机构发布的最新权威数据,以及各类市场监测数据库。

四、珠宝市场调查问卷的设计

(一)珠宝市场调查问卷的设计原则

市场调查问卷就是依据调查目的,以问题的形式系统地记载调查内容的询问表。设计问卷,是询问调查的关键。

问卷调查是访问调查的方法之一,是根据预先设计的调查问卷采用科学的方法系统地搜集、记录、整理和分析珠宝市场的信息资料,分析市场发展变化的现状和趋势,为珠宝企业经营决策、广告策划、产品开发等提供科学的依据。问卷设计的好坏直接影响问卷调查的结果,也影响调查目标的达成。

在设计调查问卷时,设计人员必须精心地挑选要问的问题、问题的形式、问题的用词和问题的次序。

（二）珠宝市场调查问卷设计技术

1. 珠宝市场调查问卷设计的原则

珠宝市场调查问卷的设计，要依据以下原则：

（1）具体原则。具体原则是指调查问卷中的问题和答案设计要具体，避免多重含义。

（2）互斥原则。互斥原则是指调查问题的备选答案要完整互斥，避免遗漏或相互包含，为防止遗漏可以"其他"代替。

（3）中性原则。中性原则是指设计的调查问题要中性化，避免带有倾向性或暗示性的问题。

（4）适度原则。适度原则是指那些超出被访问者能力的问题少问或不问。

2. 珠宝市场调查问卷的结构

市场调查问卷要包括标题、前言、正文、结束语几部分。

标题是为了让被调查人了解调查项目，吸引被调查者参与。因此，有创意的问卷标题有助于吸引被访问者。如"你了解绿色的宝石吗？"是一种设问式标题，"特别的爱给特别的你"是陈述式标题，还有常见的"彩色宝石市场的调查"等。

前言，也称为说明语，是对调查问卷的简要说明，包括称谓、调查目的说明、说明答题要求及保密承诺、答谢。

正文，是指问卷的问题和答案。要求问题和答案设计与调查目的一致，问题和答案设计合理，问题和答案要编码。

结束语，主要是调查的作业记录并再次致谢。

3. 珠宝市场调查问卷问题的设计

在设计调查问卷问题时，根据问题有无答案把问卷问题分为两种形式，即封闭式问题和开放式问题。市场调查问卷中问题的类型图见图2-3-6。

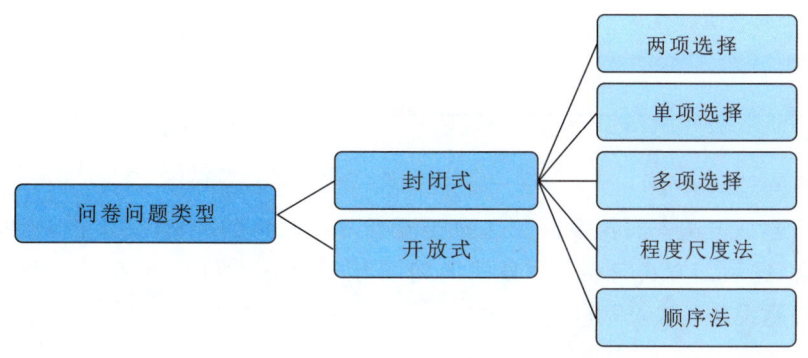

图2-3-6 市场调查问卷中问题的类型

1)封闭式问题的设计

封闭式问题是指调查问卷中设计的问题有可供选择的答案。根据要求答案选择的多少又有单项选择和多项选择问题,具体见表2-3-5、表2-3-6。

表2-3-5 封闭式问题及举例

名称	说明	例子
单项选择问题	一个问题在两个以上回答中只选择一个回答	近期购买首饰,您打算购买IDO的产品吗? 是□　　否□
多项选择问题	一个问题在三个或更多的回答中可选择多个回答	在购买首饰时,您会和谁一起? 自己　□　　　孩子　　　　　□ 配偶　□　　　同事/朋友/亲属□ 其他　□

表2-3-6 量表式问题及举例

名称	说明	例子
语意差别	在两个意义相反的词之间列上一些标度,由被调查人选择代表他或她意愿方向和程度的某一点	周大福的服务(在对应的分数下面划√) 大　5．4．3．2．1．小 有经验＿．＿．＿．＿．＿无经验 周到细致＿．＿．＿．＿．＿粗放
重要性量表	对某些属性从"根本不重要"到"极重要"进行重要性分等级	珠宝首饰的款式对我来说 极重要　很重要　有点重要　很不重要　根本不重要 　1　　　　2　　　　3　　　　4　　　　5
排序量表	对某些属性从"质劣"到"极好"进行分等	你认为周大福的服务是＿＿ 极好　很好　好　尚可　质劣 　5　　4　　3　　2　　1

2)开放式问题的设计

开放式问题是指调查问卷中设计的问题没有可供选择的答案,答案由被调查者根据自身感受用语言、图画等方式完成。开放式的问题有多种设计方法,最简单的就是自由格式,其他开放式问题设计见表2-3-7。

表 2-3-7 开放式问题及举例

名称	说明	例子
自由格式	一个被调查者可以用几乎不受任何限制的方法回答问题	你对珠宝店铺的售后服务有什么建议?
词汇联想法	列出一些词汇,每次一个,由被调查者提出他头脑中涌现的第一个词	当你听到下列文字时,你脑海中涌现的第一个词是什么? A. 珠宝公司_____ B. 品牌_____ C. 黄金_____ D. 其他_____
词句完成法	提出一些不完整的词句,每次一个,由被调查者完成该词句	当我选择一个首饰购买时,影响我决定的最重要的考虑点是_____
故事完成法	提出一个未完成的故事,由被调查人来完成它	逛珠宝店时,当看到店面中全是明亮的颜色,使我产生了下列联想和感慨,……请你完成这一故事
图画完成法	一幅有两个人的图画,一个人正在发表一个意见,要求被调查人发表另一个意见,并写入图中的空框中	
主题联想测试	一幅图画,要求被调查者构想出一个图中正在发生或可能发生的故事	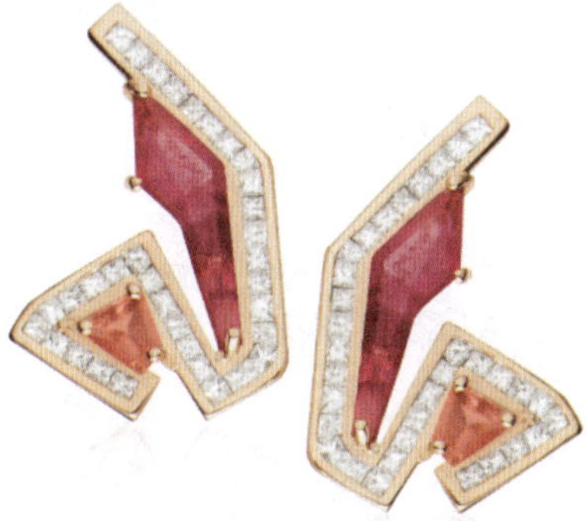

4. 问卷设计注意事项

问卷问题设计要注意以下几点:①用词要确切、通俗。②避免诱导性或暗示性提问,这两种提问会影响消费者的判断。③避免否定形式的提问,也是问卷设计的非否定原则。④避免敏感性问题,如果必须设计则排序时排在后面。⑤避免出现多重提问,就是一项提问只包含一项内容。⑥提问的内容尽可能短,让人很容易看清楚内容。

问卷问题的顺序设计：①问题的排序应有逻辑性。②先易后难,易答问题放在前面,难答问题和有关个人的问题放在后面。③能引起被调查者兴趣的问题排在前面,不容易引发兴趣的问题排在后面。④开放性问题排在后面。

知 识 链 接

珠宝首饰市场调查问卷表

尊敬的女士/先生您好！

　　首先感谢您接受我们的访问。我们是××珠宝首饰公司的职员,现正在进行有关珠宝首饰市场的问卷调查,下面请您花几分钟时间回答一些问题。能够得到您的协助,我们表示由衷的感谢！

　　以下内容根据您的具体情况,以打钩的方式作出您的选择。

　　1. 您购买珠宝首饰的目的是：

　　①纪念意义；②保值储备；③佩戴装饰；④喜欢收藏；⑤突出成就

　　2. 您购买珠宝首饰的原因是：

　　①喜欢珠宝；②体现身份；③体现气质；④从众消费

　　3. 您喜欢什么类型的贵金属首饰：

　　①铂金首饰；②足金首饰；③K金首饰；④仿金首饰

　　4. 你喜欢什么类型的镶嵌首饰：

　　①K金镶宝首饰；②铂金镶宝首饰；③铂金钻饰；④K金钻饰；⑤仿真镶宝首饰

　　5. 您最喜欢的首饰类型是：

　　①耳环；②项链；③戒指；④手链；⑤套饰；⑥玉饰；⑦玉镯

　　6. 您最能接受的首饰价格是：

　　①200元以下；②200～500元；③500～1000元；④1000～2000元；⑤2000～3000元；⑥3000～5000元；⑦5000～8000元；⑧8000～10 000元；⑨10 000元以上

　　7. 您最喜欢的宝石种类是：

　　①钻石；②红宝石；③蓝宝石；④祖母绿；⑤翡翠；⑥珍珠；⑦欧泊；⑧月光石；⑨其他珠宝玉石(如各种类型猫眼石、紫晶、石榴石、尖晶石、托帕石、碧玺、海蓝宝石、橄榄石、绿松石、岫玉等)

　　8. 您已拥有贵金属首饰的件数：

　　①足金首饰(1件,多件)；②铂金首饰(1件,多件)；③K金首饰(1件,多件)；④无

　　9. 您已拥有镶嵌首饰的件数：

　　①1件；②2件；③2件以上；④无

　　10. 如有可能您最喜欢选择购买何种类型的首饰：

　　①K金首饰；②足金首饰；③铂金首饰；④镶宝首饰；⑤钻饰

11. 您最能接受的钻饰价格是：

①2000元以下；②2000～3000元；③3000～4000元；④4000～5000元；⑤5000～7000元；⑥7000～10 000元；⑦10 000元以上

12. 您认为在何种类型的珠宝首饰店购买珠宝首饰最值得信赖：

①珠宝首饰专卖店；②综合性商厦的珠宝首饰专柜；③直销

13. 您在购买珠宝首饰时是否对该宝石的有关知识已有所了解：

①是；②否

14. 您在购买珠宝首饰前是否想了解一些有关的珠宝首饰知识：

①是；②否；③无所谓

15. 您是否想到珠宝首饰质量检测机构鉴定自己所购买的珠宝首饰：

①想；②不想；③无所谓；④不知道有此类机构

16. 您在购买珠宝首饰时最担心什么问题：

①以假充真；②以次充好；③价格欺诈；④其他

17. 您在购买珠宝首饰时最希望得到什么样的服务：

①免费清洗；②免费维修；③以旧换新；④以后能折价回购；⑤上述都需要；⑥其他

18. 您认为珠宝首饰营销过程中，需提供一些什么样的服务？您有何建议？

_____

_____

以下是您的个人背景资料，仅供调查之用，我们保证为您保密。

19. 您的年龄是：

①23岁以下；②23～35岁；③35～55岁；④55岁以上

20. 您的文化程度是：

①大学以上；②大学；③大专；④高中；⑤初中；⑥初中以下

21. 您从事的职业是：

①工人；②农民；③公务员；④教育、卫生、科技人员；⑤个体业主；⑥民营企业主；⑦三资企业员工；⑧企业管理人员；⑨各类业务人员；⑩其他职业

22. 您的月收入是：

①600元以下；②600～1000元；③1000～2000元；④2000～3000元；⑤3000～5000元；⑥5000～8000元；⑦8000～10 000元；⑧10 000元以上

问卷到此结束，再次感谢您的配合！

五、珠宝市场调查资料的分析及运用

(一) 珠宝市场调查数据的分析

无论是二手资料还是实地调查收集的一手资料，都要经过整理和分析才能达到调查目标，也只有对珠宝调查数据进行整理、统计和定量分析、解释并预测，才能实现价值增长。

珠宝首饰营销

调查数据的整理是去伪存真、汇总分类的过程，调查数据的分析是找出市场要素之间的关联，总结出关联规律，为调查数据的应用打下基础。调查数据的分析通常有描述性分析、预测性分析。

1. 描述性分析

描述性分析包括数据收集、整理、制表、制图以及描述正要研究的珠宝市场的特征。如频数分析、集中趋势描述和离中趋势描述。集中趋势通常用众数、中位数、平均数描述；离中趋势常用极差、平均差和均方差描述。

珠宝市场调查资料的运用

频数分析是常用的单变量描述统计方法之一，是变量（问卷的每一个问题）某一个取值的个案数。频率是指个案数占总体的百分比。

如关于消费者购买意愿的一项调查，发放了有效问卷400份，各年龄段统计如表2-3-8所示。

表 2-3-8 频数分析案例

年龄	频数	频率
18～25 岁	182	45.5%
25～35 岁	147	36.75%
35～45 岁	38	9.5%
45～55 岁	28	7.0%
>55 岁	5	1.25%
合计	400	100%

从统计数据中可以说明参与调查者的年龄分布情况。调查还显示，400人中有203人喜欢黄金，占比50.75%，说明此项调查的人群喜好黄金。

2. 预测性分析

预测性分析是对数据特征和变量之间的关系描述，可基于过去的数据进行未来珠宝市场的预测。预测性分析需要过去的数据和现在数据一起分析，找出数据的规律，进而进行预测，如相关性分析。

相关分析是指对对象之间是否存在相关关系及其相关形式和程度进行分析的一种统计分析方法。它是对关系密切程度规律性的判断和推算。通过相关性分析可以搞清楚各因素间有无关系、关系的密切程度、估测值和实际值的差异。

衡量相关关系的密切程度通常利用相关系数，相关系数用 r 表示，其计算公式为：

$$r = \frac{\sum(x_i - \overline{x})(y_i - \overline{y})}{\sqrt{\sum(x_i - \overline{x})^2 \sum(y_i - \overline{y})^2}}$$

式中，x_i 和 y_i 分别为两种不同的变量（影响因素），$\overline{x}$、$\overline{y}$ 是每个变量的平均值。

整理后:

$$r = \frac{n\sum x_i y_i - \sum x_i \sum y_i}{\sqrt{n\sum x_i^2 - (\sum x_i)^2}\sqrt{n\sum y_i^2 - (\sum y_i)^2}}$$

相关系数 r 越接近于 ±1,数据间的关系越密切,相关系数接近 −1,数据呈现负相关关系;相关系数接近 +1,数据呈现正相关关系。相关系数接近 0,数据无相关关系。

调查居民可支配收入与黄金、珠宝、玉器等成交额间的关系,具体数据见表 2-3-9。

表 2-3-9　居民可支配收入与珠宝及产品交易额

年份	居民可支配收入 x_i(元)	黄金、珠宝、玉器等首饰市场成交额 y_i(亿元)
2018	28 228.05	1 028.63
2017	25 973.79	954.42
2016	23 820.98	771
2015	21 966.19	665.03
2014	20 167.12	582.67

注:数据来源由国家统计局统计数据。

从表中的数据可以看出,居民可支配收入增加时,珠宝及产品的成交额也会增多。根据表中的数据,计算其相关系数,利用 Excel 或统计软件计算更方便,计算得出:$r=0.9824$,r 接近于 1,说明居民可支配收入与珠宝及产品的销售呈紧密正相关。

(二)珠宝市场调查报告

以项目形式进行的市场调查需要完成一份市场调查报告,珠宝市场调查报告是根据调查方案设计要求完成调查项目,反映调查问题的研究成果,没有统一的要求,但大多数市场调查报告包括以下部分。

1. 封面

封面包括调研题目,以及委托单位名称、承办部门(人)和日期。

2. 摘要

摘要应简明扼要地陈述研究结果及有关建议,以便阅读者在短时间内迅速了解调研成果,便于确定采取的措施或行动。

3. 目录

目录应该列出报告的所有主要部分和细节部分,以及其所在页数,以便读者能尽快阅读所需内容。

4. 主体部分

将研究结果作有组织有条理的整理和陈述。应尽可能图文并茂地说明问题，便于读者阅读。

5. 结论和建议

调查者要呈现珠宝市场的调查事实，还应该在事实的基础上作出问题的结论并提供建议。

6. 附录

附录是调查报告的结尾部分，包括相关的数据图表和问卷实地调查概况等。

一、单选

1.（　）问题是所提问题并不列出所有可能的备选答案，而是由被调查者自由作答的问题。

    A. 行为性的问题　　B. 事实性问题　　C. 封闭性　　D. 开放式

2. 调查问卷的功能不包括（　）。

    A. 获取资料的方法

    B. 使得要调查的珠宝市场问题更具体

    C. 通过措辞、问题流程和卷面形象有利于获取应答者的合作

    D. 指导调查者完成调查

3. 调查明确目标后分析企业内部资料，不属于企业内部资料的是（　）。

    A. 财务状况　　B. 产品　　C. 价格　　D. 竞争对手

4.（　）内容主要包括竞争对手的数量、竞争者的实力、竞争者产品的市场占有率、竞争者产品的款式类型和特点及竞争者的营销活动特点等。

    A. 市场需求调查　　B. 产品调查　　C. 竞争状况调查　　D. 销售渠道调查

二、多选

1. 问卷调查法的优点有（　）。

    A. 适应面较广　　　　　　　　　　B. 调查的速度较快

    C. 记录调查结果十分方便　　　　　D. 统计和分析调查结果比较容易

    E 对于调查员的要求不如其他调查方法那样严格

2. 访问法包括（　）。

    A. 问卷调查　　B. 电话调查　　C. 邮寄调查　　D. 访谈调查

3. 问卷的前言要写出（　）。

    A. 称谓　　　　　　　　　B. 调查目的、调查的说明

    C. 致谢　　　　　　　　　D. 问卷答题要求和提交方式

4. 珠宝首饰市场调查准备阶段包括的步骤有（   ）。
   A. 制订调查计划   B. 确定调查目标   C. 进行预调查   D. 初步情况分析
5. 以下（   ）是珠宝市场调查资料的处理分析。
   A. 收集资料   B. 整理资料   C. 资料分析   D. 撰写调查报告

三、简答
简述观察法的优缺点。

四、案例分析
阅读 P78 情境导入，回答：
1. 案例中都分析了哪些内容？
2. 如何调查珠宝消费者的需求？具体调查哪些内容？

五、分组实践
选一家珠宝店，观察消费者的行为和销售人员的服务，写出观察的小报告。

单元三　珠宝市场营销战略和策略

学习目标

技能目标：能细分珠宝市场、选择目标市场，并进行珠宝市场定位；能以珠宝创业项目为例进行市场营销组合。

知识目标：熟知并清楚珠宝市场的 STP 战略；掌握珠宝市场的营销组合策略。

素质目标：具有良好的职业道德，诚信经营。

项目一　珠宝市场营销战略

任务一　细分珠宝市场

学习指导

做什么

分析下面的情境导入都有哪些市场？根据市场调查和细分理论，以小组为单位，通过收集珠宝市场资料（注意收集资料的方法），对珠宝市场细分，确定目标市场，并交流共享。

怎么做

1. 确定本次任务的组长。
2. 阅读下面的情境导入，自己试着写出案例中的市场都是针对哪些消费者的。
3. 总结这几类消费者的特征。
4. 结合市场细分理论，针对你所在地处珠宝市场进行细分。
5. 团队讨论并填写按不同变量划分的目标市场细分表（消费者）记录单，然后分享交流。

情境导入

随着人们经济生活水平的提高,对于珠宝的购买和选择,逐渐成为普遍现象,经济因素的影响正在逐步减弱,非经济因素的影响作用正在日益增强。

各地都分布有大大小小的珠宝店,常见珠宝店有周大福、周生生、老凤祥等众多品牌,也有听起来有地方特色的菜百、七彩云南等。各地的珠宝市场从珠宝的批发,到零售,到现如今的网络销售都有。像深圳的水贝国际珠宝交易中心、北京的天雅珠宝城、浙江的诸暨珍珠市场等,这些各不相同的珠宝市场,既有批发、也有零售,同时,许多商家还有网络直销店铺。

随着人们对珠宝首饰属性的认识逐渐加深,购买珠宝首饰的消费者也越来越多。从区域上来看,不同地区、不同年龄、不同特征的消费者购买的珠宝首饰有区别,因此存在有多种类型的消费者市场。多样化的市场在满足着消费者多样化的需求。目前,中国已经成为世界上最大的珠宝首饰消费市场之一,2016—2019 年,行业规模从 6134 亿元增长到 7372 亿元,增长率为 20.18%。这说明身为典型非生活必需品的珠宝首饰已不再是有钱人的专属,购买珠宝正呈现大众化趋势。越来越多的 80 后、90 后、00 后群体成为珠宝首饰市场的消费者主力,珠宝首饰的功能也转变为流行时尚、投资保值、身份地位的象征等,这种功能与观念的转变进一步刺激了珠宝的消费。面对如此繁荣的珠宝市场,珠宝企业应如何从消费者的角度出发,设计加工,并开展和实施营销策略至关重要。

图 3-1-1 是近 10 年中国珠宝行业市场规模及变动趋势,可以看出市场规模逐年扩大,珠宝消费每年呈现增长。了解消费者购买情况也是珠宝市场需要分析的问题。

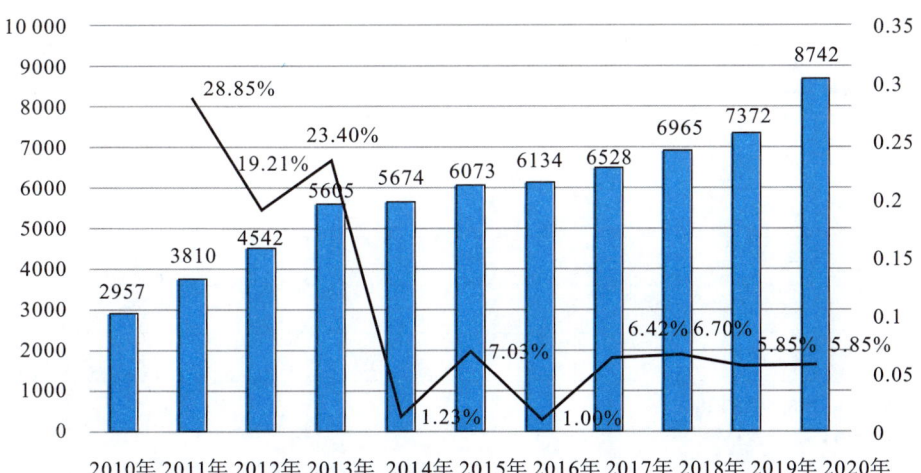

图 3-1-1　2010—2020 年中国珠宝行业市场规模及变动趋势(亿元)

(数据来源:Euromonitor 前瞻产业研究院)

回答问题并填写表3-1-1。

(1)消费者购买珠宝首饰受哪些因素影响？

(2)作为消费者，如果购买珠宝及产品会考虑什么？

(3)少数民族地区有哪些类型的珠宝首饰？

表3-1-1　按不同变量划分的目标市场细分表(消费者)

细分内容	细分变量	变量的内容	分析结论
地理因素	城区位置		
	人口规模		
	珠宝销售店距离		
	其他		
人口因素	性别		
	年龄		
	民族		
	收入		
	教育程度		
	宗教信仰		
	其他		
心理因素	个性		
	职业		
	生活方式		
	观念		
行为因素	购买动机		
	服务		
	品牌		
	追求利益		
	忠诚度		
	待购阶段		
	使用程度		
	使用情况		
	其他		

消费者是珠宝市场的构成要素之一。消费者是一个庞大而复杂的整体，由于各地的资源条件、地理位置、居民收入水平、消费者心理、购买习惯等存在差别，消费者对珠宝产品的

消费需求和消费行为也具有很大的差异。从消费者角度来看,珠宝消费者购买首饰选择的产品种类、材质、款式、价格和制作工艺等都不完全相同,显现出需求的多样性。从珠宝企业来看,对于消费者多样化的需求,企业没有能力也没有必要全都予以满足,而要通过市场分析,将购买者细分为需求不同的若干群体,从中选择一类群体作为目标市场并制定周密的市场营销战略满足目标市场的需求。这正是现代营销战略的核心,即市场细分(Segmenting)、选择目标市场(Targeting)和市场定位(Positioning)。

一、珠宝市场细分的概念

1. 珠宝市场细分的概念和含义

同一产品有多样性的消费需求,多样的需求是市场细分的客观基础。从需求状况的角度分析,消费者购买珠宝首饰有两种情况,一种是消费者对某一珠宝首饰的需要、欲望、购买行为,对珠宝市场的营销策略等多方面的反映极为相似,或者基本相同。另一种是消费者对珠宝首饰的材质、特性、设计样式、规格、档次、质量、价格、包装等方面的需要、购买欲望、购买行为、购买习惯等方面存在差异,对珠宝市场上企业采用的营销策略具有反映差异。这两种情况在珠宝市场营销中分别称为同质市场和异质市场。面对同质市场时,企业为其提供同种产品,无须再细分;而异质市场各方面存在差异,这些差异使市场细分成为可能。

珠宝市场细分

1956年,美国营销学家温德尔·斯密斯(Wendell R Smith)提出了市场细分的概念,使市场营销观念进一步发生了变化,企业服务的市场更有针对性。根据同质市场和异质市场的概念,市场细分是将一个大的异质市场依据一定的标准划分为若干个不同需求类型的子市场的过程。这些子市场内是同质市场,市场具有相同或相似的需要、欲望、购买行为,对珠宝市场的营销策略等有极为相似的反应。从本质上来说,市场细分是化整为零、化大为小这一过程在产品销售上的体现。

对于珠宝市场,准确地说,市场细分是珠宝企业根据消费者需求、欲望、购买行为的差异性,将珠宝及珠宝首饰市场划分为若干个相类似的消费者群(子市场)的过程。市场细分常是把对某种产品特点最容易做出反应(敏感)的消费者集合成群。聚集的过程可以依据多种变量连续进行,直到鉴别出其规模足以实现企业利润目标的某一个消费者群体。比如,按照珠宝首饰消费者对材质需求的不同,分为贵金属市场、宝石市场、玉石市场、钻石市场等,贵金属市场还可以细分为黄金首饰市场、铂金首饰市场、银饰市场等。

珠宝市场细分的概念有以下含义。

(1)珠宝市场细分是针对异质市场进行的。在异质市场中找出"异"的因素是关键。

(2)珠宝市场细分的子市场根据需求差异还可以再分。

(3)需求差异与营销环境有关,也与消费者特点有关。居民消费水平提升是珠宝市场发展的根本动力,2009年至今,我国跃升并稳定为全球第二大钻石消费市场,根据国家统计局网站数据,2018年为3.93万元,较2017年同比增长了7.8%,仅钻石市场,2018年上海钻交所的钻石交易所成交金额为57.84亿美元,同比增长8.2%。由此带来钻石镶嵌首饰市场规模增长。

2. 珠宝市场细分的原因

消费者需求的差异性和资源的有限性是珠宝市场细分的重要原因。

(1)消费者需求的差异性。企业无法满足"异质市场"的所有差异性需求,但可以满足部分同质性或类似性需求。

(2)资源的有限性。首先是企业自身资源的有限性,使珠宝企业在市场营销的全过程中不能一直占有绝对优势;其次市场宏观环境的不可控性,企业外部资源受到制约,珠宝企业要合理利用有限的内外资源,发挥企业优势,把握市场机会,服务好本企业的市场。

二、珠宝市场细分的作用

(一)珠宝市场细分的作用

珠宝市场细分有以下作用。

1. 有利于发现市场机会

无论是珠宝首饰市场还是普通商品的市场,都可以通过市场细分发现消费需求满足的程度,以及新的或潜在的消费需求。通过识别消费者不同的需求,企业可以结合自身特点,较好地决定能进入哪些适合企业的市场。珠宝企业能够从细分市场中找到并识别愿意服务而又忽视的市场缺口。大型珠宝企业可以创造或发现新的需求;中小珠宝企业可以充分发挥自身优势,选择大型珠宝企业不愿顾及、市场需求量相对较小的细分市场,锁定并集中力量满足特定的市场需求,求得生存和发展。

2. 有利于珠宝产品适销对路

珠宝企业根据市场细分识别具体的、有着不同需求的消费者群体,掌握珠宝消费者需求的变化状况和特点。如喜欢翡翠的消费者、喜欢黄金的消费者、喜欢珍珠的消费者等,珠宝企业可以根据消费群体的不同需求,制定更适当的营销组合方案,有针对性地提供服务。

3. 有利于制定和调整珠宝市场营销组合策略

珠宝市场营销组合策略是综合考虑珠宝及首饰产品、价格、销售渠道、促销方式等因素而制定的营销组合方案。就每一特定珠宝市场而言,这种只能是市场细分有助于珠宝企业找到最佳营销组合的结果。此外,珠宝企业在细分的市场上不断地评估消费需求的变化,以及由此带来的潜在市场机会或威胁,及时调整营销策略。

4. 有利于提高企业的竞争能力

市场细分可让不同规模的珠宝企业都能有效地在市场上经营并参与市场竞争。有效的市场细分可以凸显珠宝企业的优势和劣势,珠宝企业看准机会,更好地发挥本企业的资源优势,就能增强竞争能力。如卡地亚珠宝,其首饰价格昂贵,主要服务于高消费的奢侈品市场;珠宝城中的珠宝店,其产品价格适中,可服务于当地,或通过网络服务于收入一般、有购买首饰需求的普通消费者。

5. 市场细分有利于获取最佳效益

通过市场细分,珠宝企业可以发挥自身资源优势,根据营销预算,集中发展特色产品与服务,让市场营销为珠宝企业产生更大的经济效益和社会效益。位于北京市西城区的菜百首饰,以经营黄金及黄金首饰为主,2005年被中国商业企业管理协会命名为"中国黄金第一家",1985年进入黄金市场,至今仍然以黄金为主,其特色经营让人们一直记得"买黄金到菜百"。

(二)珠宝企业不作市场细分的坏处

珠宝企业不作市场细分有什么坏处?
(1)竞争者可抢占公司服务不到的市场缺口。
(2)市场规模太大,企业难以制定有效的营销组合。
(3)珠宝企业很难满足消费者对珠宝及首饰的所有需求,也难以制定企业战略。

虽然珠宝市场必须进行细分,但也不能无限制地细分。珠宝市场细分要考虑市场的要求。

三、珠宝市场细分的原则

珠宝市场细分既然不是分得越细越好,就需要本着一定的原则划分。市场细分的原则如下。

1. 可测性

可测性是指细分的市场能感知得到,如钻石市场、彩色宝石市场等。

2. 规模性

细分的珠宝市场具有一定规模才有利于企业发展和竞争。市场三要素中人口、购买力、购买欲望三者缺一不可。

3. 可入性

细分的珠宝市场能够进入。对于企业来说,细分市场没有条件进入,则该市场与自己无关。玉雕市场对于制作银饰品的企业相关性不大,除非企业拥有玉雕相关技艺和设备,否则难以进入。

4. 稳定性

细分的珠宝市场存在时间长,有利于企业的稳定发展。

5. 反应性

细分的珠宝市场在市场环境变化时有一定的反应,便于珠宝企业采取营销措施促进营销。

四、珠宝市场细分的依据

珠宝市场细分的主要依据是客观存在的市场需求的差异性。同其他市场细分一样,依据珠宝市场的变动因素,可以概括为地理细分、人口细分、心理细分和行为细分四个主要依据。

1. 地理细分

地理细分就是按不同的地理区域将珠宝市场划分为不同的细分市场。具体的变量包括国家、地区、城市大小、人口密度、矿产分布等。其主要理论根据是:客观上,处在不同地理位置的珠宝消费者,对珠宝及首饰存在不同的需求和偏好,对珠宝企业提供的服务内容、服务质量、广告宣传、产品促销活动等营销刺激反应各异,其成本费用和市场潜力也会因市场位置的不同而有所差异。通过地理细分,珠宝企业可以把自己的力量集中在需求偏好相近、消费潜力较大、相对竞争较弱、销售费用较低的市场上,选择那些本企业能最好为之服务的、效益较高的地理市场为目标市场。具体细分标准见下表3-1-2。

表3-1-2 珠宝市场地理细分变量标准

地理细分	细分标准	举例
洲际	亚洲、欧洲、非洲、拉丁美洲	亚洲钻石市场
国别	国内、国际(还可细分)	中国珠宝市场
地区	沿海地区、内陆地区,东北、华北、华东、华南、西北、西南	沿海的深圳珠宝市场
城市大小	一线城市、二线城市、三线城市和四线城市	梦金园在某县城的专卖店
人口密度	城市、城乡接合部、乡村	北京天雅珠宝城
行政省市	北京、辽宁、上海、云南、新疆、西藏等	辽宁的岫玉市场
矿产分布	钻石、红宝石、蓝宝石、碧玺、玛瑙、和田玉、翡翠等	山东常林钻石市场

2. 人口细分

人口细分就是按年龄、性别、职业、收入、家庭人数、文化程度、婚姻状况、社会阶层、种族宗教等人口统计变量进行细分,珠宝及首饰市场重点分析收入、年龄、性别、情感等方面。

(1)根据消费者的社会阶层、职业、收入的不同,如将珠宝消费者分为奢侈品消费者、负担得起的轻奢消费者和作为装饰消费的消费者。"奢侈"要求所购珠宝有名贵宝石,质量上乘;"负担得起"要求所购珠宝有中档宝石,或名贵宝石但质量一般;"作为装饰"所购珠宝为低档宝石或仿宝石。不同档次的珠宝产品,满足消费者显示身份地位的需要。

(2)根据珠宝产品消费者的年龄结构,可将珠宝消费市场分为老年、中年、青年和儿童珠宝首饰消费市场(表3-1-3)。儿童珠宝大多体现对孩子的呵护与疼爱,如祈福孩子的平安、健康等。据前瞻网2018年数据,中国的钻石消费全球第二,而麦肯锡对中国奢侈品消费者最新调研数据显示,80后和90后年轻人已经成为珠宝消费的主要群体。

表 3-1-3 不同年龄市场特征

年龄细分	市场特征
中老年珠宝市场	1. 追求材料华贵、造型典雅、色泽素朴 2. 偏爱深色调,较喜欢传统款式 3. 喜欢象征健康、富贵、长寿,具有珍奇、稀少等特征和富有文化意蕴的首饰 4. 保值,为自己的晚年生活提供一份保障
青年珠宝市场	1. 能代表青少年特点,材质上要求不高 2. 款式要时尚,设计活泼 3. 敢于求新、求奇、求美 4. 喜欢动漫元素、时尚元素、传统元素等
少年儿童珠宝市场	大多寄托了长辈们对孩子的美好祝愿

（3）根据性别决定的需求差异。珠宝市场可分为男性和女性珠宝消费市场。男女所需珠宝首饰差别很大,首饰不仅是女人美丽的代名词,也是男人个性和情感的体现。以戒指为例,相比女士的戒指,男士戒指要求厚、重、阔、大。同样是串珠手串,女士的小而精致,男士的大而豪放。

（4）情感不同的需求差异。根据情感划分珠宝首饰市场重点在纪念意义。纪念性珠宝首饰要有比较强的保值性和纪念性,如纪念结婚、生日等。

人口细分除了上述标准外,还可按文化程度、民族等细分。我国各少数民族地区对珠宝需求偏好差异很大,许多首饰富有民族特色,它们的材质也有区别。如苗族妇女喜爱银饰,作为民族特色的苗族银饰,从头饰、面饰、颈饰、肩饰、腰饰、臂饰、手饰、脚饰等,从头到脚,无处不饰,花鸟、龙凤、植物纹样等玲珑精美。银饰是吉祥、光明、美丽、富有的象征。

3. 心理细分

心理细分是指按照消费者的生活方式、个性特点等心理变量来细分珠宝消费者市场。在同一个人口统计群体中,人的心理特性可能表现出极大的差异。市场不只是要在性别、年龄、职业等方面加以细分,还要通过生活方式、价值观、兴趣爱好、个性、情感等来进行心理上的区分。

（1）生活方式。生活方式是根据人们的生活价值观所形成的生活模式和生活方法。生活方式反映了人们花费时间、花费金钱的态度,以及所做的消费选择。生活方式表明一个人的消费支出习惯及闲暇时间的支配。不同生活方式的消费者对珠宝及首饰产品有着不同的需求和兴趣爱好;生活方式改变会产生新的需求。如 2020 年春,由于新冠疫情,人们以居家为主,人们的交流、购物,甚至办公等活动,主要通过网络实现。人们的生活方式发生了改变,随之大批的商家把店铺开在线上,部分珠宝店铺通过直播进行销售。

虽然不同生活方式的形成源于生活环境和生活条件等物质世界,但是人们的活动、兴趣、人生价值取向等心理特征是最直接的成因。人们的活动主要是工作、业余生活、休假、购物、体育、款待客人等；兴趣是消费者对家庭、珠宝首饰款式、流行材料、食品、娱乐等的喜好；人生价值取向主要是消费者对政治、经济、社会、文化教育、环境保护、产品等方面的意见。企业根据自身能力，与具有共同活动、兴趣、价值取向的消费者建立联系，结合这些消费群体的行为方式，细分出不同生活方式的群体。生活方式不同，对珠宝及首饰的需求表现出明显的差异性。比如，按生活方式有"奢靡型""节俭型""时髦型""传统型""优雅型""知识型""注重仪式型""不拘泥于形式型"等消费群。

（2）个性。个性是个人本质的、比较稳定的，并带有倾向性心理动力的总和。个性不同的消费者的购买行为表现出一定的差异性。如新型材质珠宝首饰总是积极的消费者首先购买，谨慎的消费者更愿意购买传统材质的首饰；内向型消费者与外向型消费者也不同等。珠宝企业应针对不同细分市场消费者的个性特别，赋予其珠宝产品与某些消费者的个性相似的"品牌个性"，树立品牌形象。

知识链接

珠宝首饰消费心理特征[1]

人们购买珠宝首饰的原因很多，不同的消费心理决定了消费者不同的购买行为。人们购买珠宝首饰消费心理如下。

1. 美化装饰心理

这是人们最普遍、最常见的珠宝首饰消费心理，也是珠宝首饰所有价值中最能让人直接体验到的。俗话说："爱美之心人皆有之"。在爱美心理的驱使下，人们不断从外表着手美化自己，使自己更潇洒大方，更富有朝气和活力，既美化生活又得到精神上的享受。因此，色泽艳丽、造型奇特、款式新颖、美观漂亮、秀气细巧的珠宝首饰，是这类消费者理想的装饰品。

2. 象征寓意心理

珠宝不仅具有美丽的色泽和光彩，同时还具有寓意深刻的内在美。很多人选择珠宝首饰，不仅是喜欢它外在的美，而且还要表达某种愿望，或者美好的寄托。自古以来，人们就将珠宝比作物华天宝而加以崇尚，如在我国，人们佩戴玉以祈求吉祥如意。西方一些国家航海的水手常佩戴海蓝宝石，以求一路平安、顺利，因为在海蓝宝石的传说中，它能战胜邪恶，给人带来安宁和幸福。而在阿拉伯国家，人们认为佩戴绿松石能消灾避难。这些观念已深刻地融入了当地民族的传统文化中。借珠宝而产生寓意，可以说是人类自古以来就有的，即使在今天，人们的这种朴素心理依然可寻。

3. 纪念心理

持有这种心理的珠宝首饰消费者，往往对人对物都怀有深厚的感情。他们注重人与人的诚挚之情，进而将这种感情寄托在珠宝首饰上。他们会选择一些符合自己心情、愿望的珠宝，以作为对人对事的纪念。例如，生辰石（诞生石）系列宝石和结婚周年系列纪念宝石等。

---

[1] 资料来源：改自 http://www.zb580.tv/news/82915.html。

结婚纪念首饰的流行,可以说是人们这种心理较为典型的反映。据有关资料统计报道,美国每年有 1500 万新娘要接受男方的订婚钻戒。这也是人们对"钻石恒久远,一颗永流传"的最好注解。

4. 储备心理

珠宝首饰不仅美丽迷人,而且还具有很强的保值性。有的国家将一些名贵的宝石列入国家银行储备,充当起比黄金还要坚固的"硬通货"。正因如此,在现实生活中,也有较多的人持有珠宝首饰保值心理,将珠宝首饰消费作为一项特殊的"储蓄"。珠宝首饰小巧、便携、便存,而价值又极高,是用作"储备"的很好手段,在钻石业内,就有"尽情地享用,等着慢慢地升值"之说,当然这里需强调的是,用于储备的珠宝首饰,应为镶嵌高档稀有的珠宝玉石的首饰,且质量高、颗粒大,如优质大颗粒的钻石、红宝石、蓝宝石、祖母绿、猫眼石、翡翠和珍珠等。

据说,日本关东大地震之后,许多人家里都受到了不同程度的损失,而手上戴有珍贵珠宝首饰的幸存者,卖掉珠宝首饰后,重新建起了兴旺发达的家园。1997 年韩国在金融危机时,也曾出现过市民将自己所拥有的珠宝首饰交给国家,以换取外汇的动人场面。

5. 时髦个性心理

讲时髦、赶潮流、追求个性,是现代人,尤其是青年男女的普遍心理。时髦本身也是一种对美的追求,是一种充满热情活力的表现。珠宝首饰富有时代气息,也是一种充满着个性化的消费品。珠宝首饰亮丽的颜色,众多的款式,给追求时髦和个性的青年男女提供了广阔的选择空间。在这种心理的支配下,许多年轻人在购买珠宝首饰时,并不注重宝石本身的价值,而只追求其款式的新颖和个性的色彩,如许多著名的运动员佩戴有各种不同类型的首饰。

6. 感情心理

人们崇尚美,追求纯真的感情,往往借物喻情,表达内心的情感。珠宝首饰历来为人类所钟爱,其"借物喻情"的感情心理是一个很重要的方面。

出于这种心理的珠宝首饰消费者,在选购珠宝首饰时,并不看重首饰的名贵与华丽,而注重的是一种情调,一种能反映他们内心深处的那种情感,例如亲情、柔情、爱情、友情……不管哪一种,都反映了人们内心深处的一种向往和追求。人们选择珠宝首饰,为的是将那份情感融进去,表达出自己内心的感受。

7. 社会礼仪心理

在社会生活中,各种礼仪交往是不可缺少的。为了某种交往的需要,人们除了在言行、服饰等方面有所讲究外,在现代礼仪中,首饰也越来越显出其重要性。

佩戴高雅、得体的首饰,从某种意义上讲,也是对对方的尊重和友好,同时也表现了自身的素质和涵养。在一些发达国家,人们就十分注重社会交往礼仪中的首饰佩戴。在一些重要的社交场合,佩戴珠宝首饰是必不可少的,有些企业或社团组织,在发出的邀请函上,还会明确地写上"请佩戴首饰"的字样。可以说,在不同的场合、不同的氛围中,佩戴适当的珠宝首饰,也是现代文明礼貌中的一项新的内容。

8. 身份心理

人的身份与装饰是有着一定联系的。在中国古代就曾有"古之君子必佩玉"之说,古人不仅爱玉,而且将玉与人的品性相联系,与人的身份素质相对应,有"君子无故,玉不去身"之讲究。

在国外,也曾经流行过身份手镯之说。从广泛的意义上讲,人们选择首饰本身就反映了一种个人"身份",这种"身份"不只是直接的权力、职位的标志形式,而更多的是从一个侧面代表了一个人的内在状况和拥有状况。生意场上曾流行过一种说法:"手指上戴着光彩夺目的钻戒,会使你的买卖谈起来更容易些",这或许是一种夸张的说法,但仔细品味起来,还是有一定的道理。

9. 艺术心理

珠宝首饰不同于一般的装饰物品,它是一种高级的艺术品,其中凝聚了珠宝首饰设计者的心血。对于那些酷爱艺术的人来说,在选购珠宝首饰时,更注重首饰的艺术价值,强调首饰的艺术美。出于这种心理的消费者,选购珠宝首饰的最重要的标准是首饰的造型是否独特,款式是否新颖,是否具有内在的审美价值和观赏价值。

10. 实用心理

在人类应用珠宝首饰的历史上,有很长一段时间,珠宝首饰是与人们的实际应用相结合的,如发夹、钗、发针等,都有它们实际的应用价值。在现代珠宝首饰中,如装饰性的手表、领带夹、饰针、纽扣等,也都有实用方面的意义,是装饰和实用两方面的结合。

11. 显富摆阔心理

这类珠宝首饰消费者主要是一些先富起来的人们,他们主要追求的是珠宝首饰的内在质量及价值的高低,佩戴首饰是为了显露自己所拥有的财富、身价和派头。这类人群在选购时一般不讲究制作是否精致、款式是否新颖,对于黄金首饰只求重量和成色;对于镶嵌首饰,只求宝石是否高档,质量是否优质,价格是否昂贵。

12. 从众消费心理

珠宝首饰是一种高档的耐用消费品,20世纪80年代以来,我国曾几度掀起了"黄金首饰热"和"珠宝首饰热",在这些消费热潮中,不乏有从众消费心理和盲目攀比心理使然。但是,随着珠宝首饰市场的逐渐繁荣,珠宝首饰产品的日益丰富,具有从众消费心理的购买者将会逐渐减少。

以上分析了珠宝首饰消费者的各种消费心理,但是值得提出的是,消费者在具体购买珠宝首饰时,通常内心并非只是一种心理使然,而可能是多种心理因素共同作用所引起的,这与消费者所处的环境、经历、文化素质、年龄等有着密切的联系。

4. 行为细分

行为细分是指企业按照消费者不同的消费行为来细分市场。消费行为的变量很多,包括消费者的购买时机、利益、使用者地位、使用率、忠诚状况、消费者待购阶段和消费者对品牌的态度(表3-1-4)。

表 3-1-4　行为细分标准

行为细分		细分标准举例
购买时机		节日、假日、纪念日、平常日
利益		储藏升值、有利于社交、产生愉悦感等
使用者		非使用者、使用者(曾经使用者、初次使用者、经常使用者)、潜在使用者
态度	使用率	经常佩戴、偶尔佩戴、作为藏品珍藏
	忠诚度	专一购买、有限品牌购买、转移品牌购买、犹豫不定购买

(1)购买时机。对许多珠宝产品来说,节日是营销的最佳时机,如我国传统的春节、元宵节、中秋节、"五一"、"十一",还有母亲节、父亲节、情人节等,珠宝企业若能抓住节假日策划活动,有助于扩大销售。结婚是人生过程中的"重大事件",近年来人们的生活水平不断提高,因婚嫁产生的珠宝消费是珠宝消费的主要方式,尤其独生子女一代作为婚庆珠宝消费的主力军,珠宝首饰已经成为我国传统结婚习俗中的必备品,同时随着情感消费的扩展,许多消费者在订婚日、结婚纪念日等也通过购买珠宝首饰表达情感,为珠宝企业扩大销售带来商机。

(2)利益。利益与产品特点相对应,珠宝首饰可以满足消费者不同的购买动机,带来储藏升值、有利于社交、产生愉悦感等不同利益。珠宝企业应根据自身条件,选择一种或几种利益群体为目标市场,从设计、制作、促销宣传等营销的方方面面,把特定的珠宝产品信息传达给目标利益群体。

(3)使用者。根据消费者对珠宝及首饰的佩戴情况可以将其分为非使用者、使用者、潜在使用者。非使用者是为他人购买;使用者可以分为曾经使用者、初次使用者、经常使用者;潜在使用者是即将或将来能够成为用户的消费者。这种细分有助于珠宝企业了解本企业的顾客,积极应对市场。

(4)使用率。使用率是根据顾客对珠宝及首饰产品的佩戴频率进行的市场细分。可以分成经常佩戴、偶尔佩戴、作为藏品珍藏群体。佩戴频率有助于判断首饰的磨损、消耗程度,判断珠宝首饰在消费者日常中的作用。

(5)忠诚度。品牌忠诚,是指由于价格、质量等诸多因素的吸引力,消费者形成对某一品牌或产品的偏爱,甚至情有独钟,进而长期购买该品牌产品的行为。一般根据消费者对价格的敏感程度、重复购买次数、在购买时的挑选时间衡量其对品牌忠诚度的高低。提高品牌的忠诚度,对珠宝企业扩大市场占有率极其重要。

事实上大多数市场细分是多个因素交叉得到的结果。比如,喜欢旅行的男性消费者购买珠宝手表,可能需要的表除了装饰作用,还要有更多的与旅行相关的功能。

知识链接

消费者对品牌的忠诚度[1]

假设有五种品牌：A、B、C、D、E，按消费者对品牌的忠诚度，将其分为四种类型。

①坚定忠诚者：即始终不渝地购买一种品牌的消费者。购买模式：A、A、A、A、A、A，代表了消费者对品牌 A 的专一忠诚。

②中度忠诚者：即忠诚于两种或三种品牌的消费者。购买模式：A、A、B、B、A、B，代表了消费者对品牌 A 和品牌 B 同样忠诚。

③转移型忠诚者：即从偏爱一种品牌转换到偏爱另一种品牌的消费者。购买模式：A、A、A、B、B、B，反映了消费者对品牌 A 的忠诚转移到品牌 B。

④多变者：即对任何一种品牌都不忠诚的消费者。购买模式：A、C、E、B、D、B，反映了一个没有忠诚度的消费者，他是一个有什么品牌就买什么品牌的购买者，或是一个购买多种品牌的购买者。

每一个市场由不同数量的四种购买者组成。只有对品牌的坚定忠诚者在购买者中占比很高的市场才形成品牌忠诚者的市场。

五、珠宝市场细分的步骤

市场细分大致上要经过如下几个步骤，珠宝市场也不例外（图 3-1-2）。

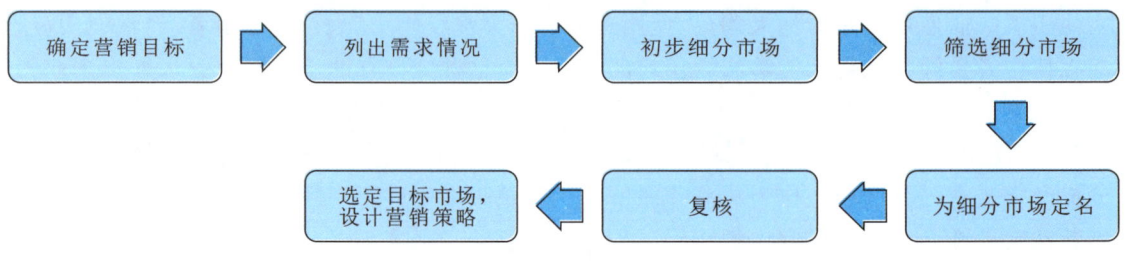

图 3-1-2　珠宝市场细分步骤

1. 确定营销目标

珠宝企业进入和开拓市场前，必须明确本企业的营销目标。如企业设计、制作、销售珠宝或首饰产品的类型，服务对象是谁，该类型珠宝或首饰适合在哪些区域销售，销售的时机怎样，能为消费者带来何种利益，能够提供何种服务等。珠宝企业需要深入细致的市场调

---

[1] 资料来源：菲利普·科特勒的《营销管理》。

查,分析消费需求,了解市场环境的现状及发展趋势,掌握市场竞争态势,结合企业自身资源和实力,正确确定产品方向和具体的经营目标。周大福面对年轻人市场设计首饰,不仅做了大量的市场调研,还利用直播形式,广泛征询消费者意见和建议,新产品推向市场后深受年轻人的喜爱。

2. 列出需求情况

珠宝企业根据已经确定的营销目标,对市场上各类珠宝首饰的需求状况尽可能地做全面的分析,重点搞清楚哪类需求已经存在,哪类刚刚开始,哪类即将出现,找出需求上存在的明显差异,按地理、人口、消费心理和消费者行为等因素划分市场,评价这些因素影响导致消费需求的差异程度。

3. 初步细分市场

在市场需求分析和评价的基础上,从市场需求中找出典型差异和最迫切的需求,并按市场细分的基本形式将整体市场划分成若干个不同需求的子市场。市场细分有单因素细分和综合多因素细分。综合多因素细分法的示意图如图3-1-3所示。每一个方向是一个变量,可以同时考虑3个不同的又有交叉关系的变量,如年龄、材质、购买珠宝产品的用途等。

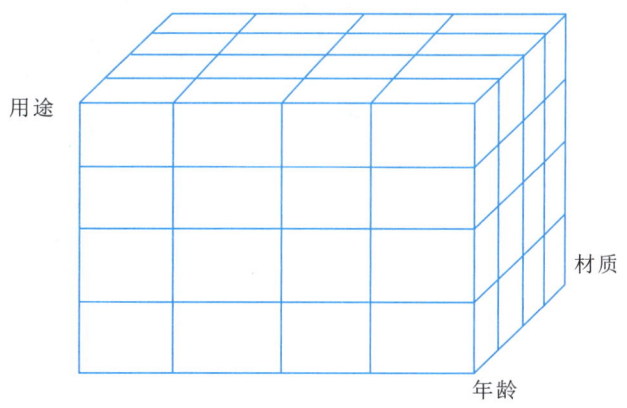

图3-1-3 综合多因素细分法的示意图

4. 筛选细分市场

对所有已经细分的市场进行分析研究,综合评价这些细分市场的典型特征、市场需求情况、市场供求情况等,筛选细分的珠宝市场,发现尚未满足的需求。

5. 为细分市场定名

通过对细分市场的筛选发现了尚未满足的市场需求,接下来就要对这些需求进行评价,找出满足需求的条件和市场竞争的状况,分析本企业有无满足市场需求的可能,比较各细分市场的潜力,评价企业可能进入的细分市场的利与弊,根据细分市场的具体情况为该市场定名。

6. 复核，选定目标市场

对已经确认并定名的细分市场进行复核再确认，为下一步选定目标市场打好基础。

任务二　选择目标市场

学习指导

? 做什么

1. 分析下方情境导入都有哪些市场？
2. 根据市场调查和细分理论，以小组为单位，通过收集珠宝市场资料（注意收集资料的方法），对珠宝市场细分，确定目标市场。
3. 交流共享。

! 怎么做

1. 确定本次任务的组长。
2. 阅读下方情境导入，自己试着写出案例中的商家都服务了哪些细分市场。
3. 总结细分市场的消费者特征。
4. 结合珠宝市场目标市场选择理论，针对某一珠宝企业分析其目标市场。
5. 团队讨论并填写目标市场分析表记录单。
6. 分享交流。

情境导入

"中华老字号"企业——菜百公司[①]

菜百公司是商务部第一批命名的"中华老字号"企业，前身是菜市口百货商场，成立于1956年，现有三十余家直营连锁分店，并有深圳分公司和电商公司，实现多渠道经营。

菜百公司参与制定、修订黄金珠宝相关的国家、行业标准，是中国金币特许零售商，并拥有上海黄金交易所综合类会员资格。菜百公司拥有高于国家和行业标准的"菜百首饰"标准，并以此为依据向生产厂家下达质量订单。菜百首饰有33项服务承诺，公司自主品牌"菜百首饰"被评为"中国行业最具影响力品牌"等称号。

菜百公司总店是全国最大的黄金珠宝专营店铺。总店自开业以来积极向大众传播普及首饰文化知识，邀请领域专家举办沙龙、讲座，邀请抖音等平台网红到店内直播，是"北京十

---

① 资料来源：修改自 http://www.bjcaibai.com.cn/second/second.aspx?nodeid=15。

大文化消费地标"之一。"菜百首饰"拥有全国首家永恒印记概念店,截至2019年,菜百总店连续30年蝉联全国单独门店销量第一。

菜百公司在北京已有10多家店,此外,在河北、天津和海南也分布有菜百旗下品牌。

回答问题并填写表3-1-5。

(1)分析菜百公司服务了哪些细分市场,说明原因。

(2)以当地某一珠宝商为例,根据你日常观察的情况,分析该商家服务的市场与菜百公司有哪些异同?

(3)如果你要购买珠宝首饰,会选择什么样的珠宝市场购买,说出选择的原因。

表3-1-5　目标市场分析

问题	答案
1. 消费者需要什么?	
消费者真正需要什么?	
消费者的需要用来做什么?	
消费者需要还有什么?	
2. 消费者在何处满足自己的需要?	
消费者在哪里购买所需要的珠宝产品?	
消费者在什么情况下用该珠宝产品?	
消费者为什么选择该店购买而不去别处?	
消费者在该处购买获得了什么?	
消费者还想获得什么利益?	
消费者获得的利益给他带来了什么?	
3. 消费者何时满足自己的需求?	
消费者在何时使用该珠宝产品?	
消费者是否还有其他时间使用该产品?	
有没有其他类型产品可以代替该产品?	
4. 消费者为何有此需求?	
消费者为什么使用该珠宝产品?	
消费者还会不会购买更多的珠宝产品?	
什么原因会让消费者再买珠宝产品?	
5. 消费者如何满足自己的需求?	
购买的珠宝产品是单独使用还是配套使用?	
消费者是单独购买还是几个人一起购买?	

续表 3-1-5

问题	答案
6. 消费者的消费特征变化？	
哪些因素会使消费者增加珠宝购买量？	
哪些因素会使消费者放弃购买珠宝？	
哪些因素会使消费者主动购买珠宝？	
哪些因素会使消费者被动购买珠宝？	
目标市场有：	

一、认识目标市场

经过对细分市场的分析、比较和评价之后，珠宝企业结合自身的综合实力，决定能否进入本市场，确定在哪些细分市场上满足珠宝消费者的需求，满足的程度如何等。这些细分市场即是企业选择的目标市场。

1. 目标市场

所谓目标市场，是指企业在市场细分的基础上，从满足目标顾客的需求出发，根据企业自身条件而选定的准备进入的珠宝市场。这就是珠宝企业市场营销活动所要满足的那部分市场需求。

现代市场经济条件下，任何产品的市场都有许多各不相同需求的消费群。没有哪一家企业能够完全满足所有的消费群的不同需求，珠宝企业也是一样。对于企业来说，目标市场选择是企业决定经营方向的大事，更是企业市场营销活动能够获得成功的前提。珠宝企业只有选定了目标市场，才能够有针对性地制定市场营销组合方案，同时，为企业战略规划提供依据。在实际营销活动中，珠宝企业应根据目标市场及其特征及时调整营销策略，使营销活动持续而有效地运作。

2. 目标市场的相关概念

为更好地理解珠宝目标市场，还要了解"利基市场"和"利基战略"的概念。

"利基市场"，是在市场中通常被大企业所忽略的某些细分市场。

"利基战略"，指珠宝企业通过专业化经营来占领未被大企业占据的细分市场，而获取最大限度的收益所采取的市场策略。

二、选择目标市场的程序

选择目标市场程序如图 3-1-4 所示。

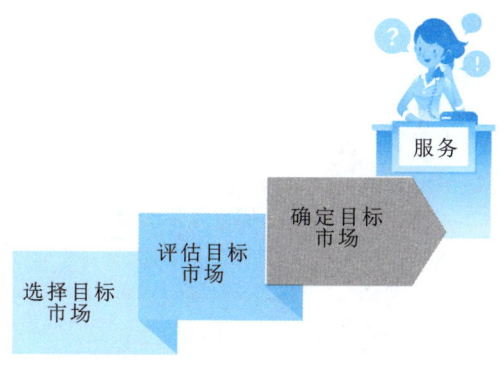

图 3-1-4　目标市场选择程序

(一)选择目标市场

1. 选择目标市场的依据

珠宝企业在细分的市场中选择一个或几个子市场作为本企业开展市场营销活动的对象,通常选择本企业的目标市场时需要考虑以下因素。

(1)有尚未满足的需求。市场上只有存在着尚未得到满足的需求,企业才有进入的价值。比如,随着人工智能时代的到来,珠宝企业看到了珠宝首饰与人工智能结合的需求,这是以前没有的需求。

(2)有足够的销售量。珠宝企业选择的目标市场仅有需求是不够的,还必须有足够的消费者意愿并能通过交换来满足这种需求。也就是消费者具有购买珠宝首饰的愿望,同时也能够购买得起,才能够保证该市场存在并有生存的可能。

(3)能够进入该市场。企业选择的目标市场只有没完全被竞争者控制的市场,才有进入的可能。有两种情况,一种是竞争尚不激烈,企业有可能进入;另一种是表面上完全控制,实际上仍有缝隙可钻。国际钻石巨头戴比尔斯,曾经一条龙主宰了全球 4 成的钻石开采和贸易,在戴比尔斯垄断钻石市场期间,其他珠宝企业无法进入钻石市场。

(4)企业具备进入目标市场的能力。珠宝企业在选择目标市场时必须考虑自身主观条件,只有具备足以满足目标市场需求的资源和市场营销能力,才能给企业带来更好的生存发展机会。一家以银饰为主营业务的小珠宝公司,就难以满足高端奢侈品消费市场的需求。

2. 选择目标市场

在对细分市场评估的基础上,珠宝企业经过综合判断,选择一个或几个能为之服务的细分市场。

(二)评估珠宝目标市场

明确自己的目标市场到底是什么样的,前景如何?到底是怎么来判断呢?回答这几个问题就是评估珠宝市场。评估珠宝目标市场是为了弄清这些细分市场是否具有值得公司进入的各种条件，及其程度如何。

1. 目标市场评估标准

通常目标市场评估标准如表3－1－6所示。

表3－1－6　目标市场评估标准

目标市场评估标准	要求	说明
市场规模	量化市场，尽可能大	市场规模＝总用户数×有购买欲望用户数所占比例
市场预期增长程度	相当长时间持续增长	未来一段时间与之前相比的增长情况
市场结构吸引力	竞争要求，吸引力大，风险低	细分市场的规模、发展和风险，具有吸引力
与企业目标和资源的一致性	一致	把握和发挥自身优势

2. 影响目标市场利润潜量的因素

（1）市场是否存在具有竞争力的替代品。存在有竞争力的替代品则谨慎进入，要么选择不进入。

（2）资源供应者在资源供应方面是否有决定能力。如果供货商在供应上有决定力，则企业在细分市场的赢利可能性下降。如网店销售珠宝首饰，如果首饰供货方有供货决定权，对于网店来说，有可能受货源的约束影响其盈利。

（3）顾客对商品讨价还价能力强，对服务要求高。这势必造成企业利润降低。

3. 目标市场的竞争分析

珠宝企业处在不同的竞争环境中，竞争在现代市场中普遍存在的，分析竞争，要清楚竞争者是谁？竞争者怎样？怎样竞争？

主要分析竞争者数量及其差别程度，数量多、差别程度低，则竞争强；反之，竞争弱，重点如下。

1）识别企业竞争者

企业的竞争者通常会有以不同的珠宝及首饰产品满足消费者不同需求的愿望竞争；有提供不同珠宝及首饰产品满足同一种需求的平行竞争；有满足消费者需求而提供同种珠宝及首饰产品，但产品形式不同的产品形式竞争；还有满足消费者同种需要，提供同种形式产品不同品牌间的品牌竞争。

2）判断竞争者的目标

竞争者的目标是由多种因素共同影响和确定的，包括规模、历史、目前的经营管理和经济状况。竞争者的目标，可以从获利的可能性、市场份额增长情况、技术领先、服务领先等方面判断。

3）评估竞争者的优、劣势

收集竞争者企业的市场相关资料，了解其销售市场和销售情况、市场份额、技术水平、主要消费者构成、知晓度等；利用网络已有的二手资料了解竞争对手；对珠宝产品的价格、质量、设计加工能力、企业的管理水平等变量进行评估；评估竞争者对比本企业的影响等。

4）评估竞争者的反应模式

面对竞争，竞争者的反应有以下几种模式，主要有从容不迫型、选择型、强烈反应型和随机型。

5）选择进攻和回避的竞争者

判断竞争者的强与弱，与企业将要选择的目标市场的地理分布、产品和服务是近还是远，竞争者属于"恶性"竞争者还是"良性"竞争者有着密切关系。对于竞争力强、相近业务的竞争者要尽量回避，实力弱的珠宝企业切忌"恶性"竞争。

（三）确定目标市场

1. 目标市场选择的基本模式

评估目标市场之后，会得出许多可供进军的细分市场，珠宝企业要做出为多少个细分市场服务的选择。选择的基本模式如图3-1-5所示。

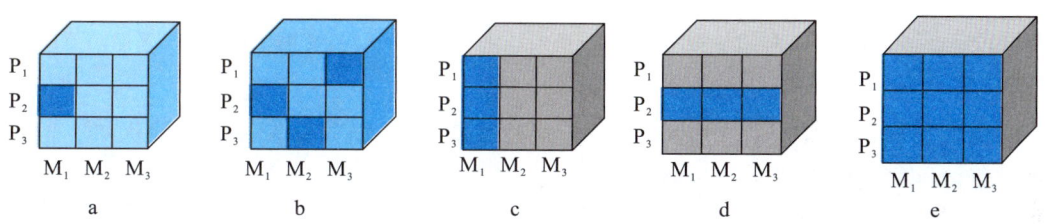

图3-1-5 目标市场选择的基本模式图

其中，P_1、P_2、P_3是不同的产品，M_1、M_2、M_3是不同的市场。图3-1-5a是企业只进入一个细分市场，制作单一产品满足该细分市场需求，适合实力不强的小型珠宝企业；图3-1-5b是企业选择3个细分市场进入，制作3种珠宝及首饰产品满足3个不同细分市场，这种目标市场选择模式为有选择的专门化；图3-1-5c是制作或销售多种产品满足同一个市场需求的市场专业化；图3-1-5d是一种产品满足多个市场需求的产品专门化；图3-1-5e是企业选择了以全覆盖的产品满足全市场的需求，这需要企业实力强大，适合竞争力优势地位明显的公司。如珠宝企业设计制作钻石首饰，但只面对结婚首饰市场，有戒指、项链、耳环和手链，实际上是4种产品满足结婚佩戴钻石首饰需求的市场专业化。

2. 目标市场选择策略

珠宝目标市场选择同其他商品目标选择一样有3种策略，这3种策略是无差异目标市场策略、密集性目标市场策略、差异性目标市场策略。

(1)无差异目标市场策略。珠宝企业不管整体市场消费者需求的差异性,把整体市场作为目标市场,求同存异,在所有市场只推出一种产品,或只用一套市场营销办法为满足其共同的需求服务。一些企业为旅游景点加工低档翡翠佛像吊坠,这类廉价饰品在各地旅游景点几乎都能见到,它把市场看成没有差异,这便是无差异目标市场策略。图3-1-6为无差异目标市场策略示意图。

无差异目标市场策略的突出优点:规模效应,有利于降低生产、研究、促销等成本费用。缺点:不能完全满足消费者对珠宝的差异性需求。

(2)密集性目标市场策略。珠宝企业将一切市场营销努力集中于一个或少数几个有利的细分市场,实行高度的专业化(图3-1-7)。如珠宝企业选择翡翠市场,集中力量只设计制作翡翠首饰,产品受消费者喜爱,采用的是密集性目标市场策略。该策略适合中小型珠宝企业。

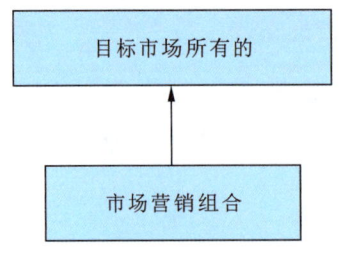
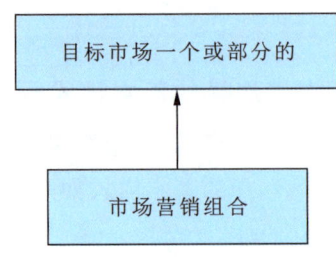

图3-1-6 无差异目标市场策略示意图　　图3-1-7 密集性目标市场策略示意图

密集型目标市场策略的突出特点:企业营销对象集中,能充分发挥企业的优势。但相当于把鸡蛋放在同一个篮子里,风险较大。

(3)差异性目标市场策略(图3-1-8)。珠宝企业选择两个或两个以上的细分市场作为自己的目标市场,企业根据各个细分市场的特点制定不同的营销计划和办法。如周大福针对不同消费群体提供不同材质、不同设计的珠宝首饰。

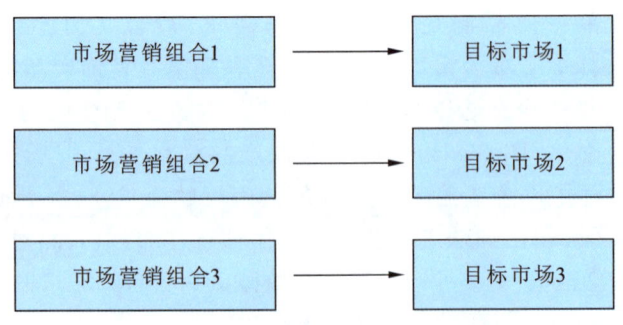

图3-1-8 差异性目标市场策略示意图

竞争越激烈,珠宝企业越会选择差异性目标市场策略,中小企业如此,大品牌企业也同样。宝格丽和蒂芙尼都是世界排名靠前的珠宝品牌,市场上二者产品和服务有较大的差异性。

差异性目标市场策略的优点:能更好地满足各类珠宝首饰消费者的不同需求,有助于珠宝企业提高产品竞争力,降低企业经营风险,对提高企业的知名度有较好的效果。缺点:珠宝企业要做到各目标市场的差异化,成本会增加,难以形成规模经济效益,此外,分散了企业的经营力量,也影响其优势的发挥。

珠宝目标市场选择的3种策略比较见表3-1-7。

表3-1-7 目标市场选择的3种策略比较

考虑因素	无差异性市场策略	密集性市场策略	差异性市场策略
产品特性	同质性	异质性	异质性
市场需求	差异性小	差异性大	差异性大
市场竞争者	少	多	多
企业实力	强	弱	强

三、选择目标市场营销策略的影响因素

企业选择哪种目标市场营销策略,受到企业实力、产品性质、产品生命周期阶段、市场性质、公司战略目标和资源等多种因素影响。

1. 企业实力

企业实力包括人力、物力、财力,珠宝企业的技术水平、工艺水平、市场营销能力等资源。企业实力雄厚,目标市场选择和营销策略可以考虑实行差异性市场营销;否则,考虑实行无差异市场营销或密集性市场营销。

目标市场影响因素及策略

2. 产品性质和产品生命周期阶段

珠宝及首饰产品属于经久耐用品,如果是同质产品或需求上共性较大的产品,一般宜实行无差异市场营销。如果是异质产品,应实行差异性市场营销或密集性市场营销。

产品生命周期处于不同的阶段,目标市场营销策略有区别。产品生命周期一般有导入期、成长期、成熟期和衰退期四个阶段。在导入期和成长期阶段,消费者对新产品认识不够,珠宝营销重点应放在启发消费者认识产品,巩固消费者的偏好,实行无差异市场营销或对某一特定市场进行密集性市场营销。在成熟期阶段,消费者已熟知产品,并且又有了多样化的新需求,市场竞争加剧,珠宝企业在稳定市场的同时,应尽可能地延长产品生命周期。通常采用差异性市场营销策略开拓新市场,满足消费者新的需求。在衰退期阶段,珠宝企业根据实际情况,可以选择密集性市场营销策略。

3. 市场性质

市场性质要看市场同质与否和市场供求趋势。同质市场消费者在同一个时期偏好、购买情况相同,实行无差异市场营销;异质市场需求差异大,采用差异性市场营销或密集性市场营销;从珠宝及产品供求关系上,当出现产品供不应求时,消费者选择弱,企业可实行无差异市场营销策略;相反,产品供大于求时,企业实行差异性或密集性市场营销策略。

4. 公司战略目标和资源

珠宝企业的战略目标和企业资源也是影响目标市场选择的因素。还要考虑竞争者情况,包括竞争对手的强弱、竞争者的目标市场营销策略。

任务三 珠宝目标市场定位

学习指导

做什么

阅读下面情境导入,分析案例中珠宝企业存在的问题和卖场的目标市场,结合目标市场和市场定位理论,以小组为单位,为该市场进行定位。

怎么做

1. 确定本次任务的组长。
2. 小团队讨论怎样解决下面情境导入中 LQGM 公司存在的问题。
3. 讨论消费者购买珠宝类商品认可哪些专业品牌。
4. 结合消费心理、市场细分、目标市场理论,进行团队讨论并填写市场定位机会分析表、产品差异分析表记录单。

情境导入

为某珠宝卖场 LQGM 定位

某省有一个家喻户晓的珠宝卖场——LQGM,1989 年成立之初,它还只是一家专卖金银首饰的小门脸儿,如今已经逐步发展成了该省珠宝业的龙头企业。

2010 年,LQGM 为了公司更好地发展,委托 DF 调查公司对 LQGM 所在地和经营的市场进行了市场调查。通过调查目标消费群、一线产品销售人员、LQGM 企业内部管理人员,并有针对性地就产品卖点、消费者品牌喜好、品牌定位、推广方式、消费者对媒介的喜好等做了调查,也了解了主要的竞争对手销售情况,调查发现以下问题:珠宝品牌竞争手段层次低;品牌形象及个性十分贫乏;营销管理涣散;公司士气低落,缺乏凝聚力和核心向心力。

请思考并回答问题,填写表3-1-8、表3-1-9。

(1)分析LQGM公司存在有什么问题?

(2)如果需要你的团队为LQGM公司提出解决方案,你会怎么做?

(3)团队有没有更好的办法促进LQGM公司成为该省著名的珠宝卖场?

表3-1-8 市场定位机会分析

因素		目标市场		
		市场1	市场2	市场3
环境	环境综合因素是否对目标市场有利?			
市场	市场成长因素和关键因素是什么?			
市场潜力	目标市场的客户可能有多少?			
	潜在销售额可能是多少?			
获利情况	目标消费者和销售额盈利怎样?			
总体目标	开发的目标市场是否与总体目标一致?			
竞争状况	竞争对手有哪些?			
	与竞争对手相比,企业地位怎样?			
	竞争激烈程度怎样?			
企业特点	现有主营业务有哪些?			
	欲开发的新业务有哪些?			
资源	是否有所需的设计、技术、营销、生产、资金、管理资源?			
	能否获得上述资源?途径有哪些?			
其他	经济因素			
	文化因素			
	社会因素			
	技术因素			
	政治、法律因素			

表3-1-9 产品差异分析表

分析项目	竞争对手产品	本店产品特点	差异描述
品牌知名度			
产品的品质			
价格			

续表 3-1-9

分析项目	竞争对手产品	本店产品特点	差异描述
产品的设计			
宝石产地			
产品检测情况			
售后服务			
企业信誉			
主要目标市场消费者			
广告投放情况			

综合上述信息，产品定位为：＿＿＿＿＿＿＿＿＿＿＿＿＿＿＿＿＿＿＿＿

基于以上问题，LQGM 如何在竞争中占据有利地位？如何树立品牌形象？这是市场营销中解决的关键问题，就是 LQGM 的定位问题。

先看几个有关消费者购买的问题，买黄金首选去哪儿、选哪个珠宝品牌？买珍珠会选择哪个珠宝品牌？买钻石又会选择哪个品牌？类似的问题可以问出很多，但从消费者购买珠宝类商品的习惯来看，消费者认可专业的珠宝品牌。

一、珠宝目标市场定位的概念和前提

1. 珠宝目标市场定位的含义

对于珠宝企业来说，确定了目标市场，通过市场定位可以更好地为目标市场服务。珠宝目标市场定位是指珠宝企业根据目标市场上消费者偏好、竞争状况和自身优势，确定自身产品或服务在目标市场上所处的竞争位置。换一句话说，珠宝市场定位是确定企业或产品在目标消费者中的地位，定位就是区隔。有了明确的定位，就能占领消费者的心智，对珠宝品牌的认知和珠宝企业形象的树立及市场机会的寻找起重要作用。

市场定位的实质是：①专门针对目标市场消费者心目中某一特定需求位置，设计出独特、鲜明并深受欢迎的营销组合，并在珠宝行业里形成本企业产品或服务的竞争优势。②力图在某一特定选购因素中，在消费者心目中对同类产品或服务形成本企业特定的形象地位。

市场定位的出发点是竞争。通过定位，企业能进一步明确竞争对手和目标，进而发现竞争双方各自的优势与劣势。

2. 珠宝目标市场定位的前提

珠宝目标市场定位的前提是产品、服务和个性化之间的差异。

（1）产品差异的体现。产品个性化差异是指珠宝企业赋予珠宝及首饰产品独有的个性，建立与竞争者有明显差异的品牌形象，满足目标消费群的个性需求。珠宝及首饰在产品方面的差异,主要体现在珠宝首饰的材质、外形设计、首饰产品的特色、产品服务、产品性能差异等方面。

(2)服务差异的体现。服务包含售前、售中和售后服务。珠宝及首饰品的差异服务大多体现在售中和售后服务中,如销售过程中首饰知识及佩戴的介绍,特殊设计的使用介绍等。售后的差异服务则可以是珠宝首饰的清洗、维修、咨询、学习、其他特色服务等。在销售网络化的今天,珠宝企业邀请首饰购买者关注公众号、短视频号等,为其顾客发布珠宝知识、解答问题、活动信息等也是售后服务。

(3)外形和性能差异体现。特殊的外形设计,让消费者容易辨认;性能差异给消费者带来满足。香奈儿1932年发布的第一款钻石项链,其无搭扣的独特设计,一直是香奈儿的特色。缘与美的可拆卸多功能首饰是性能差异。

二、影响珠宝目标市场定位的因素

珠宝企业在进行目标市场定位时需综合考虑如下因素的影响。

(1)功能性利益。功能定位就是突出产品的独特功能,使其在同类产品中有明显区别,以增加其竞争力。可以强调可靠性、安全性、耐久性,也可以强调新的功能。如最新的可穿戴首饰,能与电话关联的多功能项链。

珠宝市场定位

(2)知识性利益。知识定位就是突出产品体现的知识性,获得与珠宝产品有关的所有信息,扩大对珠宝的辨认能力,与同类产品有明显区别等。

(3)感觉性利益。感觉定位就是市场或产品在消费者心目中形成的形象、位置,包含有视觉、触觉、听觉等,如玉的感觉润,某首饰看着"bling bling"等。

(4)心理性利益。心理定位就是为迎合消费者的心理需求和满足感的定位方法,如佩戴某品牌的首饰有自尊心、威望、地位的满足感等。

(5)时间性利益。时间性利益就是为满足消费者节省时间需求的角度进行定位,如支付宝的便捷支付、网上或手机端方便的购买等。

(6)经济性利益。如珠宝消费者愿意接受高性价比、高附加值的产品。

(7)社会性利益。如珠宝首饰的造型融入价值观念,首饰中的福禄寿等的象征意义都体现社会利益。

(8)文化利益。文化利益是指产品或市场承载文化或赋予文化特征的表现。珠宝首饰在设计制作中,大多都融入人文、文化、价值观等,既能对文化传承,又能有效抓握消费者的情感。如我国自古就有佩戴玉的习惯,玉的材质、玉的造型、戴玉的象征都有很大变化,不同时代,玉的属性不同,有传承,有创新,玉文化也是中华文明的记录。

(9)USP(独特的销售主张)。USP也称为单一诉求利益。就是公司的产品或服务有显著的个性,具独特性,并对人的大脑形成冲击,有卖点。

假设市场上有珠宝首饰 A、B、C、D、E、F、G,其档次定位和消费者感知程度分别如图3-1-9所示。G产品定位高端,但消费者感知程度低,说明定位与市场上的产品不相符,只有消费者的感知程度增高,才能成为真正的高端产品。A产品定位低端产品,消费者感知程度较高,说明其定位和产品本身相符。

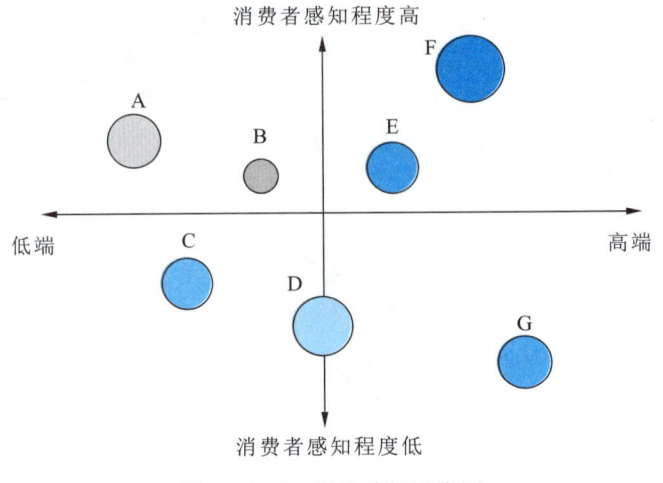

图 3-1-9 定位感知程度图

知 识 链 接

人生的珠宝盒——"梅好"系列首饰[①]

2019 年 1 月 17 日,"中国珠宝"品牌广告短片《人生的珠宝盒》在央视开播,完整版于各大视频平台同步上线。这部短片通过"中国珠宝"品牌形象大使的倾情演绎,跨越不同时代,在短短 4 分钟的时间里,为大众讲述了一个关于时间、珠宝、记忆的动人故事。

短片在优雅、感性的现代钢琴弦乐背景中,伴着女主角的感性念白,从轻轻开启母亲的珠宝盒开始娓娓道来:母亲的珠宝盒里藏着许多故事,里面盛放着她的记忆和我对美丽的想象。

短片以"珠宝盒"这一概念串联起主人公真实生活中的几个重要人生片段,随着她翻看珠宝盒、试戴的过程,一一展开。母亲,摇着摇篮轻轻哼唱着童谣《太湖船》,宝宝从摇篮里,到扎着蝴蝶结的小女孩,辛勤练舞的少女时代,直到恋爱和舞台上的高光时刻,珠宝盒里珍藏的人生片段串联起了三代人的情感,珠宝首饰广告语体现了珠宝的传承。

两个珠宝盒中的珠宝是珍贵记忆的物化存在,有关女性气质之美、女性自我身份的认同,是锦上添花,是陪伴,是永恒,也是见证,折射出长大了的女孩,经过不断磨砺展现出的自信与美丽。

光影中的意蕴梅枝,合影中古典花瓶中的梅景,佩戴的"中国珠宝"品牌"梅好"系列首饰,短片中这些特别设计的梅花镜头与意象贯穿全篇。

视频最后的点睛:我们珍藏珠宝,其实是在珍藏人生的印记。它们从不褪色,陪我们穿

[①] 资料来源:修改自 http://xiaokang.haiwainet.cn/n/2020/0122/c3543289-31704221.html。

过漫长的时光。而"中国珠宝"就是人生美好印记的珍藏者。

该微电影的场景和画面会触动很多人柔软的内心,借由"五福花"——梅花传递出对美好生活的祝福和希冀,所有情感的表达都含蓄又动人。

据悉,截至2019年底,"中国珠宝"品牌连锁店总数已超过2000家,品牌处于快速发展阶段,影响力和市场占有率均提升迅速。

三、目标市场定位策略和方式

珠宝企业市场定位是根据产品的特点及消费者对产品的知觉,确定本企业产品的地位及竞争者之间的竞争关系,是一种竞争战略。珠宝由于其属性的特殊,特别是它属于非生活必需品特征时,其市场定位与普通商品有所不同。

(一)定位策略

常用的市场定位策略主要有以下三种。

1. 避强定位

避强定位是指珠宝企业根据自身实力避开强有力的竞争对手的市场定位。市场上不仅要避开与强大竞争对手的直接冲突,还要找到适合本企业的竞争位置,尽可能与竞争对手分享市场,并迅速在消费者心目中树立本企业的形象。这是市场补缺者常常采用的策略。

2. 迎头定位

迎头定位也称为取代定位,这是一种处于支配地位的企业常采用的定位策略。迎头定位是居支配地位的珠宝企业针对居主导地位的或相同地位的企业采取的定位方式。选择这种定位策略的珠宝企业必须有比较明显的竞争优势,能够提供更优越于竞争对手的产品或技术、工艺。由于是直接竞争,风险较大,一旦成功会取得巨大的市场优势。选择该策略的企业一般实力较强、市场具有较大的吸引力。

3. 重新定位

这是企业制作的珠宝产品特色发生变化或者要改变目标消费者对产品或企业原有的印象时,为了让目标消费者对新的产品或珠宝企业新的形象重新认识而进行的定位。如一些规模不大的公司,原来经营品质一般的翡翠首饰,经过调查发现,人们需要的是品质好的翡翠产品,该公司打算加工高品质翡翠产品,就需要重新定位,以此改变目标群体心目中原有的中低档的印象。

一方面,重新定位对于珠宝企业适应市场环境、调整市场营销战略必不可少。另一方面,珠宝企业的产品即使在市场上的定位很恰当,若出现如下情况时也需考虑重新定位:①竞争者推出的产品市场定位和本企业产品相近,并使本企业的市场占有率下降,甚至侵占了本企业的部分市场;②目标消费者偏好或环境发生变化,目标消费者有可能流失,甚至转移到喜爱某竞争对手产品。

(二)定位方式

在珠宝市场定位中可以针对品牌,也可以针对具体的目标市场,下面的定位方式既适用于品牌定位,也适用于具体目标市场。基于三种定位策略,珠宝市场的定位方式有:形象定位、经营理念定位、文化定位、情感定位、USP定位、档次定位、质量价格定位、风格定位等。

1. 形象定位

形象定位有品牌形象定位,也有针对目标市场的形象定位。如"BLOVE用自己的爱情故事定制一枚有故事、有温度、有生命,全球仅一枚的婚戒",就是形象定位的体现,注重自己品牌,注重品牌的管理。品牌设计策略主要是品牌名称设计、文化策略和品牌标志设计。根据企业的品牌策略,单一一个目标市场也可以建立一个子品牌。

2. 理念定位

企业的理念是企业的世界观,是指导企业的经营宗旨、价值观念和道德行为准则的综合。

珠宝产品不只是给消费者提供了美丽而独特的商品,更重要的是通过珠宝及首饰的装饰、情感、社交、价值体现等作用,提升消费者的生活品位。珠宝首饰在设计中新奇独特、把握潮流、倡导时尚、提倡个性等,在加工制作中显现高度的市场化、国际化、人文化、科技化、多元化和个性化的鲜明特征,珠宝及其首饰已经成为美化生活、推动经济发展不可缺少的力量,成为弘扬传统文化、表达感情的因素。希望让进店的消费者都能买到自己喜爱的珠宝饰品,或作为探亲、访友、喜庆、生日、过节、相聚、惜别的礼物,或有良好寓意的祝福,或借助首饰获得自信体验。

3. 文化定位

文化定位就是将某种文化内涵注入珠宝产品甚至品牌中,形成具有独特文化的差异性或独特性产品或品牌。文化定位能够大大提升产品或品牌的品位。消费者拥有文化定位明显的品牌首饰,也就拥有了品牌定位的品位。

文化定位呈现在产品上,提升了品牌的内涵。如中华的古法制金工艺,它包含着中国传统文化的精髓,也是古代匠人的手工艺术的传承。中华老字号老凤祥直到今日依旧以古老的手艺和精致的匠心为特色,首饰设计借鉴传统文化元素,契合现代人的审美需求,又有着体现个性的古法金技术,制作的首饰色泽温润,华而不炫,优雅贵气,彰显国人的内敛、低调、纯真质朴的情感。

卡地亚宝龙坦桑石镶钻铂金项链中的中国元素是龙(图3-1-10)。卡地亚的这款项链从龙形到流苏都完美地呈现出了中国文化元素。龙是中华文化里的图腾之一,流苏是"步摇"的一种形式,唐代诗人白居易在《长恨歌》里用"云鬓花颜金步摇"描写了杨贵妃华清池出浴时,蓬松的发髻插着金步摇的袅娜华容。

海瑞温斯顿的qipao项链设计灵感来源于中国的旗袍(图3-1-11)。旗袍是中国服饰文化中绚烂的形式之一,尤其是20世纪20年代起,流行的旗袍越来越呈现女性的优雅和姿态。海瑞温斯顿以旗袍的领子作为珠宝设计元素,展现了现代女性的古典魅力,也呈现出了中国特色风格。

图 3-1-10　卡地亚龙型镶钻坦桑石铂金项链　　图 3-1-11　海瑞温斯顿的 qipao 项链

知识链接

"中国珠宝"品牌的文化定位[①]

"中国珠宝"作为创新型文化珠宝品牌，以"传承千年，汇聚经典"为品牌理念，致力于将中华民族五千年优秀传统文化与多元文化、现代时尚进行对话与交融，以工匠精神致力于珠宝首饰文化和工艺的传承、融汇和创新，助力中华优秀传统文化的弘扬与发展，使品牌产品具备了经典时尚、人文时尚、艺术时尚的品牌特质。

"中国珠宝"的核心价值标准是信、达、博、雅。信，诚也，遵守"诚信经营，以诚待客"之道，致力"颜色、透明度、质地、净度"至诚的珠宝产品打造。达，通也，以通晓"珠宝之艺，顾客之需"，打造所属产品，传达"品质之精，情谊之远"。博，广也，以博大精深、博古通今、博采众长的胸怀和远见，让其产品实现多、广、深的体系。雅，精也，坚信"雅致源于精细"，雅致精巧，美而不俗。

古人云：琴棋书画养心，梅兰竹菊寄情。梅兰竹菊被誉为"花中四君子"，一直是中国人感悟喻志的象征。梅，高洁傲岸；兰，优雅空灵；竹，虚心有节；菊，冷艳清贞。中国珠宝品牌以花中四君子为素材，推出梅、兰、竹、菊系列产品，表现出中华民族向往傲、幽、坚、淡的人格境界，同时，既彰显了中国珠宝品牌刚正诚信、雅致大气的价值观，也传递了自强不息、清华淡泊、不卑不亢的处事理念，富有文化意蕴及人文情怀（图 3-1-12、图 3-1-13）。

[①] 资料整理自：http://www.sinogem.com.cn/Cn/Index/pageView/catid/7.html。

图 3-1-12　中国珠宝——梅

图 3-1-13　中国珠宝——兰

4. 情感定位

情感定位就是运用珠宝及其产品直接或间接地冲击消费者的情感和体验。现在的年轻一代重视体验、感觉等因素,珠宝企业分析相关消费者大数据的变化,不仅需要分析消费者消费行为变化的量和质的数据,还要分析消费者情感改变与企业定位的密切程度,这种密切程度也许是某种情感上渴求的满足,也许是与自我概念相吻合,也许是他们成长过程中有重要影响、追求的寄托物等。情感定位是消费者的"情有独钟",它可以是产品或品牌的创意、特性、审美等,总能激起消费者的联想和情感共鸣。品牌把消费者的情感诉求作为支点,消费者由于情感的契合能够成为品牌的忠诚者。如菜百首饰品牌定位注重情感传递,追求时尚的百姓首饰品牌。

5. USP 定位

USP 是 Unique Selling Proposition 的缩写,含义是"独特销售卖点",也称为"独特的销售主张"。USP 定位是美国 Ted Bates 广告公司董事长罗塞·里夫斯(Rosser Reeves)首先提出的。20 世纪 50 年代,罗塞·里夫斯意识到广告必须引发消费者的认同才能够起作用,消费者从广告中得到的应该是"独特销售卖点",而不是广告人员硬性设计的广告本身。1961 年罗塞·里夫斯出版了《广告现实》,其中提出了 USP 的概念。USP 理论发展到今天,已经从单一的强调产品上升到重视品牌的高度,"独特销售卖点"的精髓源于品牌的挖掘。USP 包括 3 个基本要点,即产品或品牌的独特性、产品或品牌的销售点和劝说力。其实就是强调珠宝品牌的独特之处,强调人无我有的唯一性;让消费者清楚通过购买珠宝及产品可以获得什么具体的利益;利用品牌独有特性和优势吸引并打动消费者购买。此外,社会利益也是品牌需要涉及的内容。

有效的"独特销售卖点"需要从产品或品牌中提炼,有 6 条路径可以选择(图 3-1-14)。

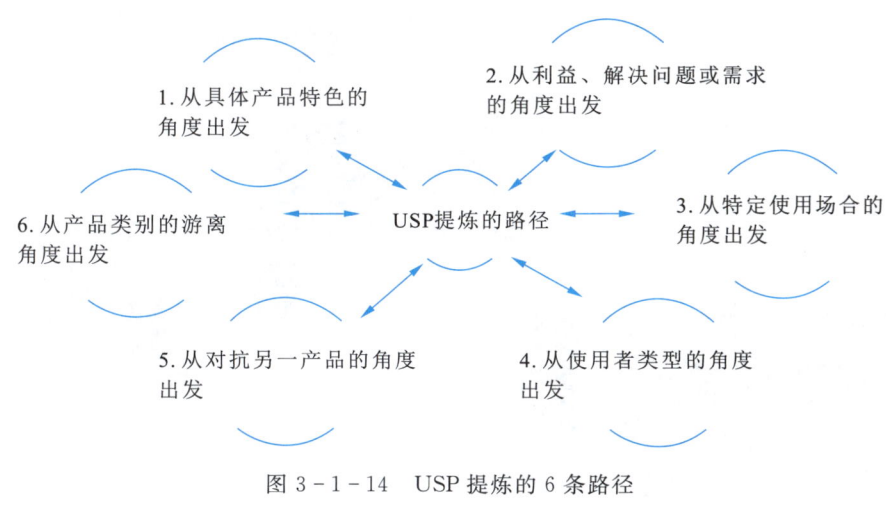

图 3-1-14　USP 提炼的 6 条路径

(图片来自:http://wiki.mbalib.com/wiki/USP)

这 6 条途径有的是用于单个产品,有的适用于同一产品线,有的适用于系列产品。如珠宝首饰中的钻戒就可以根据钻戒的佩戴场景提炼其独特的销售主张。

6. 档次定位

珠宝及产品中档次的概念在消费者心目中有较为强烈的区分度。不同的品牌有档次之分,同一品牌不同的产品类型也有档次之分,同一个类型的产品,使用的材质不同,还有档次之分。珠宝品牌的档次是商品实体之外的价值,它综合反映了珠宝产品质量、消费者心理感受、文化、价值观等多种因素。同一品牌不同的产品类型和同一个类型的产品档次主要受产品设计、材料的品质、品牌知名度等影响。高档定位一般分为高、中、低档。高档奢侈品是建立在品牌附加值的基础上,其附加值有不会被复制的品牌标签。那些国际大牌拥有岁月和品牌文化的积淀,品质、价格高,还具有高附加值,提供优质的服务,因此都属于高档珠宝。新建立的珠宝品牌盲目选择高端路线则很容易惨败。高档带给消费者的是优越感、品质感,档次也是价值的体现。档次定位是从竞争角度的定位。如一些珠宝品牌产品做工考究,由著名设计师设计,选择接近无瑕的材质加工制作成首饰,其档次一定是高档。像镶嵌贵重宝石的首饰,无论是哪个品牌商制作都是高档品;材料选择无特殊要求,统一设计的首饰,批量加工制作,一般为中低档首饰。这部分市场巨大,消费潜力增长快。

7. 风格定位

珠宝产品及品牌的风格定位是指珠宝或品牌确立自己独特的、充满文化内涵、浪漫韵味和寓意,融合现代气息,呈现给消费者的是能够把握脉搏,或古朴素雅、或高雅脱俗、或精湛完美、或流行风尚的作品。如工作室品牌 CINDY CHAO,坚持"建筑感、雕塑性、生命力"的创作理念,"打破艺术与珠宝疆界,开启珠宝艺术的新兴时代",CINDY CHAO 设计的珠宝宛如一件件微雕品,并以其独特的风格引领欧洲珠宝界,缔造出巧夺天工的艺术珠宝市场。

2009年CINDY CHAO设计的皇家蝴蝶胸针(图3-1-15),被美国史密森尼国家自然历史博物馆收藏,是该馆自1910年开馆至今收藏的首件当代华人珠宝艺术作品。CINDY CHAO的皇家蝴蝶胸针和下面的钛金属蓝宝石羽毛胸针都体现了其雕塑性、生命力。

CINDY CHAO 2009年的皇家蝴蝶胸针　　　CINDY CHAO的钛金属蓝宝石羽毛胸针

图3-1-15　CINDY CHAO独特的风格首饰

四、成功市场定位的原则

市场定位是珠宝品牌或珠宝产品在市场上的定位。成功的市场定位能够让珠宝企业及珠宝产品有显著的特色,又能较好地满足消费者的需求。市场定位要遵从下列原则。

1. 定位应具有实际意义

市场定位的目的是把珠宝产品或珠宝品牌的信息传达给消费者,消费者通过这些信息更好地认识珠宝产品或品牌,也有利于品牌价值的提升。需要注意的是,企业在进行珠宝市场定位时,无论是宣传,还是提供的产品,都要避免华而不实。

2. 定位应是可信的

无论是提供的珠宝及其产品,还是服务,必须是令人信服的,消费者对接受的产品或服务是满意的。虚假夸大的定位令消费者反感、讨厌,会给企业带来不利的影响。

3. 定位必须是独一无二的

差异化能够将珠宝品牌或产品与其他竞争者相区别,甚至保持其领先地位。领先可以有很多方面,如技术领先者、创新领先者、质量领先者、服务领先者、价值领先等。珠宝企业拥有独特的镶嵌技术、独特的宝石切磨技术、莲花印记专利技术、特有的高品质和高质量的珠宝首饰等,根据本企业竞争力和市场的竞争状况加以选择。

依照市场定位的原则,珠宝市场的定位必须具有独特性,不易模仿,同时该定位清晰可信,不能出现任何怀疑,有实际意义。这里还必须强调,珠宝市场定位中应避免定位错误,容易出现的定位错误有定位不足、定位混乱、定位狭窄、定位过度。对产品或品牌定位认识不足容易造成定位错误。

五、市场定位的步骤

珠宝企业显示自己具有的竞争优势，设法在自己的产品上找出独有的特性，通过定位让消费者认识与竞争对手竞争的不同。市场定位可以通过以下四个步骤实现。

1. 确认本企业的竞争优势

合理的市场定位，首先要认清本企业的竞争优势。企业的差异化可向目标市场提供优越的价值。差异化可以是产品差异、服务差异、人员差异、形象差异等方面。还需要分析和研究竞争对手的产品定位，目标市场真正的需求方向、需求量、需求程度，企业如何才能做到更好地满足消费需求。

2. 选择可作为定位依据的竞争优势

企业应通过将自身实力与竞争对手相比较，从已具备的竞争优势中准确地选择可以定位的竞争优势。对于珠宝企业，可以比较原材料品质和原材料来源、珠宝及首饰的设计能力、企业的加工制作水平和能力、产品、市场营销、财务状况等方面的强弱。

3. 定位独特的竞争优势

分析提炼企业独特的竞争优势，在充分了解消费需求、偏好、态度、价值观认同等特征的基础上，用简单、易懂、明确、消费者乐于接受的方式，定位独特的竞争优势，并有合适的表达。如果是珠宝企业定位，则选择企业独特的优势，建立市场定位战略。

4. 向市场传播确定的定位

有了市场定位，如何让消费者认识、熟悉企业定位，在消费者心目中建立与企业定位形象的一致性，是市场定位必不可少的环节。珠宝企业应通过一切努力强化市场形象，保持与消费者的沟通，将定位信息传播给现实消费者和潜在消费者，加深与目标群体的感情，巩固企业的市场地位。需要注意的是，在宣传过程中，信息要清晰、准确，避免使目标消费者产生误会，或者形成模糊、混乱的认识。一旦目标群体对企业市场定位理解出现偏差，或者由于企业在市场定位宣传失误而造成目标顾客模糊、混乱和误会，企业必须及时纠正这些不一致的形象。

珠宝首饰营销

任务四 珠宝市场的定制

学习指导

做什么

1. 阅读下方情境导入,分析案例中的定制是如何完成的。
2. 市场上的珠宝首饰定制有怎样的要求。

怎么做

1. 确定本次任务的组长。
2. 阅读下方情境导入,小团队讨论一下怎样锁定珠宝的定制市场。
3. 讨论珠宝首饰定制消费者对品牌有哪些要求。
4. 结合消费心理、市场细分、目标市场理论,进行团队讨论并填写定制产品分析表记录单。
5. 分享交流。

情境导入

首饰的定制[①]

"抗击疫情,我们在行动,为保障客户需求不受影响,FANLOVE 将提供全方位的线上咨询服务。"

定制婚戒一般需要约 2 个月的时间,定制者可以通过网站选择定制,也可以留下电话或微信,FANLOVE 的微信客服用微信发送款式实拍以及上手图,如果商家有活动一并通知定制者。

定制珠宝分为以下两种。

(1) 半定制。可以选择裸钻与镶钻的基本成型的金属介质,定制者不需设计,选择搭配即可完成(图 3-1-16)。

(2) 全定制。真正依人而定,与顾客广泛沟通,从顾客的需求出发,反复琢磨,设计铸造定制一款珠宝。流程重点在理念沟通和设计沟通上。

请思考并回答问题,填写表 3-1-10。

(1) 如果是全定制,请你写出定制的流程。

[①] 资料来源:部分资料由如下网站整理 http://www.vannylove.com/Home/Customization/indexthem.html。

◆ 预约设计师流程 ◆

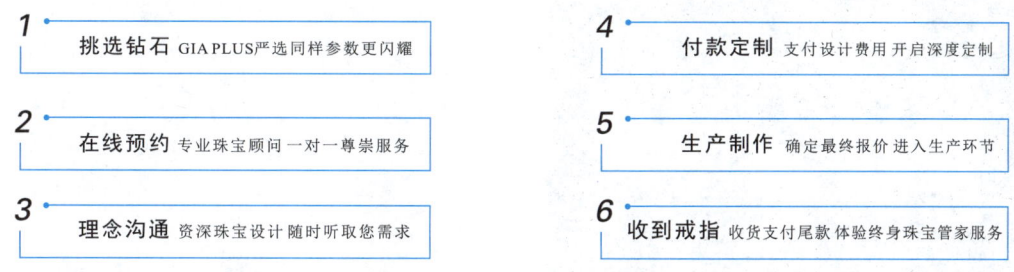

图 3-1-16 预约设计流程图

(2)站在珠宝企业的角度,怎样区分半定制和全定制人群。

表 3-1-10 定制产品分析表

分析项目	描述说明
品牌知名度	
产品的品质	
价格	
产品的设计	
宝石产地	
产品检测情况	
消费者选择的原因	
主要目标市场消费者	
珠宝企业的形象	
定制让消费者获得	

一、定制的起源和发展

定制,英文为"bespoke",该词起源于萨维尔街(Savile Row)男装定制。萨维尔街位于伦敦中央梅费尔(Mayfair)购物街区,19世纪初,梅费尔购物街区盛行男士服装的定制,街区也因传统的男装定制而闻名。曾有温斯顿·丘吉尔、拿破仑三世以及穆罕默德·阿里·真纳等光顾定制服装。

对于珠宝市场来说,由于产品的特殊属性,特别是珠宝的稀缺、储藏、增值、地位象征等特征,其定制比该名词出现得更早。如历史上欧洲各国用于加冕礼的王权象征物、女王和王后的皇冠等,其实都是"定制",包括我国古代皇帝的冠冕、朝冠、凤冠等,都是早于19世纪的。皇冠是皇室的象征,许多君主毫不吝啬地从全世界各地搜罗珍宝,打造珍贵的皇冠,用于重大场合佩戴(图 3-1-17~图 3-1-20)。

图 3-1-17 CHAUMET 绿宝石镶钻皇冠

图 3-1-18 1807 年皇家巴伐利亚冠

图 3-1-19 明孝靖皇后凤冠（三龙二凤冠）

图 3-1-20 明孝端皇后凤冠（六龙三凤冠）

  珠宝定制曾经是王公贵族、社会富裕阶层所独享的奢侈服务，也是身份、地位的标识之一。随着社会的发展和进步，定制走下神坛。珠宝消费者的个性化需求凸显，进而推进了定制营销。伴随着当代珠宝工艺的发展、网络的普及，人们为佩戴个性化的珠宝首饰，显示与众不同的个性，也推进了珠宝定制日趋流行。随着网络的发展，定制已经有了崭新的实现方式，人们足不出户都可以完成属于自己的首饰定制。无论是追求奢华风格，还是清雅高贵风格，定制都可以帮你实现。

珠宝市场细分后的定制

二、定制的优势

  珠宝首饰"定制随心，品位私享"，那定制的优势又有哪些呢？
  (1) 定制具有独一无二的个性和纪念价值。珠宝设计碰触真心，更有品质保证。
  (2) 体现消费者为主体的观念。消费者选择的余地大大增加。

(3)具有价格优势。
(4)消费者具有良好的体验。
(5)坚持珠宝加工好的工艺。

定制体现的唯一性、体验感、尊属感、人文气质等,当下的消费者,特别是年轻群体,他们更乐于表达和体验,购买有故事的珠宝及首饰,有纪念意义还可以收藏传承,也能给珠宝品牌带来更大的活力。

三、珠宝定制与 DIY 的不同

1. 概念不同

定制是将自己的想法、原材料等提供给专业设计师,再由专业设计师设计,然后加工制作成首饰,接受定制的企业一般都有品牌。

DIY 是"Do It Yourself"的英文缩写,是自己动手制作,体现一种流行的生活方式。DIY 没有专业资质的限制,可以根据材料和工具,想做就做,每人都能利用 DIY 做出一份表达自我的"产品"来。简单的绳结手链,复杂的花丝首饰制作,消费者都可以根据自己的能力 DIY。

2. 定位和面向群体不同

珠宝首饰的定制自古就有,从为皇宫贵族、社会名流定制特有首饰,到"定制随心,品位私享"的互联网时代定制,其特点是彰显个性、文化传承、社会尊属。DIY 则是一种生活方式,表达热爱生活的态度,体现自我能力、彰显自我价值。

无论是定制还是 DIY,都体现着消费者对美好生活和美的追求。

知 识 链 接

珠宝定制[①]

珠宝定制具有高性价比。珠宝定制往往成本可控空间更大,消费者可以根据自身消费水平和喜好,选用更优质的宝石,使首饰镶嵌效果更为瑰丽,价格也更具高性价比。

据 NGTC(国检珠宝培训中心)分析:随着人们日常消费水平的提高,以及消费需求往个性化、多样化和品质化的方向发展,珠宝定制逐渐成为了更多消费者的选择。

珠宝定制属于客户自身的个性化符号,对材质选择、样式构想、款式设计、专属制作均可以参与其中,定制饰品有着独特的追求,也非常适合赠送给亲朋好友或作为周年纪念的礼物。如结婚纪念日,男士选择定制钻石排镶设计的戒指赠送给妻子,其整体闪耀亮丽,看起来比单颗大钻效果更为华丽。

珠宝定制并不单是女士专属。珠宝定制中 30% 都是男士饰品,因为目前市面上各大品牌男士珠宝款式单调,样子过于普通,缺乏个性。

---

① 资料来源:修改自 https://post.smzdm.com/p/akmro2p9/。

男士珠宝定制格外讲究细节,因为男士的个人气质往往给人干净利落、成熟稳重印象的更受欢迎。除了常见的男戒定制,袖扣也成为了男士珠宝定制的"新风潮"。在职场上或重要场合中,袖扣则是必备的配件。大多数男士还在注重怎么穿好外在西装时,有品位的商务精英显然已经开始从袖扣这种细节来凸显自己的品位。

在袖扣定制中,金、银、钻石、水晶、宝石等早已经是常见的材质,女士不妨在另一半生日的时候,定制袖扣作为礼物也是不错的选择。

珠宝定制过程中需要注意以下事项。

1. 尺寸的测量很重要

事先可以借用小工具来精准测量,例如比较常见的戒指环、戒指棒、卷尺等工具。

专业的珠宝定制都会提供工具给顾客测量,不同款式的戒指要注意圈号的差别。细款戒指选择佩戴最舒适的圈号;粗宽的款式戒指要预留大1个圈号;手指会随季节气候或体重增加有所改变,所以不要选择太紧的圈号。"活口"的款式最方便可以自行调节,但大大增加金的费用。

2. 选择主石前要有所了解

定制珠宝前需要有自己承受的预算,低预算也会有很多选择或解决方案,因为不同品类的宝石材质价格也会有很大的差异。

比较常见的钻石、祖母绿、珍珠等,还有更多有趣的宝石品类供大家选择,如红宝石、蓝宝石、碧玺、托帕石、石榴石等。选择宝石时还要考虑其颜色、净度、切工、大小等几个品质因素。

3. 镶嵌材质的选择

材质会直接影响整件饰品的成本和价格。目前国内珠宝定制主要选择18K金为主,因为足金硬度不足容易损坏也无法镶嵌宝石,采用18K白金效果也很不错。银的价格亲民,但定制需要制作"蜡版",成本有所增加。

4. 造型的情感化设计

珠宝定制更像为首饰赋予生命的一个过程,也是挖掘、满足自身情感需求的过程。消费者可以把自己喜欢的元素(例如花卉、动物、造型等)告诉设计师。

例如图3-1-21所示这款18K金钻石定制款吊坠,是客户想把冬日里的"冰花"停留在身边,所以采用了规则对称的花环设计,精选高净度的钻石镶嵌,整体效果仿佛"冰花"般的洁白晶透。

当然每个人都有各自的灵感,尽量把需求和想表达的气质跟设计师交流,这也大大提高了设计效率和制作时间。

图3-1-21　佰懿珠宝18K金钻石吊坠

一、单选

1. 珠宝企业变动产品特色,改变目标市场消费者对其原有的印象,使目标市场消费者对其产品新形象有一个重新的认识过程是( )。

　　A. 情感定位　　　B. 重新定位　　　C. 迎头定位　　　D. 避强定位

2. 避开强有力的竞争对手的市场定位是( )。

　　A. 情感定位　　　B. 重新定位　　　C. 迎头定位　　　D. 避强定位

二、多选

1. 珠宝市场的心理细分有( )。

　　A. 社会阶层　　　B. 生活方式　　　C. 个性特点　　　D. 态度

2. 珠宝市场细分的原因有( )。

　　A. 综合细分　　　B. 资源有限　　　C. 需求多样　　　D. 行为细分

3. 珠宝市场定位的方式有( )。

　　A. 形象定位　　　B. 理念定位　　　C. 情感定位　　　D. 独特主张定位

4. 企业选择哪种目标市场营销策略,受到( )等因素的影响。

　　A. 企业资源　　　B. 产品特性　　　C. 市场特性　　　D. 竞争状况

5. 珠宝市场的目标市场营销策略有( )。

　　A. 细分市场策略　　　　　　　　　B. 无差异性目标市场策略
　　C. 差异性目标市场营销策略　　　　D. 密集性目标市场营销策略

三、判断

1. 市场细分不有利于获取最佳效益。( )

2. 珠宝市场细分可以依据情感细分。( )

3. 市场细分总是把一个整体市场分解成细小的市场。( )

4. 消费者对某一产品的需要、欲望、购买行为以及对企业营销策略的反应等方面具有极为相似的一致性的市场为异质市场。( )

5. 珠宝首饰产品的款式、质量和信誉,是珠宝首饰企业的生命。( )

6. 从本质上说,市场细分是化整为零、化大为小。( )

四、简述

1. 简述文化定位。

2. 简述成功市场定位的原则。

3. 简述选择目标市场的依据。

五、案例分析

阅读 P103 情境导入,我国珠宝首饰市场呈现较好的发展趋势,试着列出我国珠宝市场细分的要素,建议用列表的方式列出,表格设计可以采用多维度表格。

项目二 珠宝市场竞争战略分析

任务一 珠宝市场竞争者分析

学习指导

做什么

分析下方情境导入提出的问题,根据案例学习珠宝市场竞争者的相关知识,小组讨论并交流共享。

怎么做

1. 确定本次任务的组长。
2. 阅读下方情境导入,小组讨论情境后面的问题。
3. 填写竞争者分析表。
4. 结合知识点分析情境中的竞争者及类型。
5. 分享交流。

情境导入

Euromonitor 数据显示,2018 年,全球珠宝首饰市场规模达 3564 亿美元,同比增长 4%,2004—2018 年年复合增长率达到 6.18%;预计 2020 年市场规模达到 3983 亿美元。

全球珠宝首饰行业主要存在四类竞争者:国际珠宝专业品牌商、多品牌奢侈品运营商、区域性珠宝零售商、中低端珠宝制造商(表 3-2-1),其品牌价值和行业影响力逐渐减弱。

表 3-2-1 全球珠宝首饰行业主要竞争者分类

主要竞争者类型	市场份额	主要品牌
国际珠宝专业品牌商	10~20 家,市场份额约 5%	蒂芙尼(Tiffany) 宝格丽(Bvlgari)
多品牌奢侈品运营商	0~20 家,市场份额约 5%	LVMH(路易·威登)、Richemont(历峰集团)、Kering(开云集团)、Hermes(爱马仕)
区域性珠宝零售商	近 1000 家,市场份额约 10%	周大福、周生生、Signet
中低端珠宝制造商	上万家,市场份额 80%~85%	大部分分布在印度、中国等地

数据来源:前瞻产业研究院。

Euromonitor 数据显示①,2017 年全球 5 个最大的珠宝集团企业占有该相关市场份额 CR5 为 8.5%,10 个最大的珠宝集团企业占有该相关市场份额 CR10 仅为 12%;全球珠宝品牌 CR5 为 8.1%,CR10 仅为 11.3%。全球前三大珠宝公司分别为周大福、历峰集团和老凤祥。

2000—2013 年,是我国珠宝首饰行业的高速发展时期,国内经济迅速发展带来行业需求爆发式的增长。2014 年之后,随着宏观经济增速下行以及反腐倡廉带来的影响,行业整体增速回落,但行业规模在继续扩大。2018 年,我国珠宝首饰行业市场规模达到 6965 亿元,同比增长 6.72%。

目前,我国珠宝首饰市场已形成内地品牌、香港品牌、国外品牌珠宝企业三足鼎立的竞争局面。其中,高端市场主要被蒂芙尼、卡地亚、宝格丽等国际知名珠宝首饰品牌垄断。中高端市场,即大众市场竞争激烈,主要有传统港资品牌周大福、周生生、六福珠宝等和内地品牌周大生、老凤祥、明牌珠宝、潮宏基等(表 3-2-2)。

表 3-2-2 中国珠宝首饰行业竞争格局

类别	代表品牌	定位
国际品牌	蒂芙尼、宝格丽、卡地亚	奢侈品珠宝市场,具有悠久的历史和丰富的品牌内涵,是钻石珠宝类品牌的消费引领者,具有较高的品牌溢价。目前主要覆盖一二线城市,线下渠道数量十分有限,现都有品牌的公司网站销售
内地品牌	老凤祥、周大生、爱迪尔、潮宏基、明牌	定位于中高端市场,核心优势是依靠快速的加盟体系,从一线到四线城市都有分布,分销渠道广
香港品牌	周大福、周生生、六福珠宝、谢瑞麟	定位于高端市场,产品在设计上具有一定的领先优势,近几年渠道下沉速度在加快

珠宝产品单价高,兼具佩戴、收藏投资价值,由此格外重视品牌及质量检测背书,更有利于历史悠久、渠道多、营销力度大、曝光度高的龙头品牌发展。从我国的市场来看,以周大福、老凤祥为首的前六大珠宝品牌市场占有率保持 20% 上下波动。

近些年,珠宝首饰行业龙头企业采取积极的市场战略,纷纷加速开店,抢占市场份额。2018 年,周大生新开门店 872 家,净增加 651 家;老凤祥经销网点净增 347 家;周大福在内地门店净增加 539 家。三家企业合计开店达到 1870 家,相当于一个中大型珠宝企业的总门店数量。截至 2019 年 6 月底,周大生在中国拥有最多门店,为 3599 家;其次是老凤祥,拥有 3589 家门店;周大福、周六福和豫园股份分别为 2988、2790 和 2417 家门店(图 3-2-1)。

---

① 资料来源:https://www.qianzhan.com/analyst/detail/220/191111-1d6d4197.html 修改。

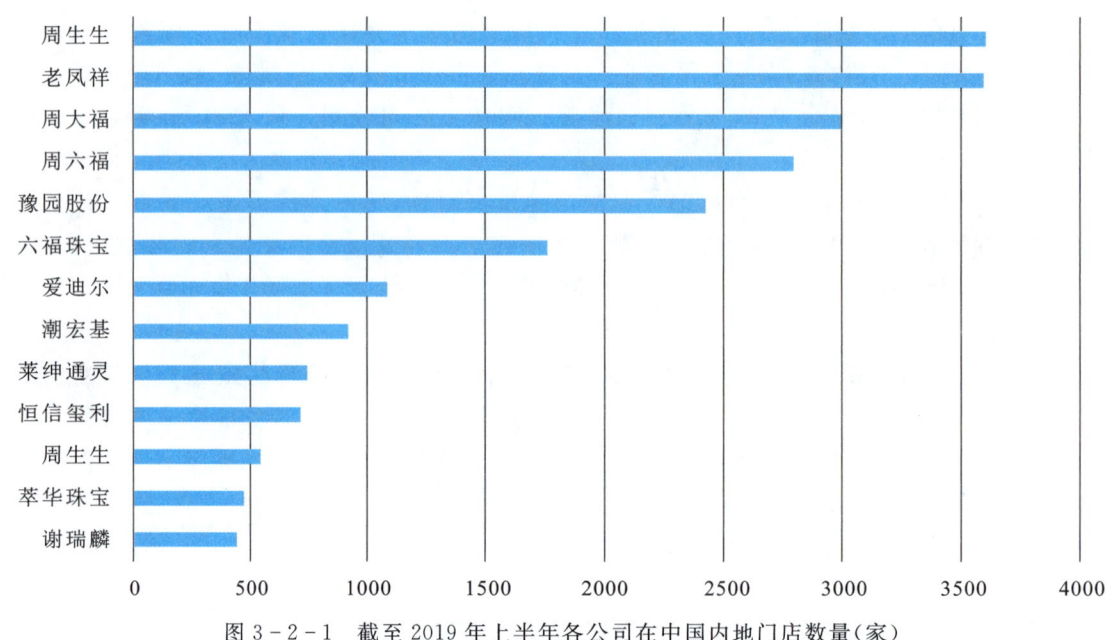

图3-2-1 截至2019年上半年各公司在中国内地门店数量（家）

从营业收入来看，周大生、周生生均采用"自营＋加盟"的轻资产经营模式，所以营业收入规模与周大福和老凤祥有较大的差距。但在营业收入增长速度上，周大生以27.97％的增长速度领先于其他企业，周大生以18.51％的增长速度排名第三。周大福在营业收入和营业收入增上率上均处于领先地位。

珠宝首饰行业在我国仍然具有较大的成长空间，人均可支配收入水平提高和消费结构改善，是支撑行业增长的长期动力。2009—2018年我国珠宝首饰行业市场规模的年复合增长率达到12.6％。预计未来几年珠宝首饰销售仍将保持高速增长态势，成为各类商品消费中的领头羊。预计2024年，我国珠宝首饰行业市场规模将超过14 000亿元（图3-2-2）。

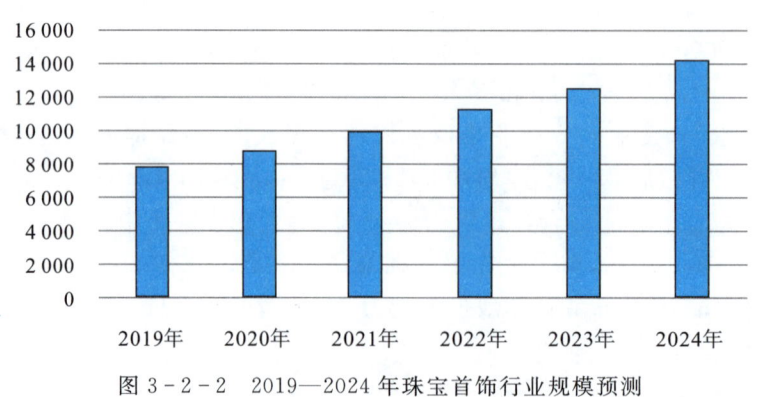

图3-2-2 2019—2024年珠宝首饰行业规模预测

回答问题并填写表3-2-3。

(1)案例中提到了哪些竞争者?

(2)这些竞争者有哪些不同?

(3)为什么说珠宝首饰行业在我国仍然具有较大的成长空间?

表3-2-3 竞争者分析表

分析内容	情况描述	与竞争者相比是优势还是劣势
主营产品		
产品结构		
店铺覆盖省份		
顾客维护		
年销售增长率		
主要销售方式		
市场占有率		

消费者分析是珠宝企业必不可少的任务,在市场营销中,竞争者的存在又是优胜劣汰、推动市场经济发展的强制力量,什么样的珠宝产品是消费者所需,怎样的服务是消费者所要,珠宝企业必须通过比竞争对手更好地满足消费者需求来形成自身的优势地位。珠宝企业首先要认识竞争对手,认真研究竞争者的战略和策略,发挥自身优势,抓住市场机会,合理地制定竞争战略,才能在激烈的竞争中求得生存和发展。

一、竞争者分析

珠宝企业面对的竞争者有现实存在的,也有潜在的,在没有准备的情况下,潜在竞争对手出现击败企业的可能性往往高于现实的竞争者。因此,珠宝企业既要看到现实竞争者,又要关注潜在的竞争者。

企业可以根据市场上是否有满足相同需求或与本企业服务的目标市场相同或相似,发现并判断竞争者;或者根据珠宝行业的市场细分程度和进入与退出的障碍发现并判断竞争者;还可根据一体化情况判断竞争者。

1. 识别珠宝企业的竞争者

(1)珠宝企业竞争与行业集中程度和产品差别。珠宝行业结构影响珠宝企业的营销策略选择,珠宝行业的动态与珠宝市场的需求、珠宝企业的竞争力有关。

集中程度与产品差别。集中程度指在一定的范围内珠宝行业厂商数量的多少,可以用行业中最大企业的销售额或市场占有率衡量集中度。某几个珠宝企业市场占有率越高,说明集中程度越高。

产品差别是指产品在消费者心目中的差距,也是珠宝行业的竞争因素。人们常常有这样的感觉：一些类型的珠宝首饰大同小异，购买哪个品牌都一样。珠宝企业一定不希望这样的结果出现，于是在产品上就有了产品差别。珠宝产品差别是指珠宝行业中各个珠宝企业的产品可被消费者感觉的和认识的不同之处。如黄金首饰在消费者心目中不容易形成产品差别，但随着新技术的应用，各珠宝品牌加大产品差别，消费者也就能够通过产品本身识别出不同的品牌。

(2) 进入与退出障碍。珠宝行业的厂商数量受进入和退出壁垒的影响。如果进入或退出障碍大，企业由于受阻力影响，不愿意或不够条件进入，厂商数量就少。如对于珠宝企业，可能对的就是缺乏足够资本、缺乏好的设计师和技术人员、原材料供应不充分、难以找到愿意合作的分销商、市场信誉不易建立等。反之，企业受到阻力小，行业发展前景好，厂商数量会迅速增加。企业退出行业也与退出难易程度和沉没成本有关。

珠宝行业与经济发展和人们的消费观念有关。经济发展好，珠宝行业呈上行趋势，行业就有较高的吸引力，加上珠宝行业的集中度并不高，特别是在珠宝特色市场集中地，会不断地有企业进入，给行业内珠宝企业带来竞争。另外，珠宝业属于资金密集型企业，这也是进入障碍之一。

(3) 成本构成。是指产品成本中各项费用所占的比例。如珠宝企业的原材料、厂房设备、人力资源、信息、技术、管理、社群关系等，某种生产因素在总成本中占比越高，该生产因素便成为企业的主要风险。

(4) 纵向一体化。珠宝企业根据发展自行将经营领域向供应商或销售商扩展，根据扩展方向又有前向一体化、后向一体化、双向一体化。如珠宝企业收购珠宝加工企业或将某珠宝加工企业的部分业务扩展为本企业的业务，就属于后向一体化。珍珠饰品企业发展自己的珍珠养殖基地也是后向一体化（图 3-2-3）。而珠宝品牌企业深入发展自己的销售渠道则为前向一体化（图 3-2-3）。如果企业收购或兼并同一个阶段具有不同资源优势的企业，形成一个经济体以扩大经营规模，就是横向一体化。如珠宝企业把一些小的珠宝零售商作为本企业的加盟商。

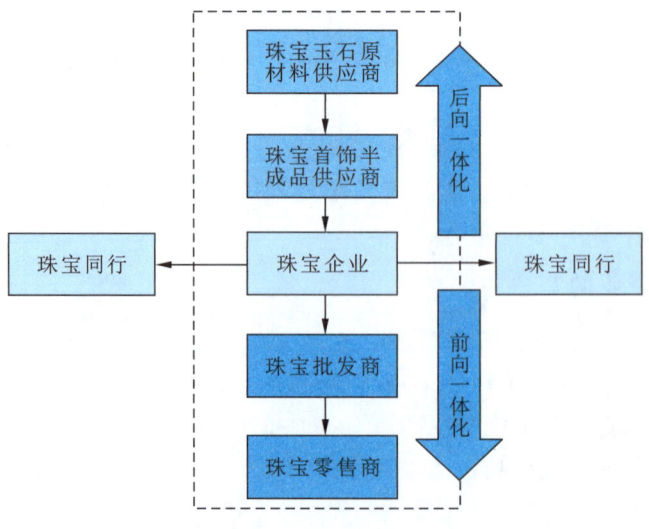

图 3-2-3　一体化示意图

2. 珠宝市场结构类型

根据市场的集中度和产品差别，会形成完全垄断、寡头垄断、垄断竞争、完全竞争的市场结构类型。

（1）完全垄断。完全垄断是指在一定地理范围内珠宝行业只有一家公司供应珠宝产品或服务。由于替代产品的缺乏，没有竞争，垄断企业可以追求最大利润，提供的服务水平较低。一旦该市场出现替代品或竞争者，完全垄断被打破，完全垄断企业为有效阻止竞争，会改善产品和服务。在珠宝行业中，早期的戴比尔斯垄断钻石的开采和供应，拥有着钻石的定价权，但随着全球钻石市场的发展，近些年新的钻石矿的发现，尤其是人工培育钻石的出现，使得戴比尔斯的垄断地位被打破。

（2）寡头垄断。如果珠宝行业在一定的范围内，由少数几家大公司提供的珠宝产品及服务占大部分市场并相互竞争的就是寡头垄断。寡头垄断中，如果消费者感觉不出产品的差别，无法形成对不同品牌的偏好则为完全寡头垄断。如果消费者能清晰地感觉出在产品质量、款式、原材料、服务等方面的差别，形成对品牌偏好，其他品牌难以替代，则为不完全寡头垄断。珠宝企业为长远发展，大多选择差异性吸引消费者，培育忠诚度。

（3）垄断竞争。珠宝行业内企业相互间通过在产品质量、原料、款式和服务方面形成差别，吸引珠宝消费者，促使消费者形成一定的品牌偏好，这种竞争为垄断竞争。由于存在竞争企业，珠宝企业间以差异性为主展开竞争，尽可能满足目标市场需求以获得溢价。价格变动竞争者的反应比较弱。在珠宝行业中，垄断竞争是品牌知名度较高的企业之间竞争的主要形式。

（4）完全竞争。由于珠宝的特殊属性，完全竞争市场不容易形成。

二、珠宝企业竞争者类型

我们可以从不同的角度来划分珠宝企业竞争者的类型。

1. 从行业的角度来看

（1）现有厂商的直接竞争：指本行业内现有的与企业生产同样产品的其他厂家，这些厂家是企业的直接竞争者。

（2）潜在加入者：当某一行业前景乐观、有利可图时，会引来新的竞争企业，使该行业增加新的生产能力，并要求重新瓜分市场份额和主要资源。另外，某些多元化经营的大型企业还经常利用其资源优势从一个行业进入到另一个行业。新企业的加入，将可能导致产品价格下降，利润减少。

（3）替代品厂商：与某一产品具有相同功能、能满足同一需求的不同性质的其他产品，属于替代品。随着科学技术的发展，替代品将越来越多，某一行业的所有企业都将面临与生产替代品的其他行业的企业进行竞争。如人工宝石在某些市场上对天然宝石的替代。

2. 从市场方面来看

（1）品牌竞争者：企业把同一行业中，以相似的价格向相同的顾客提供类似产品或服务的其他企业称为品牌竞争者。在珠宝首饰业中，有些首饰同质性较为严重，容易形成消费者购买哪个品牌的同类首饰都差不多的印象。

品牌竞争者之间的产品相互替代性较高,因而竞争非常激烈,各企业均以培养顾客品牌忠诚度作为争夺顾客的重要手段。

(2)行业竞争者:企业把提供同种或同类产品,但规格、型号、款式不同的企业称为行业竞争者。所有同行业的企业之间存在彼此争夺市场的竞争关系。如同样是贵金属首饰,将所有的销售不同规格、型号、款式的企业都视为竞争者,即为同行业竞争者。

(3)需要竞争者:提供不同种类的产品,满足和实现消费者同种需要的企业称为需要竞争者。消费者对美的追求方式很多,就佩戴首饰而言,以腕饰为例,可以是玉手镯、彩宝手链、金手链等,对大众消费者来说,喜欢不一定能够拥有。因此市场上除了奢侈品的腕饰,也会有满足大众消费者需求的腕饰。

(4)愿望竞争者:提供不同产品,满足消费者的不同愿望,但目标消费者相同的企业称为愿望竞争者。如很多消费者收入水平提高后,可以把钱用于旅游、购买珠宝,也可用于购买汽车,或购置房产,因而这些企业间存在相互争夺消费者购买力的竞争关系,消费支出结构的变化,对企业的竞争有很大影响。

3. 从企业所处的竞争地位来看

(1)市场领导者:指在某一行业的产品市场上占有最大市场份额的企业。一般来说,大多数行业都存在一家或几家市场领导者,他们处于全行业的领先地位,其一举一动都直接影响到同行业其他厂家的市场份额,他们的营销战略成为其他企业挑战、仿效或回避的对象。如可口可乐就是软饮料市场的领导者。市场领导者通常在产品开发、价格变动、分销渠道、促销力量等方面处于主宰地位。市场领导者的地位是在竞争中形成的,但不是固定不变的。

(2)市场挑战者:指在行业中处于次要地位,第二、第三甚至更低地位,但又具备向市场领导者发动全面或局部攻击的企业。如百事可乐是软饮料市场的挑战者等。市场挑战者往往试图通过主动竞争扩大市场份额,提高市场地位。

(3)市场追随者:指在行业中居于次要地位,并安于次要地位,在战略上追随市场领导者的企业。在现实市场中存在大量的追随者。市场追随者的最主要特点是跟随。在技术方面,它不做新技术的开拓者和率先使用者,而是做学习者和改进者。在营销方面,不做市场培育的开路者,而是搭便车,以减少风险和降低成本。市场追随者通过观察、学习、借鉴、模仿市场领导者的行为,不断提高自身技能,不断发展壮大。

(4)市场补缺者:多是行业中相对较弱小的一些中、小企业,它们专注于市场上被大企业忽略的某些细小部分,在这些小市场上通过专业化经营来获取最大限度的收益,在大企业的夹缝中求得生存和发展,对满足顾客需求起到拾遗补缺、填补空白的作用。市场补缺者通过生产和提供某种具有特色的产品和服务,赢得发展的空间。

综上所述,企业应从不同的角度,识别自己的竞争对手,关注竞争形势的变化,以更好地适应和赢得竞争。

任务二　珠宝市场竞争战略分析

学习指导

❓ 做什么

阅读下面资料：近年我国珠宝企业竞争格局分析，完成材料后面的任务。根据珠宝市场竞争者分析的相关知识点，以小组为单位，分析珠宝市场竞争状况，并分组介绍。

❗ 怎么做

1. 确定本次任务组长。
2. 先试着自己列出目前我国主要的珠宝企业，并将其按照竞争实力进行排序。
3. 团队讨论出各珠宝企业对应的竞争地位，并分析该企业应采用哪种竞争战略。
4. 分组介绍。

情境导入

近年我国珠宝企业竞争格局分析[①]

近些年来，随着国家经济的迅速发展，国民收入持续增加，珠宝首饰消费持续增长。目前，我国珠宝首饰市场已形成境内品牌、香港品牌、国外品牌珠宝企业三足鼎立的竞争局面。其中，高端市场主要被蒂芙尼、卡地亚、宝格丽等国际知名珠宝首饰品牌垄断。中高端市场竞争激烈，主要有传统港资品牌周大福、周生生、六福珠宝等和境内品牌周大生、老凤祥、明牌珠宝等。

我国黄金珠宝企业龙头集聚效应持续加强，主要体现在龙头加速展店方面。目前门店总数超过3000家的企业共计三个，分别为周大生、周大福、老凤祥；与第二梯队的企业差距愈加明显，非上市公司中，周六福的门店总数称据也超过2200个。

2018年，由于行业复苏以及企业采取积极的市场战略，龙头企业纷纷加速开店，抢占空白市场。2018年周大生新开门店651个，周大福开店数也达到500个，两家企业合计开店达到1151个，在市场需求增长相对低迷的北京市场，相当于消灭了一个中型珠宝品牌，优质加盟商资源持续向龙头企业集中。

值得注意的是，主营不同品类的上市公司的竞争壁垒出现分化。主营黄金品类的企业陷入价格战：基于品牌壁垒构筑的价格优势逐步被瓦解，黄金品类价格战愈加严重。在过

[①] 资料来源：https://baijiahao.baidu.com/s?id=1627417274866182107&wfr=spider&for=pc。

去,一线连锁品牌周大福、老凤祥等由于品牌优势在黄金品类价格明显,例如,老凤祥、周大福每克黄金售价可达 360 元/克,而许多区域品牌价格仅为 300 元/克。然而,随着监管趋严以及产品标准化提升,这一优势逐步被瓦解,部分一线品牌也逐步陷入价格战。同时,主营镶嵌的品类更易塑造壁垒:由于产品定价机制复杂、产业链较长以及标准化程度较低,主营镶嵌品类的企业更容易构筑基于品牌、规模、设计、文化的壁垒。

问题:
(1)珠宝企业应该如何识别主要竞争对手?
(2)珠宝企业为获取竞争优势,常用的竞争战略有哪些?
(3)各企业的实力不同,按其竞争地位如何选择竞争战略?

一、竞争者的战略分析

(一)分析竞争者的战略

1. 战略群体

企业常用的三种基本竞争战略分别是成本领先战略、差异化战略和集中化战略。实力雄厚的企业既可能采用低成本战略,也可能采用差异化战略,不过企业最关心的是那些处在同一行业采用同一战略的企业,它们是最直接的竞争者。

战略群体是指在某特定行业内推行相同战略的一组企业。战略的差别表现在目标市场、产品档次、性能、技术水平、销售范围等方面。区分战略群体有助于认识以下三个问题。

(1)不同战略群体的进入与流动障碍不同。
(2)同一战略群体内的竞争最为激烈。
(3)不同战略群体之间存在现实或潜在的竞争。

2. 分析竞争者的目标

竞争者的最终目标当然是追逐利润,但是每个公司对长期利润和短期利润的重视程度不同,对利润满意水平的看法也不同。竞争者的目标由多种因素确定,包括企业的规模、历史、经营管理状况、经济状况等。

(二)评估竞争者的优势与劣势

在市场竞争中,企业需要分析竞争者的优势与劣势,才能有针对性地制定正确的市场竞争战略,以避其锋芒、攻其弱点、出其不意,利用竞争对手的劣势来争取市场竞争的优势,从而来实行企业营销目标。竞争者的优势与劣势通常体现在以下八个方面。

1. 产品

竞争者产品在市场上的地位、产品的适销性以及产品系列的宽度与深度。

2. 销售渠道

竞争者销售渠道的广度与深度、销售渠道的效率与实力、销售渠道的服务能力。

3. 市场营销

主要是竞争者市场营销组合的水平、市场调研与新产品开发的能力、销售队伍的培训与技能等。

4. 生产与经营

由规模经济、设备状况等因素所决定的生产规模与生产成本水平，生产经营因素主要有：设施与设备的技术先进性与灵活性、专利与专有技术、生产能力的扩展、质量控制与成本控制、区位优势、员工状况、原材料的来源与成本、纵向整合程度等。

知识链接

遥遥领先的深圳珠宝提货量[①]

从业态和经营模式上划分，珠宝首饰行业企业可以分为珠宝生产批发企业和珠宝零售企业。深圳市是国内珠宝首饰的制造中心和物料采购中心。

根据深圳市珠宝首饰行业协会数据，2018年深圳全年黄金、铂金实物提货量，占金交所实物销售量的70%；制造珠宝首饰成品钻的用量，占钻交所成品钻石一般贸易进口量的约90%；有色宝石镶嵌首饰、金镶玉首饰绝大部分是深圳制造；翡翠镶嵌、玉石镶嵌规模以上的制造企业几乎都在深圳；3D硬金制造加工、硬金镶嵌宝石首饰制造加工业几乎也都在深圳。

在深圳珠宝首饰生产批发企业中，黄金饰品加工代表企业有：峰汇、金麒隆、凯恩特等；铂金饰品加工代表企业有：宝福、意大隆等；钻石镶嵌代表企业有：星宝缘、兴深祥、美钻源等。

上述珠宝首饰生产批发企业主要从事来料加工并批发业务，目标客户群体为珠宝零售企业，特别是在全国或区域市场具有相当知名度的品牌珠宝零售企业。

因产品的目标消费群体定位不同，全球珠宝零售企业可以分为国际知名品牌、全国性品牌和区域性品牌。目前国内高端市场，主要被蒂芙尼、卡地亚、宝格丽等国际珠宝巨头垄断。占据市场主要份额的中端市场的全国性品牌主要是以周大福、周生生等为代表的传统港资品牌和以老凤祥、明牌珠宝、潮宏基、周大生等为代表的内地全国性品牌。除此之外，北京的菜百首饰、浙江的曼卡龙等区域性品牌凭借其在特定区域的渠道优势和品牌沉淀，成为区域市场的强势品牌，并得以在此基础之上，快速扩张，辐射周边地区。

一方面，现有珠宝企业市场竞争激烈，另一方面，还有很多市场没有得到满足，中小企业，选择市场时，根据自身优势，抓住市场机会。

5. 研发能力

竞争企业内部在产品、工艺、基础研究、仿制等方面所具有的研究与开发能力，研究与开

[①] 资料来源：选自 http://news.wto168.net/zixun/jinrixinwen/2019/1219/1737127.html。

发人员的创造性、可靠性、简化能力等方面的素质与技能。

6. 资金实力

竞争企业的资金结构、筹资能力、现金流量、资信度、财务比率、财务管理能力。

7. 组织

竞争企业组织成员价值观的一致性与目标的明确性,组织结构与企业策略的一致性,组织结构与信息传递的有效性,组织对环境因素变化的适应性与反应程度,组织成员的素质。

8. 管理能力

竞争企业管理者的领导素质与激励能力、协调能力,管理者的专业知识,管理决策的灵活性、适应性、前瞻性。

（三）估计竞争者的反应模式

估计竞争者在遇到攻击时可能采取什么行动和做出何种反应,有助于企业正确地选择攻击的对象和力度,实现每一次竞争行动的预期目标。竞争者的反应可能受多种因素影响,下面分析竞争者常见的反应类型。

1. 从容不迫型竞争者

竞者实力强大,底气十足,沉着应对。或可能是因为竞争者对市场竞争重视不够,未能及时捕捉到市场竞争变化的信息。或财力有限,顺其自然。

2. 选择型竞争者

竞争者会根据带给自己的威胁大小而选择反击某个方面。例如,大多数竞争企业对降价这样的价格竞争措施总是反应敏锐,倾向于做出强烈的反应,力求在第一时间采取报复措施进行反击,而对改善服务、增加广告、改进产品、强化促销等非价格竞争措施则不大在意,认为不构成对自己的直接威胁。

3. 强烈反应型竞争者

竞争企业对市场竞争因素的变化十分敏感,一旦受到竞争挑战就会迅速地做出强烈的市场反应,进行激烈的报复和反击,势必将挑战自己的竞争者置于死地而后快。这种报复措施往往是全面的、致命的甚至是不计后果的,不达目的决不罢休。这些强烈反应型竞争者通常都是市场上的领先者,具有某些竞争优势。一般企业轻易不敢或不愿挑战其在市场上的权威,尽量避免与其作直接的正面交锋。

4. 随机型竞争者

企业对市场竞争所做出的反应通常是随机的,往往不按规则出牌,使人觉得不可捉摸。例如,竞争者在某些时候可能会对市场竞争的变化做出反应,也可能不做出反应；它们既可能迅速做出反应,也可能反应迟缓；其反应既可能是剧烈的,也可能是柔和的。

二、市场竞争战略类型

竞争战略是企业通过什么途径形成相对的竞争优势的打算。美国战略学家迈克尔·波特提出了三种一般性竞争战略。

1. 成本领先战略

企业力争使总成本降到行业最低水平,作为战胜竞争者的前提。采用这种战略,核心是争取最大的市场份额,使单位产品成本最低,从而以较低售价赢得竞争优势。

实现成本领先要求企业具有良好、通畅的融资渠道,能保证资本持续不断投入;产品便于制造,工艺过程精简;拥有低成本的分销渠道;高效的劳动管理。更先进的技术、设备,更熟练的员工,更高的生产效率,更严格的成本控制,结构严密的组织体系和责任管理,以满足数量目标为基础的激励制度,都是实施这一战略的重要保障。这样,企业可以依靠成本更加低廉形成战略特色,并在此基础上争取有利的价格地位,在与对手的抗争中也就能够占据优势。

2. 差异化战略

这种战略的竞争优势,主要依托于产品及设计、工艺、品牌、特征、款式及服务等,各个方面或几个方面与竞争者相比较能有显著的独到之处。由于不同企业各有特色,顾客难以直接比较其间产品"优劣",故而可以有效抑制市场对价格的敏感程度,企业同样可以获得经济效益。一旦消费者对企业或品牌建立较高的信任度,还能为竞争者的进入设置较高的障碍。

有效地实施这一战略的前提,是企业在营销、研发、产品技术和工艺设计等方面具有强大的实力;在质量、技术和工艺等方面,享有优异、领先的良好声誉;进入行业的历史久远,或从事其他行业时积累的许多独特能力依然有用;可以得到来自分销渠道各环节的大力支持和合作。因此,一个企业必须能对它的基础研究、新产品开发和营销等职能有效协调和控制,可以吸引高技能员工、专家和其他创造性人才,以及形成有助于推动创新的激励机制和企业文化。

3. 集中化战略

一般来说,成本领先战略和差异化战略着眼于整个市场、整个行业,从大范围谋求竞争优势。集中化战略则把目光放在某个特定的、相对狭小的领域内,在局部市场争取成本领先或别具一格建立竞争优势。它是中小企业多用的一种战略。虽然在整个市场上,企业没有低成本和差异化的绝对优势,但在一个较狭小的领域中却能取得这些方面的相对优势。这种战略的风险在于,一旦局部市场的需求变化,或强大的竞争者执意进入、一决雌雄,现有的企业就可能面临重大灾难。

三、不同市场地位的企业竞争战略

根据不同企业在目标市场的地位,可以将其分为四种类型,即市场领导者、市场挑战者、市场追随者和市场利基者。它们的地位不同,所采取的营销竞争战略也就不同。

(一)市场领导者战略

市场领导者企业要巩固自己的地位,反击竞争者进攻,保持第一,可从三个方面努力,即扩大整体市场、保卫现有的市场份额和增加市场份额。

(1)扩大整体市场。市场领导者占有的市场份额相对最大,市场总体扩大时受益更多,因此,可以通过开发产品的新用户,或为产品找到新用途,或增加顾客用量,设法扩大整体市场。

开发新用户:转化未使用者,促使从未使用过的潜在顾客接受与购买。如开发男士的珠宝首饰市场;进入新的细分市场;开发新的地理市场,即寻找尚未使用该产品的地区。

寻找新用途:通过发现产品的新用途,增加购买量。

(2)保卫市场份额。市场领导者保护市场份额常用方法主要有阵地防御、侧翼防御、以攻为守、反击防御等。

(3)扩大市场份额。市场领导者的一个重要提高收益的方法就是进一步增加市场份额。一般而言,利润会随着市场份额扩大而提高,但是不可认为市场份额提高就一定增加利润。是否继续增加市场份额,应综合考虑以下因素:经营成本、营销组合、法律约束。

(二)市场挑战者战略

市场挑战者指在行业中占据第二位及以后位次,有能力对市场领导者和其他竞争者采取攻击行动,以夺取更多的市场份额的公司。挑战者可以进攻的目标有以下选择。

(1)攻击市场领导者。这一战略风险大,潜在利益也大。当市场领导者在其目标市场的服务效果较差而令顾客不满或对某个较大的细分市场未给予足够关注的时候,采用这一战略带来的利益更为显著。

(2)攻击规模相同但经营不佳、资金不足的公司。公司应当仔细调查竞争者是否了解满足了消费者的需求,是否具有产品创新的能力,如果在这些方面有缺陷,就可作为攻击对象。

(3)攻击规模较小、经营不善、资金缺乏的公司。这种情况在我国也比较普遍,许多实力雄厚、管理有力的外国独资和合资企业一进入市场,就击败了当地资金不足、管理混乱的弱小企业。

当市场挑战者明确了进攻目标后,可以选择以下进攻方式。

正面进攻:是指向对手的强项而不是弱项发起进攻。比如,以更好的产品、更低的价格、更大规模的广告攻击对手的产品。决定正面进攻胜负的是"实力原则",即享有较多资源的一方将取得胜利。当进攻者比对手拥有更强的实力和持久力时才能采取这种战略。

侧翼进攻:是指寻找和攻击对手的弱点。寻找对手弱点的主要方法是分析对手在各类产品和各个细分市场上的实力和绩效,把对手实力薄弱或绩效不佳或尚未覆盖而又有潜力的产品和市场作为攻击点和突破口。

包抄进攻:是指在多个领域同时发动进攻以夺取对手的市场。

迂回进攻：是指避开对手的现有业务领域和现有市场,进攻对手尚未涉足的业务领域和市场,以壮大自己的实力。这是一种间接进攻战略,可以避免单纯的模仿竞争者的产品和正面进攻造成的重大损失。

游击进攻：指向对手的有关领域发动小规模的、断断续续的进攻,逐渐削弱对手,使自己最终夺取永久性的市场领域。游击进攻适用于小公司打击大公司。

（三）市场追随者战略

市场追随者指那些在产品、技术、价格、渠道和促销等大多数营销战略上模仿或跟随市场领导者的公司。追随者战略可分为以下三类。

（1）紧密跟随战略。紧密跟随是指在各个细分市场和产品、价格、广告等营销组合战略方面模仿市场领导者,完全不进行任何创新的公司。

（2）距离跟随战略。距离跟随战略指在基本方面模仿领导者,但在包装、广告、价格上又保持一定差异的公司。如果模仿者不对领导者发起挑战,领导者不会介意。

（3）选择跟随战略。选择跟随战略是指在某些方面紧跟市场领导者,在某些方面又自行其是的公司。

（四）市场利基者战略

市场利基者又称为市场补缺者,指专门为规模较小的或大公司不感兴趣的细分市场提供产品和服务的公司。市场利基者发展的关键是要实现专业化,主要途径如下。

（1）最终用户专业化。公司可以专门为某一类型的最终用户提供服务。如有的小企业只做专注做好和田玉市场。

（2）垂直专业化。公司可以专门为处于生产与分销循环周期的某些垂直层次提供服务。如只为众多的首饰企业提供各种金属戒托,还有只为珠宝企业提供首饰包装,都属于垂直专业化。

（3）顾客规模专业化。公司可以专门为某一规模的顾客群服务。市场利基者可以专门为大公司所不重视的小规模顾客群服务。

（4）特殊顾客专业化。市场利基者可以专门向一个或几个大客户销售产品。许多小公司只向一家大公司提供其全部产品。

（5）地理市场专业化。如只在某一地点的珠宝公司,为该地区服务,或者只在一定范围内经营。

（6）产品或产品线专业化。珠宝公司只经营某一种产品或某一类产品线。

（7）产品特色专业化。珠宝企业专门经营某种特色产品或某一类型的产品。

（8）客户订单专业化。珠宝企业专门按客户订单生产特制产品。

（9）质量—价格专业化。珠宝公司只在市场的底层或上层经营。如中国地质大学的创业团队专为毕业生提供定制的毕业银饰纪念品。

（10）服务专业化。珠宝企业向大众提供一种或数种其他公司所没有的服务。

(11)销售渠道专业化。珠宝企业只为某类销售渠道提供服务。如只在电商渠道销售的一类首饰。

一、单选

1. 企业把同一行业中以相似的价格向相同的顾客提供类似产品或服务的其他企业称为（　）。
　　A. 品牌竞争者　　　B. 行业竞争者　　　C. 需要竞争者　　　D. 愿望竞争者
2. 企业把提供同种或同类产品，但规格、型号、款式不同的企业称为（　）。
　　A. 品牌竞争者　　　B. 行业竞争者　　　C. 需要竞争者　　　D. 愿望竞争者
3. 提供不同产品，满足消费者的不同愿望，但目标消费者相同的企业称为（　）。
　　A. 品牌竞争者　　　B. 行业竞争者　　　C. 需要竞争者　　　D. 愿望竞争者

二、多选

1. 竞争者常见的反应类型主要有（　）。
　　A. 从容不迫型　　　B. 强烈反应型　　　C. 选择型　　　D. 随机型
2. 迈克尔·波特的一般性竞争战略包括（　）。
　　A. 成本领先战略　　B. 差异化战略　　　C. 集中化战略　　D. 随机战略
3. 市场领导者常用战略主要有（　）。
　　A. 扩大整个市场　　B. 保卫市场份额　　C. 扩大市场份额　　D. 进攻补缺者
4. 根据市场的集中度和产品差别，珠宝市场会形成（　）结构类型。
　　A. 完全垄断　　　　B. 寡头垄断　　　　C. 垄断竞争　　　　D. 完全竞争

三、判断

1. 市场追随者指那些在产品、技术、价格、渠道和促销等大多数营销战略上模仿或跟随市场领导者的公司。（　）
2. 市场挑战者指专门为规模较小的或大公司不感兴趣的细分市场提供产品和服务的公司。（　）
3. 选择跟随战略是指在某些方面紧跟市场领导者，在某些方面又自行其是。（　）
4. 由于珠宝的特殊属性，完全竞争市场不容易形成。（　）
5. 珠宝行业的厂商数量，受到进入与退出障碍的影响。（　）
6. 人工培育钻石的出现也无法撼动戴比尔斯的垄断地位。（　）

四、简答

1. 如何识别竞争者才能收到最好的效果？
2. 市场领导者可采用的营销战略有哪些？
3. 市场挑战者可采用哪些进攻战略？
4. 市场跟随者可分为哪些类型？

五、分组实践

假设你的团队是珠宝行业的创业企业,面对市场竞争,为了能够更好地发展,该企业需要如何面对市场。

任务:

1. 收集珠宝中小企业的市场竞争情况及竞争对手资料。
2. 如果该珠宝企业是市场补缺者,写出其竞争策略可能有哪些。
3. 说出企业选择的竞争战略的优点。

项目三　珠宝市场的整合营销

任务一　珠宝产品策略

学习指导

? 做什么

明确产品及其整体的概念,以小组为单位,讨论并分析钻石产品给予消费者的利益,介绍其分析结果(可以戴比尔斯钻石产品为例收集资料,也可以虚拟品牌进行产品分析)。

写出分析小报告,交流学习。

! 怎么做

1. 确定本次任务的组长。
2. 小团队以戴比尔斯钻石产品为例收集资料,也可以虚拟品牌进行产品分析,查阅资料填写产品整体分析表。
3. 选择三个品牌的钻石同类产品对比其品牌利益和包装,填写品牌分析表,并写出对比分析小报告。
4. 查找资料,填写品牌对比表。
5. 交流与学习。

情境导入

Z珠宝企业是一家珠宝首饰加工制作企业,该企业的市场分布在我国东部地区,企业博众家之长,有较为先进的加工设备和设计人才,其产品不断突破审美枷锁,在传承传统工艺的同时,将时尚与传统完美融合,以"时尚珍珠宝"为定位载体,为新时代消费者呈现时尚的珠宝臻品。目前Z珠宝企业加工的产品主要是黄金类、铂金类、镶钻类、翡翠玉石类首饰品，其中，黄金类产品的类型比较多。Z珠宝企业的产品类型见表3-3-1。

表3-3-1　Z珠宝企业的产品

黄金	铂金	镶钻	翡翠玉器
黄金足金项链	铂金足金项链	铂金足金镶钻	翡翠首饰
黄金足金戒指	铂金足金戒指	黄金K金镶钻	翡翠雕件
黄金足金吊坠	铂金K金项链	其他贵金属镶钻	玉质首饰
黄金K金项链	铂金K金戒指		玉雕件
黄金K金戒指			
彩金项链			
彩金戒指			

回答任务问题。

(1)Z珠宝企业设计加工的珠宝首饰能让消费者获得哪些利益？

(2)随着市场环境的变化，95后、00后的消费者将成为消费主力，如果Z珠宝企业现有的珠宝首饰不能让企业很好地发挥竞争优势，你认为该企业从产品角度应该如何做更好？

(3)请填写表3-3-2～表3-3-4，回答不同品牌的珠宝首饰带给消费者的利益都有哪些？

表3-3-2　产品整体分析表

产品	带给消费者的利益	还可能有的利益
核心产品		
形式产品		
延伸产品		

表3-3-3　品牌分析表

分析项目	钻石品牌1	钻石品牌2	钻石品牌3
选择的品牌名称			
品牌策略			
品牌属性			
品牌利益			
品牌价值			

续表 3-3-3

分析项目	钻石品牌 1	钻石品牌 2	钻石品牌 3
品牌文化			
品牌个性			
用户暗示			
包装策略			
个人对该品牌了解情况			

表 3-3-4　品牌对比表

品牌名称	品牌形象	目标人群	品牌背景	产品定位
周大福				
老凤祥				
I DO				
ENZO				
戴梦得				
谢瑞麟				
六福珠宝				
周生生				
卡地亚				
施华洛世奇				
蒂芙尼				

一、产品及珠宝产品的含义

珠宝市场营销策略包括产品策略、定价策略、渠道策略、促销策略，不同的产品有不同的营销组合策略，同一种商品，不同企业选择的营销组合策略也不同。产品策略就是珠宝企业生产什么产品，以何种方式进入市场。

（一）产品及珠宝产品的概念理解

产品是人类社会存在和发展的物质基础，概括地说，产品就是人们有目的的生产和劳动所创造出来的物质资料。从市场营销的角度来看，产品是指那些能够供给市场，被人们使用和消费，并能满足人们某种需求的任何东西，包括有形的物品、无形的服务、观念或它们的组合。因此，产品不仅仅是指产品实体本身，还包括非物质形态。如老庙黄金的足金首饰，足金首饰的设计、色泽、老庙黄金在消费者心目中的形象,消费者购买黄金首饰过程中及售后的服务等方面。本质上说产品就是满足消费者的"是什么需求",也就是卖给消费者的利益点是什么。

因此,市场营销所说的产品,是能够满足需求和欲望的总和。它是产品综合形象,包含有产品的核心部分、形式部分和附加部分。

珠宝产品是以贵金属、珠宝玉石等为原料,以装饰、欣赏、保值为主要功能的特殊产品。随着科技发展,人们需求的增长,需求层次的多样,珠宝产品的材料不仅有天然的珠宝玉石,人工宝玉石在珠宝首饰中也有很高的占比。据中国新闻网报道,截至2019年11月,世界上70%人工宝石产自"世界人工宝石之都"广西的梧州市。珠宝产品同样也是一个整体概念,由于珠宝及产品的特殊性,产品整体尤为重要。

(二)产品整体概念的理解

既然产品是满足消费者的某种需求,能够给消费者带来利益,产品除了其核心功能外,还必须包含产品的形式、内涵、附加在产品上的各种服务等。根据菲利普·科特勒的营销理论,产品整体包括核心产品、形式产品、附加产品。珠宝产品整体如图3-3-1所示。

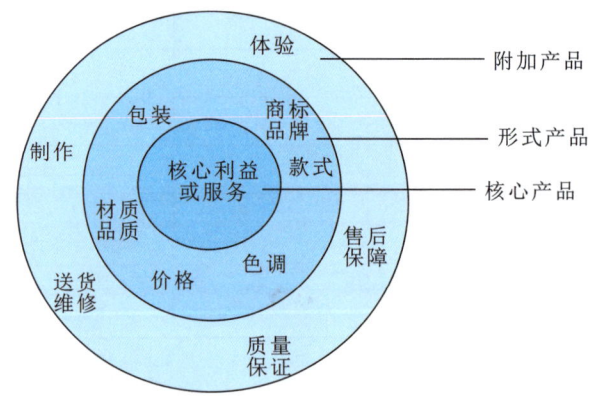

图3-3-1 产品整体示意图

1. 核心产品

核心产品是为消费者提供的最直接、最基本的效用和利益,也是传统狭义的产品。核心产品是满足消费者购买的某种特定需求的基本功能,是产品整体概念最基本的层次。珠宝及首饰的基本功能是装饰、欣赏、保值等。珠宝及首饰的核心产品是装饰、欣赏,消费者购买珠宝及首饰是为了满足爱美的需求,期望珠宝能使自己更漂亮,更有魅力。

2. 形式产品

形式产品即是产品的形式,是指产品在市场上出现的物质实体外形,包括产品的品质、特征、造型、商标和包装等。形式产品展现产品的外部特征,是目标市场消费者对某一需求的特定满足形式,通过质量水平、产品特色、产品款式、产品包装和产品品牌等表现形式,满足同类消费者的不同要求。如市场上不同品牌的手镯,有不同设计、不同质量、不同款式、不同包装,来满足需要购买手镯消费者的多种需求。珠宝的形式产品对引导消费者的消费行为,开拓市场,起关键作用。多元化、个性化、独特风格和面貌的产品包装,是表达珠宝产品属性的保证。

知识链接

梵克雅宝的"隐秘式镶嵌"[1]

1933年,梵克雅宝发明并申请了"隐秘式镶嵌"这一创造性的专利。这项技术的灵感来自罗马微马赛克艺术,该项技术过程繁复、耗时耗力,整个工序包含多个步骤,每个步骤都要一丝不苟。精选宝石,每颗宝石都根据它们各自不同的颜色、尺寸、净度和切割精心挑选,同时也要完美配合作品整体艺术风格及和谐美感。在宝石的底部切割出细密的沟槽,按精心设计的位置,逐一镶嵌在金属网格轨道底座上,巧妙隐藏贵金属爪镶。在此过程中,工艺大师透过显微镜放大后的影像,细心检查及调整每颗宝石的位置,确保镶嵌准确无误,让起伏有致的宝石,展现出璀璨耀目的光彩。"隐秘式镶嵌"的作品无论是色彩绚烂的花瓣,还是优雅的芭蕾舞裙摆,都熠熠生辉,栩栩如生,和谐统一,完美动人。

这项工艺需谨慎地考量宝石的颜色、形状和物理特性,并不是每一种宝石都适合。梵克雅宝比较青睐选用红宝石,同时搭配祖母绿及蓝宝石。经过数小时的精心切割之后,宝石完美覆盖镶嵌表面,透出华丽光芒。"隐秘式镶嵌"只有极少数珠宝工艺大师能够掌握,工艺极为复杂,仅仅制作一枚胸针亦最少需要300小时。

3. 附加产品

附加产品也称为延伸产品,是产品的各种附加利益的总和,包括销售前、销售过程中、售后提供的各种服务。如企业的形象、产品的信誉、提供产品使用说明书、送货、维修、技术指导与培训等。当产品品牌和形象给消费者带来某种心理上的满足,消费者这种满足,最初来源于购买产品,品牌的形象一旦形成,消费者把良好形象的满足延伸到产品上。因此,珠宝企业的品牌和形象也是珠宝产品的附加利益。

珠宝首饰除了可以装饰和欣赏,更多的是满足美的感受,让贺岁、祈福、婚庆、健康等特定需求感更好,尤其在互联网时代,人们的购买方式有了更多的选择,无论是包括VR在内的产品及品牌的各种形式展示,还是广泛地应用大数据为用户画像,都是让消费者对购买、支付、佩戴、服务等有更好的体验。

---

[1] 资料来源:改自潘彦玫.梵克雅宝工艺与技术的独特创新.http://www.xbiao.com/fashion/vancleefarpels/1713.html。

珠宝首饰营销

知识链接

珠宝首饰的象征意义[①]

现代珠宝首饰业以其高度市场化、国际化、人文化、科技化、多元化和个性化的鲜明时代特征,成为美化生活、推动经济发展不可或缺的力量,珠宝首饰也成为人们表达感情的一种载体。珠宝首饰产品大都具有珍奇、稀少、高雅、昂贵和富有文化意蕴等特点。人们在佩戴首饰的时候赋予他们惯用的语言氛围,在装点亮丽生活的同时,传递着不同的情感。珠宝首饰和花卉一样,具有美丽的外观和寓意及表达感情的因素。

首饰是婚姻状况的一种写照,人们一般习惯用戒指佩戴的位置展示个人的婚姻状况,在世界范围内已形成固定的习性。戒指戴在食指上表示正在觅友,戴在中指上表示订婚或已有意中人,戴在无名指上表示已婚,戴在小指上表示独身。

不同的宝石也各有其象征的含义:

钻石洁白、绚丽、耐久,象征着纯洁无瑕,爱情忠诚不变的信念,在世界钻石销售组织DE BEERS对世界市场严密垄断控制下,借助强大的广告宣传将钻石与爱情关联起来,让金属镶嵌的钻石戒指作为订婚、结婚的信物之一成为了一种流行文化。

珍珠典雅、高贵、靓丽,象征着健康、福贵、长寿的内涵,是馈赠女性和长辈礼物的最佳选择。她的美丽亘古流传,经典而非流行,作为珠宝皇后的地位牢不可破。

红宝石红艳似火,象征着仁爱、尊严。蓝宝石的蓝色沉稳而庄重,象征着慈爱、诚实。

翡翠和祖母绿的绿色给人以生机和活力,预示着会带来机遇和好运。

石榴石红而不艳,象征着真实和忠诚。紫晶意味着内心平和、宽容、耐心的心态。绿松石的蔚蓝色彩,艳而不骄、靓而不俗。

橄榄石色泽美丽、和谐,预示着夫妻和谐、美满幸福。

用珠宝首饰象征的语言,来表达自己的感情,可有针对性地选购首饰以便准确地向自己的亲朋好友表达自己的情感和爱。

(三)产品组合及产品组合策略

珠宝的产品组合涉及产品项目、产品线、宽度、长度、深度、黏度和产品组合策略几个概念。

任何一家珠宝企业经营的业务范围称为产品组合,包括该企业生产的全部珠宝产品或经营的全部产品线、产品项目的组合。合理的产品组合,能够让满足目标市场需求更加有效,进而提升珠宝企业竞争力,实现企业目标。

1. 产品线和产品项目

(1)产品线。产品线是指密切相关的满足同类需求的一组产品,即产品大类或产品系

[①] 资料来源:改自 https://www.chinapp.com/baike/67591。

列。某品牌为消费者提供的黄金项链,其质量、规格、设计等不同,都是满足同类需求的产品,这是一个产品线。

(2)产品项目。所有产品线中不同品种、质量和价格的产品称为产品项目。即产品目录表上所有的项目,如某珠宝店铺销售的黄金、铂金、镶钻首饰生产线,所有项链、戒指、手链等产品。

表3-3-1是Z珠宝企业加工制作的产品组合。如果每种材质是一条产品线,则表中列出的是4条产品线。产品项目为18个。

2. 产品组合的宽度、长度、深度和黏度

(1)产品组合的宽度。产品组合中拥有的产品线的数目称为产品组合的宽度。

(2)产品组合的长度。产品组合中产品项目的总数称为产品组合的长度。产品项目总数除以产品线数目就是产品线的平均长度。

(3)产品组合的深度。一条产品线中每种产品规格、花色品种的数目就是产品组合的深度。

(4)产品组合的黏度。各条产品线在最终用途、生产条件、加工工艺、销售渠道或其他方面相互关联的程度就是产品组合的黏度。关联越紧密,产品组合的黏度越大;产品线之间无关联,则产品组合黏度为0。

根据产品组合的宽度、长度、深度和黏度的概念,表3-3-1中列出的Z珠宝企业产品组合的宽度是4,黄金产品线的长度是7,如果黄金足金项链有如表3-3-5所示的多种形态,则黄金足金项链的深度是7。根据Z珠宝企业加工制作的产品组合表所列,该珠宝企业的产品组合,贵金属产品线间黏度大,贵金属与翡翠玉器产品线的黏度小。

表3-3-5 Z珠宝企业黄金足金项链款式

产品	产品线	产品款式
项链	黄金足金项链	O字链 肖邦链 绞丝链 镭射珠 全家福 泰国链 空心橄榄珠

3. 产品组合策略

如何合理设计产品组合才有利于珠宝企业发挥优势,是产品组合策略的内容。

1)扩大产品组合

扩大产品组合可以是产品线延伸、产品线填补、产品线加深三种策略。

(1)产品线延伸策略。产品线延伸是在原有产品线的基础上延伸。包括向下延伸、向上

延伸和双向延伸。向下延伸就是在原有的珠宝产品线中增加低档次、低价格的珠宝产品项目;向上延伸就是在原有的珠宝产品线增加高档次、高价格的珠宝产品项目;双向延伸就是在原有的珠宝产品线中同时增加高档次和低档次珠宝产品项目。奢侈品品牌不选择制作和销售低档珠宝;规模小的企业大多难以进入高档奢侈品珠宝市场。

(2)产品线填补策略。在现有产品线的基础上增加产品线,使产品组合的宽度增加,有助于扩展企业的经营领域。

(3)产品线加深是开拓产品组合的深度,原有的产品线内增加新的产品项目。具体是在维持原产品品质和价格的前提下,增加同一产品的规格、型号和款式。如珠宝企业原来设计加工黄足金的O字链、肖邦链、绞丝链等,现又增加了新款式的"杨桃链"和"间珠盒仔链",新增加的款式有颈链和项链。

2)缩小产品组合

缩小产品组合可以是产品线削减策略、产品线缩短策略。

(1)产品线削减策略。分析现有的产品线,将其中销售利润低、市场前景不好的产品线取消。在公司缺乏生产能力时也可以采取产品线削减策略。

(2)产品线缩短策略。将原有产品线缩短,即减少产品线上的产品项目。

3)产品线现代化

对现有产品线进行现代化升级改造,以适应不断变化的市场需求。

以上三种产品线策略都需要根据珠宝企业的自身情况有针对性地选择。

产品组合策略的确定要满足有利于促进销售、有利于竞争、有利于增加企业总利润的原则。

二、珠宝产品的种类

珠宝产品根据不同标准可分为不同种类。

(1)根据原材料不同,珠宝产品分为:钻石、贵金属类、彩宝类、有机宝石、人造宝石类。

(2)根据产品用途及工艺,珠宝产品分为:天然宝石原石类、镶嵌宝石类、贵金属类、玉器类、工艺品类、观赏石类。

珠宝产品普遍具有保值性、艺术性、投资性、文物性、大的需求弹性等特性。加之宝玉石矿产的有限性,宝玉石形成中的稀有性,使得宝玉石可以作为硬通货,具有保值和投资特性。珠宝玉石自身的美,加上设计者、制作者的艺术创作,又具有了欣赏性和艺术价值,提升了珠宝玉石的附加值。考古发现,新石器时代就有玉器制品,许多文物都是珠宝制作品。如红山文化的"天下第一龙",是首次发现的玉图腾;良渚文化的玉琮,琮身浮雕神人兽面纹,精细至极。

(3)根据消费者特殊需求,珠宝产品分为:节日型、情感型、非凡设计型。节日型产品是刺激消费者节日的购买激情,情感型激发消费者瞬间感动;非凡设计型则让消费者拥有充满个性、引人注目的珠宝商品。

三、产品的生命周期

(一)产品生命周期的概念

产品的市场生命周期也叫寿命周期,是指产品在市场上从上市、大量销售到被淘汰的过程,一般有导入期、成长期、成熟期和衰退期4个基本阶段(图3-3-2),普通的珠宝产品也同样有生命周期。珠宝首饰产品从研发设计—投入市场进行销售—销售稳定—需求降低到企业不足以生存,经过生命周期的4个阶段。但是,高端的饰品、名牌首饰引起储藏、升值等特点,不能遵循产品生命周期规律。

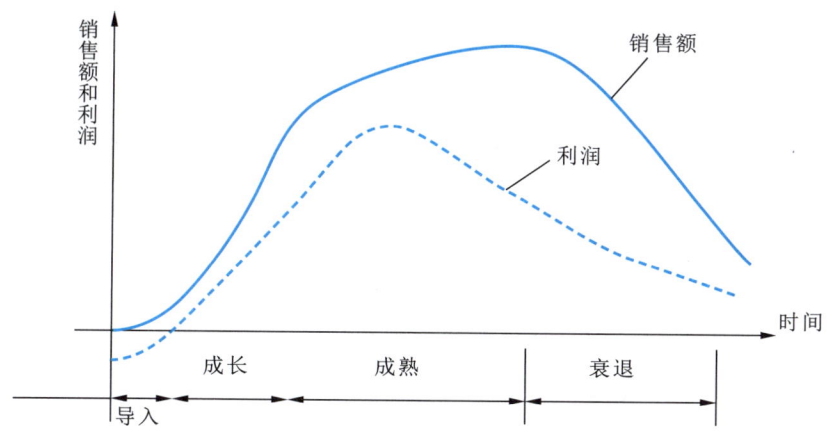

图3-3-2 产品生命周期的4个基本阶段

导入期,产品处于研发、设计、制作或新投放市场,该阶段投入多,产出少或为负。如享有"中华第一钻"美誉的"莲花钻石",是缘与美研发由多粒钻石和贵金属镶嵌组合而成的专利镶嵌部件,2007年新品推出,备受消费者喜爱。成长期,产品逐渐被消费者认可和接受,销售利润增长快。成熟期,市场比较稳定,销售利润较高,竞争者纷纷进入。衰退期,产品销售利润下降迅速,消费者流失严重,竞争压力减小。

理解产品生命周期要注意区分:产品自身的寿命周期、牌品的生命周期和产品的生命周期。产品自身的寿命周期是产品自加工制作完成到产品寿命结束的周期。一个翡翠手镯不小心摔碎了,且已没有修理的价值,这个手镯的寿命周期结束。大多数珠宝首饰都有品牌,包括近几年出现的工作室形式的珠宝设计、加工的首饰品也都是品牌。品牌的生命周期是品牌自建立到破产消失的周期。世界著名的珠宝品牌都有着悠久的历史,如英国的GARRARD最早创立于1735年,这是全世界历史最为悠久的珠宝品牌。中国著名的珠宝首饰品牌老凤祥,创始于1848年,至今已有172年历史,是跨越了中国三个世纪的经典珠宝品牌。品牌的生命周期与企业的发展直接相关,品牌的生命周期最长。珠宝产品一旦被消费者认识,在相当长的时间里都会受到消费者的喜爱,好的珠宝及产品,其生命周期不进入衰退期。

（二）产品生命周期各阶段营销策略

产品不同生命周期阶段，营销策略不一样。

1. 导入期的策略

在新产品研发和投放市场初期，根据促销的投入和产品的价格，企业可采取策略有以高价格获取利润的撇脂策略，或者是以低价格扩大市场的渗透策略，根据促销不同又分为快速和缓慢撇脂，快速和缓慢渗透(表3-3-6)。珠宝新产品的研发和新市场投放与材质、设计和加工工艺密切相关。

表3-3-6 珠宝产品导入期营销策略

		促销费用	
		高	低
价格	高	快速撇脂策略	缓慢撇脂策略
	低	快速渗透策略	缓慢渗透策略

2. 成长期的策略

根据成长期特点，珠宝企业需要保持市场上升态势，从改变宣传重点、改变价格策略、改善产品品质、寻找新的子市场等方面制定营销策略。珠宝企业用新材料、新工艺制作的产品，在成长期宣传重点不再是提高首饰产品的品质、质量，或产品新颖的介绍，而是以吸引更多消费者、价格调整、开发新的市场为主。

3. 成熟期的营销策略

产品进入成熟期后，由于竞争加剧，重点是培育顾客的忠诚度，降低竞争压力，延长产品的成熟期。因此营销策略要从市场调整、产品改良、营销组合调整等方面考虑。如黄金市场一直以来都很火热，经营黄金的商家也比比皆是，近几年珠宝企业改进工艺，制作新的黄金饰品，市场上出现的 3D 硬金、彩金等都是针对新消费群体研发的，受到年轻消费者普遍喜欢。

4. 衰退期的营销策略

可以选择的衰退期的营销策略，要么持续营销策略、要么集中营销策略，集中人、财、物，重点发展优势市场；要么收缩业务，降低销售费用，增加服务；要么进行淘汰营销策略，放弃现有市场，转产或研发新产品或转让。

四、产品的品牌策略

（一）品牌的概念

品牌是用以识别销售者的产品或服务，并使之与竞争对手的产品或服务区别开来的商业名称及其标志。珠宝品牌还是特定珠宝企业的形象标识,有了品牌,更便于识别本公司产品。品牌具有以下含义。

(1)品牌通常由文字、标记、符号、图案和颜色等要素或这些要素的组合构成。

(2)品牌是集合概念,包括品牌名称、品牌标志和商标。品牌名称是可以用语言来表达称呼的部分,如周大福、萃华金店、卡地亚等。品牌标志则是不能用语言表达的符号、图案、基准色和标准字体等。商标是一个法律名词,是企业对某个品牌名称和品牌标志的专用权,其他企业都不能仿效使用。商标是受法律保护的品牌或品牌的一部分。品牌是有价值的无形资产。品牌是市场概念,是品牌方对消费者在产品特征、服务和利益等方面的承诺。

知识链接

商标权的认定

国际上对商标权有认定的两个并行原则,即"注册在先"和"使用在先"。

注册在先:先注册商标者拥有商标权,如日本。

使用在先:先使用商标者具有商标权,如德国。

按商标法,违反商标法规定而使用商标,不受法律保护,甚至会出现商标侵权。

(3)品牌形象。品牌是特定企业及其产品的形象标识,品牌形象标识的属性如下。

①品牌属性。品牌所代表着特定的产品属性,如工艺精湛、性能卓越、高档贵重、转卖价值高等,是品牌最基本的含义。

②品牌利益。品牌还体现着购买者可以从中获得的一系列独特利益。购买者真正要购买的产品并从中获得属性之外的利益,会被顾客接受。品牌体现着购买者可以从中获得的一系列独特利益,包括获得属性之外的利益。如拥有一枚海瑞·温斯顿的铂金恋爱戒指,意味着浪漫,品牌利益属性在珠宝品牌中都各有不同的体现。

③品牌价值。品牌还体现出生产者的高效率、有声誉、守信用、可信赖等价值。如蒂芙尼的每件作品都是令人赞叹的完美杰作,魔力永远,蒂芙尼的可信赖、有声誉是独有的价值属性。

④品牌文化。品牌还有一种文化含义。如萃华珠宝结合自身特点和百年历史基因,传承传统工艺,用时尚设计理念,设计制作具有东方时尚风格的产品,并提出全新场景化体验店铺,让消费者身在其中,感受中国文化,同时也将科技、娱乐融入其中,看萃华品质产品、体验文化带给消费者的愉悦。"勤·诚·信","做强民族品牌,感恩回报社会"这是萃华珠宝的品牌文化和企业价值观。

⑤品牌个性。品牌也反映出某种个性风格,展示着产品的一些独特格调。无论是中国的萃华珠宝、周大福等品牌,还是国外的宝格丽、卡地亚,都有自己品牌的个性特征,这种个性特征也传递给了消费者。

⑥用户暗示。品牌往往暗示着购买或使用该品牌产品的消费者类型而不是其他的群体。御木本饰品是日本皇族举办婚礼的必备礼品,英国皇族后冠及饰品上的珍珠也由御木

本提供,体现了御木本的个性风格和独特格调;梵克雅宝一直是世界各国贵族和名人雅士特别钟爱的顶级珠宝品牌,从温莎公爵夫人、摩纳哥王妃、伊朗国王与王后,到现今的好莱坞巨星、中国影星,选择梵克雅宝珠宝,展现他们尊贵的气质与风度,她们的选择暗示着拥有梵克雅宝群体的高贵。

对于珠宝品牌,以上品牌的6个属性中,最持久的含义是它的价值、文化和个性,它们构成了品牌的基础。品牌是消费者一种心理上的存在,附加了消费者心理感觉、印象和情绪的品牌,就形成了品牌的形象。好的品牌是珠宝企业的无形资产,消费者认识、认同、喜爱、信任,成为忠诚的消费者。珠宝品牌资产主要包括品牌忠诚度、品牌认知度、品牌知名度、品牌联想、其他如商标、专利、渠道关系等专有资产。

知识链接

微电影《卡地亚奥德赛》[①]

卡地亚品牌165周年,发布了史诗微电影《卡地亚奥德赛》,影片中卡地亚品牌标志——猎豹化身积极进取的主角,随着命运指环的转动,它穿梭时空,从冰天雪地的巴黎出发,展开穿梭之旅:中国的长城和巨龙,印度的神秘花园,俄罗斯的奢华宫廷依次出现,一连串幻境与现实的交替后,猎豹跃上一架冒险家阿尔伯特·山度士-杜蒙设计的飞行器,最终回到如诗如歌的巴黎,携同佳人归隐红盒之中,短短三分半钟,道尽卡地亚165年的历史精髓,形象化再现了卡地亚传奇、高贵、神秘、力量等风格。卡地亚全球总裁伯纳德·福纳斯曾表示:"《卡地亚奥德赛》是迈向梦想的邀请函,代表了我们追求梦想的坚定信念,分享与传承了我们的历史价值。"

(二)品牌策略

有品牌和无品牌具有很大的区别,珠宝首饰原材料本身就具有一定价值,珠宝品牌带来的不仅仅是无生命的材料,品牌的每件产品都是活的、有灵魂的东西。有了商标,有了名称,还要有内涵,这样品牌才能够传承。

1. 品牌设计策略

品牌设计本着简洁醒目、易读易记、构思巧妙、暗示属性、富蕴内含,情意浓重、避免雷同,超越时空的原则。此外,还需注意珠宝首饰承担着装扮美丽的角色,读出来的音也要避免歧义。

2. 品牌决策

品牌决策时按图3-3-3依次考虑。

[①]资料来源:修改自武彬. 视觉操控学. 武汉:武汉大学出版社,2014.

单元三 珠宝市场营销战略和策略

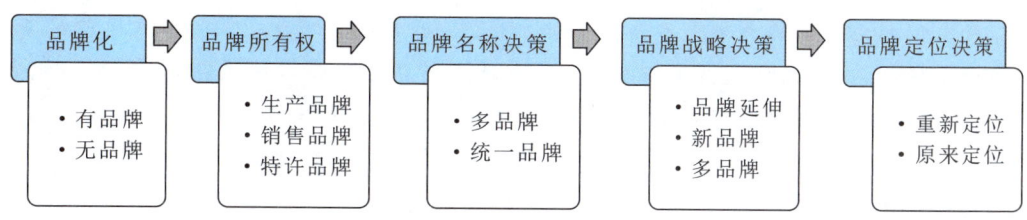

图 3-3-3 品牌决策可考虑的顺序

品牌有无决定了珠宝企业是否需要拥有自己的品牌,有品牌要付出费用,也要承担风险。珠宝行业中有许多无品牌的加工制作商,无品牌的珠宝企业可以直接为消费者提供服务,也可以做贴牌生产。如金、银首饰加工,满足那些只注重自己是否拥有金或银首饰的消费者需求,这部分消费者要的是"货真",其他要求很少或无。大多数珠宝企业都选择有品牌策略,中小企业为更好地服务珠宝消费市场,提升竞争力,从设计师品牌开始做强企业。

按品牌所有权,品牌可以是生产品牌、分销品牌、特许品牌,也称为品牌归属决策。如何选择要看哪种拥有更好的信誉和市场拓展的潜能。周大福、缘与美等,既是生产品牌,也是销售品牌、加盟商品牌。这也是珠宝企业普遍采用的策略。

在品牌名称决策中,有统一品牌和多品牌。统一品牌是企业所有产品均采用同一个品牌名称,珠宝企业多采用统一品牌决策,有助于珠宝企业的宣传,树立良好的企业形象。多品牌是不同的产品采用不同的品牌。珠宝企业的多品牌可让消费者迅速找到不同材质、不同档次的珠宝产品。如下面案例中的粤豪珠宝就是多品牌策略。

珠宝企业进行品牌战略决策时,将品牌作为核心竞争力,以获取差别利润与价值。因此,品牌决策还要考虑品牌的定位,让品牌持续获得新的增长与活力。

知识链接

品牌多元成就粤豪功绩[1]

粤豪珠宝有限公司是一家经营项目包括珠宝首饰批发、K金批发、翡翠批发、翡翠加盟、翡翠加工,位于深圳水贝珠宝首饰批发集中地,是中国名牌企业,是民营骨干领军企业。目前拥有隆进、简金品、VVS、玉翠山庄4个珠宝品牌。隆进是素金品牌,以黄金、铂饰品为主流。简金品是以K金为主。VVS是钻石镶嵌。玉翠山庄则是翡翠新贵。粤豪珠宝坐镇批发,涉足生产、零售的经营布局,其核心竞争力因素就是为了推出好产品,并且卖出去。粤豪珠宝的工厂在深圳的沙头角,展厅设在经营总部,对外业务的延伸窗口在水贝国际交易中心的展厅和中港展厅。粤豪在珠宝行业已形成生产制造、批发、零售一条龙模式。

粤豪珠宝尤其在批发领域具有影响力,最初隆进黄金以批发进入珠宝行业,经过数年的

---

[1] 资料来源:修改自 http://www.sp.ef360.com/Articles003/2006-8-11/4800.html。

营运，其客户资源不断增多，营销渠道不断变宽、变长，也为后来3个品牌的成长带来了契机。粤豪珠宝利用设计实力对上整合生产加工资源，利用营销能力对下整合零售终端资源，横向联合各种社会资源，打通上下游市场，做最好的产品让消费市场满意，形成经营模式的良性构建。致使粤豪珠宝拥有4个珠宝品牌，此种多元经营在国内珠宝业罕见。粤豪珠宝构建的珠宝品牌多元化的经营平台，只要客户来到粤豪珠宝批发展厅，就可以买到市场上最为人们推崇的珠宝产品。

自2006年，简金品走出K金产品批发领域，下行进入零售终端。在经过初步资源整合后，粤豪珠宝零售店直接挂上了简金品的牌子。随之简金品市场推广中心在业务上独立门户，并迅速在国内攻城略地。短短的几个月，简金品零售店已经做到近60家。

粤豪珠宝简金品品牌进入零售终端，成为世界黄金协会K-GOLD的指定推广商，"粤豪-K GOLD"作为新的K金批发品牌概念出现在诸位经销商的视野，K金批发业务仍然红红火火。粤豪珠宝的多品牌、多元渠道，让粤豪珠宝的经营如鱼得水，稳健前行。

在品牌战略决策上，可以分为品牌延伸、建立新品牌和建立多品牌，品牌延伸是利用现有品牌，推出新品；建立新品牌是采用全新的名称推出新产品；建立多品牌是不同种类产品品牌名称不同。

品牌再定位决策是一种品牌不适应市场变化时的决策。

五、珠宝产品的包装

（一）包装的概念和作用

珠宝及首饰品的包装指包裹在外面的容器、材料及辅助物等。包装能够保护珠宝及首饰品，也方便储运、促进销售。珠宝产品经常被馈赠或收藏，因此包装的作用更为重要。包装具有保护、容纳、便利和促销功能。

从买椟还珠看珠宝的包装

珠宝产品包装对消费者的心理作用如下。

(1)同样一种产品，不同的包装，会出现不同的销售效果。

(2)消费者购买珠宝商品，除了佩戴还需要存放。

(3)适合的包装对消费者也有吸引力，同时也能提升消费者的体验感。

（二）珠宝产品包装特色

(1)为了更好地呈现出珠宝及首饰品的特殊，珠宝产品包装选料要考究，贴近珠宝的材料应选择质软、耐用的，外层材料要看上去高端、华美。常用的首饰包装有缎面纸盒、皮面纸盒、皮盒、木盒、陶瓷盒等，个别品牌定制的奢侈品首饰，其包装有镶嵌钻石等贵重珠宝玉石的。

(2)款式新颖，便携使用，形态有特色。如圆形、心形、柱形、长方形、异形等形态。此外，包装式样与珠宝产品的式样要搭配，要精致，还要与珠宝及首饰的价值相称，不同档次的宝石可选用不同材料做包装。

（3）高档珠宝首饰盒契合珠宝首饰本身的设计理念和品牌意义，不仅能展现产品的文化特性，还通过视觉的冲击，容易引起消费者的注意，建立良好的品牌认知。图3-3-4是17世纪末德国制作的母贝首饰盒，盒上镶嵌有明亮式切割钻石、红宝石、祖母绿、皓石、石榴石；图3-3-5是1820年代法国布雷松珐琅彩巅峰时期的典型之作，也是母贝首饰盒，它的颜色是高贵的皇家蓝，镶有独特的珐琅珠边。这两件首饰盒本身就是当时工艺、技术水平和文化的象征，光首饰盒就这样高贵，可想里面首饰的贵重程度。

图3-3-4　17世纪末德国母贝首饰盒　　　图3-3-5　1820年代法国的珐琅彩母贝首饰盒

（4）珠宝产品包装样式要注意其艺术气息，无论是展示还是陈列都明显展现其艺术性。

（5）充分考虑顾客的风俗习惯和宗教信仰。

包装对于消费者有较强的心理作用，同样一种产品，包装不同，有不同的销售效果。对许多消费者，特别是年轻消费群体来说，包装往往会刺激他们的购买欲望。

（三）包装策略

以珠宝首饰为例：在包装上采用相近的图案、近似的色彩和共同的特征。

常用包装策略有以下5种。

1. 类似包装策略

企业对其各种产品，在包装上采用相近的图案、近似的色彩和共同的特征。蒂芙尼所有首饰的包装都用统一的蒂芙尼蓝。

2. 等级包装策略

根据珠宝首饰的设计、品质、质量等级不同采取不同的包装。定制的高档珠宝和市场销售的珠宝首饰用不一样的首饰盒。

3. 配套包装策略

珠宝企业成套销售首饰，包括项链、手链、戒指、耳饰，用一个包装。

4. 附赠品包装策略

珠宝首饰限时促销,采用专门的促销包装,购买首饰,赠送银戒指,以吸引消费者购买。

5. 再使用包装策略

包装可以作为他用。1820年代法国的珐琅彩母贝首饰盒,既是首饰的包装,又是艺术品,可收藏。

知识链接

从珠宝包装看定价策略[①]

珠宝首饰作为一种高档消费品,经常被馈赠或收藏,因此包装非常重要。

对珠宝首饰包装的基本要求是要能烘托出商品的高贵、典雅和艺术性,另外还有更细致化的要求。

(1)包装要有特色。比如同样是钻戒的盒子,有的公司别具匠心,将首饰盒设计成代表该公司的吉祥物,既美丽多样,又突出了公司的形象。而将这些首饰盒与首饰一同销售更烘托出产品特色。包装选料要考究,做工要精细。作为首饰包装盒,要质软、耐用、牢固,纸、布、塑料、皮革等是许多厂家选用的包装材料。

不同档次和材质(玉石与彩宝)的珠宝可选用不同材料做包装盒,盒子的式样与首饰袋的式样要搭配,做工要精细。

(2)包装的款式要有变化。人们的消费观念不断变化,包装也不能一成不变,要符合消费者需求的变化。

(3)包装最好能一物多用。一件设计精美的包装品,除用作产品包装外,还可用以装饰橱窗或展示陈列,甚至还有其他实用用途。

六、新产品策略

市场营销中的新产品是从技术和市场两个方面认定的新产品。技术层面,珠宝采用新的加工工艺、新的镶嵌技术等新的或改良的珠宝及首饰;市场方面,首次投放市场的新款首饰、新材料加工制作的首饰等。综合起来,凡是能给消费者带来某种新的满足、新的利益的产品,都可称为新产品,包括以下几种类型。

珠宝新产品分类

1. 全新产品

全新产品指应用新的技术、新的材料研制的全新珠宝产品。这种珠宝新产品,无论是对企业,还是对于市场都是新的产品。实际上,全新产品是一种发明。如人工合成钻石技术用

[①] 资料来源:https://www.24kjob.cn/News/5143.html。

于制作首饰,使用的是新材料,属于全新产品。缘与美用新工艺制作的非遗传承,昆曲脸谱首饰也是新产品。

2. 换代产品

换代产品指在原有产品的基础上,全部采用或部分采用新技术、新材料、新工艺研制的新产品。如原有的卡通十二生肖,形象不变,将不耐磨的24K金,换代成更耐磨的3D硬金。

3. 改进产品

改进产品指对老产品的功能、结构、性能加以改进,使其与老产品有较明显的差别。如珠宝产品款式随时代变化而改变。

4. 仿制产品

对国际或国内市场上已经出现的产品进行引进、模仿、研制而生产的珠宝及首饰。这是中小珠宝企业易采取的策略,在引进、模仿的基础上再研发,既能节省研发费用,也节省产品促销费用,珠宝企业还可以利用价格优势、被仿制产品已有的市场优势渗透部分市场份额。

知识链接

黄金市场上常常有K金、足金、3D硬金、5G金、彩金等之说,K金是黄金与其他金属的合成金,国际标准分为1K到24K,1K约等于4.166%含金量。

18K金的含金量就是$4.166\% \times 18 = 75\%$,其他K数计算方法相同;24K金是理论上的足金,自2017年5月起,国家规定含金量不低于99%的称为"足金"。彩金是一种K金,它是18K金与不同金属混合的合成金,混合金属有铜、铝、银、铂、钯、镍等,形成丰富的颜色,常见有紫红、红、粉红、橙色、绿、蓝等等。

3D硬金是特殊工艺的足金,其硬度略大,以中空的立体形象造型的首饰为主。

5G金是近两年出现的又一新工艺的足金迭代品,是将行业创新与潮流结合的产物,"5G"是从材质的韧性、硬度、工艺、颜色、纯度体现黄金工艺,"5好工艺黄金"的缩写,即,Grace(优雅)、Gusty(坚定)、Genius(天赋)、Glorious(璀璨)、Gentle(高尚)。5G金具有韧性好、不容易断裂、质量轻、硬度高、工艺先进、款式时尚、永不褪色、纯度高、足金的特点。

任务二　珠宝产品的定价策略

学习指导

做什么

分析下面情境导入后面的问题，并查找某珠宝品牌的产品价格信息，分析其特点，整理后交流共享。

怎么做

1. 确定本次任务的组长。
2. 阅读下面情境导入，讨论并回答案例中的问题。
3. 团队以某珠宝品牌为基础，填写珠宝产品定价一览表记录单。
4. 结合珠宝定价理论，针对该珠宝品牌的定价特点进行分析，填写最新钻石及贵金属交易价格表记录单。
5. 团队将分析结果汇总整理，交流分享。

情境导入

珠宝店的销售[①]

位于亚利桑那州的 Silverado 珠宝店，专门经营由印第安人手工制成的珠宝首饰。Silverado 的店主希拉正同珠宝店的副经理玛丽聊起一个有趣的定价现象。

几个月前，珠宝店进了一批由珍珠介质和银制成的手镯、耳环和项链的精选品。与典型的绿松石造型中的青绿色调不同的是，珍珠质宝石是粉红色略带大理石花纹的颜色。就大小和样式而言，这一系列珍宝中包括了很多种类。有的珍宝小而圆，样式很简单，而别的珠宝则要大一些，样式别致、大胆。不仅如此，该系列还包括了各种传统样式有珠宝点缀的丝制领带。

希拉以合理的进价购入了这批珍珠制成的首饰。她十分满意这批独特的珠宝，认为对普通消费者来说，这类珠宝特别适合用来替换他们在其他珠宝店买到的绿松石首饰。为了让顾客能够觉得物超所值，她为这些珠宝定了合理的价格。当然，这其中已经加入了足能收回成本的加价和平均的利润。

这些珠宝在店中摆了一个月后，希拉对销售情况十分失望。于是，她决定试试她在内华

①资料来源：修改自 https://www.doc88.com/p-485420197060.html。

达州大学里学到的几种销售策略。比如,令店中某种商品的位置有形化往往可使顾客产生更浓厚的兴趣。因此,她把这些珍珠首饰装入玻璃展示箱,并将其摆放在该店入口的右手侧。

可是,当她发现位置改变之后,这些珠宝的销售情况仍然没有什么起色时,她认为应该在一周一次的见面会上与职员好好地谈谈了。她建议职员们花更多的精力来推销这一独特的产品系列。她不仅给职员们详尽描述了珍珠首饰,还给他们发了一篇简短的介绍性文章以便他们能记住并讲给顾客听。

不幸的是,这个方法也失败了。就在此时,希拉正准备外出选购产品。因为对珍珠首饰销售下降感到十分失望,她急于减少库存以便给最新的首饰腾出位置来存放。她决心采取一项重大行动:选择这一系列珠宝半价出售。在店的出口处,她给玛丽匆忙留下一张字条。字条是这么写的:"这种款式的所有珠宝 * 1/2"。

当她回来的时候,希拉惊喜地发现该系列所有珠宝已销售一空。"我不明白这是为什么?"她对玛丽说,"这种珠宝首饰不适合顾客的胃口,下一次我在新添宝石的时候一定要谨慎。"而玛丽对希拉说她虽然不懂为什么要对滞销产品进行提价,但她诧异于高价之下,商品出售的惊人速度。希拉不解地问:"什么高价?我留的字条上是说价格减半啊。""减半?"玛丽吃惊地问:"我认为你的字条上写的是这一系列的所有商品的价格一律按双倍计。"结果玛丽将价格提高了一倍而不是减半。

回答问题并填写表 3-3-8、表 3-3-9。
(1)Silverado 珠宝店发生了什么情况?
(2)什么珠宝以原价 2 倍出售会卖得这么快?
(3)心理定价法的观念对希拉有什么帮助?
(4)你在未来的定价决策方面会给希拉提出什么建议?

表 3-3-8 品牌珠宝产品定价一览表

品类	首饰名称	主要材质	规格	销售价格	首饰名称	主要材质	规格	销售价格
戒指								
项链								
吊坠								
耳饰								
其他								

表 3-3-9　最新钻石及贵金属交易价格表

类别	国际交易价	变动率	国内市场价	变动率
黄金				
银				
铂金				
钻石				

注：变动率与前一交易时间相比。

在市场营销组合中，价格是消费者最容易感知、最敏感又难以控制的因素。由于珠宝首饰原材料的特殊性和产品设计的艺术性，对其定价时应按一定的定价原则，制定买卖双方相对满意的价格，这样才能促进珠宝产品的销售，获取利润。

一、影响珠宝产品定价的因素

（一）珠宝产品定价的内涵

珠宝产品定价是指珠宝及其产品进入消费或生产市场流通中各个环节按一定的定价方式给产品确定的销售价格。珠宝产品在某种程度上属于奢侈品，高、中、低档珠宝产品相差甚远，因此珠宝及首饰品的定价还必须考虑到珠宝原材料的稀有性、品质，还有珠宝产品的艺术设计及艺术性表现。这里的珠宝产品有加工制作为首饰的销售品，也有天然的宝玉石矿物，经过雕刻等创作的商品。本书重点介绍流通的珠宝首饰的定价。

珠宝产品定价包含有珠宝及珠宝产品定价，这里的珠宝主要是贵金属、有机宝石等用于制作首饰的原材料。首饰属于珠宝产品，首饰的定价受多因素影响，如材料、加工工艺、设计、流通等，流通环节越多，价格会升高。由于珠宝的增值性，具有收藏价值的珠宝及首饰往往价格很高。

知识链接

黄金珠宝饰品等级[①]

珠宝本身不分品牌，品牌主要是在款式设计与镶嵌的工艺中注入其创意与品牌附加值，付出的时间、精力、脑力是普通珠宝品代价的三四倍。因此，黄金首饰从价值上可分为三档，即高档、中档和低档。

[①] 资料来源：修改自 http://news.wto168.net/zixun/jinrixinwen/2016/0516/1437601.html。

❋ 高档

高档首饰是用K白金、高K黄金、足金制成的。除足金首饰外,K白金、高K黄金可以制成宝石托,镶嵌金绿猫眼、红宝石、蓝宝石、祖母绿、琥珀石以及质地优良的珍珠、钻石等。高档黄金首饰是不蛀、不锈的永恒财宝,因此,有一定的收藏价值。

❋ 中档

中档首饰用中K黄金制作宝石托,镶嵌一般的宝石、半宝石,如翡翠、碧玺、托帕石、海蓝宝石、铬透辉石、松石、珍珠等,还有一般品质的红宝石、蓝宝石。这是比较普及的金首饰,一般人都能买得起。这种首饰款式比较新颖。

❋ 低档

低档首饰品种繁多。这种首饰款式变化大,是价格便宜、款式新潮的首饰。其中包括银制首饰、低K金首饰,一般镶嵌有半宝石、紫晶、紫牙乌、孔雀石、合成宝石等。另外,还有以玉石雕刻、象牙雕刻、骨刻为主体,略加金属镶嵌或不加镶制的首饰,以及景泰蓝、雕漆、塑料、有机玻璃、料石等首饰。从佩戴的对象来区分,有男用首饰、女用首饰、儿童首饰。它们符合佩戴对象的心理特点,款式上也各具特色。男用首饰造型粗犷、简练、素雅、大方,品种有戒指、袖扣、领带卡、领针、项链等。女用首饰造型细巧,图案丰富多彩,品种有戒指、别针、胸花、项链、耳环、耳插、手镯、臂镯、脚镯等。

(二)影响珠宝产品定价的因素

影响珠宝及首饰定价的因素有企业内部因素和外部环境因素。

1. 珠宝产品的价格构成

珠宝产品的价格是价值的表现形式,珠宝及首饰的价值与宝玉石的勘查、开采、选矿、切磨、成型、销售,以及艺术设计和工艺,这一系列程序有关,世界各国的宝玉石资源分布差异大,又受生产力、货币、汇率等影响,其销售的价格与价值一般是不等的。

影响珠宝产品定价的因素

珠宝产品价值构成:宝石开采加工中生产资料的转移价值、劳动者为自己劳动创造和为社会创造的价值。

珠宝产品的价格受宏观因素影响较大,对珠宝产品的需求变化,同样会直接影响产品的价格。如果是古董类珠宝,由于其唯一性,价格因需求增加,价格涨幅极大,会远远超出其实际价值。

2. 珠宝及首饰定价考虑的因素

珠宝产品定价考虑的因素主要有以下几个方面。

(1)宏观因素影响珠宝及首饰的定价。

①经济因素。经济发展水平、经济增长幅度、国民生产总值(GNP)能够从消费者的收入和消费状况体现。由于许多珠宝及首饰材料为全球市场交易,一方面受市场完备程度、供求关系、汇率的短期影响,另一方面受通货膨胀、失业率长期影响。如制作首饰的重要材料黄

金具有货币功能,美元和黄金是国际通用货币,美元的走势影响黄金价格。美国经济不景气时,美元下跌,黄金以美元计价,黄金价格上涨。通货膨胀率上升,一国货币就会出现贬值,作为货币的黄金就成了对抗通胀率的有利资产,国际金价也会上涨。

②自然因素。宝石资源在全球分布存在差异,多数宝玉石矿仅产于地壳的某一特定区域,产量较小,开采成本差异大,因此,影响珠宝定价的自然因素包括珠宝产地、品质、稀有性、开采难易程度、输出的难易程度等因素。还有其他重大自然因素影响全球经济增长,如重大灾难、流行疾病等。

③政治和社会因素。主要包括有政治因素、政策因素、战争因素、历史因素、文化因素、传统心理等。政治因素影响矿物开采、进出口贸易,影响本国或国际局势。如津巴布韦内战,使得该国出口钻石获利,用来购买武器。另外,局势动荡,引发黄金价格上涨。

(2)生产珠宝产品的成本。生产珠宝及首饰品的成本主要包括生产和商品流通过程中花费的物资消耗和支付的劳动报酬,如首饰设计、加工技术、原材料品质、劳动力价值等影响。成本是产品定价的最低界限,产品价格高于综合成本时,珠宝企业才能获得盈利。成本是一种综合因素,必须考虑珠宝及首饰的产量、销售量、销售率、资金周转等综合影响。

(3)企业定价目标的影响。企业的定价目标是影响定价的首要因素,目标的不同决定了定价的不同。定价目标具体表现在以下几个方面:

①生存。这是珠宝企业的最基本目标,也是保本点目标。如市场过剩、企业负债经营,企业为维持生存制定较低的价格或利用折扣手段刺激产品销售。美国休斯敦平价珠宝零售商 Charming Charlie LLC,在 2017 年 12 月申请破产保护,2018 年 4 月成功重组,但由于商场客流量持续下滑,部分珠宝品牌的门店经营不佳,虽然公司努力接受挑战,至 2019 年 4 月负债已达 8200 万美元,只能清仓甚至关店,将清仓收入用于支付员工遣散费。

②珠宝企业的经营目标影响。珠宝企业的经营目标主要看企业追求的是短期利润还是长期利润最大。珠宝企业如果将营销目标定为追求短期利润最大化,在确定定价时,一般选择较高的价格,在短时间内可获取最大现金回流或投资回报。如果珠宝企业以获得最佳且合理的长期利润为目标,则会按企业的发展规划,根据设定的利润率进行定价。如奢侈品企业的高端珠宝及首饰的定价,一般考虑企业未来发展和传承的长期目标。

③市场占有率。珠宝企业通过控制市场实现较高的市场份额。据联商网数据,截至 2018 年 3 月 31 日,周大福在中国内地的零售额同比增长 13%,门店数达 2585 家,周大福迅速扩大市场,门店从一线城市到三线、四线城市均有分布,有效提高了市场占有率。

④珠宝及首饰品档次和质量影响。珠宝及首饰严格意义上属于非生活必需品,虽然越来越多的人把珠宝首饰作为日常生活需要来消费,特别是天然珠宝玉石是地质历史时期和特有的地质环境下产出的珠宝,品质上有极大的差异。在进行珠宝及首饰定价时,根据珠宝本身的档次和品质确定价格的高低,是珠宝企业普遍考虑的因素。一般钻石品质用"4C"衡量,这里的"4C"是克拉质量、颜色、净度、切工。宝玉石的品质,也看颜色、净度、透明度、大小、产地等因素。珠宝企业往往根据珠宝档次确定价格,高品质对应高价格,低品质对应低价格。

知识链接

真正好的红宝石、蓝宝石,颜色艳丽,玻璃光泽强,火彩好,价格昂贵,而一般的红宝石、蓝宝石颜色深,或偏色,或泛灰色,价格要低得多,每克拉红宝石的价格可以从数百元至数千元不等。其他宝石也有类似的情况。因此宝石不能一概以名称论贵贱。

⑤争取忠诚消费者和高端消费者。忠诚度高的消费者,对该品牌的珠宝及产品的信任度高,并能够影响或吸引关联者进入消费群。优质产品贴心的服务是争取高端消费群的有效方法。这是影响珠宝及产品制定价格因素。如周大福、周生生、六福珠宝、金至尊品牌,在黄金首饰市场的定位是对黄金首饰品质有要求的时尚消费人群。

知识链接

建立"品牌忠诚度"

有调查数据表明:投资新用户比老用户多花费5倍;75%的消费者在购买前有一个品牌倾向;其中75%会选择他所倾向的品牌;一封给用户的书函,或是一次电话通话可以增加重复购买达40%;60%的用户会重复购买同一品牌,如果老用户向朋友推荐,人们的购买意愿是原来的4倍;提高5%的客户留存率可以提高95%的利润率。由此可见建立品牌忠诚度的重要。

(4)市场供求关系影响。主要是需求变化和珠宝的替代性。珠宝产品的需求弹性很大,需求增加,价格上升;需求下降,价格下降。珠宝产品的装饰和观赏作用具有较强的替代性,随着科技的进步,人工宝石普遍被消费者接受,还有新的美观、耐用的装饰材料不断出现,天然珠宝的部分市场被替代。一定时期内,某种宝石销量减少,其他宝石销量就可能增加。

(5)市场竞争因素。竞争影响珠宝产品价格的确定。产品的成本决定了价格的下限,产品的市场需求决定了价格的上限,而在这个幅度内具体选定哪个价格,取决于竞争对手同种产品的价格水平。

知识链接

珠宝首饰的品种和档次划分[1]

珠宝首饰行业中常依据宝石本身的美丽、耐久和稀有程度,宝石的商业价值以及国际珠宝市场的供求状况,把不同种类的宝石划分为高档、中档、低档。根据不同国家(民族)的传

---

[1] 资料来源:修改自 http://www.bavlo.com/Education/Article_10838.html。

统心理和消费习俗,通常将钻石、红宝石、蓝宝石、祖母绿、优质猫眼、变石、黑欧泊和特级翡翠列属高档宝石,它们的价格异常昂贵,每克拉几千至数万美元不等,目前价格有增无减,尤其是特大的珍品和具有历史价值的收藏品,更是价值连城。

另外,将有色宝石中颜色鲜艳、透明度好,具有一定硬度且质量较好的品种,如金绿宝石、尖晶石、白欧泊、紫晶、黄晶、橄榄石、石榴石、绿柱石、海蓝宝石、碧玺、托帕石、锂辉石、红柱石、坦桑石、锆石、方月光石、青金岩、绿松石、珍珠、软玉(羊脂白玉),以及商业级翡翠等统归中档宝石,它们在珠宝市场上的价格远低于同质量的高档宝石,一般为每克拉几十至数百美元,但极少数稀有优质的中档宝石的每克拉售价可达数千美元,如翠榴石、优质珍珠等。一些具特殊光学效应(星光效应、猫眼效应)的宝石档次,等同其所属宝石的档次品级(表3-3-10)。

表 3-3-10 宝石档次划分及特征简表

档次	高档	中档	低档
颜色	钻石为无色,其他宝石颜色鲜艳	鲜艳	无色至各种颜色
硬度	>7.5	5~8	3~6
宝石特性	好	中等	较差
产量	极少	较多	多
加工难易程度	难	较难	容易
需求量	大	较大	一般
价格特点	高 每克拉数千至数万美元	中等 每克拉数十至数百美元	低 每克拉数元至数十美元
宝石列举	钻石、红宝石、蓝宝石、祖母绿、优质猫眼石、特级翡翠等	碧玺、海蓝宝石、尖晶石、托帕石、珍珠、商业级翡翠等	玛瑙、玉髓、水晶、孔雀石、岫玉、萤石等

二、定价方法

珠宝市场的定价从成本、需求、竞争三种导向考虑。

(一)成本导向定价法

顾名思义,成本导向定价法就是在成本的基础上,加上预期利润,以此作为商品定价,通常包括两种方法。

1. 成本加成定价法

产品价格=单位产品成本×(1+加成百分比)

成本加成定价法是指以本企业的成本为基础的定价方法,适用于非竞争性产品的定价。

珠宝企业如果是批量加工、所用材质的品质没有太大的差异,首饰的定价可以采用这种简单的成本加成定价法。

该方法的关键是加成数的确定,加成数除了能提供所需的利润外,还需包含一部分成本项目。计算公式如下:

加成百分比=[(投资额×期望的投资报酬率)+非制造成本(或者固定成本)]÷(产量×单位制造成本)

例1 某珠宝专营店投资100万元,年销售钻戒500件,其单位制造成本3000元,年销售与管理成本为15万元,若珠宝店期望回报率为20%,钻戒的价格应定为多少?

依据公式:加成百分比=[(投资额×期望的投资报酬率)+非制造成本]/(产量×单位制造成本)=(1 000 000×20%+150 000)/(500×3000)≈23.3%

该产品目标单价=3000×(1+23.3%)≈3700元

例2 在成本加成定价法中,一枚钻戒成本为2600元,加成数为40%,则此枚钻戒价格为2600×(1+40%)=3640元。

该方法操作相对简便易行,现最流行。如周大福、周生生、六福、金至尊等珠宝品牌,市场上的黄金首饰定价基本一致,在国际金价的基础上加价28%左右,虽然价格不低,但是这些品牌深得消费者的信赖,对于这几个品牌的售价、工艺、款式极其认可,黄金首饰的销售都很好。对于珠宝及首饰品来说,如果是非批量生产,且珠宝的品质差异大,制作的珠宝首饰级别差距就可能很大,成本加成定价法就不适用了。

2. 目标利润定价法

产品价格=(预定总成本+目标利润)/预定产销量

其中,总成本=固定成本+变动成本。

(二)需求导向定价法

以珠宝消费者的需求基础确定价格。需求导向定价法主要有两种。

1. 评估效用定价法

根据产品给消费者带来效用的大小定价。效用是消费者购买产品后,对自己的需求、欲望等满足程度的度量,是一种主观的心理评价。珠宝消费者在拥有了珠宝及首饰后所获得的满足程度,包含有功能性效用和情境性效用。珠宝产品与普通商品的区别是情境性效用高,品味、社会追求、社会认同感,还有产品、情感、象征、品牌联想的组合,这些都给珠宝产品带来了更大的附加值。

如果消费者评估产品效用大,则产品可定高价;反之,定低价。运用该方法前要进行市场调查,统计出目标消费群对产品的期望价格,在估算的基础上暂定价格,分析市场潜力,预测产品销量,根据目标利润估算成本,最后进行定价。评估效用定价法较科学,但操作难度大、时间长。

2. 差别定价法

差别定价法是指企业对同一珠宝产品针对不同的购买对象、购买地点、购买时间以及购买量采用不同价格,是一种价格歧视。如针对中外顾客、新老顾客、线上或线下、批发或零售等不同的购买对象进行差别对待;偏远或发达、国内外等不同的购买区域差别对待;淡季、旺季、平时、节日等不同的购买时间差别对待。企业在促销时也会显现出差别定价。如"双11"购物节,选翡翠吊坠,先添加购物车,在11月11日当天购买,价格为标价的9折。还有购买一枚钻戒3000元,两枚5000元等。

该方法可获得最大利润,但关键是有效分割购买对象,分割不好会造成差别定价失败。

知识链接

赛菲尔的定价[①]

为了避免消费者对产品质量产生过多的疑虑,与市场行情保持一致,赛菲尔珠宝公司对旗下产品主要采用竞争导向定价法,其中包括随行就市定价和差异定价。赛菲尔珠宝以经营无焊料黄金为主,在这一方面,目前市场上的主要竞争对手是诞生于同一地区的梦金园。通过调查了解到,赛菲尔和梦金园这两个珠宝公司最近的直营店3月份的黄金价格分别为328元/克和330元/克。赛菲尔珠宝的定价在保持与市场行情一致的同时又体现出一点差异化,主要是为了满足那些对价格比较敏感,有占点小便宜心理的人群,赢得这类人的消费市场。

(三)竞争导向定价法

针对竞争对手制定珠宝及首饰的价格是竞争导向定价法。常采用的方法有以下三种。

1. 比较定价法

根据市场上的竞争产品价格来确定本企业产品的价格。常常又有低于竞争对手的定价、随行就市定价、高于竞争对手定价法三种模式。低于竞争对手的定价就是常见的价格战,高于竞争对手的定价是采用高质高价。珠宝企业采用比较定价的高质高价的较多。

2. 招投标定价法

此方法是企业公开招标定价,该方法适用于大宗购买,特别是珠宝加工企业批量购买原材料时适用。

3. 拍卖定价法

拍卖定价法是一种具有刺激性的定价方法。消费者在拍卖过程中,有不确定因素,有可能以较低的价格获取拍品,也可能以自己预期的价格获取拍品,同时,还可以享受拍卖成功的喜悦,这是拍卖定价独有的魅力。

珠宝品的拍卖大多是英式拍卖,即公开拍卖,也称为增价拍卖,拍价高者成交。珠宝拍

[①] 摘自:徐强,王琪. 赛菲尔珠宝的营销策略分析. 科技经济导刊. 2016(28):241。

卖除了有专门拍卖商组织的传统拍卖活动,还有网上拍卖。拍卖商拍卖的珠宝拍品以档次高、经典、稀少等为主,拍品拍卖时不需要事先确定拍卖时间长度,拍卖所需时间较短。网上拍卖的拍品更加亲民,珠宝拍品同样采用英式拍卖,网上拍卖需要事先确定拍卖的起止时间,竞拍者在规定的时间段内提交竞拍价,一般是数天或数周。

知识链接

近几年珠宝拍卖市场有哪些重大变化[①]

2018年1月间公布的2017全年珠宝拍卖成交数据,佳士得的5.567亿美元、苏富比的5.513亿美元,且两家拍卖公司创造了10多项世界纪录。中国内地的2017年秋季拍卖会,北京匡时、北京保利、中贸圣佳、中国嘉德、西泠印社等先后落槌的"珠宝与翡翠"板块,环比春拍及以往战绩,不仅拍品总量、门类和总成交额有所增加,而且诸多品类的成交率也在提升,更有拍卖行开展诸多尝试如首设新品专场、新专题。可以说2017年的珠宝翡翠拍卖历经辉煌一年,为2018年的表现打下了基础。2017年的秋季拍卖有以下变化。

"无底价"拍卖正风行

2017年12月4日,中国内地2017年秋季拍卖会中的首场珠宝翡翠拍卖由北京匡时槌响。在名为"瑰丽珠宝尚品及西洋珍品"的专场中,北京匡时共上拍158件珠宝翡翠,最终成交65件,成交率为41.13%,实现成交总额3 637.22万元。

2017年12月18日,北京保利十二周年秋季拍卖会的"瑰丽珠宝与翡翠"专场落槌。此专场共有244件拍品上拍,最终实现成交额6 484.85万元,成交率为54.92%。2017年6月6日落槌的北京保利春拍"瑰丽珠宝"专场,战绩为196件拍品最终实现成交额4 825.86万元,成交率为64.8%。其中,北京保利分别在两专场推出数量诱人的无底价拍品,均实现100%成交,春季是60件无底价珠宝共实现总成交额182.040 5万元,秋季是92件无底价珠宝共实现总成交额244.72万元。

2017年12月21日,中国嘉德举槌2017年秋季拍卖会的"瑰丽珠宝与翡翠"专场。最终,该专场共推出的175件拍品成交74件,实现成交率40%,总成交额4 283.06万元。其中,40件无底价拍品最终成交38件,共实现总成交额89.585万元。但中国嘉德在2017年的春季拍卖会时,并未开设珠宝与翡翠专场,也未推出无底价拍品。

不难发现,拍卖场是收藏级珠宝翡翠的殿堂,这一固有印象逐渐在被风头愈劲的"无底价"拍卖所打破。虽然无底价珠宝拍卖早在四五年前就已亮相拍场,但以往只是营销炒作手段,并未在珠宝翡翠板块展现其应有的实力。

翡翠"冷",粉钻"热"

由于市场发展逐渐趋好,西泠印社自2017年春拍也开始涉足珠宝翡翠拍卖,最终成绩可谓开年大利。2017年7月16日落槌的"西泠印社首届璀璨珠宝与翡翠首饰专场",共113

[①] 资料来源:改自http://collection.sina.com.cn/auction/hqgc/2018-04-07/doc-ifysuuyc3330800.shtml。

件拍品实现了76.11%的成交率和2 327.37万元的总成交额;12月24日的"东方瑞丽·珠宝与翡翠专场",共计122件拍品,最终实现成交总额5 480.9万元,成交率达71.31%。

北京匡时在2017年的"瑰丽珠宝及翡翠首饰"和"瑰丽珠宝尚品及西洋珍品"专场,翡翠类拍品的占比分别为逾16%和近30%,且成交率远低于专场整体水平较低。北京保利在2017年的"瑰丽珠宝"和"瑰丽珠宝与翡翠"专场中,翡翠类拍品的占比分别为逾20%和近30%。

西洋珠宝中的彩色钻石类(包括粉钻、蓝钻、黄钻)在2017年最为引人注目,其次便是祖母绿,再次是红蓝宝石。2017年11月28日收槌的佳士得香港"瑰丽珠宝及翡翠首饰"拍卖专场中,被誉为"THE PINK PROMISE"的14.93克拉鲜彩粉红色VVS1钻戒,最终以2.498 5亿港元(3 216.393 2万美元)的价格成交。这枚每克拉215万美元的粉钻戒,与佳士得在香港2009年创下的粉钻的世界拍卖纪录看齐。这颗美钻比前项纪录的粉钻更大3倍,反映市场更趋成熟、买家的需求越趋炽热。

"中国设计"成新亮点

据不完全统计,约有35家拍卖公司在2017年开设珠宝翡翠类或包含此类拍品的专场逾70个。2017年12月17日,北京保利"天纵晶华——首场臻美矿晶艺术"落槌,共61件拍品最终实现总成交额321.425万元和成交率62.3%的佳绩;其中,142.05克拉祖母绿以39.675万元成交、紫锂辉石以28.75万元成交、528克自然金以26.45万元成交,位居专场成交价前三甲,这使北京保利成为珠宝翡翠板块最成功的新品开拓者。

西泠印社一直提倡"艺术融入生活"藏玩理念,在2017秋拍则计入了裸石和设计师作品两个特殊板块。据西泠印社珠宝专场负责人说:"如今的珠宝拍卖市场已逐渐抛开按部就班的套用式设计,已迈入高级定制的阶段。'定制'、'私享'等概念已经与珠宝结合并登陆拍场,增强了珠宝门类的市场关注度与活跃度。西泠印社也为热爱珠宝设计美学的买家在2017年秋拍期间准备了设计师专题,有中国著名珠宝设计师的作品完美呈现。"

地域性差异愈加明显

"宝石是地球的,珠宝是世界的。"作为财产配置的典型项目和财产的最佳浓缩体,珠宝翡翠一直是深入人心的,随着国内富裕人群的不断增多和个人财产的不断增加,未来的市场肯定会愈加繁荣热闹。作为投资,凡是国人关注的珠宝翡翠项目,市场肯定火爆,而且随着被关注度越来越高、流传性越来越广,未来的中高端市场会飞速发展。所以买家首先要有正确的认识,未来的市场会很大很广,但顶级的珠宝玉石不多、消费层级的东西很多;所以找到合适的入手价格,就非常有必要。

不同地域拍品成交的珠宝类型不太一样。在香港的拍卖,彩色钻石和顶级翡翠占比相当;而在内地,尤以北京为代表,彩色宝石和钻石的拍品占比会较高,西洋古董、矿物晶体和腕表的占比也会较大;在上海,品牌珠宝会比较受欢迎。由于地域不同,拍品的构成和策略自然有调整和倾向,也是引导大家更理性地在更多选择中找到心仪的珠宝。

如何正确区分市场,主要是看大家的消费目的。购藏珠宝的前提是珠宝是美丽的,然后拍卖有两种追求,一种是捡漏,追逐的是性价比;另一种是投资,追逐的是稀缺性,就看在自己有能力的支配范围之内,如何各取所需和平衡利益了,但要谨记一个原则:买十件不如买一件。未来内地的珠宝市场成长会非常快,这便会给拍卖带来一个巨大的市场空间,这是国际拍场都看好的。

三、珠宝产品具体的定价策略

在上述三种定价方法的基础上,珠宝企业可以制定定价策略,常见的定价策略有新产品定价策略、心理定价策略和折让定价策略。

(一)新产品定价策略

新产品定价策略,是指改进、改良、更新的珠宝产品的定价采用的策略,这类产品属于产品生命周期阶段的导入期,其定价根据品牌、设计、加工工艺、材质等不同而采用不同的定价策略,可以是高价格,也可以是低价格,通常是以下两种定价策略。

1. 撇脂定价策略

推出的珠宝新产品的价格远大于成本,新品投放市场后,珠宝企业在短时间能获取最大利润。撇脂定价策略适用于技术复杂,不易被仿制的产品。特别是具有专利、特殊的加工工艺和独特设计的高档珠宝首饰,适合采用撇脂策略。高价格、高促销的策略称为快速撇脂策略,高价格、低促销的策略为缓慢撇脂策略。

撇脂策略的优点:短期内能够回收资金,降低企业的风险,由于新产品有较高的价格,能在消费者心目中提高产品档次,树立良好的产品形象,为以后的主动降价留下空间。

撇脂策略的缺点:商品价格过高,容易引起消费者的反感情绪,如果为后期留有过大的降价空间,消费者容易对产品价值产生怀疑,影响产品的后期推广。

2. 渗透定价策略

推出的珠宝新产品的价格略高于成本,新品投放市场后,珠宝企业在短时间内抢占市场。渗透定价法适用于批量加工,技术不太复杂的产品,或市场上已有类似的原材料或技术容易被替代,也容易仿制的产品。其中,低价格、高促销的策略为快速渗透策略,低价格、低促销的策略为缓慢渗透策略。一些品牌知名度不太高、同质化的珠宝首饰新产品,投放市场时一般以较低的价格销售。

渗透定价策略的优点:由于具有价格优势,容易被消费者接受,有利于尽快打开市场,扩大市场占有率。价格和占有率优势,可适当缓解竞争者的竞争。

渗透定价策略的缺点:由于价格低,导致珠宝企业在新产品投放市场后,利润率低,投资回收周期长。采取渗透策略后,如果再进行提价,则会招致反感,影响企业的形象。

这与珠宝首饰的品牌战略、服务的消费人群、消费者对品牌及其产品的认知、产品的设计等有密切的关系。

(二)心理定价策略

每一件产品都能满足消费者某一方面的需求,其价值与消费者的心理感受有着很大的关系。根据消费者心理感受制定价格策略。珠宝首饰有整数定价、尾数定价、根据消费者心理高价格策略等。表3-3-11是4个不同品牌的首饰在本品牌官网上的定价，从数字上看，4个珠宝品牌所用策略不完全一样。

表3-3-11 不同品牌的定价

品牌	首饰的价格		
4个不同品牌定价心理策略的运用	A	¥3 418.10	¥758.10	¥2 848.10
	B	¥1 935.00	¥640.00	¥2 650.00
	C	¥599.00	¥829.00	¥709.00
	D	$28 900	$6180	$4590

消费者心理是影响价格的重要因素，企业为满足消费者心理需要而采用的心理定价策略有以下几种。

1. 声望定价策略

消费者常常有"好货不便宜""质优价高"等心理，定高价容易被这部分消费者接受。如高档珠宝产品以维持或提高产品档次为目标，价格通常定得较高。还有购买玉器、古董的消费者会认为，只要是真品，玉的品质好，就应该是高价格。梵克雅宝在人们心目中的声望是世界各国贵族和名流雅士钟爱的顶级珠宝品牌，无论是首饰还是腕表，其定价都很高。

知识链接

梵克雅宝的"四叶草"

梵克雅宝的Alhambra系列，即"四叶草"，灵感来自西班牙格拉那达的一座宫殿Alhambra Palace，这是一座历史悠久的阿拉伯宫殿，宫殿的花园里有一个四瓣线条的喷水池，设计师把Alhambra与四叶草结合，创作出以四叶草为灵感的Alhambra珠宝系列。"四叶草"的造型简单、优美、庄重，寓意着幸福。"四叶草"系列自1968年问世后，迅速成为了梵克雅宝品牌的象征。五十多年以来，这个幸运讨喜的迷人图案一直深受女性的喜爱，至今图案造型有了扩展，除了经典的四叶草，还有蝴蝶、叶片、爱心等，材质多样，颜色丰富，主要涉及缟玛瑙、红玉髓、珊瑚、贝母、青金石、孔雀石、虎眼石以及钻石等材料，价格从人民币1万元起步，高价格的超过38万元。在很多人心目中，梵克雅宝是世界各国贵族和名流雅士钟爱的顶级珠宝品牌，是身份地位的象征，除此之外，品牌的魅力和灵魂也让人迷恋。

2. 非整数定价策略

非整数定价是利用消费者对数字的感觉定价。心理学研究统计显示，消费者在购买商品时，心理往往出现一种错觉，认为奇数比偶数小，或带有小数点的数比整数小。如定价为

998元,不定为1000元,利用数量级别的差距,满足人们求廉的需要。同理,定价为1562元,不定为1560元,让人感觉定价认真,非信口开河。前面4个不同品牌的首饰在本品牌官网上的定价表中,A品牌3件首饰均采用小数定价,有整有零;C品牌3件首饰的价格尾数均为9,价格都在3位数上。这两个品牌都是典型的非整数定价策略。

3. 整数定价策略

整数定价同样也是利用消费者对数字的感觉定价,是高档礼品、珠宝产品常用的方法。整数定价利用消费者的高消费心理,即整数已经消费,不需要找零,显得大方、体面,满足人们求名及自尊心的需要。4个不同品牌的首饰在本品牌官网上的定价表中,D品牌的定价属于整数定价。

4. 招徕定价策略

珠宝企业利用特殊时间,如周末、假日,推出廉价品,或促销品,目的是招徕顾客,带动相关商品或高档次商品的销售。招徕定价策略也可以是促销的辅助方法。广州某商场在做钻石促销广告时,在报刊上大力宣传0.5ct的钻戒仅售5800元,吸引了许多求廉的顾客前去选购,但令他们失望的是,该钻戒原来是数粒碎钻拼镶起来的一个款式,钻石总重0.50ct,消费者颇有受骗上当的感觉。招徕定价策略使用要得当,以避免损害珠宝品牌形象。

知 识 链 接

电商平台的招徕策略

六桂福珠宝618预售盛典

六桂福珠宝在京东618十七周年庆之际,提出了"一起热爱,就现在"的口号,限时定金5倍立减,还有优惠券可选,消费达到一定数额,按规则可使用优惠券(图3-3-6)。

图3-3-6 六桂福珠宝618预售盛典

珠宝首饰营销

菜百的告白季

菜百在天猫的 5 月告白季推出优惠活动,消费者于 5 月 21—24 日领券购买指定首饰,可享券后满 500 减 60(图 3-3-7)。

图 3-3-7　菜百的告白季

各电商平台上都有众多珠宝品牌,一些国外的高端品牌有自己的网站进行珠宝的销售。科技进步真正实现了足不出户就可以消费的生活,珠宝首饰的网上市场近 3 年来发展迅速,市场规模已经形成。

网上的招徕定价策略,也同样利用特殊的节日实施,不同的品牌有不同的招徕方式。

5. 配套定价策略

配套定价法是以不同价格销售产品组成的不同部分。首饰和首饰盒、戒托和珠宝玉石、钻石和贵金属承载材料等,都可以制定配套定价。如部分贵金属镶嵌宝石的首饰,在定价时可以是金的价格略低于市价,但通过宝石的价格弥补,因为对于宝石,人们通常按自己的感觉估计价格,同是翡翠,价格差距极大。以整套首饰作为定价单位,形成成套首饰价格,也属于配套定价。

6. 一口价策略

商家采用的与打折相反的一口价策略,按珠宝及首饰上架时标注价格售卖,不参与打折,不参与变价。

知识链接

人们把黄金中立体的、具有三维造型的黄金叫作 3D 硬金,它是科技进步的产物。3D 硬金工艺的出现改变了黄金的造型,使得首饰制作时可在不同位置采用不同工艺,有的抛光,有的磨砂,造成明暗对比,使色彩的分层更为清晰,立体感更强,质感也有了区分,摸上去有光滑细腻感,又有轻微的磨砂感,手感丰富。利用3D硬金工艺可以做很多栩栩如生的动植物首饰,并且成品比传统的黄金首饰轻,真正是重工艺轻黄金,是黄金的一次重要改革。

黄金首饰的价格分为两类,一种是按每克的价格标出,另一种是一口价。标注"一口价"的首饰大多是3D硬金款式,3D硬金硬度高、造型好看、一次成型、无焊点,可以塑造很多动物形态、动画人物形态,可以加工成戒指、挂坠、胸针、耳饰等多种类型,深受年轻人的喜爱。

(三)折让定价策略

折让定价是利用各种折扣或让价来吸引珠宝中间商和消费者,促使他们积极推销或者购买企业产品的一种定价策略。因此折让可以针对消费者,也可以针对中间商。

1. 常见的折让定价策略

1)折扣定价策略

该策略是指企业根据购物数量、购物金额或购买季节以折扣的方式让利于消费者和中间商,达到销售的目的。珠宝企业根据时间、事件、环境等不同,折扣或让价定价策略也不同。如"五一"黄金馈赠活动,施华洛世奇原价999元,现价884元。折扣又分为数量折扣、现金折扣、季节折扣。

(1)数量折扣,按购买的数量给予一定的折让。如珠宝公司发行金卡积分,到达多少分后赠送什么,或再购物享受几折优惠,或购买3件首饰打95折。

(2)现金折扣,是在珠宝产品标价上打折,或购买达到一定金额时赠购物券或现金,这是许多珠宝商家采用的定价策略之一。

(3)季节折扣,根据珠宝产品销售的季节特点,采取反季节打折方式增加销售量。这里的季节或是四季或是销售淡季,传统节假日大多是珠宝首饰的销售旺季,电商的购物节、情人节等也是珠宝首饰的销售旺季。

2)推广折让策略

企业在促销时让利于中间商或消费者。在新媒体营销模式中,许多消费者也成为销售的媒介,包括自媒体营销、社群营销等。如在社群中推广,商家给予一定的折让。

3)运输折让

免收运费,送货至购买者手里,既安全又快捷。也有对中间商客户提供免除运输费用。

知 识 链 接

蒂芙尼的运输折让

下面是蒂芙尼官方网站对购买者提供的服务之一。

蒂芙尼中国官方网站订单将尊享免费配送服务。根据您的订单地址,我们将优选顺丰或联邦快递为您配送。顺丰或联邦快递无法直达的地区,将由顺丰或联邦快递委托当地物流企业送达。我们将通过邮件及短信告知您快递单号,方便您追踪物流信息。

除了上面这3种折让策略,还有根据事件进行的折让,如,店庆为表达对新老顾客的谢意,凡是店庆期间购买达到5000元以上,打6折。市场上类似的折让定价策略还有多种。

折让定价策略让利于消费者,一方面消费者得到利益,另一方面,珠宝企业的利润率下降。过多或频繁的折让给市场带来不稳定因素,折让的同时,销售总量增加了,但单位珠宝产品价格是下降的,销售收益增加却不一定很高,价格上的折让还会引发价格战。珠宝企业的折让定价还要考虑企业的定位形象,应对所在的市场细致地考察,根据可能的需求价格弹性,慎重选择。

2. 折让定价策略主要考虑的因素

折让定价策略要考虑购买珠宝首饰的支出占人们收入的比重、替代品的多少及替代程度、珠宝产品的种类、购买珠宝产品的用途、产品的耐用性、产品的使用时间、折让成本等方面的因素。

在各种折让中,较原始的方法是产品的打折,珠宝及产品也常常采用打折吸引消费者,运用这种方法时注意谨防价格陷阱。

(1)低质陷阱:降低价格可能使消费者产生产品质量差的感觉,一旦出现这种感觉就会直接对企业形象造成影响,反而达不到降价的预期效果。

(2)亏损陷阱:折价使企业短期效益减少,特别是市场竞争中,若降价策略短期内战胜不了对手,反而会造成资金周转困难,陷入财务困境,如果再有新的竞争者加入,企业可能遭受灭顶之灾。

(3)市场陷阱:珠宝产品降价销售取得一定的市场占有率,但这部分市场并不稳定,其中有一部分是因为价格低才购买,如果出现更低价格或更高质量的珠宝产品时,消费者有可能喜新厌旧,转为其他品牌的消费者,难以发展为忠诚客户。

可见,影响珠宝产品的需求价格弹性因素有许多,在折让定价时,需要根据本企业的隐性和显性成本,理性折让。

四、珠宝及首饰的价格特点

珠宝及首饰的价格分为国际定价类和非国际定价类。贵金属类的首饰定价与国际贵金属交易价格有关,如黄金作为金首饰的原材料,直接受到国际金价影响。不仅黄金如此,铂金、钯金、银等也是首饰的重要原材料,贵金属除了直接加工成首饰外,还是镶嵌首饰的重要材料,它们都受国际交易价格影响。钻石首饰由钻石和贵金属组成,钻石价格每周由国际钻石报价单发布,是买卖双方遵循的价格,具体钻石的价格根据大小、净度、颜色、切工不同有很大差距。特别是钻石的价格具有"克拉台阶"现象,具体介绍见钻石首饰的定价部分内容。另一类的珠宝玉石及首饰,如果是镶嵌首饰,同样是两类材料,一类是贵金属,一类是珠宝玉石,珠宝玉石的价格受珠宝玉石本身的品质影响,不同的珠宝玉石,品质的评价差别很大。如,海水珍珠和淡水珍珠形态不同,价格不同。珍珠的评价比宝玉石简单,宝玉石有种类、颜色和颜色分布、润度、硬度、透明度、大小、裂度、切工等众多因素影响,具体介绍参见宝玉石首饰定价部分内容。总结珠宝及首饰的价格有以下特点。

(1) 不同品种、不同档次的宝玉石,价格差距大,其价格可以相差几倍、几十倍,甚至几千倍至数万倍。如翡翠和碧玺属于不同种类,价格相差很大,甚至无法相比较。

(2) 同一品种、相同档次的宝石,由于质量品级和重量大小的不同,其价格之差可以是几倍、十几倍、几十倍至几百倍。图 3-3-8 是 2020 年 3 月 20 日的国际钻石报价单,查找 1ct 和 2ct 大小,VS1 净度,H 级颜色的钻石,可以看出价格相差 5600 美元。

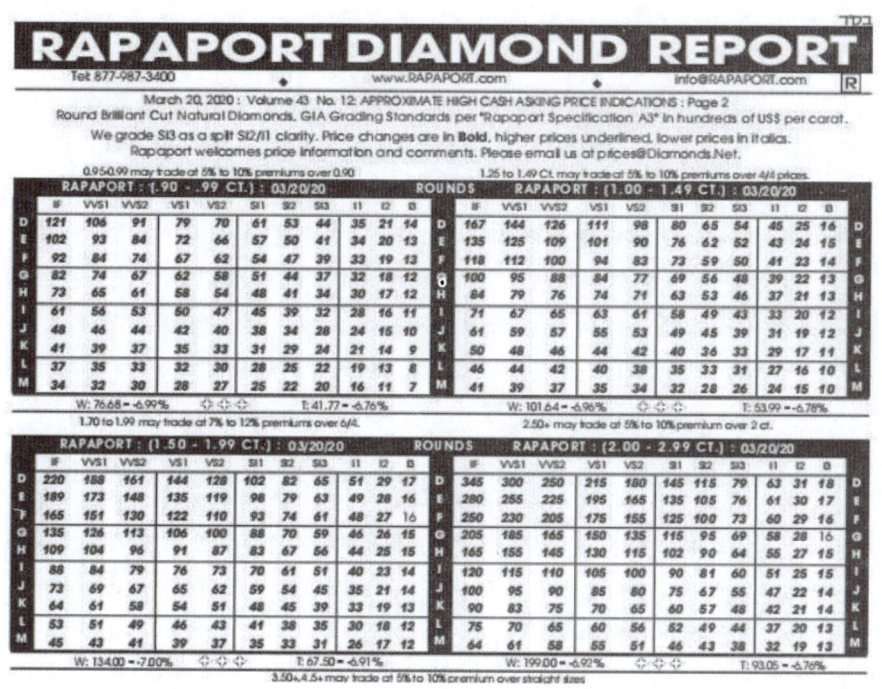

图 3-3-8　2020 年 3 月 20 日钻石报价表(圆钻)

(3) 同一品种、同一质量品级的宝石,由于人为或社会因素的影响,其价格也可以有所不同。如同样都是翡翠,大小品质相同,由不同的人做成雕件,大师的作品价格一定高于普通雕件。

(4) 同一品种、同一质量品级的宝石,由于供求状况的不同,其价格也会有所变化。

(5) 除贵金属外,不仅仅是钻石,其他类型的珠宝玉石在价格上都有"克拉台阶"现象,台阶的高低会有不同。从上面的钻石报价表中明显能够看出这一现象。

知识链接

结构性转变:新冠疫情将加速珠宝首饰行业的变革[①]

2020 年,新冠疫情的爆发对全世界造成了严重影响,各大企业正在探索"后新冠时代"

---

① 资料来源:修改自 https://women.huanqiu.com/article/9CaKrnKr4iY。

的发展趋势和未来策略。对铂金首饰行业而言，疫情让那些曾在 2019 年推动业务增长的因素得到更大程度的释放，并为"后新冠时代"的行业复苏指明了方向。数字化整合、市场细分加强和塑造品牌故事成为 2020 年《铂金首饰年度商业评论》的关键词。

趋势 1：数字化整合

数字化渠道不再是一条单一的直线，而已成为全渠道营销体验的关键因素。在人们保持社交距离的当下，品牌需要灵活敏捷地整合消费者的购物方式，将消费者的参与度转化为购买力。

总体而言，铂金首饰消费仍是一个偏向计划消费的品类。国际铂金协会（PGI®）的研究显示，在中国女性自购市场中，冲动消费仅占铂金首饰总购买量的 17%。该报告同时指出，有 58% 的消费者从数字媒体中接受到铂金的信息，因此在高度数字化的市场环境中，营销的挑战主要在于正确识别和触达正在考虑购买首饰的消费者。

2019 年，国际铂金协会在广东省五大城市针对 3000 万潜在消费者推出了"由心开始·铂金"活动，该活动采取有针对性的数字营销策略，精准触达最有可能考虑购买铂金首饰的消费者，拉动了参与活动门店的铂金首饰销售，成功提升零售商对铂金首饰的信心。如今，随着中国零售业逐渐开始复苏，这一成功范本将再次得到运用。

趋势 2：塑造品牌故事

2019 年，中国消费者对国际铂金协会及其零售合作伙伴推出的铂金系列精品表现出极大的兴趣和关注。在新冠疫情之后，大多数接受调查数字化整合的消费者表示，相较于新冠疫情之前，他们在生活重回正轨后更愿意在贵重首饰上花费相同甚至更多的金额，而拥有更具吸引力故事的强势品牌将引领复苏之路。

随着现代中国女性社会地位、经济实力和购买能力的不断上升，女性自购市场迅速增长。此类消费者追求真实、自信和睿智的自我形象，偏爱能够展示女性力量、自我意识和强烈个性的珠宝首饰。国际铂金协会针对这一日益壮大的细分市场，于 2019 年 8 月推出"铂金时刻"专属系列，瞄准对设计和质量有更高要求的现代年轻女性消费者，同时满足零售合作伙伴对拥有独特设计、高性价比及高回报率的铂金首饰的需求。该系列产品已经在国际铂金协会的 35 家零售合作伙伴的 500 多家门店推广销售，成功提升了它们的铂金销售成绩。

周大福与国际铂金协会合作推出了"和平天使"系列铂金首饰新品，以庆祝其成立 90 周年。"和平天使"系列以铂金为设计基础，以展翼和平鸽与象征天使羽翼的羽毛形象为设计蓝本，以中国传统珐琅工艺为亮点，代表内在坚韧，外在温婉，内外兼修且优雅从容的女性气质。这是周大福首次将这两种材质相结合，以铂金的纯净柔韧与珐琅的热情勇敢，为独立女性献上由衷的致敬和礼赞，也是对追求梦想的年轻女孩们的喝彩和鼓励。该系列产品目前已在中国 2000 多家门店有售，在巴黎时装周的展示亦大获成功。

趋势 3：市场细分加强

在当今竞争日益激烈且瞬息万变的市场中，找到正确的商业模式以在市场中占据一席之地已然成为一件必要的事。随着门店客流量的下降，通过差异化的产品获取更高的利润已经成为首要任务。

CRD克徕帝是一家以镶嵌产品见长的零售商,在实体店和电子商务业务中都具备很强的影响力。通过与国际铂金协会的积极合作,他们在2019年下半年增加了镶嵌业务中的铂金份额,并推出"Artcut"和"花嫁"两个铂金专属的婚庆系列。截至2019年12月底,CRD克徕帝和国际铂金协会合作的100多家门店的铂金镶嵌销售增长迅猛,大幅超过预期目标,铂金系列产品也为CRD克徕帝的总体增长做出了显著贡献。

在铂金首饰的生产加工端,具有先进研发能力且态度积极的铂金厂商继续利用新技术加速产品创新,以差异化竞争优势获取更高附加值。这些创新产品不仅为消费者带来新意,亦支持零售店铺的按件销售方式,为零售商提供更多的利润空间。

消费者重新评估生活意义

肆虐全球的新冠疫情扰乱了首饰行业的发展,但也带来了新的机遇。在全球中国、美国、印度和日本四大铂金首饰核心消费市场中,多数受访的消费者正在重新评估生活中的优先事项,并表示愿意在首饰上花费与疫情前相同或更多的金额。这一转变或是为了取悦自己,抑或是想对共渡难关的爱人表达感激之情。铂金作为与爱的意义紧密相关的贵金属,将扮演重要角色,而为满足消费需求做好充分准备的首饰商将从中获益。

五、价格变动与企业对策

(一)变价

价格变动也称为变价。变价就是对原来确定的产品价格做出相应的调整。价格的调整可以是随销售时间、销售地点、目标市场、市场供求、定价目标等诸多因素的变化进行。

变价的原因有可能是源于企业自身问题等内部原因,也有可能是源于市场环境和竞争等外部原因。如企业管理不善导致产品质量下降,销售出现问题;新冠疫情下,全民抗疫,人们购买力下降,珠宝实体店铺销售业绩不好;国际金价上涨,黄金首饰价格变化等。

(二)变价方式和策略

变价方式有主动变价和被动变价。主动变价是指珠宝企业根据自身优势和预测的市场环境变化先调整价格的行为。被动变价是由于竞争对手主动调整价格,企业被动地做出价格的相应调整行为,也叫应对变价。价格的变化有提价和降价两种策略。

1. 珠宝产品的降价策略

降价是价格调整方式之一,是降低原定价格的调整方式。珠宝产品降价有外部需求、国家政策、法令的制约和干预、竞争因素,也有内部的战略转变、成本变化等。具体表现在以下几个方面。

(1)珠宝企业急需回笼资金。企业可以采取对部分价格调整空间相对大的珠宝及首饰以降低价格的方式增加销售额,获取现金。

(2)企业开拓新市场的需要。企业降价原则是在不对原有的消费者产生影响的前提下,通过适当的降价吸引潜在消费者,开拓新市场。

(3)去库存的需要。珠宝企业的产品供大于求,促销效果不明显,已加工的产品又无法修改,此种情况下应考虑降价。如有的珠宝企业成批量加工翡翠小挂件,库存积压多的时候常采用降价销售方式,这样既能去库存,也能加快资金回笼。

(4)科学技术的进步及经营管理水平提高的结果。如由于科技进步,原有的手工制作可以由高科技设备替代,工作效率大大提升,单位产品成本降低,产品价格也可以相应降低。

(5)市场竞争的需要。企业具有成本优势,为控制市场需要降价;也可能是市场的竞争价格竞争,成市场占有率下降,有些企业会选择降价。

(6)宏观环境变化迫使珠宝产品降价。宏观环境中尤其是政治、法律环境、经济环境的变化对珠宝企业的影响较大,这与珠宝首饰原材料的全球性特征有关,也与珠宝类产品的非生活必需品属性有关。如表3-3-12所示是某品牌黄金首饰的价格变化,这里有降价,也有提价。

表3-3-12 某品牌黄金首饰的价格变化

序号	价格	单位	纯度	较之前升降	更新日期
1	317.1	元/克	99.9%	降	2019-7-5
2	313.4	元/克	99.9%	降	2019-7-8
3	312.5	元/克	99.9%	降	2019-7-9
4	312.5	元/克	99.9%	平	2019-7-10
5	318.1	元/克	99.9%	升	2019-7-11
6	315.3	元/克	99.9%	降	2019-7-12

对于珠宝企业,降价的实现形式有很多种,又分为明降和暗降。

明降有直接体现在价格上的,如数量折扣、现金折扣、补贴;有额外赠送或有奖的,如赠送样品和优惠券、实行有奖销售等变相降价形式。

暗降用支付优惠上的,如允许购买者分期付款、赊销、手机支付价格更低等;有服务方面的,如免费送货上门、技术培训、保养咨询;还有改善产品的,如提高产品质量,改进产品式样,增加产品用途等。

以上方式在运用时具有较强的灵活性,当市场环境发生变化时降价,引起消费者反感不会太大。降价策略同时也是一种促销策略。采取降价策略的时间要综合考虑企业实力、产品在市场生命周期所处的阶段、销售季节、消费者对产品的态度等因素来确定。

2. 珠宝产品的提价策略

提价策略是价格调整方式之一,是提高原定价格的调整方式。提价的动因有产生外部需求、国家政策与法规的变化、适应通货膨胀,也有产品成本增加导致产品价格上涨或产品供不应求、抑制过度消费以及珠宝企业的战略转变等导致的产品价格上涨。

若珠宝及首饰产品原材料价格上涨、人工成本增加,或者生产管理费用提高等,都会导致总成本增加,企业通常采取提价策略保持原有的利润率,这也是产品价格上涨的主要原因。在宏观因素中,政策、法规有一定的稳定性,当影响珠宝加工和销售成本时,企业会根据变化趋势选择相应的变价。如果在通货膨胀条件下,随物价上涨企业的成本提高,珠宝企业为降低通货膨胀的影响,往往通过提价将压力转嫁给中间商和消费者,以保持企业的利润。

珠宝产品的提价也是有明提和暗提,按价格是否直接变化,也可以分为直接提价和间接提价。如国际黄金价格上升金饰品提价为直接提价,通过提高附加值提高饰品价格则为间接提价。

珠宝产品的提价方式和价格调整的幅度考虑最重要的因素是消费者的反应。若希望提价后不影响销量和利润,则企业应从消费者角度出发,尽可能地帮助他们寻找节约途径,减少不满,维护企业形象。提价采用间接方式,把提价的不利因素降到最低程度,使提价不影响销量和利润。

珠宝企业实施提价策略时,时机选择会影响提价策略的效果。提价的时机应选择在本企业处于优势地位阶段时,或产品进入成长期,或处于销售旺季,或在竞争对手产品提价时段。

除了提价的时机选择,也要注意提价带给珠宝企业的影响。对于珠宝企业来说,提价能增加企业的利润,但也可能引起竞争力下降;对于企业外部,提价可能引起消费者不满、经销商抱怨,甚至可能受到政府的干预和同行的指责,进而对企业产生不利影响。

(三)变价反应

无论是消费者、中间商,还是竞争对手对价格的调整都会有反应,珠宝企业的变价效果受这些反应的影响。珠宝企业对市场上竞争者的变价也要有应对措施。

1. 消费者对价格调整的反应

企业调整价格幅度时最重要的考虑因素是消费者的反应。不同市场的消费者对价格变动的反应是不同的,同一市场的消费者对价格变动的反应也可能不同。珠宝企业必须重视消费者的反应并制定相应的应对策略。

1)市场上出现某种珠宝及产品降价时,消费者可能产生的理解

(1)因式样陈旧、品质差、质量低劣。

(2)加工产品的成本降低。

(3)企业遇到财务困难将要停产或转产。

(4)有新的更多的原料来源。

2)市场上出现某种珠宝及产品提价时,消费者可能产生的理解

(1)产品质量提高,或产品品质提升。

(2)珠宝企业为了获得更高的利润。

(3)原材料涨价。原材料涨价时,消费者可能有赶紧购买以免价格继续上涨的心理。

(4)珠宝企业为树立高品质、高档次的品牌形象。这种提价是珠宝企业定位策略。

(5)通货膨胀影响。出现通货膨胀,所有产品提价很正常。

知识链接

苏富比线上珠宝拍卖创纪录[①]

苏富比拍卖行在其举行的一场线上拍卖会上,以 130 万美元的价格售出一款镶有祖母绿、红宝石、蓝宝石以及钻石的卡地亚"tutti frutti"手镯,远高于其估值上限的 80 万美元。这枚手镯是目前苏富比线上拍卖中价格最高的珠宝产品,并在所有线上拍卖品类中位列第二,仅次于 1974 年的诺贝尔经济学奖奖章,该奖章在 2019 年以 150 万美元售出。

2020 年以来,苏富比线上珠宝销售额已达 740 万美元,高于相应产品预估价的 650 万美元。

企业应调查研究消费者的价格意识强弱,了解消费者对调价的反应。价格意识是指消费者对商品价格高低强弱的感觉程度,是消费者对价格敏感程度的反应。价格意识和收入密切相关,收入越高,价格意识越弱;收入越低,价格意识越强。一般的价格调整对高收入人群的需求产生影响小,但是,对收入低的消费人群的需求量影响大。同时,价格意识也决定着消费者能够接受的产品价格的界限。如果提价幅度超过消费者接受价格幅度的上限,容易引起消费者不满,产生抵触情绪,甚至在各社交群进行情绪的发泄;降价幅度低于消费者接受价格幅度的下限,消费者会产生疑虑,容易出现抑制消费行为。

2. 竞争者对价格调整的反应

珠宝及产品变价时,不仅消费者有反应,竞争者也会有相应的应对措施。面对企业提供产品的变价,竞争者的反应有以下几种类型。

(1)相向式反应。竞争者与本企业同向提价或者降价,在价格方面竞争加剧。

(2)逆向式反应。竞争者与本企业反向提价或者降价,是一种相互冲突的行为,会出现本企业提价,竞争者降价或维持原价不变;本企业降价,竞争者提价或维持不变。逆向式反应的竞争者就是要乘机争夺市场,对市场影响会很严重。

(3)交叉式反应。众多竞争者对企业的价格调整,有选择相向的,有选择逆向的,有选择不变的,让市场情况变得更加错综复杂。

珠宝企业应对竞争者的行为进行分析,充分了解企业变价面对竞争者的反应,了解竞争对手的营销目标、销售和生产能力、财务状况、消费者的忠诚度等,为企业应对竞争提供依据。一般来说,市场上占有领先地位的竞争者,或者是以长期最大利润为目标的企业,对本企业的降价,而会利用非价格因素应对。如提高产品质量和服务水平、加强企业形象宣传、加强产品的广告宣传等。如果是以提高市场占有率为目标的竞争者,会选择跟随本企业的价格变动来应对。

[①] 资料来源:http://www.zgkyb.com/shoucang/20200508_62308.htm。

3. 本企业对竞争者调价的反应

市场上出现变价的形象常见,对于竞争对手的变价行为,本企业要有及时且准确的判断,结合企业自身情况做出正确的应对决策。如具体了解并分析竞争者变价的目的,竞争者变价的时期长短,竞争者的变价将对本企业有哪些影响?同行其他企业对竞争者变价有何反应?本企业有哪几种应对方案?竞争者会不会对企业的应对再次反击?

任务三　珠宝及首饰的渠道策略

学习指导

做什么

阅读并分析下方情境导入,讨论后面的问题,再分析目前珠宝市场的分销渠道,及其渠道策略,并分享交流。

怎么做

1. 3~4人的学习小团队,确定组长。
2. 阅读下方情境导入,分析讨论后面的问题。
3. 结合珠宝分销渠道理论,分析某一类珠宝当前珠宝市场的渠道类型,填写分销渠道类型及策略表记录单。
4. 以黄金和银的销售为例对比分析不同珠宝企业的分销渠道,填写珠宝企业分销渠道分析表记录单。
5. 团队将分析结果汇总整理,交流分享。

情境导入

香港珠宝品牌加盟渠道下沉拓市场,多元营销造势铸品牌[①]

香港3大珠宝品牌周大福、周生生、六福珠宝,周大福和周生生发展较早,始于20世纪30年代,六福珠宝1991年开设首家零售店。3大珠宝品牌都是定位高端。20世纪90年代3家公司进军内地市场,并逐渐扩大规模走上国际舞台。

六福珠宝、周大福、周生生的主营收入与珠宝行业基本保持一致,在2014年骤冷后于2018年出现回暖迹象,其中周大福最高,2018年主营业务收入已达592亿港元,周生生和六福珠宝2018年的主营收入分别为188亿港元和146亿港元。2018年黄金销售是六福珠宝

---
① 资料来源:改自 http://finance.sina.com.cn/stock/relnews/hk/2019-06-19/doc-ihytcitk6353104.shtml。

和周大福的主要收入来源,占比分别为55%和58%。

其中,港澳地区的珠宝销售,镶嵌类产品同店增速高于黄金产品,而大陆地区则黄金产品同店增速更高。

对比3大珠宝品牌港澳地区的业务,共同特点是经营面积小,渠道布局有限,但品牌价值优先。老牌周大福优势明显,新锐六福珠宝营销有力追赶。周大福在港澳地区收入223.5亿元,是周生生和六福珠宝的两倍以上,成立更晚的六福珠宝略高于周生生。在港澳地区的营销相比周大福强于周生生和六福珠宝。六福珠宝通过连续20余年赞助港姐活动,以及各种公开活动、广告及各类型的赞助等增加品牌曝光率,配合不同节日举办主题活动,并利用当下流行的直播、自媒体、网红等进行宣传,实现了良好效果,虽成立较晚但收入已与周生生比肩。周大福作为老牌珠宝商,采用多品牌战略,进行针对性营销。周生生营销活动相对较少,以节日和高端活动营销居多。

对比3大珠宝品牌内地业务,得渠道者得天下。内地幅员辽阔,周大福和六福珠宝采取了先以加盟的形式进行扩张的形式抢先占领内地市场。2017年,周大福在内地的收入为368亿元,是周生生的4倍以上,六福珠宝的6倍以上。六福珠宝增速更快。这主要得益于周大福和六福珠宝的轻资产加盟式扩张和加速布局渠道下沉。周大福的门店以自营店为主,2018年自营店1469家,加盟店980家,加盟店占比40%,近年来增加比例逐年提升。六福珠宝的门店以加盟为主,2018年有自营店157家,加盟店1404家,自营店占比逐年提升。而周生生只有509家自营店。

周大福早年先扩张一二线城市门店,近10年来加速扩张三线城市门店。其二线城市收入最高,2018年为219亿元,占比60%,三线城市次之。从门店数来看,二线城市门店1327家,占比54%。近年来周大福在三线城市扩张速度较快。

六福珠宝早年一线城市门店较多,近几年来加速扩张三四线城市,门店数已由2012年的291家扩张至2018年的792家,占比51%。而一线城市门店则270家,略低于周大福,占比18%,二线城市门店远低于周大福。

回答任务问题并填写表3-3-13、表3-3-14。

(1)香港的3大珠宝品牌是如何进入内地市场的?

(2)95后、00后的消费者将成为消费主力,该消费群喜欢怎样的购买方式?

(3)你觉得哪类销售模式更适合2020年新冠疫情下采用?

表3-3-13 分销渠道类型及策略表

分类依据		是否有中间商		中间商层次		同类中间商数目		渠道类型的多少	
渠道类型		直接	间接	长渠道	短渠道	宽渠道	窄渠道	单渠道	多渠道
分销渠道模式	中间商数目								

续表 3-3-13

分类依据	是否有中间商		中间商层次		同类中间商数目		渠道类型的多少	
渠道类型	直接	间接	长渠道	短渠道	宽渠道	窄渠道	单渠道	多渠道
分销渠道策略 — 密集型分销								
分销渠道策略 — 选择型分销								

表 3-3-14 珠宝企业分销渠道分析表

商家名称	渠道类型	分销渠道模式	分销渠道策略		分销渠道特征	产品类型
		中间商数目	密集型分销	选择型分销		
北京菜百						
老凤祥						
工商银行						
中国邮政						
周大福						
谢瑞麟						
卡地亚						
施华洛世奇						

注：在分销渠道策略栏中选择适合的策略打"√"。

一、珠宝分销渠道的概念及分销功能

（一）分销渠道的含义

产品的生产者和消费者之间大多都存在时间上和空间上的距离。珠宝及首饰产品从加工制作者手中转移到消费者手中，需要市场上的一些中间环节，如平台、物流、信息、资金等，在适当的时间、恰当的地点、以合适的方式提供给适当的消费者，达到企业经营的目的。这个过程实际上就是分销，中间环节就是渠道。

分销渠道是指企业产品从生产领域向消费领域转移时所经过的路线、途径或流转渠道。

从分销渠道的概念上可以看出，分销渠道是将商品从生产者手中转送到消费者手中的经营环节或经营机构，也是实体产品从生产者到消费者手里的流动过程。而经营机构通常有批发商、代理商、零售商,还有企业的自营机构。分销渠道的起点都是生产者,终点则是最终的消费者,实现产品的所有权转移。对分销机构的选择和让产品如何流动就是分销渠道策略。好的分销渠道应该合理、省时并且经济,能很好地体现产品的价值。

(二)分销渠道的分销功能

根据对分销渠道的理解,分销渠道的分销功能主要有以下几点。

(1)调节生产和消费间的矛盾。实际上是生产的珠宝产品在时间、空间、数量等方面,更好、更快地实现让消费者需求得到满足的过程。

(2)加工制作的珠宝产品实现其价值的途径。选择最合理的通路环节,用最少的时间、付出最少的成本,有效地实现珠宝产品的价值。

(3)实现珠宝产品的所有权转移。珠宝企业加工制作的首饰或其他类型的产品,在向消费者转移的过程中,从商品的所有权发生转移,根据渠道方式不同,转移次数不同。通常商品所有权有直接转移和间接转移两种情况。

二、选择分销渠道的作用

按照菲利普·科特勒的观点,产品从生产者到消费者转移过程中,存在物质或非物质的运动,这些物质或非物质的运动可以归纳为商流、物流、货币流、信息流、促销流,这也是分销中的"五流"(图3-3-9)。

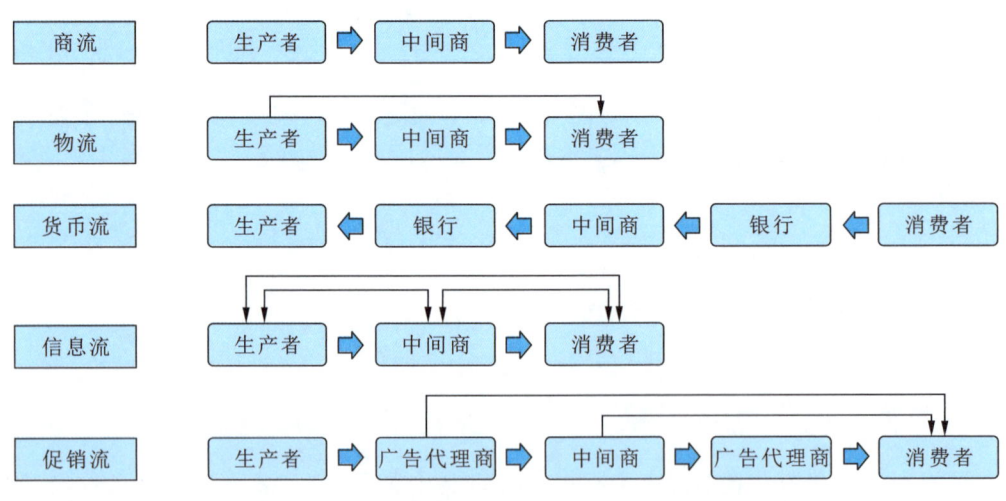

图3-3-9 分销活动中的"五流"示意图

商流,是珠宝产品从生产者向消费者转移过程中的一系列交易活动。商流实现珠宝产品的所有权转移。商流不包括代理商,因为代理商没有实现商品所有权转移。

物流,是产品从珠宝商家向消费者转移过程中的一系列产品实体的运动。如消费者通过网络平台购买了首饰,发货方联系物流公司,由物流方进行的包装、储存、运输转移等过程。

货币流,是珠宝产品从生产者向消费者转移的交易活动中的货币运动。由于是消费者购买商品,货币运动是从消费者一方流向生产者一方。由于网络技术的发展,消费者普遍接受珠宝产品的网络营销,支付方式发生了极大的变化,原来的现金流动,现在变成数字支付,但货币流没有变。

信息流,是产品从珠宝商向消费者转移过程中发生的所有信息,包括买卖双方的信息收集、传递和分析处理。信息流具有双向出现,双向收集、传递、处理的特点。在信息化时代,特别是随着5G技术的应用,信息数量巨大,信息流动速度极快,人们接收的信息数量明显增多。信息流包括生产商向中间商及顾客传递产品、价格、销售方式等方面的信息,也包括中间商向顾客或生产商传递购买力、购买偏好、对产品及其销售状况的意见的信息。商家有效运用大数据,为用户画像,从买家思维出发,选择更有效的渠道模式。

促销流,是产品从珠宝商向消费者转移过程中的所有促销努力,主要有珠宝商家对中间商和消费者的广告、推销、公共关系等。如某珠宝品牌在京东品牌日期间推出"精品每满300元减30元",工费8折,包邮到家,以及其他黄金首饰85折等促销活动。

整个产品分销活动实现优劣的关键是"五流"中的商流和物流。

分销渠道的作用主要有以下几个方面。

(1)分销渠道的媒介交易功能为产品的供和销搭建了桥梁。

(2)承担了产品实体的运转,通过物流把产品分类、分等、分区域,根据市场需求准确无误地运送到销售市场或消费者所在区域。

(3)分销渠道能加快资金周转,提高珠宝产品上游市场的资金使用效率。

(4)珠宝企业通过渠道将风险分担到各中间环节。

(5)珠宝企业直接面对分销渠道商或消费者,分销渠道商直接面对消费者,更方便管理。对企业的宣传、对中间商的要求和激励等便于传递。

(6)分销渠道促进营销。尤其在"渠道为王"时代,好的渠道模式可以在促进销售上发挥重要作用,既使各渠道商受惠,也使消费者受惠,同时给企业节约成本,加快资金周转。

三、珠宝分销渠道的模式和类型

(一)分销渠道的模式

珠宝是一种特殊的消费品,从矿石的开采到设计制作成产品再流通到消费领域需要经过很多中间环节,这些中间环节和中介机构构成了珠宝产品的分销渠道。在分销渠道模式中,中间有几个环节,就为几级渠道。珠宝产品的分销渠道常见的有零级、一级、二级、三级渠道,具体模式如下(图3-3-10)。

(1)零级分销渠道模式。珠宝产品制作商—珠宝产品的消费者,是一种直接销售的模式。这种分销渠道没有任何中间商,由珠宝企业自己生产,自己销售。随着互联网的发展,零级渠道模式被珠宝企业普遍采用。珠宝企业或开设专卖店、或通过电视购物、电商平台直

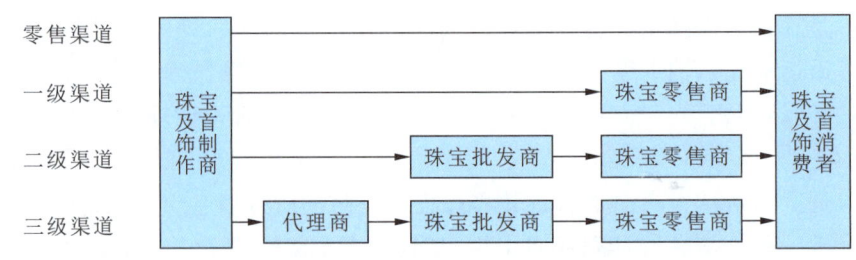

图 3-3-10　渠道模式和层次示意图

接销售,近来又有了直播销售等,将本企业的产品直接提供给消费者,直播销售还增进了消费者的互动体验。零级渠道可以以相对低的价格让利给消费者。

(2)一级分销渠道模式。珠宝产品制作商—珠宝零售商—珠宝产品的消费者,是珠宝生产者将珠宝产品以批发形式给珠宝零售商,再由零售商通过各种方式销售给消费者。这是一种珠宝企业常选择的渠道模式,零售商可以是线下实体店,也可以是线上店铺。周大福2018年在内地已有自营店1469家,加盟店980家;六福珠宝2018年有自营店157家,加盟店1404家;周生生有509家自营店。从这3大品牌的渠道结构来看,周大福自营店占比较多约60%,六福珠宝大多是加盟店,自营店仅占10%,截至目前,周生生则只有自营店。选加盟店的是一级分销渠道模式,自营店是零级分销渠道模式。

(3)二级分销渠道模式。珠宝产品制作商—珠宝批发商—珠宝产品的零售商—珠宝产品的消费者。珠宝产品制作商将珠宝产品以出厂价格给批发商,珠宝批发商再批发给珠宝零售商,珠宝零售销售珠宝产品给消费者。批发商与代理商不同,批发商批量买入珠宝产品,拥有这些珠宝品的所有权,承担经营风险。北京的天雅珠宝城、深圳水贝国际珠宝交易中心、浙江的华东国际珠宝城、广东揭阳玉器等都是比较有名的批发市场。水贝国际珠宝交易中心有来自中国、意大利、美国、泰国等众多珠宝产业发达国家的100多个知名珠宝企业及品牌。"世界珍珠看中国,中国珍珠在诸暨",也说明了诸暨珍珠的交易数量大,销售的品牌珍珠多,与珍珠相关的资金流动、信息发布、物流等规模比较大。

(4)三级分销渠道模式。珠宝产品制作商—珠宝产品的代理商—珠宝批发商—珠宝产品的零售商—珠宝产品的消费者。这种分销模式先在一个销售区域内设立代理商,批发商从代理商处批发珠宝产品,再以批发价格给零售商,零售商再提供给消费者。如网络上出现的某某珠宝诚招代理加盟,还有一些品牌珠宝有微商代理。分销渠道中,珠宝品牌的代理商不拥有该品牌珠宝产品的所有权,不承担经营风险,这些珠宝产品的所有权归品牌方所有,代理商通过推销珠宝产品获取佣金。在有代理商的三级分销渠道模式中,也有如珠宝代理商直接为珠宝零售商供货的情况,此时,分销渠道成为二级。代理商有独家代理和多家代理。深圳水贝国际珠宝交易中心的一楼品牌区,就有品牌加盟、区域代理、现货批发等区域。许多国外的珠宝机构最初进入中国市场时,是以寻求代理商的方式进入的。

(二)珠宝分销渠道的类型

1. 分销渠道类型

分销渠道类型的划分有多种角度,分销渠道划分有利于渠道的选择和管理。常见的几种划分如表 3-3-15 所示。

表 3-3-15 常见的渠道类型

划分依据	是否有中间商		生产者所采用的渠道类型的多少		介入的中间商层次的多少		每个层次的同种类中间商数目的多少	
渠道类型	直接渠道	间接渠道	单渠道	多渠道	长渠道	短渠道	宽渠道	窄渠道
含义	珠宝产品从生产商直接转移给消费者	珠宝产品从生产商转移给消费者过程中,有一个及以上的中间商介入	珠宝产品从生产商转移给消费者时只选择一个渠道,即独家销售	珠宝产品从生产商转移给消费者时,选择多种渠道	珠宝产品从生产商转移给消费者时,选择多于2个层次的中间商	珠宝产品从生产商转移给消费者时,不选择或只选择1~2层中间商	珠宝产品从生产商转移给消费者时,选择多个同一层次中间商	珠宝产品从生产商转移给消费者时,选择少的同一层次中间商
举例	周大福的自营店	"美时钻"时尚婚戒在深圳水贝国际珠宝交易中心批发	周生生在内地只有自营店	周大福有实体店、网上销售等	零售店销售	周大福在内地的加盟店	电子商务多家店铺同时销售	高档品牌大多选择较窄渠道
渠道对比	一定是短渠道	中间商层次的多少决定渠道的长短	一定是窄渠道	同级别中间商数量的多少决定渠道的宽窄	一定是间接渠道	只有无中间商才是直接渠道	一定是多渠道	独家经营的才是单渠道

各类型渠道的特点如下。

1)直接渠道与间接渠道

直销渠道是珠宝生产者与消费者直接接触,具有珠宝产品流通时间短,与消费者接触过程中,能及时、准确、全面地了解珠宝消费者的需求状况和心理变化,有利于珠宝企业把握市场,及时调整生产和经营决策的优点。但对企业人员要求高,不能分散风险,需要投入渠道费用。直接渠道需要珠宝企业具有较强的资金实力、市场经验和丰富的人力资源。

间接渠道是珠宝生产者直接面对中间商,借助中间商的力量扩大销售范围,具有市场占有率提高快、有中间商一起分担风险、经营管理相对简单的优点。缺点是出现中间环节,会使利润相对分散。间接渠道选择中间环节的层次越多,分销渠道就越长;中间环节的层次越少,分销渠道就越短。

2）单渠道和多渠道

单渠道易管理但分销慢,风险大。多渠道管理难度大,但分销快,多个渠道之间可以优势互补。

3）长渠道与短渠道

长渠道的中间环节多,能有效地覆盖市场,提高市场占有率,扩大产品销售。但随着中间环节的增加,销售费用增加,各环节的利润就会减少。

短渠道能缩短珠宝产品的流通时间,费用比长渠道要低,有利于竞争,也有利于珠宝生产商和中间商建立直接、密切的合作关系。但不容易实现珠宝产品大范围、大批量的销售。

4）宽渠道和窄渠道

宽渠道的销售网点多,能快速提高珠宝产品的市场覆盖面,通过多的中间商大范围地销售珠宝产品,提高销售效率,珠宝生产商对中间商的选择范围增加。但中间商多,容易引起渠道冲突,给珠宝企业带来渠道管理和控制难度。

窄渠道比较容易管控,但分销面窄,不利于提高市场占有率。

为了减少销售渠道冲突,珠宝企业在选择分销渠道时,一般可以地区或一个城市为单位设立分销商,充分发挥区或分销商的作用,保证区域市场营销策略的一致性,有利于经营网点的管理与货物调配。

在上述各渠道类型中,中间环节越多,珠宝企业的风险越分散,反之,中间商数量少,或层次少,风险越集中。随着互联网时代发展,大数据思维给珠宝企业带来了更多的挑战,宽、窄的分销渠道被普遍运用,珠宝产品的网络直销、定制等让消费者有体验感的渠道模式备受青睐,珠宝企业应考虑自身优势和消费群体特征选择合理、有效的分销方式。

知识链接

直接渠道——欧宝丽F2C性价比优势让顾客青睐[①]

2014年5月1日至6日,CCTV-2央视财经频道《经济半小时》播出了特别节目大型系列纪录片《商战之电商风云》,从电子商务起源、用户战、价格战、物流战、品牌战、资本战、电商生活等方面展示电商领域的商战,全景式展示中国电子商务10多年的历史,同时对电子商务的历史进行梳理和总结,对电子商务的未来进行展望,并提出一些前瞻性的思考。其中,珠宝电商介绍了欧宝丽的F2C,并评价"欧宝丽背靠工厂,以价格优势吸引顾客眼球"。

欧宝丽开创了中国F2C(Factory to Customer,工厂直达顾客)珠宝电子商务模式,让珠宝工厂与顾客直接对接,颠覆了传统珠宝卖场的售钻模式,让钻石直接从厂家到你家,为消

①资料来源:修改自http://www.obolee.com/News/Article/2112.html。

费者带来"国际品质、亲民价格、个性定制"的珠宝饰品(图 3-3-11)。

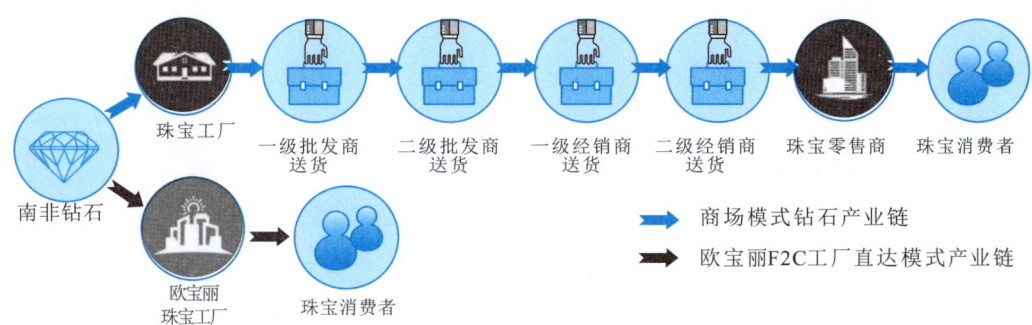

图 3-3-11 欧宝丽的 F2C 模式产业链示意图

成立于 2008 年的欧宝丽珠宝,有多年的珠宝传统生产、销售经验,面对新的市场环境,欧宝丽勇于创新,通过"网站+F2C 体验店+电话"平台,让钻石直接从厂家到达消费者手中,成为在珠宝电子商务领域的翘楚。欧宝丽首创的 F2C 珠宝电子商务模式,以大型珠宝工厂资源为依托,一举砍掉传统珠宝产业所有中间环节,把从工厂生产出来的钻饰,直接面向顾客销售。

近年来,欧宝丽珠宝在深圳、广州和成都等国内大城市开设了多家 F2C 体验店,通过地面体验店与网上商城联动的方式,让更多消费者亲身体验到了 F2C 珠宝营销模式的好处。欧宝丽还通过赞助的方式,向大众展现欧宝丽珠宝品牌的时尚魅力,赞助了歌星的演唱会、国际小姐世界大会、南方卫视《缘来是你》节目等。

F2C 节省一半购钻预算

传统的珠宝销售模式,是由珠宝工厂将产品批发给批发商,批发商再销售给零售商,零售商最后通过商场,加入租金、扣点、装修费、广告费等,最终,珠宝零售价会因为流通环节增多不断加高。消费者购买珠宝,也就意味着要为这些流通成本买单。

2009 年欧宝丽开始依托自有工厂,将工厂制作的精美钻饰通过网站、体验店直接销售给顾客。这种销售模式能为购买同样钻戒的消费者省下将近一半的钱,超高的性价比令其受到消费者的热烈追捧,当年就创下了 5000 万元销售佳绩。在款式上,欧宝丽国际珠宝设计师团队每年发布近千款引领潮流的新品,给消费者更多选择。工艺上,欧宝丽之前为国际、国内品牌代工,资深工艺技师对产品整体和细节拥有精准把握。

消费者购买只要登录欧宝丽网站,或打电话,或到欧宝丽各地 F2C 体验店都可以完成,打破了时空限制,在中国的任何地方,都可轻松购买到闪耀美钻。

钻戒定制让你体验个性消费

欧宝丽 CEO 薛声勇介绍:"欧宝丽网站上精心打造的钻戒个性定制系统,全球直达裸钻库存海量数据、国际时尚钻戒款式。在家上网或亲临体验店,只需通过钻戒个性定制系统,就能快捷订购到最心仪的完美个性钻戒。"并且,为满足消费者对钻戒的个性需求,欧宝丽在体验店基础上增设钻戒个性定制服务中心。"欧宝丽自有国际珠宝工厂优势,挑选资深珠宝制作技师,提供全程一对一珠宝顾问贴心服务,精选高品级美钻、多样风格戒指款式,让顾客随心选择心仪美钻与款式。"

欧宝丽珠宝的F2C模式开创了中国珠宝电子商务模式,为现今的珠宝电商渠道提供了可借鉴的依据。

四、分销渠道策略

（一）珠宝分销渠道策略研究内容

企业应根据珠宝首饰的营销特点进行珠宝分销渠道策略研究,以便让消费者更便捷、更高效地获取产品。研究内容主要是:如何更有效地将珠宝产品从生产领域转移到消费领域;如何选择有效的分销路线;如何设计珠宝产品的转移环节和产品转移机构设置等问题。

（二）珠宝分销渠道策略

珠宝企业在制定经营策略时,迅速、准确地选择分销商,将珠宝产品提供给消费者,珠宝企业能否抓住时机快速占领市场,也是珠宝企业生存和发展的关键问题。珠宝分销渠道策略是企业根据自身产品优势、市场定位及市场环境变化等,对分销渠道的长度、宽度等方面进行合理组合,制定出的具体分销方案和措施。企业常用分销渠道策略有密集型分销和选择型分销两种类型。

珠宝分销渠道策略

1. 密集型分销渠道策略

密集型分销策略是指珠宝企业尽可能地选择符合条件的批发商和零售商销售本企业的珠宝产品。

它实际上是一种多渠道分销策略。密集型分销策略既能方便消费者的购买,也可以有效地加快品牌扩张,尽快提高产品的市场占有率。如周大福、老凤祥等,在分销活动中均采用了密集型分销策略。

2. 选择型分销渠道策略

选择型分销渠道策略指企业在珠宝市场范围内,在同一渠道环节层次上仅选择少数几家经过审查最符合条件的批发商和零售商来销售其产品。戴比尔斯的分销策略是珠宝业中最典型的选择型分销策略。承担分销角色的"看货商"全球数量不多。

知识链接

DTC的"看货商"

1934年戴比尔斯集团（De Beers）组建了钻石贸易公司（Diamond Trading Company,简称DTC）,从此,一手控制钻石原石的开采,一手垄断全球的钻石销售,负责全球大部分天然钻坯作分类及评估。也就是戴比尔斯控制着钻石的源头。DTC 在全球范围的分销都采用指定"特约看货商"的方法,截至 2011 年被戴比尔斯在全球选中"看货商"(Sightholder)也仅有 100 多家,这些"看货商"的权利只有决定购买哪块原石,打包销售,至于多少钱,则全凭 DTC 的一口价,钻石的源头根本不允许透露出来,"议价"也更是没有机会。

为改善销售的低迷状态,2019 年 4 月,戴比尔斯公布了"Diamonds from DTC"计划,可以公开其钻石的源头信息。"通过与客户分享钻石的原产地信息,我们希望能在钻石价值链中进一步驱动其透明性。"并投放了全新的线上拍卖平台,提供"更好、更智能、更快捷的钻石采购窗口",新配置一些体积较小、价值更低的钻石原坯提供给"看货商"。

图 3-3-12 是传统的分销和珂兰钻石的选择型分销的对比,选择型分销策略也是一些国际性的奢侈珠宝企业的分销策略。由于密集型分销策略有利于加快品牌扩张和提高市场占有率,近几年许多珠宝品牌选择此策略。

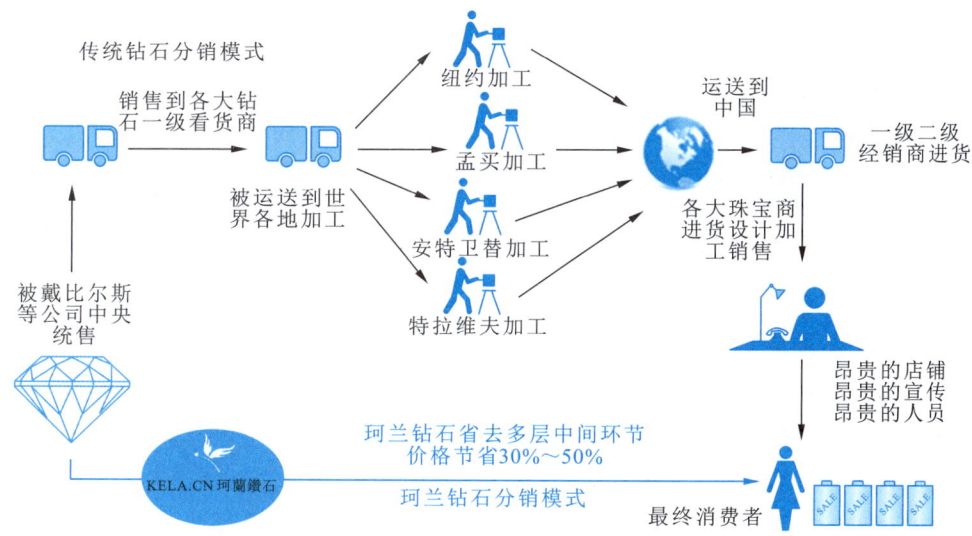

图 3-3-12　钻石的销售模式

(三)珠宝分销渠道策略执行

珠宝企业分销渠道策略执行主要有以下几个方面。

1. 珠宝加盟店

以加盟店作为珠宝企业的分销商模式,是许多珠宝品牌选择的开拓市场的方式。珠宝的加盟就是珠宝品牌企业将品牌及服务授权给加盟者,传授且协助加盟者创业与经营,双方签订共同的合作目标,授权方收取一定的加盟费、保证金及权利金等。加盟店按授权方要求,只能销售本品牌的珠宝产品,并且店面装饰统一、店面形象统一、服务模式统一等。如周大福、六福珠宝在内地有超千家加盟店。

2. 网络销售

互联网的飞速发展，让消费者的购买选择方式更加丰富。单一的线上或线下销售，以及线上、线下融合的销售，给消费者带来了极大的便利。各大珠宝商都抓住机会，建立自己的经营网站，不仅宣传企业，更多的是推介本企业富有特色的珠宝产品，能够随时随地为消费者提供服务。这是直接分销渠道模式。如宝格丽、蒂芙尼、卡地亚等珠宝品牌都有中国区网站，可以了解、浏览、直接挑选自己喜欢的首饰，当然会有相应的服务。还有一种网络销售模式就是利用一些影响力较大的电子商务平台，可以入驻代理商、批发商、零售商，充分利用电商平台的影响力和渗透力，达到宣传和销售的目的。这是间接分销渠道模式，可以是一级中间商，也可以是二级或更多。如周大福、菜百、老庙、潮宏基、施华洛世奇等众多品牌选择与电商平台合作的间接渠道。有的珠宝品牌既建立了自己的经营网站，又入驻了京东、天猫等电子商务平台，采用多渠道分销。如周大福、潮宏基、萃华金店、周生生等都是多渠道分销。

3. 个性化定制服务

珠宝的个性化定制是珠宝生产者经过与消费者沟通，按消费者的意愿和需求，制作的具有个人属性的珠宝商品，同时获得与其需求匹配的服务。

（四）影响珠宝分销渠道选择的因素

珠宝分销渠道选择受市场环境因素、珠宝企业自身因素、珠宝产品因素、竞争因素等影响。

影响珠宝分销渠道因素

1. 市场环境因素

珠宝企业制定分销策略与消费者的消费习惯、科技水平、社会经济发展等因素有关。出生在经济和人口红利期的后千禧一代，可以说他们是移动互联网的原住民，生活离不开互联网，购物也一样。针对这部分消费群体的珠宝产品选择分销渠道时，网络平台是必不可少的决策。随着科技的发展，能增强用户体验感的 VR、AI 技术等运用到分销中，受到越来越多的消费者欢迎。

2. 珠宝企业自身因素

珠宝企业分销策略的制定要与企业的规模和信誉、企业的组织与管理能力等综合实力吻合。戴比尔斯实力强大，控制着全球钻石的交易，只选择少数的"看货者"作为分销成员。周大福进入内地市场开店数量近几年每年增长超过 10%，属于密集型分销。

3. 珠宝产品因素

从珠宝产品特点来看，珠宝产品是非生活必需品，高档首饰又是奢侈品，分销渠道不能太长；珠宝产品具有时尚性、艺术性和文化内涵，珠宝市场所处的地域及消费者的消费意识都会对分销渠道产生直接的影响；珠宝的产品组合也会对分销渠道的选择有直接的影响。不同的珠宝产品组合锁定的目标群有差别，渠道选择不完全相同。如菜百的 3D 硬金首饰刚开始投放市场时，针对年轻消费群体，主打线上渠道，而传统工艺及款式首饰主打线下渠道。

4. 竞争因素

竞争因素包括市场竞争的激烈程度、竞争对手的营销策略与行业中的地位等，珠宝企业应根据自身情况及竞争力选择分销渠道策略。珠宝品牌营销渠道有线上、线下，在区域上又有国内、国外，仅在国内线下渠道，选择首先进入的城市又可能是一二线城市，也可以是三四线城市。竞争实力强的珠宝企业，根据其市场定位，各类城市均可选择，全渠道营销；而相对弱的珠宝企业，应采取避强定位，选择适合本企业的渠道分销。

综上所述，珠宝企业在进行分销决策时，必须结合企业的实际情况，熟悉市场营销环境，了解市场营销环境对珠宝行业、珠宝企业的影响，综合分析影响分销渠道选择的各种因素，再做出正确的决策。

五、分销渠道的管理

珠宝产品分销渠道的管理包括选择渠道成员、培训渠道成员、激励渠道成员、评估渠道成员、调整渠道成员几个环节。

(一)选择与培训渠道成员

1. 珠宝市场渠道成员分析

珠宝市场的渠道成员是通过多种方式结合在一起形成有效渠道的各类机构和个人，包括珠宝生产商、渠道中间商、终端用户(图3-3-13)。

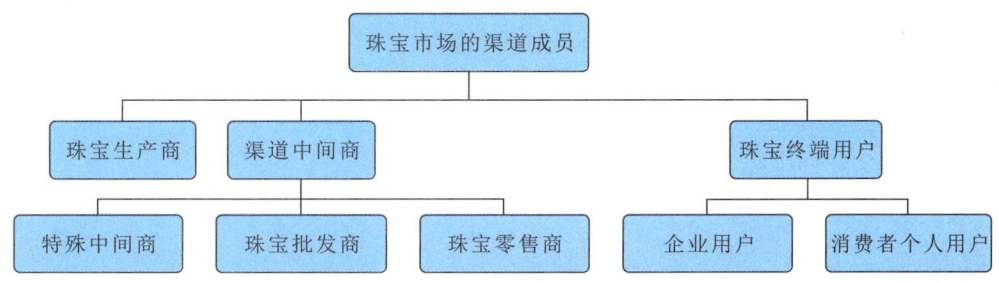

图3-3-13 珠宝市场的渠道成员

2. 珠宝市场分销渠道成员类型

珠宝市场常见的渠道成员按照渠道成员对珠宝产品的所有权不同有代理商和经销商，所有对珠宝产品享有所有权的中间商均为经销商；按照珠宝产品流通顺序有珠宝批发商和珠宝零售商。

1)珠宝代理商

珠宝代理商是在一定区域内，取得珠宝品牌一定代理权，代品牌商进行珠宝销售的渠道中间商。代理商不享有代理珠宝的所有权，通过代理销售取得佣金，又分为独家代理和一般代理。独家代理是一种具有排他性的代理,珠宝品牌方和代理商在一定区域内相互唯一,经营风险由珠宝品牌方承担。一般代理则珠宝品牌方和代理商之间按约定达成即可。

2）珠宝批发商

与资源分布和经济发展有关业。同类批发业务大多集中在一个地方,如珠宝交易中心、珠宝城。常见的珠宝批发商类型有三种：单一品种的珠宝玉石批发商、珠宝成品批发商、综合性宝石批发商。

单一品种的珠宝玉石批发商。这类批发商专门批发某一个品种的珠宝玉石,其业务单一,管理相对简单,如专门批发海水珍珠、专门批发和田玉料等。

珠宝成品批发商。批发已经加工完成的各种规格的珠宝首饰,主要以贵金属镶嵌类、珠串类首饰为主,为零售商供货。

综合性宝石批发商。实力较强的批发商,经营货品既有珠宝首饰成品、半成品,又有原材料等,货源多,类别也不单一。

3）珠宝零售商

珠宝零售商是销售终端环节,分为传统零售和新零售。传统零售分有店铺销售和无店铺销售。常见珠宝市场的有店铺零售,如大型百货商场的珠宝专柜、珠宝专卖店、珠宝加盟店、珠宝定制服务。常见无店铺零售,如电视购物、珠宝品牌官方网站以及京东、天猫等平台的珠宝店铺和品牌专卖店等。珠宝网络销售商实际上也存有批发（B2B）和零售（B2C、C2C）两部分。

不同的珠宝产品类型,影响分销渠道决策。现场开蚌取珠定制首饰,原来在实体门店有此业务,而现在已经变为网络直播开蚌,直播平台定制首饰。玉、翡翠的雕件,通过直播,提高了消费者的参与感。这种利用直播平台销售的销售商有珠宝企业自营,有的是利用"网红"带货。网络平台是一对多的形式,传播快,传播面广。

3．珠宝市场分销渠道成员选择

合适渠道成员的选择是珠宝品牌能迅速、省时、节约、准确地分销产品的基础,也是珠宝品牌抓住时机快速占领市场的基本保证。珠宝市场分销渠道成员也就是渠道中间商,分销渠道成员选择总的原则是要与珠宝企业理念一致,包括认同感、服务意识、营销观念、共同利益、合作意愿和销售信心,珠宝企业在选择具体的渠道中间商时,要考虑如下因素。

（1）中间商的区位优势和市场覆盖范围,这反映了中间商的服务对象和服务范围。如香奈儿的高级珠宝只在北京和上海经营,如果想成为香奈儿公司的经销商,首要条件是经营范围必须包括高级珠宝,还应该在北京或上海。其次,香奈儿所希望的潜在顾客必须包括在该经销商的销售范围内。

（2）中间商具有的珠宝及产品的知识水平。

（3）中间商的产品政策。

（4）中间商的财务状况及管理水平。

（5）中间商的综合服务能力。

（6）预期合作程度。

（7）中间商的促销政策和技术。

(8)中间商的拓展能力。

珠宝企业具体选择哪些渠道成员,取决于珠宝企业的声誉、定位及其产品的畅销程度。除了前面列出的选择渠道中间商要考虑的因素外,也可以根据"8C"标准具体评价中间商。"8C"标准,即与中间商合作的成本(cost)、中间商的资金(capital)情况、中间商对渠道的控制(contrl)、中间商的市场覆盖率(coverage)、中间商的特点(character)、与中间商合作的连续性(continuity)、中间商的信誉(credit)和能力(capability)。

4. 培训渠道成员

培训渠道成员,内容应包括珠宝企业理念、珠宝品牌文化、珠宝产品认识、工作流程、珠宝销售及日常管理规范等多方面,确保中间商迅速、成功地运营。

萃华珠宝加盟条件及加盟支持[①]

萃华珠宝拥有遍及全国的售后服务体系,特设全国售后服务电话,能对投资者进行有效地指导,以确保投资者在店面运作上有很大的提高。因此吸引了很多加盟商的加盟。

1. 加盟条件

(1)认同萃华的价值观,遵守国家的法律法规,坚持诚信经营,拥有良好的商业信誉。受许人有渴望成功的热情,有开拓的精神。

(2)具有成功营销经验的合法法人或自然人,具备足够的营运资本,专心于萃华品牌加盟店、专柜的经营管理,经营资本不低于公司标准。

(3)了解品牌经营的基本模式,接受、理解并服从萃华特许加盟的经营方式及有关加盟规定。

(4)所申请地区萃华没有特许加盟授权店。

(5)对总公司提出的活动高度配合。

(6)接受萃华相关培训,并按照培训要求执行,执行结果为萃华所认可。

(7)具备为终端客户提供高质量的售后服务和技术支持的实力。

2. 加盟支持

(1)店铺形象支持:提供店铺平面布局设计、形象效果图设计、装修施工设计、陈列设计等资料,保障 SI 系统的统一及品牌形象有效传播。

(2)区域政策保护:公司对各加盟店实行区域性政策保护,以较大限度地维护加盟商的商业利益。地处中心城市、省会城市、省属、第二、第三大城市同一繁华商业街区开设加盟店的数量,由公司掌握控制。

(3)新品研发支持:定期推出的系列新品,加盟商享有优先订货权和市场保护期,通过产品差异化,提升市场竞争力,持续保持新产品在市场中的地位。

[①]资料来源:https://www.kanshangji.com/xm_huangjin/cuihua.html。

(4) 广告促销支持：免费设计画册、宣传单、海报、POP等平面广告，并以成本价提供产品道具、VIP卡、品牌形象画册等。

(5) 宣传推广支持：①全国统一推广活动、促销方案、媒体报道组合方案、各类公关活动。定期统一提供新品上市，并提供配套促销宣传的产品图册等，全力支持各地加盟商进行产品推广。②央视及全国多个媒体（电视、平面、网络）广告支持。

(6) 培训指导支持：定期举办全国性及省级培训大会。总部免费为加盟商提供员工营业培训、指导，不断提高营业人员的营业方法、销售技巧，定期对加盟店回访，确保其品牌、产品、服务与总部要求保持一致，并对加盟店的日常营运及管理提供指导和帮助。

(7) 信息共享支持：为加盟商提供网络信息系统支持，实现加盟店信息资源共享，通过品牌网站时间了解崭新的产品资讯和品牌信息。

(8) 物流配送支持：公司提供的产品和配套的宣传资料，通过物流配送服务能快捷地实现货品流通，及时调换滞销产品和新产品上柜，满足市场的供货需求，为加盟商提供及时周到的物流配送服务。

(9) 后续服务支持：①对所有加盟店提供长期的后续经营指导和咨询，免费提供行业崭新资讯和崭新策划资料，确保加盟店在同行中保持竞争优势。②开店"无忧"：特色营运督导亲临现场做开业策划方案，定期进行市场巡查，及时反馈产品信息，确保营销方案的优越性，品牌店长于开业前期驻店免费指导开业。公司总部为每个店根据当地竞争环境做个性化的年度营销方案。

（二）激励渠道成员

珠宝企业针对珠宝代理商、批发商、零售商设计不同的激励方式，通过有效的激励手段，激发渠道成员的积极性，充分发挥渠道作用，高速、有效地进行珠宝产品的分销。激励可以有强制执行的、报酬形式的、法律规范的、专家指导等多个角度，激励渠道成员的措施主要有积极激励和消极激励两类。

积极激励就是以奖励为主的激励方式。如给予较高的利润额、进行销售竞赛、颁发奖励、提高福利等，额外的酬劳、折让、福利是物质上的奖励；还有精神上的奖励，如针对销售者的晋升、学习机会、树立榜样等；针对中间商的授牌、树立标杆等。精神上的激励具有无形性，但更深入、更长远。

消极激励就是以惩罚为主的激励方式。如降低利润额、中止合作关系等。

（三）评估分销渠道成员

评估分销渠道成员就是对合作和任务完成情况的考核，根据珠宝企业制定的评价标准进行，为珠宝企业的分销渠道成员是否调整提供依据。

（四）调整渠道成员

如果市场环境发生变化，或中间商的表现难以达到珠宝企业的要求，或者珠宝企业调整分销策略,对中间商有更新的要求,珠宝企业需要对现有的分销渠道进行调整。分销渠道的调整一般有增减渠道、增减渠道成员、调整整个渠道。渠道数量的多少,渠道成员的多少,需要珠宝企业根据企业自身和中间商具体情况确定。改变整个分销渠道系统,是分销渠道改进和调整的最高层次,有可能涉及珠宝市场营销组合的战略调整,也有可能是重大的环境变化让珠宝企业面临新的问题而必须做出的调整。

知识链接

当今消费者购买珠宝的选择[①]

长城证券研究所所做的关于珠宝购买的草根问卷调查,其中关于购买渠道的统计结果如图3-3-14所示。

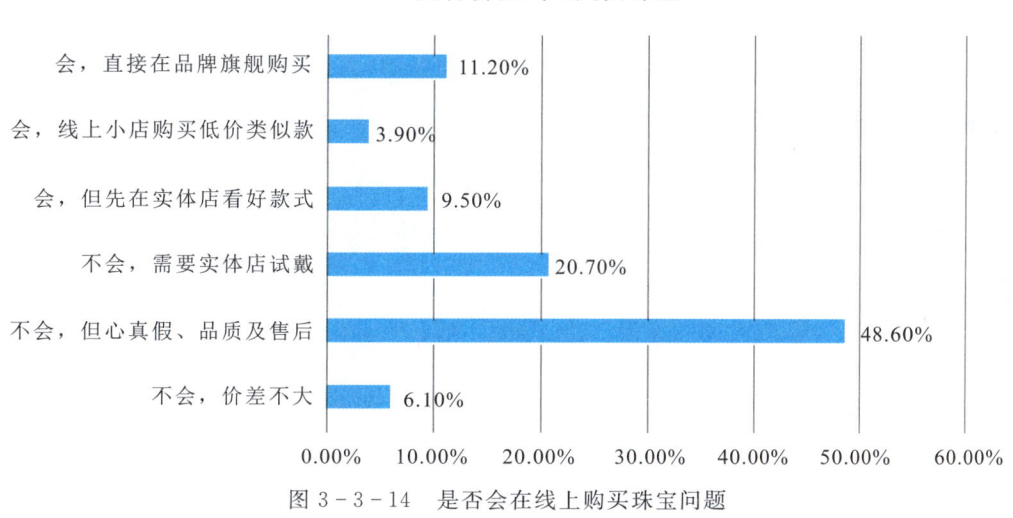

图3-3-14 是否会在线上购买珠宝问题

根据调查,普通消费者目前主要的购买渠道仍是以线下实体店为主,线上了解清楚,并做好购买攻略。此外,在购买渠道上,消费者的选择如下。

(1)在百货商场的珠宝品牌专柜(如周大福、蒂芙尼、卡地亚)购买。

(2)购买私人定制款,可选择设计师品牌或珠宝城。设计是当下消费者更加关注的因素,私人定制不仅可以体验到专属定制服务,也可以获得更为合理的消费价格。

(3)在珠宝展会上购买。北京、上海、深圳等地每年均有国际珠宝展、婚博会等,参展商比较可靠,这也成为人们购买的渠道之一。

[①]资料来源:改自 https://www.zhihu.com/question/342608018/answer/806250264。

(4)在京东、天猫、淘宝店购买。近年大型珠宝品牌进驻京东、天猫、淘宝等网络平台,黄金和钻石等婚饰珠宝、带有权威证书的名贵彩色宝石(红宝石、蓝宝石和祖母绿等)都有售卖。微博、知乎、小红书等分享平台最终导向淘宝店的运作模式也日渐普遍。

(5)在微信等社交类平台购买。朋友圈、小程序、公众号、社群等也有市场,但可靠性较差,必须有一定的甄别力。

(6)在各类直播平台购买。抖音、快手、对庄翡翠、斗鱼、淘宝直播等,以拍卖竞价、逛珠宝市场、知识科普等卖货形式也比较常见,但通常珠宝的价格比较低。

值得注意的是,许多珠宝属于奢侈品,价格不菲。而制假技术和鉴定技术在岁月中不断较量,消费者在购买时也会遭遇一些陷阱。不论是普通消费者还是专业珠宝商,要通过各种途径了解和学习专业的、正确的珠宝知识。认准权威证书,这是购买珠宝的必要步骤。

任务四　珠宝及首饰的促销策略

学习指导

做什么

分析下方情境导入都有哪些促销方式?根据市场调查和细分理论,以小组为单位,通过案例和收集的珠宝市场促销资料学习珠宝市场的促销,并分享交流。

怎么做

1. 确定本次任务的组长。
2. 阅读下方情境导入,讨论并写出案例中都有哪些促销方式?
3. 结合珠宝市场促销理论,给写出的促销方式分类。
4. 按表格前面的说明团队讨论并填写几种类型广告的AIDAS分析记录单。
5. 按表格前面的说明团队讨论并填写某品牌有色宝石首饰针对消费者销售促进分析表单。
6. 按表格前面的说明团队讨论并填写公共关系与产品宣传记录单。
7. 团队将分析结果汇总整理,交流分享。

情境导入

珠宝店铺的促销[①]

对珠宝店铺来说,一年365天不可能天天都是旺销,总有淡旺季之分。促销是一个必要的手段。如何合理运用促销策略保持旺销是每个店铺、经销商都要面临的问题。

促销是珠宝企业营销的手段,能带给企业更多的利润,也是拉近珠宝企业与消费者关系的纽带,还可能是珠宝企业重生的机会。

价格:永远的促销利器

看看下面的价格折扣,作为消费者会有什么行动呢?

"花1000元买1300元商品"的错觉折价,这是优惠不是折扣商品。

门店"10分钟内所有货品5折",让顾客蜂拥而至,"一刻千金"引来客流,带来无限的商机。

"几款价值1000元以上的货品以超值600元的活动参加促销",吸引了消费者还带来连带销售,利润反增不减。

"所有光顾本店购买商品的顾客满1000元可减300元,并且还可以享受八折优惠",先降价再打折,双重的实惠有多少消费者会禁得住诱惑呢?

奖品促销消费者有实惠

春节购物满668元即可享受"摇树"的机会,相当于"摇钱树",摇下来的"钱"都有相应的礼物。喜庆、互动、实惠,消费者在购物中得到了快乐,商家和消费者实现双赢。

折扣换成奖品,百分之百中奖只不过是新瓶装老酒,迎合了老百姓喜欢中奖的心理,而且实实在在的实惠让老百姓得到物质上的满足,双管齐攻收效匪浅。

折扣也让人心动

"2980元只收2880元",让顾客看到实在的实惠。

"买首饰,送转运珠",既灵活又有"转运"的吉祥语。

用时间积累出来的实惠,"购物2000元以上,顾客只要将6年之内的购物小票送到店铺收银台,就可以按照促销比例兑换现金。6年一退的,退款比例100%;5年一退的,退款比例是75%;4年一退的,退款比例是50%……"。此方案赚的是人气、时间。

VIP卡可积累稳定的客源,实现双赢,又有广告效应。

心理、情感、事件都是促销点

"欢乐金婚"——既做广告又做见证人。

"寿星"效应——让寿星为店铺做广告。

"买吊坠送链",满足女顾客的"心"需求,有助于增加店铺销量。

售前劝告"货比三家"提高客户的信任度。

[①] 资料来源:修改自 http://www.lux88.com/zhishi/2016353146.html。

在特定的日子给顾客以短信礼品的问候打动顾客。

满足顾客的档次心理,包装提高首饰档次,既可自用又可当作礼物。

现场效应——邀请消费者参与,现场互动,代入感强,眼见为实,口碑相传。

媒体广告促销

"特殊效应"——制作广告,展示商品的特性和质量,抓住顾客好奇心,吸引消费者的眼球。

公益活动促销

免费资助——成交100元有10元资助贫困区学生上学,把奖品变成参与公益项目。

特殊节日效应

节假日——黄金时间的捞"金"技巧,五五有礼——粽子首饰端午节促销,促销要实在;让利幅度大,善于以点带面。

平安是福——平安夜前苹果吊坠促销。

店庆促销,积分优待——真情回馈老顾客。

促销人员促销

模特试戴促销——别开生面的促销场面。

服务促销

售后服务促销、免费服务促销、知心服务——知其好,投其所好等。

促销随时跟着行业、市场、消费者在变,只有这样,才能获得市场认可。

对比几种不同类型的珠宝首饰广告中AIDAS各自的优势,请完成表3-3-16。

表3-3-16 几种类型广告的AIDAS分析

	电视	网络	户外	专业刊物	DM广告
唤起注意(ATTENTION)					
引起兴趣(INTEREST)					
启发欲望(DESIRE)					
导致行动(ACTION)					
购后满足(SATISFACTION)					

单元三　珠宝市场营销战略和策略

请根据表 3-3-16 内容说明某品牌选择的媒体类型、该种广告类型有何特点？它是怎样利用广告策略进行产品宣传的？还有哪些媒体可以选择？请选择一种媒体，你认为广告以怎样的方式投放更好？请完成表 3-3-17。

表 3-3-17　某品牌有色宝石首饰针对消费者销售促进分析表

销售促进的方式	消费者获得的利益	品牌名称	产品名称	可达到的推广目的
现金回扣				
抽奖				
赠品				
价格折扣				
质量促销				
服务促销				
以旧换新				
珠宝展销会				

选择 3 个品牌，列举出如何利用公共关系工具进行珠宝产品宣传。填写表 3-3-18 分析公共关系与企业形象。

表 3-3-18　公共关系与产品宣传

	形式	品牌1	品牌2	品牌3
公共关系	新闻			
	公益活动			
	观念传播			
	演说			
	事件			
企业形象识别	理念			
	行为			
	视觉			

一、珠宝及首饰的促销策略

1. 促销的概念和方式

人们常说的"促销"是促进销售的简称。促销是指珠宝企业以扩大销售为目的，把珠宝及产品、服务、珠宝品牌文化等向消费者进行宣传报道、推荐说服,影响并促进消费者购买的行为和方式。促销方式如图 3-3-15 所示。

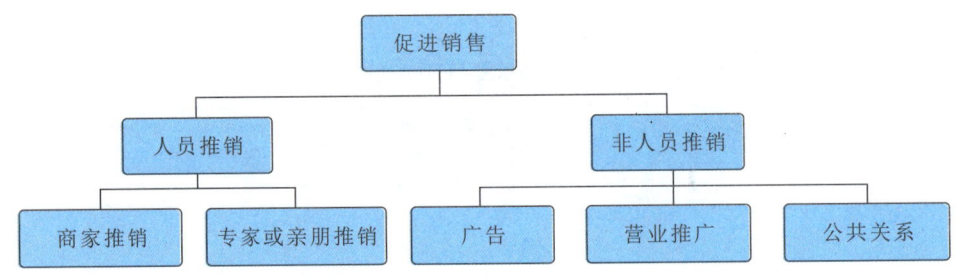

图 3-3-15　促进销售方式示意图

2. 促销的作用

促销的作用主要如下。

(1) 传递信息,沟通情报。通过销售人员、广告、促销、公共关系活动等与消费者沟通,将珠宝企业的信息、珠宝产品的信息传递出去,让更多的人认识企业,促进消费者购买或增加购买,达到稳定或扩大销售的目的。传递信息是促销活动的中心,珠宝促销的实质是沟通。如新冠疫情期间,珠宝公司捐款、捐物及参与其他公益活动,传递的是企业信息。

(2) 突出特点,优化竞争。在各种促销活动中,突出品牌特征、突出产品特点,便于消费者区分本品牌,有利于竞争。如周大福为完美感情打造的结婚系列首饰中的百合花黄金耳钉,其造型为绽开的百合花,有"百年好合"之意,借以诚挚的祝愿,作为婚饰佩戴于耳边,既恰当又有美好的祝愿。

(3) 创造需求,扩大市场。促销能创造更多的需求。老凤祥的"百年老凤祥,经典新时尚""老凤祥首饰,三代人的青睐",这跨越三个世纪的经典与时尚的宣传,展现了老凤祥的历史和发展,塑造了信任、可靠的企业形象,让消费者放心购买。

(4) 增加利润,提高效益。促进销售的目的就是提高消费者、企业、社会的利益,这也是现代市场营销必须有的理念。珠宝企业通过人员销售、广告、促销、良好的企业形象吸引更多的消费者,企业获得利润,回馈社会,企业得到良性发展。如周大福注重广告的作用,从进入内地市场以来,早期利用电视、广播、报纸、杂志等传统媒体发布广告,通过高超的广告创意和艺术手法,或讲品牌故事,或者赋予珠宝情感表现产品,或者珠宝知识宣传、个性的销售主张等,让周大福成了城市居民家喻户晓的珠宝,也培育了年轻人的珠宝市场。

3. 珠宝促销原则

促销要遵守法律法规,还需要遵循一定的原则。

(1) 珠宝广告要符合法律规定,符合当地风俗,讲究商业道德,积极向上。如周大福的品牌形象宣传"爱与承诺"篇,表现出了自强不息、勇于创新、爱与承诺。

(2) 以产品为中心,优化促销组合。周大生明确市场定位,宣传并为目标消费者提供"情景风格珠宝"组合产品。

(3)促销讲究艺术,提高促销效率。促销的设计、促销媒体选择、促销活动等要与珠宝的档次相符,要与品牌的内涵、带给消费者的体验等一致。

(4)实事求是,以理服人。诚实守信是珠宝商家必需的职业道德。珠宝在材质上,人工和天然区别很大,消费者不是专家,商家诚实宣传、守信经营非常重要。中国珠宝玉石首饰行业企业信用评价从2009—2010年经过严格程序,评选出包括老凤祥、萃华、菜百、缘与美、爱迪尔等在内的AAA级信用企业40家。老凤祥的前身是创建于清道光年间的老凤祥银楼,1848年距今已有172年的历史。老凤祥一直以来就以其良好的信誉、精湛的技艺、优质的产品、热诚的服务,赢得了广大消费者的信赖。2006年首批被我国商务部认定并授予"老凤祥"为"中华老字号"之一;确定了老凤祥的贵金属饰品行业地位——历史悠久、特色鲜明。

知识链接

各品牌的珠宝商为了能够很好地满足消费者需求,应该按消费者的特征细分市场,推出不同定位的产品组合。表3-3-19是周大生的"情景风格珠宝"组合。

表3-3-19 周大生的"情景风格珠宝"组合

5大人群	系列名称	系列定位
活力女孩	Special	与众不同的个性表达系列
	Shining girl	畅享青春的活力美搭系列
	甜蜜星人	超甜有趣的恋爱表白系列
怡然佳人	百魅	焕发光彩的魅力美搭系列
	百姿	幸福温馨的美好婚恋系列
知性丽人	都市独白	都市白领的心声代言系列
	挚	执手相伴的知心婚恋系列
	幸福时刻	亲密爱人的时尚对戒系列
魅力精英	时光	时光沉淀的隽永情感系列
	缪斯女神	超越时代的现代女神系列
星光女神	梵高·艺术珠宝	永世珍藏的高级珠宝系列

二、珠宝产品的人员推销策略

(一)人员推销概述

1. 人员推销的理解

人员推销是传统的方式,但也是珠宝营销必不可少的手段。前面的调查案例中显示,即使网络技术发展到今天,被调查者中,还是有近一半的消费者不会选择网上购买珠宝首饰,这也说明了人员推销的重要性。人员推销也称人员销售,是珠宝企业指派专职或兼职人员,以直接交流的方式促销。人员推销的实现要同时满足买卖双方大不相同的需求,才能够达成双方都可以接受的买卖协议。

2. 人员推销的基本形式

珠宝推销人员主要是传递珠宝商品信息,促成交易,收集并反馈市场信息,向消费者提供免费服务,如首饰佩戴方法、珠宝知识的介绍等。

珠宝产品的推销主要包括线下推销、线上推销和其他推销。具体见图3-3-16。

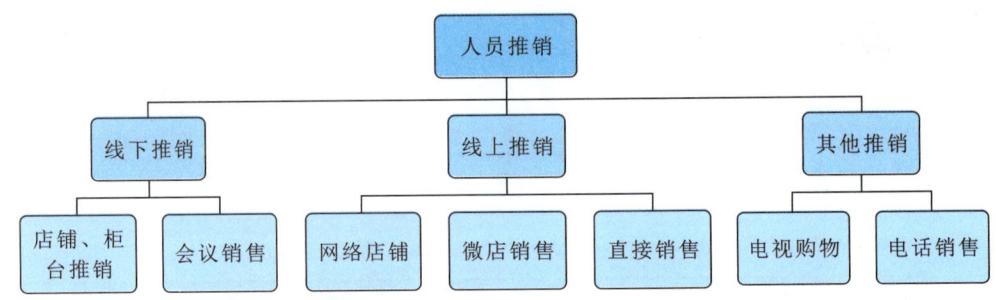

图3-3-16 珠宝产品的推销主要形式

柜台推销、网络店铺推销,是"等顾客上门",销售人员都是通过交谈和消费者的反复观看,才销售珠宝产品的。无论是与消费者面对面交谈,还是通过网络交谈,销售人员或客服人员应抓住时机,介绍商品,回答询问、促成交易。

会议推销是利用各种会议的形式介绍和宣传商品,开展推销活动,如国际珠宝展、珠宝展览会、珠宝新品订货会等,利用国内外多家珠宝企业同时参加活动,买卖双方广泛接触,会议推销具有接触面广、推销集中、大额成交的特点。普通消费者也可以通过参会,选择自己喜欢的珠宝及产品。

微店销售是利用社群,低成本开设的销售方式。珠宝的微店销售从社群、朋友圈开始,逐渐扩大。选择微店销售的以小微企业为主,虽然传播快,能够及时沟通,但消费者无法清晰地观看珠宝产品。

2016年,淘宝直播上线,2017年中央电视台就进行了珠宝直播的调查,调查结果是"珠宝直播拉动销售,珠宝行业迎来爆发式增长",珠宝销售新的渠道被打开。直播销售以拍卖、产品介绍等方式销售产品,消费者能够与销售人员进行现场互动,还能看到其他线上围观者、消费者的评论、意见、建议。直播从开始的销售,逐渐变成了营销。如果是批量进货、批量生产的标准化的珠宝利用直播销售更有效。直播销售多是工作室的形式。

知识链接

珠宝电商行业迎来下一站风口[①]

珠宝行业每年百亿元的交易规模2017年增速超过200%,继服饰美妆等传奇故事之后,珠宝业终于又迎来下一站风口。

从淘宝直播行业大盘数据看,珠宝直播成交比例占整个直播大盘近三成,珠宝商家功不可没。2018年初,淘宝直播联合湖南卫视打造了珠宝类目的"珠宝节",周大福、天宝龙凤、上海老庙、曼卡龙等多个业内大品牌走进直播间,参与这场《珠光宝气过新年》节目。其中,周大福上线几分钟内,产品就售罄,一分钟成交10万元。

周大福1分钟卖掉10万元,珠宝行业在电商平台破冰。

珠宝直播的发展几乎是跳跃式的,有一组数据颇能说明问题,2017年11月,淘宝上做珠宝直播的商家是几千家,一天成交千万元,之后双12直播,一天成交额翻了近三倍,进入2018年,直播商家数量整整三个一倍。

神秘的珠宝行业通过直播完整地展现在消费者面前

淘宝珠宝直播的发展,带来的是全新的购物直播场景。

相关业务小二说道:"之所以要在淘宝直播上搭建珠宝频道,是因为从后台数据来看,消费者对珠宝有很大的需求量,行业潜力巨大,一定要做好匹配,要让消费者找到好的商家,看到、买到最好的商品。"

珠宝虽然是传统行业,但已在线上深度入局。以天猫为例,去年的"双11",借助直播这个新玩法,销售冠军周大福领衔周生生、周大生等一批老品牌取得了非常亮眼的成绩,堪称双11"老司机"的它们,促销卖货毫不含糊。

"珠宝类直播的发展,可以用井喷来形容。"田琨说道,以前只是在店铺里销售黄金产品,现在直播期间还可以卖一些钻石、翡翠,销量也很不错。

在直播间,主播可以对珠宝进行多角度展示和专业鉴定,这样能够取得消费者的信任,是达成销售的关键,开蚌卖珍珠就是最典型的例子,消费者很喜欢这样的体验,这类商品需要被用户看到。当然,对于平台商家来说,可以选择亲自上阵直播或者与达人机构合作,《珠光宝气过新年》是由淘宝直播和专业机构共同打造的,同时还请到知名主播。直播是一种形式,大部分的直播都是由商家在店铺或者工作室自己完成的,他们有些是珠宝设计师,有些是珠宝鉴定师。有些商家直接跑到了国外的原产地,诸如泰国、巴西等,原汁原味,能为消费者直播产地的宝石、玉石料,还有整个加工过程,让充满神秘感的宝石行业流水线完完整整地展现在消费者前面。

直播卖珠宝,主播带你眼见为实

国内消费者所了解的珠宝电商可以分为两类,一类是传统珠宝企业电商,如周大福、潮

[①] 资料来源:改自 http://www.zb580.tv/news/183356.html。

宏基、六福珠宝、周大生等;另一类是数量庞大的淘宝小商家,包含首饰类、珍珠类、翡翠玉石类店铺。

无论是大牌还是小店,消费者关注的核心依然是"保真",如何在最短的时间内,让消费者了解商品的质地、色泽、品质、证书等,从而放心地下单购买,是珠宝网络销售需要面对的问题。直播正是解决了这样一个痛点,珠宝主播需要非常多的专业知识。好的珠宝主播十分抢手,与别的行业不同,珠宝是一个低频次、高客单价的消费品,用户在网上购买的时候顾虑很多,如何打消用户的顾虑成为销售的关键,因而珠宝直播这个岗位起到了关键作用。

好的珠宝主播,要有高颜值。更重要的是还要有专业知识和鉴别技巧。另外,当珠宝主播真正培养起来之后,品牌商又担心:粉丝会因为对主播的信任而产生购买行为,但同样也会因为主播的离开而离场。

电视购物依赖频道本身的影响力,是珠宝企业或代理商利用电视购物频道,根据预设的时间进行直销,由销售人员介绍产品电视卖货,消费者通过打电话的形式订购。电话销售是与消费者进行主动沟通介绍产品的销售方式。由于通过电视和电话进行销售时,消费者辨别真假难度大,容易形成信任危机,所以这两种推销方式普遍不被消费者喜欢。我国最早的电视购物起源于1992年广东,1996年北京台开设了专业电视购物频道,视频卖货逐渐被推广,珠宝产品也一度成为电视购物的热门产品。

无论是电视购物还是电话销售,还有今日的直播带货,诚信都是得到消费者信任的基本保证。平台的诚信让消费者放心,珠宝产品供货商有诚信,消费者才能真正得到消费的利益保障,主播销售者的诚信,可以引导消费者购买良性发展,增加流量。

3. 珠宝产品人员推销的特点

(1)灵活性。进行人员推销时销售人员与消费者之间有活跃、互动的关系体,推销人员根据不同的消费者,灵活地介绍珠宝产品,及时答疑解惑、排除顾虑,抓住消费者的购买时机,促成交易。同时,好的销售人员能与顾客保持良好的关系。

(2)情感性。销售人员与消费者建立沟通的过程就是情感联系,沟通有助于及时地了解消费者的需求,把握消费者的需求特点,传递品牌利益,满足多样需求。

(3)双向性。人员推销既有向消费者传递信息,也可以收到消费者的反馈信息。通过沟通,销售人员可以收集消费者的反应、态度、意见、建议等信息,及时反馈给珠宝企业。

(4)服务性且费用高。人员推销本身就是服务,好的推销人员给珠宝企业带来高效益,但同时人员成本、人员培训、服务等费用较高。

珠宝产品的人员推销不仅是卖的过程,也是帮助顾客购买的过程。

(二)人员推销的步骤

珠宝产品的人员推销分为7个步骤。

1. 识别潜在顾客

推销工作的第一步是通过珠宝企业的宣传和现有消费者的口碑传播,激发消费者的复

珠宝人员推销的步骤

购或寻找出潜在消费者。

2. 推销准备

无论是线上销售,还是线下销售,珠宝推销人员都要具有一定的知识准备、物质准备、心理准备、环境准备。

知识准备包括珠宝基础知识、顾客知识、市场基本知识几个方面。推销人员首先要具备消费心理基础知识,了解消费行为的影响因素及消费者的行为特点。在珠宝产品销售过程中,解答消费者有关珠宝及其产品的特性、珠宝文化、珠宝的鉴别及其他相关知识,竞争对手情况及同类的产品特点等问题,能够帮助消费者实现购买。

物质准备是在珠宝销售过程中所需要的珠宝首饰和相关用品。如能够计量的用具、检验工具、鉴定证书、包装、镜子等,如果需要消费者现场参与,还需要互动的材料、用品、工具、智能小设备等。

在珠宝产品的推销过程中,有效沟通是推销人员必备的技能之一,与沟通有关的语言准备、沟通内容准备、消费者提出异议化解的准备等,需要推销人员做好充分的准备。

销售环境是珠宝销售的"面子",实体店有门面、有装修,有陈列、灯光、温度、湿度等销售环境,线上网店与实体店铺一样也有影响感官的销售环境,如直播间的声、光、直播角度设计等。珠宝产品销售应具备整洁、明亮、高雅、舒适的销售环境,还需要为消费者提供细致、周到的服务。

3. 接近顾客

接近顾客是在推销珠宝产品之前与顾客进行交谈的环节,包括面对面交谈、网络客服与光顾网店的顾客交谈、直播过程中与进直播间的顾客交谈。交谈是了解顾客消费心理的过程,也是顾客能够实现购买的前提。推销人员要注意个人形象,给对方留下良好的印象,选择最佳的接近方式,做好准备并开始交谈。

4. 介绍产品

充分利用珠宝产品自然美丽的特性,着重说明该产品能给消费者带来的利益,还可以用珠宝和加工的光学效应及良好的视觉效果呈现商品,发挥演示和模特的作用。介绍的内容包括珠宝特性、首饰设计风格、佩戴与保养、质量保证、品牌利益、高附加值等。

5. 应付异议

顾客产生异议有可能是交谈过程中,又有可能是购买之后。在交谈中产生异议有可能是要对该珠宝产品进一步了解,推销者应注意与顾客洽谈的技巧,尤其是在顾客提出反对意见时,要理性面对、措辞适当、论据充分,让顾客得到满意答复,为促进成交做准备。

6. 成交

推销人员在与顾客洽谈中,除了应对顾客异议,还要随时注意顾客的态度和行为,注意顾客的语言、表情、动作变化,一旦发现对方表现出购买意愿时,应立即抓住时机建议成交,并将优惠条件提供给洽谈顾客,及时促成交易。

7. 跟踪反馈

多数珠宝及产品是高价值、高价格的商品，消费者对所购珠宝产品的态度，影响再次购买，也影响企业形象和其他消费者的购买行为。因此，对消费者的跟踪反馈是成交后的重要一环，也是售后服务的基本要求。如通过微信、电话、邮件等方式，对消费者送去真诚的问候和关心，对消费者购买珠宝产品的满意度进行调查，发掘消费者对新的珠宝产品要求等，促使消费者表现出有利于珠宝企业的购后行为。

（三）人员推销的策略

分析消费者购买非生活必需品时的心理特征和行为特点，充分利用人员推销的特点，可运用以下策略。

1. 针对性策略

明确珠宝消费者的需求，分析需求特点，了解消费者寻求的价值，有针对性地把珠宝产品的价值特征和利益点以可靠的、清晰的方式传递给消费者。

2. 诱导性策略

通过与消费者的沟通，唤起消费者的潜在需求，激发消费者的购买动机，以触动顾客在情感方面需要，并诱导其购买。如 DR 定位为国际高端求婚钻戒品牌，品牌诞生时全球统一浪漫规定：男士凭身份证一生仅能定制一枚钻戒，倡导"用一生爱一人"的真爱信仰，让许多年轻消费者都想拥有一生的真爱。

3. 试探性策略

在人员推销中通过投石问路的方法，引起顾客对珠宝产品的兴趣，调动他们的购买欲望。试探性策略的重点是选择投石问路的"石"，也就是能够引起顾客兴趣的点。如珠宝界变色龙 Algara，在其 APP 色卡中你可以自由选择颜色。通过让顾客选择想要的颜色，再通过 APP 找到该珠宝，引起顾客对该智能珠宝的兴趣。

知 识 链 接

"线上直播，线下引流"或成珠宝零售新潮流[①]

当珠宝遇上直播，当璀璨珠宝邂逅礼享罗湖会碰撞出怎样的火花？为了撬动辖区珠宝消费，罗湖区重点打造"May 彩珠宝"罗湖珠宝购物节，特设珠宝专项消费券 400 万元，开启了"珠宝＋直播"的新模式。"线上抢消费券，低价买品牌珠宝！"2020 年 5 月 15 日晚 8 点，在水贝万山电商直播平台，"May 彩珠宝"罗湖珠宝购物节第二场"珠宝联播"上线，10 位主播再次携手，水贝万山、周大生等 8 个珠宝品牌踏上"直播带货"之旅，当天同时参与直播的共

---

① 资料来源：罗湖社区家园报 https://szbbs.sznews.com/thread－4052465－1－1.html（深圳论坛）。

有36个品牌商家。活动期间,"满500减100"罗湖珠宝线上专用消费券继续派发。观看直播的市民一起"抢券",随即可在直播间叠加商家优惠下单消费。同时,在直播间外围,人头攒动,不少家住附近的市民来到直播现场,在不同珠宝品牌实体门店选购产品。

政府搭台、商家参与,珠宝消费热度加码

"手速不够快!没券了吗?""啊,抢到券了,买买买!"20时30分,在淘宝"深圳罗湖直播"直播间,罗湖区派发的线上珠宝专用券一推出,随即被"秒杀",以致之后直播进行时,还有不少市民在留言区表达对没抢到券的可惜。

在这次"联播"中,商家不仅选款花心思,价格更是近乎出厂价。各大品牌诚意满满,新品首发、折上折、不间断发红包、送礼品、主播砍价等一系列组合动作,力争将最大的实惠和惊喜送给消费者。参与直播的品牌,多款产品线上售价相对于原价优惠100~800元不等。

"我们这次特意准备了明星的联名款,夏季新品国潮大赢家系列,吉他造型,特别适合年轻人穿搭,适合'520'送礼。"周大生电商营销经理李良育说道。为了做好这次直播,周大生不仅在选款方面考虑细致,更是在价格上做到了极致,"最低只要420元,基本就是出厂价。"

最"任性"的要数精工于钻石的吉盟珠宝了,不仅K钻低至标签价6折起,店铺有满300减30(40)优惠券,直播期间还不定时发放满300减50券、互动红包……最后,总经理刘芳经不住"主播砍价",直接面对镜头承诺:"我手上的这款耳环,在所有优惠叠加后,再减200元。"最终,原价1560元的耳环,690元搞定。

"第二场直播参与的品牌有36家,比第一场增加了80%。"罗湖区商务局相关负责人表示,周大生直播与近期平均人数相比提升了1倍有余,销售额与近期同比提升了103.55%;金龙珠宝观看人数与近期平均人数相比提升了80%,销售额与近期同比提升了300%;吉盟珠宝直播观看人数与近期平均人数相比提升了50%,销售额与近期同比提升了20%。"发放消费券和举办珠宝联播是这一特殊时期促消费的手段,我们也会根据实际效果进行一些调整。"该负责人说道。

"联播"与"夜市"同步开启,选择更多

和第一场"珠宝联播"不同的是,15日的直播采用了"直播间+珠宝夜市"结合的方式进行。主播既在直播间里集中推介,也走到外场与夜间同步营业的实体门店,与品牌销售人员互动,凭直播截图现场下单有优惠,以更贴近消费者选购珠宝的场景现场"带货"。陈晔平说道,外场的实体门店是配合直播活动设立的"珠宝夜市",一直营业到直播当晚22时30分。

同时,水贝万山还"自掏腰包"补贴商户,凡当晚在实体门店下单的,每件物品另外再减50元。在水贝万山的门店里,市民王女士抢了好几个"红包",准备对心仪的产品下手。"商家优惠力度蛮大的,再叠加罗湖区政府发放的专项优惠券,只要手快,基本都有便宜捡,感觉啥都想要。"和她一起来的朋友张女士相对"理性"一点,边逛商场边看直播,线上、线下对比一下,选定一个最喜欢的再买。"线上、线下同步进行,让我们有了更多更好的选择。"

买了一款黄金手链的徐女士告诉记者,她是看到宣传来到现场的,虽然这款产品没参加直播活动,但也有八折优惠,再加上各种消费券叠加,算下来也很划算了。对于购物方式,她表示以前不会网上购买,毕竟珠宝价格不菲,不放心,现在来现场看了,也买了,"以后会尝试线上下单,起码对品牌这个平台是信任的,因为接触过。"

"大多数消费者更习惯到店选购珠宝,而这次疫情对珠宝行业造成一定影响,客流明显变少了,所以我们希望通过线上直播的方式,让消费者知道,线下买珠宝,也可以用很实惠的价格买到好物。"陈晔平说,之后也会通过更多元的渠道,推动线下实体店客流增长。

带货直播成标配　　着力搭建互联网平台

受疫情影响,直播带货成了珠宝门店"自救"的标配之一。但流量的获取与转化,成为他们在直播带货中的痛点:很多人因为"价格贵",不敢像生活用品那样在网上随意下单。而罗湖"珠宝联播"则打破了这一瓶颈,政府搭台、企业唱戏的方式,既给了消费者信心,更给了企业信心。

"非常感谢政府、园区和媒体,给了政策扶持,也搭建了平台,帮我们把企业品牌和公信力推出去。在这最艰难的时候,我不是一个人在战斗,而是一群人积聚力量在共同做一件事,我们企业看到了希望。"吉盟珠宝总经理刘芳说道。

除了和政府联合举办大型"珠宝联播"主题活动,水贝万山也鼓励企业自身积极开展直播活动、拓宽线上市场、培育新的增长点。从去年底,水贝万山就着力搭建互联网平台,疫情期间更是加速了这一块的发展,现在整个园区有10个直播间,20多个人的线上服务团队,同时公司还对园区企业进行线上培训、提供资源等,尽一切办法帮大家学到新技能,拓展新渠道。

目前,该平台已组建起20余人的团队规模,负责给有转型需求的珠宝商户做直播培训、线上开展产品带货等。"随着销售模式更新迭代,网络带货成为一种时尚。我们希望通过这种形式,引导商户开拓多元销售渠道。这次联播就是一个很好的示范,能给其他企业起到抛砖引玉的作用。同时,借助政府的支持,快速提升流量、推广品牌,实现产业的双渠道发展,对商家、消费者和社会经济发展都是一大利好。"水贝万山珠宝产业发展有限公司总经理陈晔平说道。

今年以来,罗湖区持续通过拉动消费提振经济,推出"礼享罗湖"等多项促消费举措。本次对辖区珠宝产业消费的专项拉动,除了发放消费券,更是借助"直播带货"新风口,对辖区珠宝产业企业经营发展进行精准扶持。

罗湖区商务局相关负责人表示,发放消费券和举办珠宝联播是这一特殊时期促消费的手段,也会根据实际效果进行一些调整。对行业发展确实有帮助有成效的活动,以后会多开展。未来罗湖区还将重点从原材料要素交易、智能制造、精品制造、品牌化发展、设计师培育、珠宝文化推广、互联网+、知识产权保护和标准化建设等方面,推动辖区的黄金珠宝产业高质量发展。

(四)珠宝企业对推销员的管理

建立一支精干、优质的销售队伍,是珠宝企业终端销售的重要保证。好的销售队伍要在推销员的选择与培训、推销员的管理等方面做好工作。

1. 珠宝推销员的选择与培训

1）推销员的选择

选择珠宝推销人员时，需要对其进行多方面的考核，应掌握如下几个原则。

（1）熟悉本企业，具有比较全面的珠宝营销知识，熟悉珠宝基本特征，视野开阔。如熟悉目前一些珠宝产品的价格、产地、特点、种类等，懂得这些知识有利于与顾客互动。

（2）善于表达，说话有逻辑性和艺术性，能较好地表达企业的品牌理念，善于表达自己的思想。

（3）有较强的责任心和事业心，是正能量的弘扬者。

（4）具有灵敏的应变能力，能准确判断对方的意图。

（5）具备市场营销的基本知识。

必须在业务、责任心、语言、风度仪表、反应、礼仪等多方面考核。

2）推销员的培训

通常，推销员入职前和工作过程中为提高业务能力，需要对其进行专门的培训。培训推销员的目的：使其了解企业文化、通晓销售方面的专业知识和销售技巧。培训内容应围绕培训目的设定，如本企业的企业文化、规章制度及企业宗旨、服务规范、产品特征、竞争对手特点及战略、珠宝知识、消费者心理及购买行为知识、推销实战训练等。

珠宝推销员的培训可以利用面对面讲解、网络课堂、情境模拟、实战训练等多种方式。

2. 珠宝产品推销员的管理

珠宝产品推销员是珠宝企业的窗口岗位，他们直接接触消费者，是企业的代表，也是企业形象的宣传者。好的人员管理和有效的激励，有助于实现企业的预定目标。具体应做到以下几点：

（1）树立良好企业形象从自我形象开始，推销珠宝先推销自我。

（2）鼓励珠宝推销人员多做市场调查，用好大数据。对市场的发言权是通过市场调查取得的，为目标群体画像，了解同行对手，知己知彼，取长补短。

（3）关心推销员，创造一个好的工作环境，提高珠宝推销人员的工作积极性。

（4）做好激励。如对珠宝推销人员的奖励、职务职级的晋升、精神鼓励、增加福利等。

（5）珠宝企业文化、经营理念、价值观教育。

知识链接

首饰成为必需品[①]

近年来，珠宝首饰行业在国内的发展风起云涌，且有愈演愈烈之势，因此寻找未来商战的突破点与增长点成为必需。

[①] 资料来源：节选 http://www.emkt.com.cn/article/208/20877-2.html。

周大福仍然先人一步,率先提出了"珠宝时装化,首饰生活化"的突破性营销概念,把首饰变成生活必需品,将珠宝变成时尚,甚至是一种艺术。这种营销思路对于周大福将是一次新的飞跃,它使珠宝首饰推向了大众化消费,并走"平民化"路线,它将珠宝首饰更多地走入"寻常百姓家",并将掀起珠宝首饰领域的一场新浪潮。

随着时代的进步与发展,以及人们生活水平的日益提高,周大福已经认识到以往单件款式的经销形式,已不能满足现今消费者的购买意欲,他们在选购过程中,求新、求异、求变,他们追求各自的艺术素养、文化品位、个性主张和时代风格,他们喜欢的是一件带点个人主义的潮流首饰,并不再单纯是产品本身的价值。消费模式的转变,更加促使周大福锐意革新,将品牌年轻化,由店铺装修,以至推出面向年轻消费群的潮流饰品 CTF2 产品线,以此来吸纳和扩大市场份额。

战略思路的转变,必将引发珠宝首饰行业的新动向,周大福人有理由相信,经过"珠宝时装化,首饰生活化"的战略调整,周大福将增加新的销售空间,并将继续领导珠宝首饰行业快速向前发展。

如今,周大福在内地的专营店铺网络已经遍布全国各地,周大福已经成为中国内地珠宝首饰行业的领头羊,并被评为中国 500 最具价值品牌之一。

三、珠宝产品的广告策略

(一)广告及其作用

1. 广告的概念

广告,源于拉丁文 advertere,其意为注意、诱导及传播,是市场营销中,用于劝说阅听人,通常以引发产品购买,即商业广告。

珠宝广告是一种简单明了、生动形象地向社会公众传播企业信息的宣传方式,也是塑造企业形象、扩大企业知名度的重要工具,是竞争和促销的有效手段,是营销的重要环节。广告越来越多地影响和改变着人们的消费观念和行为,传递的不同广告信息,对消费者影响不同。如周大福的结婚钻戒广告,传递"一生只能定制一枚"的理念。

2. 广告的作用

按照心理学家的研究,消费者购买珠宝时的心理大致可以分为 5 个阶段,也称为 AIDMA 法则。这 5 个阶段分别是:唤起注意(Attention)、诱导兴趣(Interest)、激发欲望(Desire)、增强记忆(Memory)、采取行动(Action)。珠宝企业通过广告把珠宝信息传递给消费者,尽可能满足消费者在购买活动的各阶段对信息需求的要求。具体来说,广告有如下作用。

珠宝广告的概念和作用

1)介绍产品,引发兴趣

珠宝及产品广告传递的信息带有很强的劝诱性,引导消费者的态度和意见向其推销目标趋近。珠宝广告有介绍产品、有宣传企业、有传递文化、抒发情感,多角度、多形式。如对珠宝产品的材质、组成、作用、工艺、品质等通过广告介绍，引发消费者的兴趣。

2）激发欲望，扩大销售

广告宣传吸引人们的注意，唤起需求，激发购买欲望。如将广告和消费者有效地连接，把要宣传的珠宝产品或珠宝企业用正面积极形象包装，借用音乐、场景、背景等，建立让消费者愉快的连接。2013年，时尚网店Shopbop拍摄了一系列"主妇与珠宝"广告大片，主题是"主妇不仅是会打扫会做饭，主妇更要会fashion！"重点宣传在家做主妇，也不忘装扮，这也是令自己开心的欲望满足。广告大片以厨房为背景，尽展丰富的食物和秀色可餐的珠宝，呈现不一样的魅力。

3）树立形象，保持优势

珠宝广告除了传播产品信息，还有一个重要的作用是塑造企业形象、扩大企业知名度。北京的菜百不以广告形式宣传，没有人知道"中国黄金第一家"是谁，也不会认为菜百是中国黄金珠宝行业的领军企业；梵克雅宝、香奈儿、卡地亚、迪奥等奢侈品品牌也无一例外不通过商业广告，传播其奢侈品信息，树立品牌形象的。广告展现了珠宝企业产品的特色与品位。如早在19世纪初，卡地亚就备受欧洲王室的青睐。1902年，英国王储威尔斯王子授予卡地亚"皇帝的珠宝商，珠宝商的皇帝"。其广告传达卡地亚出色的制作工艺、独特的设计风格、专业的制作技术，传达其"皇帝的珠宝"的品牌价值。

知识链接

珠宝品牌的专有颜色[①]

一个属于品牌的特别颜色，既能够体现品牌的精神内涵，又能体现高档的形象，卡地亚沉稳的酒红镶嵌着金边，粗犷的皮革纹理夹杂着精美的金色花纹，表达出奢华、随性；蒂芙尼的浅蓝，是优雅的知更鸟蛋蓝，丝质的蝴蝶缎带的缠绕，表达知性、优雅之感。时间长了，品牌所设定的颜色将成为品牌的记忆视觉。

4）传递知识，引导消费

珠宝广告传递珠宝及相关知识、珠宝产品的功能与价值。如卡地亚的水果锦囊（Tutti Frutti）系列，始于20世纪初，是设计师寻访了印度所有的奇珍异宝，注入年代流行的风格，利用带有罗纹的珠子、梨形钻石、红宝石、蓝宝石、叶形雕花的祖母绿，制作出一幅花团锦簇具有东方色彩传说元素的经典画卷，至今仍用不同风情演绎着这一经典。其广告无论是在时尚杂志刊登，还是在博物馆展出，都很好地宣传了卡地亚风情水果锦囊特殊的加工工艺、独具匠心的设计和制作中精益求精的精神。还有，戴比尔斯巧妙地运用"Diamond is forever"（"钻石恒久远，一颗永流传"），恰如其分地说明了钻石的价值，引导消费者相信钻石是忠贞不渝爱情的信物，完美地引导了消费者对珠宝及产品的选择倾向。

[①] 资料来源：修改自 http://www.cqn.com.cn/news/zgpp/308815.html。

(二)珠宝广告目标和广告媒体的形式

1. 珠宝广告目标

广告目标是珠宝企业希望广告达成的效果。广告目标决定广告表现的形式,广告效果评估的标准和依据与广告目标相对应。衡量广告目标是否达成,通常从广告对销售的影响和传播效果的好坏两方面评价。"赛菲尔无焊料黄金,更纯更有价值"的广告,有效地提升了品牌的认可度,使赛菲尔影响力覆盖全国,成为国内排名靠前的黄金品牌。

珠宝广告目标及媒体

知识链接

赛菲尔珠宝广告获长城奖两项大奖[①]

赛菲尔从2013年底第一次牵手央视,率先在CCTV-1《星光大道》节目中植入"赛菲尔无焊料黄金,更纯更有价值"的广告内容,并将赛菲尔无焊料黄金作为奖品送给互动观众以及获奖选手以来,与央视的合作就从未间断,2015年,赛菲尔珠宝将目光锁定在CCTV-3一档综艺感虽然不强,但却能吸引消费者目光的除夕特别节目《喜到福到好运到》上,首获其独家冠名权,并从此开启了彼此连续四年的并肩作战。

赛菲尔凭借品牌一直秉承的"大品牌,大平台,大事件"的营销策略,将消费者的目光持续锁定在这档——八小时超长时间,汇聚大量一线明星资源,最具曝光度,覆盖最广年龄层的央视黄金综艺节目资源上,顺利解决了网络时代信息碎片化难以被消费者记住的传播痛点,成为营销界的金牌案例。

在赛菲尔总经理王卓看来,"我们选择节目除了看其播出平台外,更看重的是节目所覆盖的观众年龄层是否与品牌的消费群体重合,像《喜到福到好运到》这档节目,由于在除夕这一特殊的播出时间,让它拥有着几乎覆盖各个年龄层的优势,不得不说,这的确让我们的品牌传播事半功倍。"

2. 珠宝广告媒体

广告媒体种类繁多,珠宝产品广告选择类型如图3-3-17所示。

1)珠宝广告传统媒体

(1)报刊类广告。包括报纸、杂志。报纸发行广,如《中国黄金报》《今日信息报·宝玉石周刊》等专业报纸和普通报纸上刊登珠宝广告。现在许多报纸以数字报的形式发行,数字报纸色彩丰富,信息量大。杂志有一般杂志、专业杂志,如《中国宝玉石》《中国黄金珠宝》《凤凰

[①]资料来源:袁萌. 赛菲尔珠宝斩获中国广告长城奖两项大奖王义善董事长获封年度功勋人物[J]. 中国宝石. 2018年第6期。

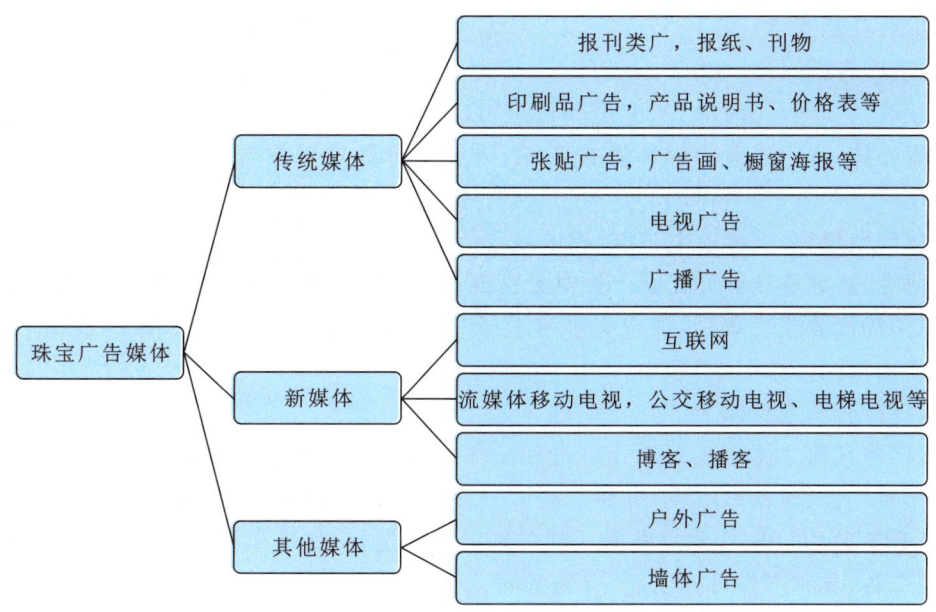

图 3-3-17　珠宝广告媒体选择类型

珠宝杂志》《中国珠宝首饰》等专业杂志,《营销界》《时尚》等阅读量比较大的普通杂志,类似《PIAGET 伯爵电子期刊》的品牌方的专门杂志,还有《JCK 珠宝》《芭莎珠宝》等珠宝行业具影响力的杂志。报纸杂志的专栏、插页广告、封面等,以图、文形式进行珠宝企业的宣传、产品的发布等。

(2)印刷品广告。主要是珠宝企业印刷产品宣传册、公司介绍、产品说明等。如国际珠宝展上,各品牌珠宝企业发放的宣传页或宣传册。

(3)张贴广告。张贴的广告画、橱窗海报、霓虹灯广告等,如珠宝店张贴的促销活动海报。

(4)电视、电影广告。电视、电影为媒介,有专门的广告,还有电视节目植入广告,成本较高。电影、电视节目直观、具象,将视觉、听觉有机结合,好的故事、好的演技、好的制作和音乐都会给观影者带来震撼。电影、电视的媒介功能是从电影、电视市场化和产业化开始发挥作用的,电影、电视广告分显性广告和隐性广告。显性广告是随电影直接播放的广告;隐性广告是植入式广告,片中的人物、场景、道具甚至台词等均可以是广告对象。电影、电视的受众相对稳定,珠宝商家设计广告不能影响受众的观影体验。

如六福珠宝以"爱很美"为主题,以日常生活点滴为题材,传递"因为有爱,才是最美"的信息。婚礼中,在众多亲朋好友的见证下,新郎为新娘套上光芒四射的指环,见证一生不变的承诺与盟誓,新娘忍不住流露出幸福的眼泪。因为爱,流泪也可以很美,爱是最美时刻的见证。六福珠宝的"爱很美"广告是专门的广告片,即显性广告。如果是影视节目场景中出现的通灵珠宝店,就属于隐性广告了。

(5)广播广告。只能通过声音激发人们的想象力,需要经过恰当的设计,才能达到广告效果。设计广告和选择播放频道时要注意广告受众群。如菜百的广播广告采用告知今日金价,提示出行注意安全。

2)珠宝广告新媒体

(1)互联网。网页、网站、APP等均可进行广告宣传。

(2)流媒体,将一连串的媒体数据压缩,再经上分段发送数据,网络终端即时传输影音广告。

(3)移动电视,公交移动电视、电梯电视等。

(4)博客、播客等社群。社群广告对象精准,互动性强,扩散快,容易引发情景感,形成主动消费。如社群关注公众号,珠宝企业在公众号中进行宣传,激发粉丝浏览和进一步地传播,达到广告目的。

3)珠宝广告其他媒体

珠宝广告其他媒体主要有户外广告和墙体广告等。户外广告,如汽车车身广告、候车亭广告、地铁站广告、电梯广告、高立柱广告、三面翻广告、楼顶广告、霓虹灯、LED显示屏等,这些户外形式都有珠宝企业选择,如老凤祥银楼在公交车车身的广告,具有广告目标明显、容易看到、受众人群广等特点。墙体广告,如金六福吉祥珠宝,墙体广告需注明品牌标识、地址、电话、保证等。

珠宝广告促销策略

(三)广告策略

珠宝企业应当根据心理学家对消费者购买珠宝时的心理阶段制定广告策略,同时,考虑自身的广告预算。

1. 唤起注意(Attemtion)

根据广告目标和受众人群,从设计的内容、媒体形式、呈现方式、呈现位置等唤起注意。在标新立异、激情冲动、出奇惊人、优美舒适等方面下功夫,突出珠宝产品的新、奇、异、情。如2018年六福珠宝的周年庆营销以"FUN享爱"为主题,以微博为主要活动阵地,吸引粉丝,仅六福珠宝官方微博最高阅读量达471万,玩出了不一样的成功。

2. 引起兴趣(Interest)

人们对广告注意之后,为加深印象,要增加消费者兴趣,引起共鸣。根据媒体形式不同,可以是标题、图文、音乐、画面等作为唤起注意的继续。

六福珠宝的"FUN享爱"继续激发官方公众号粉丝的参与兴趣,邀请Vista看天下、英国报姐等多位微博KOL(Key Opinion Leader),就是意见领袖,这些具有极大影响力的博主为周年庆活动联合发声,并设定转发有奖。发出"14亿人'抖'在围观,喊你battle赢金条","有你,有情,有金,月更圆"的新活动信息,激发粉丝的参与兴趣。

3. 启发欲望(Desire)及增强记忆(Memory)

能够说服消费者,并得到信任,产生购买珠宝的欲望。六福珠宝线上打造话题"爱的珠宝匣"征集,引发受众内心深处的强烈情感共鸣,激发消费者购买动机,"为所爱的人购买一份礼物",形成消费者的情感与品牌的强链接。

4. 导致行动(Action)和买后满足(Satisfaction)

广告的最终目的是消费者实现购买。消费者认知产品是个渐变过程,反复不断地发布广告,并传递广告的意义,消费者才能被引导,直至接受珠宝产品。消费者满意则满足感强,不满意则缺乏或没有满足感,无论何种程度的满足,消费者对该品牌的反复购买、对其他消费者购买给出建议等都有很大的影响。

5. 策划好广告的时间安排和曝光度

企业应计划好广告播放的时间段、播放的时长、播放的频次。如京润珍珠一年的与浙江卫视的中国蓝战略合作的广告投放。

四、珠宝产品的销售促进策略

1. 销售促进的含义

销售促进也称为营业推广,人们通常所说的狭义"促销"活动实际上是销售促进。销售促进是指在某一段时期内,珠宝企业为刺激消费者购买,设计的一系列具有诱导性的销售方法及与消费者沟通的活动,是一种短期行为,也是珠宝营销活动的一个关键要素。促进的目的在于刺激消费者购买本珠宝企业产品的积极性,并且促进珠宝及产品的销售量,进而提高珠宝企业的销售额。销售促进的作用具有以下几点。

(1)辅助作用,协同促销。销售促进不能作为促销手段独立使用,可以作为其他手段的辅助方式促销。

(2)即期见效,速度最快。打折、优惠,力度越大越让消费者动心。如黄金9折销售。

(3)形式多样,创意无穷。如限量、返券、折扣、买赠等。

(4)短期效益,形成高潮。销售促进的特点就是具有在短时间直接见效,效率高,见效快的销售效果。

(5)容易造成消费者的逆反心理。珠宝玉石在消费者心目中是非生活必需品,也往往是高档商品,过度推广,容易让消费者对珠宝企业、珠宝产品等产生怀疑,如降价是不是质量不好?可能是人造宝石等疑问,影响珠宝的销售。

2. 销售促进的类型

珠宝销售促进的类型

根据实施的对象不同,销售促进可分为针对消费者促销、针对中间商促销和针对销售人员促销。

根据促销的内容不同,又有消费者权益(Consumer Franchise Building,简称CFB)和非消费者权益(简称Non-CFB)销售促进,见表3-3-20。

表 3-3-20　根据促销内容分出不同的销售促进

销售促进的类型	含义	促销对象	举例
消费者权益	将商品的独特之处或出众的优点凸现出来,使消费者充分认识目标产品	最终消费者	品牌形象广告 店内产品示范 样品分发 使用方法说明
		中间商	
非消费者权益	无须列出产品优点,以小利勾引消费者,诱导消费者迅速作出购买决定	最终消费者	折扣 买赠 返现 有奖销售
		中间商	

有研究表明,如果一个品牌的 CFB 比率低于 50%～55%时,在未来的一两年内其利润势必下降。

针对不同的对象选用的销售促进的工具不完全一样。无论哪类对象,选取哪种销售促进方式,都要协调好消费者、企业、社会三者利益。

知识链接

微商的出现,给珠宝企业品牌的营销推广提供了更多的可能性,充分让企业发挥自己的想象力和创造性。

1905 钻石:微信零钱攒钻石

微商模式给珠宝企业带来了新的思路,1905 钻石就充分利用微商的特点,别出心裁地想出来一个微信零钱攒钻石的活动,值得其他珠宝微商企业借鉴。

1905 钻石举办的活动内容非常简单,用户只需要在微信平台关注该品牌的公众号,就可以开通自己攒钻石的账户,平时用户可以将自己的微信零钱或者红包都存入这个账户,最为关键的是用户还可以主动请求自己的微信好友给自己的钻石账户存零钱。

平台还会对参加该活动的用户根据零钱数量进行排名,排名前列的用户将会得到平台送出的惊喜,用户参与的热情也因此被点燃了,其实这种购买钻石的方式并没有多新鲜,只是一种互联网众筹,不过 1905 钻石将这种众筹方式和微商相结合,成为一种非常有创新性的营销方式。

3. 销售促进的工具

珠宝产品是多样的,不同档次的珠宝消费群体对销售促进有不同的认识,销售促进的工具也是多种,随着社会的发展,还有新的销售工具。下面根据销售促进的对象进行介绍。

1)针对消费者的促进工具

珠宝销售中常用的对消费者的促进工具如表 3-3-21 所示。

表 3-3-21　常用的针对消费者促进

促进工具	做法	举例
现金回扣	购买本企业产品达到一定金额，可按规则返还现金	珂兰钻石首饰，满 300 元返 30 元现金
价格折扣	直接打折销售，或持优惠券购买享受一定的价格折扣	北京工美集团"皇家美人"系列部分产品八折酬宾
现金券	在商业广告中附印上现金券，购买时可充抵部分现金。或者在人员推销时附送现金券	618 风暴购物节，京润珍珠，简爱系列，淡水珍珠小蜗牛吊坠送 925 银项链，满 208 元可用 90 元电子券
赠品	购买本企业产品达到一定的数量或按消费比例附赠规定的礼品。赠品注意质量保证和专有性	I Do Flower 系列，18K 金钻石戒指，满 500 元、满 3999 元赠热销品
抽奖	购买参与抽奖，或者"寄名"抽奖、"建议"抽奖（答对抽奖）等	满 300 元刮奖或抽奖一次，中奖率 100%
质量和概念促销	以能反映本企业产品优良的某一个或几个消费者看得到或消费者已经了解的特征为卖点的方法，概念要准确，类似婚庆概念、情侣概念、祝福概念等	推广钻石时，本企业产品全为 VS—VVS 净度的钻石，切工完美，消费者可以通过切工镜观察，有 GIA 钻石等级证书
服务促销	发挥本企业的优势，为消费者提供周到的、有特色的服务，可以提供售前、售中、售后服务	珠宝知识培训、珠宝保养介绍、首饰佩戴示范、免费维修、咨询服务
其他	限量发售、私人定制、与著名首饰设计师合作等	某专有设计师设计的首饰

需要指出的是价格折扣是销售业最常用的销售促进方式，珠宝行业也不例外，这种推广方式既能吸引消费者，又能有效回笼资金，但运用不当也容易伤害品牌价值。珠宝企业应根据珠宝的特殊属性，从品牌定位、店面形象、员工素质等多个角度考虑，准确地凝练概念，恰当地选择时机、消费群体、打折方式、打折的平台、打折的时间段等，既能吸引新的消费者，又能促进老顾客的回头率。

珠宝企业提供私人定制或限量版产品，吸引消费者。对相当一部分人而言，拥有只有少数人群能够获得的珠宝这件事，非常具有诱惑力。实行限量概念的方法有许多，如在某段时间内采取有限数量的一次性的供应；只针对某一类人群限量的设计，某一首饰系列采用每隔一定时间段推出的方式，形成限量版系列。

2）针对中间商的促销工具

中间商包括线上线下的珠宝批发商和珠宝零售商。中间商从事的是珠宝成品或半成品的分销，是珠宝企业的分销渠道成员，买卖双方对彼此的信誉和服务、市场行情、珠宝产品情况都有所了解，销售促进工具如下。

(1)推广折让。为下游的批发、零售企业承担部分推广费用或给予一定的推广补贴,是一种短期性补贴合约。

(2)批发回扣。在规定的时期内,给予购买本企业珠宝产品达到一定数量的中间商一定的回扣。如根据进货量按一定比例给予现金回扣或物品奖励。

(3)销售竞赛。发起多家经销商的销售竞赛活动,按照经销商销售本企业产品的业绩,设定不同的奖励。如按一定比例给予价格扣让,或物质奖励。

(4)特许加盟。特许经营是有一定知名度的品牌企业,以合同约定的形式,受许者有偿使用其品牌名称、商标、经营模式、产品及运作、管理经验等,从事其经营活动的商业经营模式。如周大福、六福珠宝等在全国大部分省市都有特许加盟店。

(5)感情促销。通过与经销商广泛接触,加深感情,不仅做生意上的伙伴,更要做生活中的朋友。

(6)智慧促销。智慧促销有两层含义,一是为经销商出谋划策,提供有效地促进销售的方法。二是改变销售模式,实现智慧零售。

知识链接

智慧零售[①]

2018年中国珠宝行业智慧零售峰会,逾千名来自世界各地的珠宝商,围绕智慧零售到底能为珠宝行业带来哪些机遇,珠宝企业如何与其他行业实现共赢,终端门店的珠宝商如何在智慧零售时代顺势而上等话题,与各路行业专家学者面对面交流,探讨智慧零售时代珠宝业的转型升级。

中国科学院院士、俄罗斯自然科学院院士、俄罗斯工程院院士、纽约科学院院士、原中国地质大学校长赵鹏大教授以"智慧零售下的珠宝行业新商业模式探讨"为主题发言。他表示,智慧零售背后的核心能力是供应链能力。这是智慧零售未来的大方向和核心竞争力。不管是互联网零售商还是线下零售商,供应链能力都是最核心的。智慧零售是以消费者需求为导向的,如何获取用户数据,感知用户,获得用户的取向、兴趣、习惯,用用户需求去驱动库存优化、驱动价格优化,进而提高销售,这是智慧零售时代每一位零售商都需要考虑的。他认为,智慧零售是市场发展的必然,也是催生新的商业模式、新的珠宝发展方式和新的消费业态的动力。在传统珠宝门店优势消失、电子商务触顶的趋势下,珠宝行业要以消费者体验为中心,利用互联网和大数据,将人、货、场无缝链接,创造新的高效模式,打造产业链闭环,实现珠宝智慧零售的飞速增长。

90后、00后逐渐登上消费舞台,他们更喜欢、更容易接受在线上消费,选择个性化定制产品。消费群体和消费方式的改变促使珠宝行业进行结构性变革。传统的珠宝产业企业必须把握市场走向和经营动态,适当借力于新思路、新管理、新营销,向互联网+、智能化等虚拟领域扩展。

[①] 资料来源:改自 http://www.lux88.com/news/2018512389.html。

(7)其他促进。与经销商合作,如设备赠送、随购赠送、联合广告、列名广告等。

3)珠宝加工企业的促进工具

一些品牌的珠宝企业有自己的研发和制作中心,还有一些品牌,特别是属于中间商品牌的珠宝企业,产品是由其他珠宝加工企业代加工,珠宝加工企业主要提供宝石加工或首饰镶嵌服务,珠宝产品的加工质量、工艺、效率等影响销售,因此,珠宝加工企业的促进工具从以下几方面考虑。

(1)优质的工艺。对生产流程中的每一个工序进行严格的质量管理,保证珠宝产品的高质量,以优质的加工工艺吸引消费者。如德诚珠宝通过福建宝协向全行业承诺,99.99%的足金首饰产品质量合规,消费者在终端金店购买的德诚珠宝加工的足金首饰产品,可在网站上查询产品源头及的质量信息。

(2)时尚的款式。从设计、珠宝材质的选用等,把握时代潮流,富有创意,符合当代美学,传承品牌文化,激发消费者的认同感。市场上的3D金、5G金等,除了工艺的创新,其设计也得到了年轻消费者的认同,大大激发了珠宝设计与加工创新灵感。

(3)及时的交货。保证质量及时交货,树立良好的企业信誉形象。特别是网络发达的今天,"及时"已经被认为是基本的保证,时间就是效率。

(4)完善的服务。包括有偿服务和无偿服务,特别强调售后服务。如补差价免费更换首饰、免费改款、提供维修、清洗服务等。

此外,鼓励珠宝设计者、加工人才参与行业赛事,提高技能并给予奖励,提高企业知名度和树立企业形象。就职于周大福珠宝创意中心大师工作室的工艺师陈奇亮,勇获技能界的"奥林匹克""珠宝加工"项目的银牌,为国争光。

珠宝加工企业应实现服务网络化、客户广泛化、下单便利化,充分展示本企业的工艺和质量水平,以吸引更多的销售者推广企业产品。

知识链接

第45届世界技能大赛"珠宝加工"项目我国选手获银牌[①]

世界技能大赛被誉为技能界的"奥林匹克",每两年举行一次,是目前全世界规模最大、水平最高、影响最广的职业技能竞赛。第45届世界技能大赛在俄罗斯喀山闭幕,佛山选手陈奇亮勇获"珠宝加工"项目银牌。当他身披国旗登台领奖时,兴奋激动溢于言表。这是目前我国选手参加世界技能大赛珠宝加工项目获得的最好成绩。陈奇亮是佛山市顺德区第三职教集团属校郑敬诒职业技术学校珠宝专业2016届优秀毕业生、现就职于周大福珠宝创意中心大师工作室。

---

① 资料来源:选自 http://www.fsonline.com.cn/p/267241。

4)对营销人员的销售促进形式

对营销人员的销售促进主要是调动销售人员的积极性,发挥销售人员的创新能力,更好、更高效地做好销售工作。对企业销售人员的销售促进是基于竞争和激励机制下的鼓励措施。主要促进形式包括以下几种。

(1)销售竞赛。本企业营销人员之间的竞赛,珠宝企业根据企业实际情况,制定合理的竞赛规则,并设计比赛方案,根据方案进行比赛。如果是参加行业协会等主办的更有影响力的比赛,珠宝企业可以给予奖励。

(2)利润提成。一定时期内,珠宝企业以销售利润或销售提成的方式,奖励销售人员,达到销售激励。

(3)提升的机会。帮助企业员工做好职业生涯规划,对于在销售活动中积极进取、业绩突出的营销人员,除了加薪再增加更多的提升机会。企业除了给他们加薪以示奖励外,还可以作为业务骨干加以培养,给予他们升职等。

(4)增加福利。为销售人员增加学习提高的机会,给予非收入福利。如出国考察学习、参加培训、增加假期等。

除了以上销售促进工具外,珠宝企业鼓励员工的创新营销、学习探索等也是时代的要求,对促进珠宝企业发展有积极作用。

需要提醒的是,珠宝企业在发布广告、设计销售促进时,必须在法律许可的范围,不同国家和地区有不同的法律规定,企业应精心设计促销计划,使所有的环节符合法律规定。

五、珠宝产品的公共关系策略

公共关系是促销组合的另一重要组成部分。对于珠宝企业来说,公共关系的总体目标是赢得媒体报道,建设并形成良好的珠宝品牌,形成品牌标识。得当的公共关系,能够使企业内部和社会公众对珠宝企业和企业产品产生认同感和信任感,而获得支持,使企业拥有巨大的优势。

珠宝企业整体形象建设,包括珠宝企业的经营理念、企业文化、企业价值观等,是整个企业长期以来经营而成的。公共关系就是沟通珠宝企业与公众环境之间的关系,传播企业理念、价值、社会责任等的一系列公共活动。

(一)公共关系的内容

1. 以建立企业整体形象为中心

公共关系的内容是以建立企业整体形象为中心,肩负着"内求团结,外求发展"的重任,处理好企业内部关系、处理好企业与外部关系。

企业内部关系是公共关系实施的基础。主要包括员工开拓精神和正确的价值取向的培养,员工的精神文明、物质文明方面,团队合作方面,与企业荣辱与共观念的建立和强化等方面。如企业内部团结一致时,会形成和谐统一、向上奋进的气氛,员工忠诚于企业,企业具有很强的凝聚力和向心力。

企业外部关系是与珠宝企业在运行中发生一定联系内的所有外部关系的总和。具体包括：珠宝企业与消费者关系、与大众媒体的关系、与其他行业的关系、与经销商的关系、与政府间的关系、与竞争对手的关系等。珠宝企业要处理好各种外部关系，就要运用公共关系工具，传达有效信息，并建立和提升企业的整体形象。

公共关系具有进行企业内外沟通、产品宣传推广、建立与新闻界的关系、推动有利的或阻止不利的立法或法规、提出建议的职能。

2. 公共关系与广告

公共关系和广告都是通过媒介传播提升品牌形象和声誉，具有相同的受众群，但两者有着许多不同。

首先，大多数广告是商业广告，是付费制作和通过媒体传播的，尤其是选择影响力大的报刊、影院、电视等投放广告，需要支付大额费用，相比之下，公共关系产生的费用常常远低于广告。公共关系的费用主要是珠宝企业内部公关部门的运营成本，或者是给公关公司支付的费用。

其次，广告是公共关系的工具之一，企业可以将企业形象、产品特征等以艺术形式表现，广而告之受众群，激发消费购买欲望。公共关系传递的信息必须是真实、可信的，传递的信息有可能与企业产品不相关，但能与消费者广泛沟通，获得好感、得到认同。

最后，广告影响是局部的、可测的。公共关系建立良好的企业信誉和形象，是长期的、影响深远的。如珠宝企业新品推介选在母亲节前夕，企业策划好活动，吸引当地媒体甚至国内、国际媒体以资讯的方式，或撰写有新闻价值的文章发表，或登上著名杂志的封面，这是公共关系。

（二）公共关系工具

珠宝企业的不同目标、不同时间段、市场的不同情况、目标市场定位、市场状况不同，采用的公共关系工具不同。常见公共关系工具如下。

1. 新闻

常用的新闻媒体包括纸媒体和电子媒体，新闻媒体具有受众面广、影响力大、宣传效应好、说服力强等特点。随着互联网的广泛应用，新闻的传播速度更快了。新闻形式包括珠宝业专题报道、记事、人物特写或专访、新闻发布会等。

2. 公益服务活动

珠宝企业积极支持和参加公共事业建设、扶贫助学等社会公益活动，并保持长期而稳定的关系，可以提升珠宝企业的社会影响力。

3. 书面、视听资料

建立企业形象识别系统，包括形象识别、理念识别、行为识别，向公众传播统一的信息，包括企业的和企业产品信息，扩大企业的影响力。

4. 演说

以宣传和建立良好的企业形象为目的的公益活动演说、珠宝企业活动演说。如珠宝企业的年会演讲、公益广告等。

5. 事件

珠宝企业通过设计或安排一些特殊的事件，吸引公众对本企业或企业产品的注意。如萃华发起的非遗基金会北京非物质文化遗产发展基金会黄金文化专项公益基金管理委员会成立，"萃华宫匠非遗花丝文化臻品全球巡展"被人民网、中国日报网、新浪新闻中心、网易网、搜狐网等多家网络媒体报道和转载，向公众传递了萃华非遗保护和传承的企业责任。提高了萃华在世界的知名度并树立了良好的企业形象。

知识链接

走向世界的中国非遗：萃华花丝技艺亮相意大利，演绎中国非遗传奇[①]

2018年6月，由中共中央宣传部、中国文物交流中心等联合主办的"感知中国——中国文博创意作品海外巡展"亮相意大利卡萨雷斯博物馆，向世界展示源远流长的中华文明。"萃华宫匠非遗花丝文化臻品全球巡展"展出了70余件萃华手工珠宝臻品。

70余件手工珠宝作品以"燕京八绝之首"的花丝镶嵌工艺，凝聚现代审美、创意设计与艺术创造，部分作品将中国传统文化、故宫元素与现代时尚设计风潮相结合，创新设计与展示形式，打造了系列宫匠文化珠宝臻品。

70余件珠宝臻品饱含着众多非遗传承人和国家级大师的工匠精神，受到当地民众的热烈追捧和赞赏。通过展览，让更多的人了解非遗、喜欢非遗，进而保护、传承、发展和弘扬中华民族的优秀传统文化，让中国传统文化、非遗匠艺以新的时代活力和全新形象走向世界。

（三）公共关系的原则和类型

1. 公共关系的原则

珠宝公共关系原则与类型

（1）真实、透明原则。真实、透明是公共关系的标志，公共关系是建立信誉、塑造形象的艺术，公共关系的重要原则是真实、透明，出现错误或发生误会时，要将真实情况告知公众。

（2）利益相关原则。公共关系活动要把公众利益放在首位，公众利益是衡量公共关系活动效果的尺度，也是珠宝企业在和谐的气氛下进行经营活动的保证。

（3）整体协调原则。珠宝企业必须综合考虑社会效益（包括生态环境效益）、经济效益、

[①] 资料来源：整理自中国日报网文章 https://qiye.chinadaily.com.cn/a/201806/20/WS5b8cb5cca310030f813ea048.html。

精神文明建设,这是得到社会信赖和支持的基本保证,也是珠宝现代营销的基本理念。如2019年某新闻节目对周大福年轻掌舵人的采访,是在周大福品牌90周年庆之际做的节目,以采访的形式真实、透明,提升了企业形象,把为消费者服务的理念、好的政策和对社会充满希望等传递给公众,丰富了新闻内容。

2. 公共关系的类型

(1)宣传型公共关系。通过媒体、广告、新闻等传递企业信息,扩大知名度;九十岁周大福背后的年轻掌舵人的视频也属于宣传型公共关系。

(2)服务型公共关系。服务型公共关系主要是以各种服务为载体的公共关系。珠宝企业或检测机构提供免费的珠宝产品检测、对消费者提供超值的售后服务,还有对首饰的修复和再设计等都属于服务型公共关系。

(3)公益型公共关系。通过公益活动进行的公共关系为公益型公共关系,像参加大型义演、赈灾等都是公益型公共关系。2020年疫情突如其来,老凤祥积极开展疫情防控和社会服务工作,履行企业的社会责任,奉献爱心,第一时间捐赠300万元人民币,支援武汉地区的抗疫斗争。六福集团坚定履行"为社会延续关怀,积极参与公益活动,回馈社会"的企业使命,率先捐赠200万元人民币采购疫情防控物资,助力湖北武汉及周边疫区医护人员抗击疫情,共克时艰,展示着一个大国珠宝企业的姿态、责任和担当。

(4)征询型公共关系。建立意见箱、开通服务热线、网上咨询与留言等是征询型公共关系。梵克雅宝通过网上咨询为消费者提供服务就是此种公共关系。

(5)交际型公共关系。企业举办一些宴会、晚会、座谈会等的公共关系活动是交际型公共关系。如萃华金店120周年品牌巡展的答谢晚宴。

公共关系的类型还有其他角度的分类,如不同阶段的公共关系,有建设性、维系性、防御性、矫正性(危机公关)、进攻性公共关系等,这里不一一赘述。

六、珠宝促销组合的影响因素

促销组合是指珠宝企业将各种促销活动共同运用,使各种促销方式所起的作用相辅相成,协调一致,最大限度地发挥整体促销效果,顺利实现珠宝企业目标。

(一)影响珠宝促销组合的因素

1. 促销活动的目标

促销活动的目标与珠宝企业的总体目标是一致的。按照珠宝企业的促销目标,结合人员促销和非人员促销方式的特征,选择适合本企业的促销工具组合。在珠宝企业发展的不同的时期有所调整。

2. 珠宝企业的性质

珠宝企业处在珠宝玉石至消费者购买珠宝产业链的链条位置,决定了珠宝企业的促销组合方式。珠宝加工企业、珠宝及首饰批发企业、珠宝零售业,甚至还有珠宝设计公司,都在珠宝产业链上，当然，大的珠宝公司都有自己的设计、加工机构，需要的是分销商的配合。

珠宝的加工企业主要是加工、制作珠宝产品，面向下游的销售商，包括批发商、零售商，珠宝的加工企业促销的重点是在行业内树立良好的质量、技术、加工能力等形象，需要合适的销售商合作，因此，促销方式以人员推销和商业广告为主。如果珠宝企业既有较强的设计加工水平，又有一定的销售能力，则其促销重点应是扩大市场，树立良好的品牌形象，促销方式以商业广告和人员推销为主，重视公共关系。如果珠宝企业出现信任危机，则公共关系为主要促销方式。

萃华企业文化-2014年后的发展

3. 珠宝产品的生命周期阶段

珠宝产品的市场生命周期分为导入期、成长期、成熟期、衰退期4个阶段，在生命周期的不同阶段各种促销方式所起作用不同。对于一般的珠宝产品，其生命周期基本遵循4个阶段，对于高档珠宝产品，宏观环境变化不大的情况下，很难进入衰退期。一般珠宝产品生命周期与促销方式如表3-3-22所示。

表3-3-22　产品生命周期与促销方式

产品生命周期	促销的主要目的	促销主要方法
导入期	产生较高的知名度	投入较大的资金用于广告和公共宣传
成长期	使消费者感兴趣，认识品牌，扩大市场占有率	扩大广告宣传，搞好营业推销和广告宣传
成熟期	使消费者成为"偏爱"，需要起提醒作用水平的广告	销售促进又逐渐起着重要作用
衰退期	保持市场占有率，保持老顾客和吸引新用户	广告仍保持在提醒作用的水平，公共宣传可以降低，销售促进要继续加强

4. 目标市场的环境和商品特性

珠宝企业应正确认识目标市场，了解消费者的消费倾向、消费理念和消费能力，根据不同的珠宝产品的特性，针对性地开展促销活动。20世纪50年代，戴比尔斯抓住日本经济高速增长，钻石市场几乎是空白的时机，实施全方位促销，使日本的钻石消费迅速上升，一度成为世界第二大钻石消费国。随着我国经济的迅速发展，1990年DTC携"钻石恒久远，一颗永流传"的广告语成功地进入中国，开始让中国消费者广泛接受钻石文化。至今，中国的钻石消费早已超过日本，成为全球第二大钻石消费国。这都是戴比尔斯成功营销的结果。

5. 推动和拉引策略

"推"和"拉"指的是珠宝企业向其下游市场促销的积极程度和影响下游中间商或消费者的需求欲望的程度（图3-3-18）。

推动促销策略是珠宝销售人员与中间商促销进行促销活动，将产品推入渠道，珠宝企业积极向渠道批发商或零售商促销，批发商再向珠宝零售商促销，由零售商将产品推销给珠宝

单元三 珠宝市场营销战略和策略

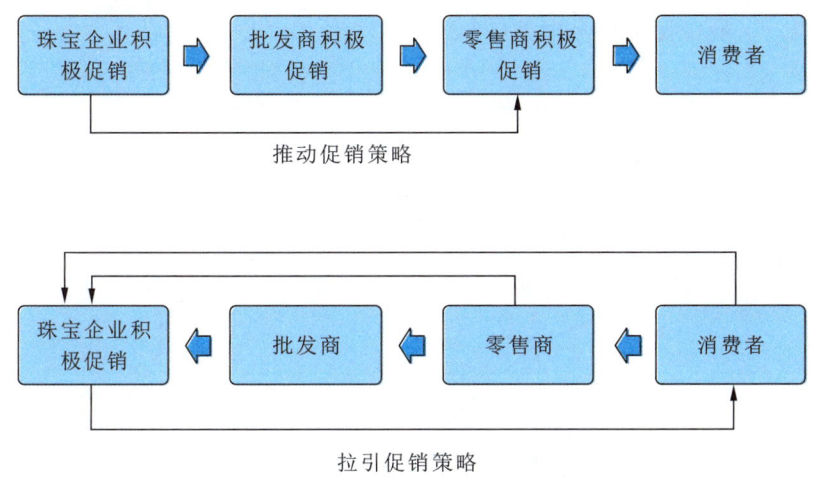

图 3-3-18 推动和拉引策略示意图

消费者。推式促销策略必须是珠宝企业与各层中间商对市场前景有一致的认识,需要较多的具有一定知识水平和推销技能的推销人员推销产品。

拉引促销策略是通过大量广告宣传,激发珠宝消费者对产品的需求并产生强烈的购买欲望。在强烈购买欲望的驱使下,消费者寻找珠宝零售商购买,零售商再找到批发商或珠宝生产企业批发,批发商或珠宝企业按要求提供珠宝产品。拉引促销策略要求在广告和销售促进方面投入较多,广告注意受众面和受众人群,销售促进与品牌形象一致。

6. 促销预算

促销预算影响珠宝促销组合决策,是珠宝企业在未来一定时期内的各种促销方式的费用结构和支出。促销费用的开支要与收益成正比,促销支出原则是以珠宝企业目前的财力、计划销售量的百分比,结合原来促销预算及预估的竞争者的促销预算的百分比,综合确定本企业的促销预算。

7. 其他营销因素

珠宝企业的促销组合决策还与其整体发展战略、营销风格、销售人员素质及特殊环境等因素有关。珠宝企业制定出有效的促销组合决策需要全面考虑。促销组合还应该综合考虑市场和促销工具的特点,选择与市场相匹配的促销工具,以达到最佳促销效果。

(二)最佳促销组合模型

珠宝企业的促销策略要收到理想的效果,需将人员推销、广告、销售促进和公共关系合理安排、有机地配合。20 世纪 70~80 年代,西方市场营销学者经过大量的调查研究,提出了多个促销组合模型,其中有的模型重点关注了广告和人员促销。1987 年,南非共和国的两位学者罗素·阿布莱特和布莱恩·韦斯惠曾,在约翰内斯堡等城市选择了具有代表性的 25 家大公司,按这些公司的业务和经营,综合分为快速流转消费品、耐用消费品、服务、资本品、产业用品5类,对这些公司的促销组合及促销费用支出情况进行了调查,提出了一种新式的促销组合模型——最佳促销组合模型(图3-3-19)。

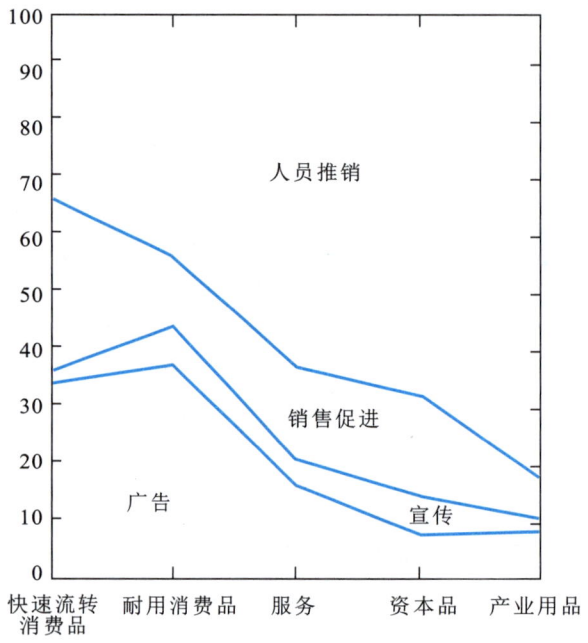

图3-3-19 阿布莱特-韦斯惠曾促销组合模型

企业根据自己在珠宝产业链中上下游位置不同,珠宝产品的档次、用途、材质等不同,结合阿布莱特-韦斯惠曾的最佳促销组合模型,合理制定促销组合策略。下面的案例是互联网时代,新的人员推销方式。

知识链接

为什么唯独翡翠直播最火热,其他品类如何?[①]

翡翠玉石,由于自古以来在中国大众心目中有广泛的认知基础和极高的价值感知,所以并不需要太多的市场教育,老百姓都知道翡翠是好东西。

但是,由于珠宝玉石行业的销售渠道特性,大多数珠宝店的陈列品都以黄金为主,翡翠一般很少,也因为翡翠的货值较高,销售周转率很低,商家们不愿意投入过多的资金备货,以至于店内要么是几百上千款的低端货,要么是几十万、上百万的橱窗形象款。对于消费者来说,买到价位合适、款式新颖的翡翠就变得异常困难。

淘宝、天猫、京东这类电商平台的出现,突然给了消费者一个非常便利和丰富的购买渠

[①] 资料来源:改自 http://www.zb580.tv/news/183356.html。

道。电商的兴起造就了很多翡翠店铺的品牌,至今为止整个珠宝电商的成交金额占比排名中,翡翠是紧跟黄金后面的第二大品类。保守估计,每年翡翠玉石全网线上销售总额在100亿元以上,所以翡翠玉石这种品类在线上本身就极其庞大的消费群体基础。

图文时代的电商以及过去两年的微商时代,比较致命的缺点是无法全方位展现珠宝玉石的特性,很多商家为了提升销售转化率,都会通过打灯和P图的方式,对产品加以美化,以至于常常出现描述不符而退换货的问题。

直播作为全新的展示和销售模式,一出现就很好地解决了上述问题,既省去了商家拍摄、修图、文案、上图的工作,又大大增加了与客户的互动性,从主播拿到一件产品、开始展示销售到卖出,最快一分钟就搞定了。

只要直播有账号,拿起手机就开始直播卖货,正是因为直播的优势特性,原先电商做得好的商家,全部资源和精力都集中到直播间的运营上。这些商家也几乎都在平洲、四会、揭阳、南阳这些翡翠玉石加工贸易基地搭建了直播间,并且将直播间搭建到产业基地,最主要的原因是可以贴近货主方便收货。

翡翠玉石有自己的品类特性,从雕件、挂件、镶嵌成品到手镯,既有几十元,也有上百上千万元的售价,因为是非标准品,无法直观比价,消费者也无从得知货品的底价,好与不好,值与不值,受主播的影响非常大。

有了源头优势,加上直播的低成本运作,直播店主们就可以把销售价压到极低,低到让任何一个进入到直播间的意向消费者,都难以抑制下单的冲动。

庞大的消费基数+无需过多教育市场+非标品的不透明价格+产业源头基地的货源优势+直播的展示互动优势,所以,翡翠玉石顺势成为了直播电商时代最火的品类,直播也成为当下翡翠玉石业最高效的销售方式。

黄金、钻石、彩宝品类由于不完全具备以上优势因素,所以目前在国内相比翡翠玉石而言,并没有做得特别突出的直播商家。值得一提的是,珍珠在诸暨也形成了全民直播的势头,直播开蚌这样的形式更是习以为常。

虽然像翡翠那样光靠直播就做到两三千万元的月销量的品类不多,但是直播作为一种越来越被消费者接受的展示销售方式,在每一种珠宝品类,都可以好好去尝试。

要想现在从零开始把一个直播账号做起来非常困难,从外表看起来直播是一件非常简单的事情,但是要想把一个直播间做到几十万人观看,月销几千万元则需要一个非常系统的运营体系。

从主播话术、货品排序、直播间氛围营造、订单处理、催复核对、货主核对、拣货打包发货、货款结算、退货换货处理,这一整个流程,事无巨细,都必须严格把关,只有每一个环节做都做到万无一失,才能保证整个直播间的产值最大。

一、单选

1. 消费者常常有好货不便宜、质优价高等心理,利用该心理定价的方法是(　　)。

A. 招徕定价　　　　B. 竞争定价　　　　C. 声望定价　　　　D. 整数定价

2. 适合使用渗透策略的是(　　)。

A. 价格敏感程度高的商品　　　　　　B. 为扩大市场占有率

C. 新产品为短期获得高利润　　　　　D. 为尽快收回成本

3. 下面不属于珠宝中间商特点的是(　　)。

A. 专家购买　　　　　　　　　　　　B. 强调交货的实践性和商业信用

C. 喜欢选择与自身形象一致的供货商　D. 购买需求多样

4. (　　)是长渠道的优点。

A. 商品在流通领域中停留的时间短,保证商品的质量

B. 环节少,利于降低商品的价格

C. 高效开拓市场,并分散经营风险

D. 信息能迅速准确地反馈给生产者

5. 人员促销是指企业通过推销人员与顾客直接接触,介绍产品,扩大销售。下面不是人员促销的是(　　)。

A. 展厅销售人员的销售　　　　　　　B. 门店导购人员销售

C. 上门推销　　　　　　　　　　　　D. 折扣销售

6. (　　)是履行营销沟通过程的各个要素的选择、搭配及其运用。

A. 广告、销售促进　　B. 人员推销　　C. 公共关系　　D. 营销组合

7. 珠宝知识培训、珠宝保养介绍、首饰佩戴示范属于销售促进的(　　)。

A. 抽奖　　　　　B. 服务促销　　　C. 质量促销　　　D. 赠品

8. 珠宝广告的策略是 AIDAS,其中 A 是"ATTENTION","I"指的是(　　)。

A. 唤起注意　　　　　　　　　　　　B. 引起兴趣

C. 启发欲望,导致行动　　　　　　　D. 买后满足

9. 珠宝产品市场的生命周期有导入期、成长期、成熟期、衰退期4个阶段,各种促销方式在产品生命周期的不同阶段起着不同的作用。广告仍保持在提醒作用的水平,销售人员对这一产品给予最低限度的关注,销售促进继续加强的是(　　)。

A. 导入期　　　　B. 成长期　　　　C. 成熟期　　　　D. 衰退期

10. (　　)是电视广告的特点。

A. 传递灵活迅速　　B. 周期较长　　C. 制作成本高　　D. 交互性强

二、多选

1. 有电商渠道的珠宝品牌是(　　)。

A. Darry Ring　　　B. 施华洛世奇　　C. 宝格丽　　　D. Blue Nile

2. 产品整体概念包括(　　)。

A. 核心产品　　　B. 保值增值产品　　C. 形式产品　　D. 附加产品

3. 折让定价策略包括(　　)。

A. 折扣定价策略　　B. 心理折让　　C. 推广折让　　D. 运输折让

4. 常见的珠宝定价策略有(　　)。

A. 新产品定价策略　　B. 心理定价策略　　C 拍卖定价策略　　D 折让定价策略
5. 珠宝首饰价值的影响因素包括（　　）。
A. 审美性　　　　　B. 耐久性　　　　　C. 稀有性　　　　　D. 文化性
6. 下列珠宝品牌采用宽渠道的是（　　）。
A. 布契拉提　　　　B. 周大福　　　　　C. 宝格丽　　　　　D. 万象珠宝
7. 珠宝分销渠道设计遵循的原则（　　）。
A. 顾客导向、最高效率原则　　　　　　B. 合理分配利益原则
C. 发挥企业优势的原则　　　　　　　　D. 协调、合作的原则
8. 珠宝首饰分销渠道的作用是（　　）。
A. 疏通生产者和终端用户之间的障碍　　B. 企业的无形资产
C. 企业的无形资产　　　　　　　　　　D. 接近终端用户
9. 下面属于直销渠道的是（　　）。
A. 珠宝品牌企业网的销售　　　　　　　B. 直播卖货
C. 京东平台的加盟商　　　　　　　　　D. 钻石小鸟的定制
10. 公共关系常用的工具有（　　）。
A. 新闻　　　　　　B. 公益服务活动　　C. 书面视听资料　　D. 演说

三、简答

1. 可选择的包装策略包括哪些内容？
2. 品牌设计原则。
3. 研究珠宝产品组合的宽度、长度、深度和密度在珠宝营销中的意义。
4. 简述珠宝产品包装作用。
5. 撇脂定价策略的优缺点。

四、分组实践

假设你所在的珠宝企业有珠宝新品投放市场，新品主要按年龄定位在中青年群体，在投放市场前需要设计一系列的活动以增加人气、提高产品知名度，活动中也能销售该新产品。

任务：

1. 收集目标群的特征信息，了解他们的生活习惯。
2. 根据信息和活动目标进行珠宝新品投放市场前的系列活动设计。
3. 写出活动策划方案。

五、案例分析

阅读 P224 案例资料，"线上直播，线下引流"或成珠宝零售新潮流，回答下列问题：

1. "May 彩珠宝"罗湖珠宝购物节用了哪些促销方式？
2. 案例中涉及了哪些渠道模式？这些渠道模式有什么特点？
3. 科技发展影响了哪些促销？

单元四　不同珠宝市场的整合营销

学习目标

技能目标：了解不同珠宝市场的营销策略。
知识目标：掌握不同类型珠宝首饰的评价方式、价格特点。
素质目标：提高学生的艺术鉴赏力。

项目一　钻石的营销策略

任务一　钻石与消费者购买心理

学习指导

做什么

根据单元三的珠宝市场整合营销知识,分组对市场上钻石饰品进行分析,了解钻石饰品与消费者心理的关系,明确钻石饰品的基本价格组成。并分组分享结果。

怎么做

1. 组建 3~4 人的小团队,并选出组长。
2. 分组进行珠宝首饰市场调查,讨论回答下面情境导入后面的问题,并说出钻石的起源。
3. 确定市场范围,对比各销售场所钻石饰品的含义,填写消费者购买钻石产品时的心理过程分析表(表 4-1-1)。
4. 结合消费行为理论和钻石市场的特殊性,课堂可模拟销售钻石首饰,以其他团队作为消费者并进行消费者交谈,观察交谈过程中消费者的变化,填写观察消费者并记录分析表。
5. 最后利用所学知识分析钻石首饰消费者的心理。
6. 交流与学习。

情境导入

钻石璀璨夺目,稀少、珍贵,不仅代表着永恒和爱情,更是权利与财富的象征,从古至今一直受到人们的钟爱。那么钻石究竟有什么样的魔力,让人们如此趋之若鹜呢?

回答问题并填写表 4-1-1、表 4-1-2。

(1) 如何回答顾客的询问"你家的钻石是南非产的吗?"。

(2) 如何回答顾客的询问"1 克拉钻石多少钱?"。

表 4-1-1　消费者购买钻石产品时的心理过程分析

心理过程	购买前表	出现偏差的原因	分析	对策
知晓	失望			
	欣喜			
了解	不满			
	高兴			
喜欢	喜欢			
偏好	转移品牌			
确信	确信			
实施购买	勉强			
	自主			

表 4-1-2　观察消费者并记录分析

特征	线索	你的解释	你的确认	你的行动
放松的				
紧张的				
悠闲的				
时间紧张的				
忙得没时间				
正式的				
细心的				
工作习惯				
自信				
个人背景				
影响范围				
详尽、仔细				
兴趣				

钻石源自希腊语中"Adamas",是坚硬、不可驯服的意思。钻石是由碳原子组成的等轴晶系天然矿物,摩氏硬度为10,密度3.52(±0.01)g/cm³,折射率2.417,色散值0.044。它的矿物名称是金刚石。钻石是四月的生辰石,也是结婚60周年的纪念石。钻石是公认的"宝石之王",是世界上公认的最珍贵的宝石,也是最受人喜爱的宝石之一。

一、钻石的起源

在古希腊,有人认为钻石是天神滴落的眼泪,是星星碎片掉落人间变化而成的。在梵文中,钻石即是雷电之意,用来解释钻石由闪电而生的。直至今日,现代科学告知人们钻石并不是由天而降,而是形成于地球深处。

1. 钻石的形成

研究表明,钻石形成于高温高压的环境,结晶温度范围为900～1300℃,压力为$(45～60)\times 10^8$Pa,即钻石形成于地球120～180km深度的上地幔,并通过岩浆侵入和火山喷发带到地表。

2. 钻石的传说

1)钻石山谷

在古希腊传说中,钻石遍布在一个恐怖的山谷里,由巨蟒守护,这些巨蟒的目光具有魔力,凡人的眼睛只要看着巨蟒的目光便会死去。只有机智坚韧的人,才能摆脱它们的守护获得钻石。

在古罗马同样也有相似的传说,在有关钻石谷的文章中写道,亚历山大在公元前350年东征印度时,曾在钻石谷获取到钻石。他命令士兵用镜子把巨蟒的目光反射回去将巨蟒杀死。之后他们将羊宰杀后撕成大肉块,从山顶丢下谷底,血腥的羊肉上便沾满了钻石,引来大量的秃鹫抢食羊肉,之后跟踪抓肉的秃鹫,将其杀死而获得钻石。

2)钻石与爱情

埃及人认为,无名指的血脉是直接通向心脏的爱情之脉,象征爱情永恒不变。1477年奥地利大公麦西·米伦将一枚钻石戒指送给法国勃艮第·玛丽公主,从此开创了以钻戒订婚的传统。按基督教的习俗,钻戒也应戴在无名指上,是因为神父用戒指顺序轻触新人左手的第三个手指,并说"奉圣父、圣子、圣灵之名",最后正好落在无名指上。

二、钻石及其产品质量评价

钻石的"4C"质量评价标准,指的是钻石的颜色(Colour)、净度(Clarity)、切工(Cut)和克拉质量(Carat Weight)4方面,由于4个要素的英文均以C开头,简称"4C"。在评价钻石过程中,"4C"是彼此相关而又缺一不可的。钻石的质量评价就是从上述4个方面对钻石进行等级划分,对钻石进行综合评价,进而确定钻石的价值。

(一)钻石质量评价的发展过程

早期的钻石品质评价,主要是根据其原石形态而确定的。八面体并且晶面光亮的钻石原石价值较高。资料显示，在 16 世纪记载的钻石价表中，钻石的价格取决于晶型和质量，而颜色、净度对钻石的价格没有多少影响，随着钻石产量的增长，人们对钻石品质评价的观念也逐渐改进。在钻石大量供应的情况下，准确地评价钻石品质，确定钻石的价值成为当务之急。钻石产量的增加也使人们逐渐认识到，颜色不仅可以影响钻石的外观，同时越是无色透明的钻石越稀有，杂质少、透明度高的钻石也较稀少，渐渐的颜色和净度成为了钻石评价的两个新标准。对钻石色级进行系统的评价始于 19 世纪中叶。这个时期巴西钻矿是世界钻石的主要来源。早先评定色级所用的术语直接地反映了这种情况：Golcondo 代表颜色的级别，其后依次为 Bagagem、Canavieras、Diamantinas 和 Bahias。其中，除了 Golcondo 是古代印度一个产钻石的王国的名称外，其他都是巴西钻石矿山的名称（巴西钻石在发现初期，被认为是次于印度的钻石，并迫使葡萄牙商人把巴西的钻石先运到印度，再从印度运到欧洲，以冒充印度产出的钻石）。19 世纪末，随着南非钻石的发现和大量开采，色级的用语也随之发生了变化。

在 20 世纪 30 年代形成了新的流行于钻石贸易中的国际性术语，见表 4-1-3。这些术语中，Jager 形容蓝白色钻石，因南非 Jagerfontein 钻矿得名，其产出的钻石带有蓝白的色调，代表当时的最好颜色。River 是由次生矿床中产出的钻石，带色调的相对稀少，用于表示无色的钻石。Wesselton 也是得名于南非一个钻石矿。Crystal 在这不是指水晶，是用来描述颜色的，因为当时生产的 Crystal Glass 这种水晶玻璃，总带有一定的黄色色调。Cape 是 cape of good hope 的简称，也是南非的地名由于该地区找到的钻石比较黄，所以用来代表黄色较明显的白色钻石。这些术语虽然与产地有关，但作为专业的颜色描述术语已不再具有产地意义。

表 4-1-3　钻石色级的旧术语

旧色级术语	含义	备注
Jager	优等的蓝白色	南非的矿山名，出产高级的钻石
River	蓝白色	砂矿产出的钻石，质量往往很好
Top Wesselton	上白色	Wesselton 矿山的钻石比周围矿山产的质量更好
Wesselton	白色	
Top Crystal	很淡的黄白色	由水晶玻璃派生来的术语，指带有很浅色调的白色钻石。
Crystal	淡的黄白色	
Top Cape	微黄白色	南非地名，即好望角省，该地产的钻石比印度、巴西的钻石更黄
Cape	浅黄白色	
Light Yellow	浅黄色	
Yellow	黄色	

(二)4C标准的建立

颜色、净度、切工、质量等钻石分级概念随着钻石生产和商贸的发展而产生、发展。一直到了20世纪50年代，美国GIA首先系统性地提出了现代钻石4C分级的概念，由于适应了钻石生产和商贸的国际化，以及GIA和De Beers的大力推广，4C分级概念迅速在国际上得到了响应。随后世界各国或地区的相应机构也建立了许多相似的钻石4C分级规则。

国际上较有影响的钻石分级标准和机构，如美国宝石学院(GIA)的钻石分级体系、国际金银珠宝首饰联盟(CIBJO)的钻石分级规则、国际钻石委员会(IDC)的钻石分级标准，比利时的钻石高层议会(HRD)、北欧斯堪的纳维亚钻石委员会(Scan D N)的钻石分级标准，以及我国国家质量技术监督局颁布的钻石分级国家标准(GB/T 16554)，都是4C体系下的钻石分级标准。

现阶段我国的珠宝市场上销售的钻石饰品，主要是以GIA与GB/T 16554两个标准分级居多。下面对两个标准进行简单对比，见表4－1－4。

表4－1－4　GIA标准与GB/T 16554级别对比

颜色级别		净度级别		切工级别	
美国宝石学院(GIA)	中国 GB/T 16554－2017	美国宝石学院(GIA)	中国 GB/T 16554－2017	美国宝石学院(GIA)	中国 GB/T 16554－2017
D	D 100	FL(Flawless)	镜下无瑕级 LC — FL	Excellent	Excellent
E	E 99	IF(Internally flawless)	镜下无瑕级 LC — IF		
F	F 98	VVS_1(Very very slightly included)	极微瑕级 VVS — VVS_1	Very Good	Very Good
G	G 97	VVS_2(Very very slightly included)	极微瑕级 VVS — VVS_2		
H	H 96	VS_1(Very slightly included)	微瑕级 VS — VS_1	Good	Good
I	I 95	VS_2(Very slightly included)	微瑕级 VS — VS_2		
J	J 94	SI_1(Slightly included)	瑕疵级 SI — SI_1	Fair	Fair
K	K 93	SI_2(Slightly included)	瑕疵级 SI — SI_2		
L	L 92	I_1(Included)	重瑕疵级 P — P_1	Poor	Poor
M	M 91	I_2(Included)	重瑕疵级 P — P_2		
N	N 90	I_3(Included)	重瑕疵级 P — P_3		

续表 4-1-4

颜色级别		净度级别		切工级别	
美国宝石学院(GIA)	中国 GB/T 16554—2017	美国宝石学院(GIA)	中国 GB/T 16554—2017	美国宝石学院(GIA)	中国 GB/T 16554—2017
O	<N		<90		
P					
Q					
R					
S—Z					

三、钻石的购买心理分析

1. 美学功能

玛丽莲·梦露说:"钻石是女人最好的朋友。"它璀璨夺目,稀少珍贵。一直以来都是珠宝首饰最不可或缺的元素。不论是钻石饰品本身,还是小颗粒钻石在珠宝首饰款式设计中起到的作用,都将钻石的美诠释得淋漓尽致。追求钻石的装饰美一直都是钻石消费的核心。

2. 情感寄托

"A diamond is forever"这句广告是戴比尔斯在1951年开始使用的广告词。1993年,被翻译成中文"钻石恒久远,一颗永流传",并被美国《广告时代》评为20世纪最经典的广告语。它打动了无数爱河中的情侣,期待钻石般永恒的爱情,稀有、珍贵的"宝石之王"便被赋予爱情、永恒的象征。并最终形成了新人们"无钻不婚"的全新理念。

3. 投资收藏

钻石历来以"硬通货"的形象而存在,从历史价格来看,钻石的始终在一个长期上升的通道中运行,并且高品质的钻石上升速度有加快趋势,持续上涨的钻石价格吸引了很多投资者的目光。钻石作为投资收藏品的首要原因是钻石的资源稀缺性,是因为自1934年以来,钻石的增值幅度超过通货膨胀。在欧美国家人们一直购买钻石,就如同黄金一样被人们当作抵御通货膨胀的工具。近年来中国消费者在选购钻石时,也越来越多地将投资当作重要因素。

随着消费趋势的变化,彩色钻石市场显现出极大的活力。

知识链接

销售中,观察的步骤包括①寻找可能显示你的顾客重要的线索;②解释线索,这是你能得出顾客的一个重要特殊步骤;③用你现在想到的来探测的顾客特征,确认你的解释正确与否;④使用你的线索和你的解释,帮助你建立与顾客的关系并决定你的下一步行动。

任务二　钻石的营销

学习指导

做什么

根据单元三的珠宝市场整合营销知识,分组对市场上钻石饰品进行分析,了解钻石饰品的整合营销,明确钻石饰品的价格体系,能够进行钻石首饰的促销,并分组分享结果。

怎么做

1. 组建3~4人的小团队,并选出组长。
2. 观看珠宝广告《Cartier L'Odyssee奇幻旅程》,分组进行讨论,广告的AIDAS分析表(表4-1-5)。
3. 清楚钻石的计量单位,学会钻石报价单的查看。并试着计算某一品质的钻饰价格。
4. 团队共同为某款或某系列钻石首饰设计促销活动。
5. 交流与学习。

情境导入

请观看广告片《Cartier L'Odyssee奇幻旅程》(或查看P168知识链接),分析广告的AIDAS策略包括5个方面,通过广告表达有指示意义、象征意义、感情意义、情绪意义、诱惑意义,引导消费者接受珠宝产品。并完成表4-1-5广告的AIDAS分析,并说明A、I、D、A、S每环节最适合的媒体类型。

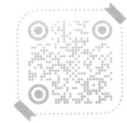

获金狮奖广告—卡地亚

表4-1-5　广告的AIDAS分析

	广告中的表现	引起人的注意程度 强→弱共5级	表达的意义
唤起注意 (ATTENTION)			
引起兴趣(INTEREST)			

续表 4-1-5

	广告中的表现	引起人的注意程度 强→弱共 5 级	表达的意义
启发欲望 (DESIRE)			
导致行动 (ACTION)			
买后满足(SATISFACTION)			

一、钻石的计量单位

1. 克

"克"是我国法定的计量单位,符号为"g",以克为计量单位时,应保留到小数点后 4 位。

2. 克拉

"克拉(carat)"目前珠宝首饰行业通用的宝石质量单位,也是钻石的常用质量单位,符号为"ct"。它是源于地中海地区的一种杨槐树(Carab)的种子,因为这种种子每一粒重量非常相近,古代被人们用作称量钻石的砝码。

1ct＝200mg＝0.2g　　　1g＝5ct

3. 粒/克拉

表示每克拉钻石有几粒,是碎钻批发使用的一种质量估算方式。是一个近似的范围,例如 3 粒/克拉,或者表示成 1/3 钻,其单粒的质量在 0.33～0.37 克拉范围。

4. 分

由于钻石过于珍贵且价格太高,人们又将钻石的计量单位缩小到分,将 1 克拉分成 100 分,用分钻石作为小钻石的计价单位。在市场上,钻石的交易中最小的计量单位有时候可以达到 1/10 分,也就是 0.001 克拉,小于 1 分的钻石行业一般称之为"厘钻"。

二、钻石的价格体系

1. 克拉台阶

钻石的价格与质量有着很大的关系,一般来说,在其他条件相同的情况下,钻石的价值与质量的平方大致成正比。存在着这样的关系:

$$钻石价格＝质量^2 \times 1 克拉钻石的市场基本价格$$

此原则是 200 多年以来钻石定价的基本规则,现仍具有指导意义。

对于钻石的质量,一个值得注意的现象是克拉台阶现象。一方面是钻石贸易过程中对钻石质量分类的结果;另一方面由于大多数人对整数克拉钻石的偏爱,所以钻石的价格在整数克拉处会有一个台阶式的价格增长,称为"克拉溢价"或叫"钻石台阶""克拉台阶"(图4-1-1)。这是钻石市场需求造成的,也是质量影响价值的基本规律的体现。克拉台阶在整数克拉位置明显,最典型的是1克拉,10克拉以内均是如此,超过10克拉的钻石溢价现象会减弱。克拉溢价的幅度还与钻石的品质有关,通常高品质的钻石溢价幅度较大,低品质的钻石溢价幅度较小。

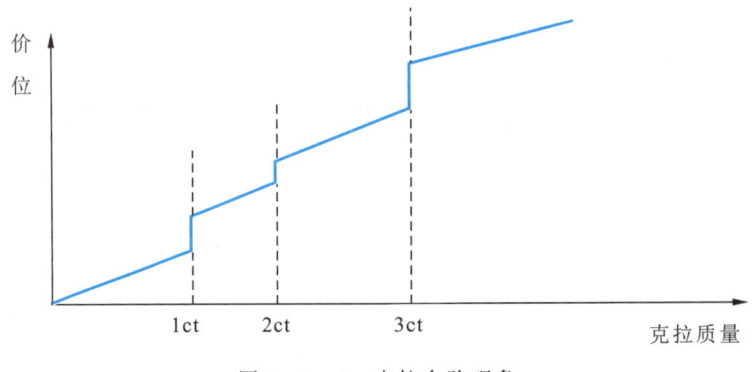

图4-1-1 克拉台阶现象

2. 裸钻的国际报价

1)什么是钻石报价单

钻石经纪人Martin Rapaport先生在1978年创建了拉帕波特钻石报价表(Rapaport Diamond Report)。在此之前,世界市场上没有业界通用的钻石定价,钻石批发商都是根据自己的成本及判断,将钻石按自己预想的价格卖给零售商,市场贸易过程中影响钻石价格的因素很多,缺乏行情的比较,因此买卖的过

钻石报价表

程中存在着很多困扰。Martin Rapaport先生将纽约市场上收集来的钻石平均交易价格,按照颜色、净度、克拉数整理列表,制作出一份标准化的钻石报价单,定期由位于美国纽约第47街的珠宝杂志发布。圆钻型钻石报价表每周发布一次,互联网上于周四午夜发出,邮寄于周五发出。花式琢型的钻石报价表每月第一个周五发布。从此,钻石有了透明的国际参考价格,买卖双方有了共同的基准,钻石的分级也因对钻石价格影响巨大而更加受到重视。

拉帕波特钻石报价单报道了钻石的克拉质量0.01~10.99克拉(早期的报价单最大克拉质量是5.99ct),颜色级别从D—M色,净度级别从IF至I_3,中等切工等级的圆钻型钻石的报价。拉帕波特报价比现货商品的价格高,一般是高于批发价低于零售价,给商家们留出了足够的余地。这个价格是交易中讨价还价时的依据,而最终成交价的实际折扣,随交易的大小、品质级别、当时的市场需求情况、付款方式与期限等众多因素有关。稀缺货品甚至经常出现100%以上的折扣。当遇到价格变化时,新的钻石报价单会用粗体标注出有变化的价格,加粗代表价格上涨,斜体加粗代表价格下降。钻石报价单样式见图4-1-2和图4-1-3。

彩色钻石没有报价单,其价格首先取决于其颜色的成因,即颜色是天然的还是人工优化过的。彩色钻石的主要魅力在于其独特、稀有的颜色,因此切工、净度等因素对其影响小。在评价彩色钻石时,颜色是具有决定意义的,可以掌握这样一个原则:彩色钻石的颜色越稀

图 4-1-2　圆钻型钻石报价单(0.01～0.89 克拉)

有,其价值就越高;颜色越浓、饱和度越高,其价值也就越高。如曾经就有紫红色的"tancock"钻石,质量为 0.95 克拉,其克拉价为 92.6 万美元;而一颗 20.17 克拉重的彩色蓝钻,克拉价为 490 952 美元。尽管前者比后者小,色较浅,但因其更稀有而使其克拉价高出许多。

2)钻石价格的计算

拉帕波特报价单按钻石的质量将报价表分成若干个独立的部分,是"克拉溢价"最直接

图4-1-3 圆钻型钻石报价单(0.90～10.99克拉)

的一种体现。报价上价格的单位是100美元/克拉，以0.7克拉F色、VS1净度的钻石为例，查表显示2020年6月26日的钻石报价为49，就代表其价格为4900美元/克拉。如想计算出具体的钻石价格，还需要汇率、折扣等信息。

使用钻石报价单计算钻石人民币价格的公式：

钻石价格(元)＝国际报价×钻石克拉质量×汇率×折扣

三、钻石的销售

(一)钻石的产地

根据资料显示,印度是世界上第一个发现钻石的国家,在 3000 年以前,印度就已经有关于大规模开采钻石的记载。一直到 18 世纪中叶以前,印度都是世界上唯一的钻石出产地。印度的钻石矿床是砂矿型,世界上的一些著名的钻石,如"光明之山""希望"都产自印度戈尔康达河流域,但是,印度的钻石产量不大,到目前为止,已经不再是钻石重要的产地了。

1725 年,人们在巴西的米纳斯吉拉斯再一次发现了钻石,巴西成为了第二个发现钻石资源的国家。随后取代印度,在 19 世纪南非发现钻石之前,巴西都是最主要的钻石产地。巴西也曾发现过一些世界名钻,比如重 1680 克拉的世界第二大钻石布拉冈斯。

之后的一个多世纪,世界上都没有新的钻石产地被发现,一直到了 1866 年,南非发现了第一粒钻石"尤瑞卡",之后又发现了"南非之星",才真正开始了寻找钻石的热潮。并且在南非的金伯利首次发现了钻石的原生矿,并以金伯利岩命名。南非钻石的特点是颗粒巨大,据记载,已发现的 2000 多粒 100 克拉以上的钻石,95% 产在南非。

随着南非的钻石开采,非洲的其他地方也陆续发现钻石资源。目前非洲钻石的产出量约占世界钻石产量的一半。

到 1954 年,俄罗斯的西伯利亚地区发现了金刚石矿床,虽然以工业级为主,但由于资源总量巨大,目前俄罗斯已经成为钻石的主要出产国之一。

在 1976 年,澳大利亚北部发现了一种新的巨大的钻石岩管,属于钾镁煌斑岩类型,著名的阿盖尔岩管直径近 1000m,虽然宝石级金刚石出产率不高,但因出产粉红色钻石而著名。与鲍河砂矿一起,构成了世界上最大的钻石矿床。

最后一个发现的具有重要意义的钻石出产国是加拿大,加拿大在 1991 年勘察发现了钻石矿床,2003 年与英国公司合作投产,现成为了世界上另一个钻石生产大国。

有 20 多个国家发现了金刚石矿床,世界上金刚石的主要出产国是:俄罗斯、博茨瓦纳、刚果(金)、加拿大、南非、澳大利亚、安哥拉。这七个国家的钻石总产量达到世界总产量的 90% 以上。

(二)钻石的加工交易中心

钻石加工最早始于印度,大约在 14 世纪传入欧洲的威尼斯、布鲁日、佛兰德、巴黎和安特卫普等地。后两个城市从 15 世纪开始在长达两个世纪的时间里,成为国际钻石加工的中心,是国际市场上切磨钻石的主要供应者。17 世纪以后,阿姆斯特丹取代了巴黎,至 19 世纪末甚至超过安特卫普,取得了全球钻石加工行业的主导地位。第二次世界大战之后,阿姆斯特丹开始衰落,逐渐形成了后来的安特卫普、特拉维夫、纽约、孟买世界四大各具特色的加工中心。近几年泰国奋起直追,有成为世界第五大钻石加工中心的趋势。

传统四大钻石交易中心的特点如下。

比利时的安特卫普:这座城市 80% 的人从事钻石行业。它是钻石加工中心,同时也是钻石的交易中心。很多钻石毛坯和成品钻石都在这个地方进行交易。该交易中心切磨的钻石以圆钻型为主,也有其他的一些异形钻石加工。钻石的质量从半分到 10 克拉,规格比较齐全,并且一般认为安特卫普的加工工艺是最好的,就是市面上通常说的"欧洲工"。

以色列的特拉维夫:主要是以花式切工的钻石为特长。加工的钻石,普遍偏大,有 1～2 克拉的,也有几十分的,只是不加工很小的钻石。这个加工中心的工艺技术比较领先。

美国的纽约:对于大颗粒钻石设计与加工尤为擅长。由于劳动力价格和地面、租金的成本价格都非常高,所以纽约通常是加工一些非常大的、高品质的钻石,这样获利就会更高。

印度的孟买:以小分数的圆钻型为主,主要的获利点就是大量人口可提供廉价的劳动力。现在印度的苏拉特成为了钻石加工业的新中心,这座号称世界钻石之都的城市,从以纺织业为主到转向以钻石加工为生,成功带动了苏拉特经济的快速发展。

现在钻石的加工中心主要有三个地方:印度、以色列和中国。中国的钻石加工业早在 2004 年就已经超过了以色列,成为仅次于印度的第二大钻石加工国家。据不完全统计,在 2006 年的时候,中国就已经有 80 多家钻石加工企业。"中国工"现在也是一个优质加工工艺的代表,中国企业加工的钻石,主要销往美国、欧洲、日本这样一些高品质要求的国家。

(三)钻石的零售

中国的钻石市场起步比较晚,始于 20 世纪 90 年代。1993 年"钻石恒久远,一颗永流传"这句深入人心的广告语,开启了中国钻石市场的新篇章。从此中国大陆钻石市场进入高速发展期,年平均增长率超过两位数。2008 年到 2009 年全球经济危机爆发,世界钻石贸易进入到低迷阶段,只有中国的钻石市场仍然保持着强劲的增长势头,同比增长分别达到 10.5% 和 28%,成为全球钻石市场的最大亮点和全球钻石业最重要的推动力。

1. 中国的钻石市场上的产品变化阶段

中国的钻石市场上的产品变化大致分成了四个阶段。

第一个阶段是 2000 年之前,在钻石最初进入市场时,中国正处于改革开放的初期,珠宝首饰类产品只有极少数人可以消费,此时市场上的产品类单一,款式陈旧,工艺粗糙,但价格却相当昂贵。这个时期里人们对钻石比较陌生,消费者以"我要有钻石"为主要购买原因,并不关注钻石的品种,市场上的钻石主要以 0.3 克拉以下,I—J 色,VVS 净度的成品钻石饰品为主。

第二个阶段是 2001—2010 年之间,随着国内钻石分级 4C 标准的建立和推广,加之珠宝专业教育与培训的发展,市场对于钻石品种的要求不断提高,人们开始要求"我要有更大的钻石"。珠宝专柜上的钻石饰品开始多元化发展,款式变得新颖,30 分、50 分的钻石成为了主流产品。

第三个阶段是 2010 年开始的裸钻定制销售模式,裸钻定制业务的出现,打着"钻石没有品牌""同样的钻石省一半钱"的口号,打破了传统钻石销售体系下的高价格。同时也开始了中国珠宝市场专业知识的普及,鼓动着消费者开始更加严谨地审视钻石的"4C",消费者开始想"要更了解我的钻石"。

2011 年上半年,中国钻石贸易进口额高达 5.77 亿美元,超过日本同期钻石进口金额,成为仅次于美国的全球第二大钻石消费国。时至今日,中国的钻石市场早已显现出超越美国的势头,有望成为全球第一大钻石消费市场。

2. 钻石销售的其他影响因素

钻石的价格除了受国际市场定价、钻石本身特性影响,还与以下因素有关。

1）品牌价值

品牌知名度、品牌的文化内涵等,直接影响钻石产品的价格。

2）销售渠道

销售渠道的不同,钻石的价格也会有所不同。终端零售商一般标价是成本的3倍,因为中间商多。网络销售,产品从工厂直接到顾客手中,省去传统商场高额的场地费用,价格相对较低。

3）地域影响

各地的消费水平、消费者对钻石的认知水平、风俗习惯等,都会影响钻石产品价格。

钻石产品的价格除了受上述因素影响外,替代品也有一定影响。定价方法与其他产品一样,可以采用成本导向定价、需求导向定价、竞争导向定价。

3. 钻石的促销

钻石及产品作为奢侈品,其促销方式与普通商品有着本质的不同,根据钻石的特性,促销方式有广告、人员、销售促进和公共关系四种基本类型。不同促销方式,消费者的喜欢程度和接受程度不同。图4-1-4是某城市钻石首饰市场消费者重视的因素调查,从调查结果来看,消费者在购买钻石首饰活动中,重视的因素有很大差别。钻石产品的促销要合理选择,才能做到有效销售。

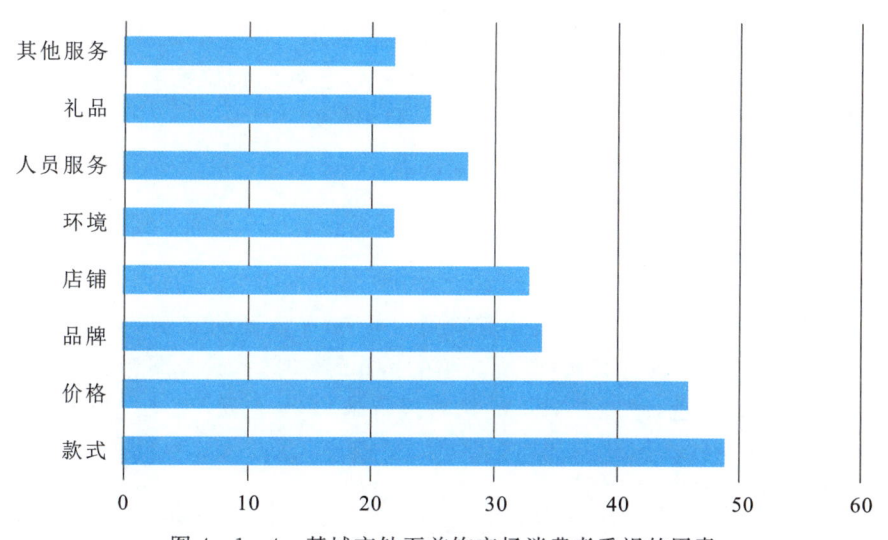

图4-1-4 某城市钻石首饰市场消费者重视的因素

同样,在钻石首饰的整合营销中,人员促销、广告、销售促进、公共关系都是不可缺少的要素。需要强调的是,公共关系也是一种宣传性的促销方式,但与广告宣传不同。根据钻石的特征,珠宝企业在钻石产品营销中,利用的公共关系工具主要有:①新闻公关;②公益活动公关;③观念传播公关;④演说公关;⑤事件公关等。

练一练

一、单选

1. 钻石消费者的购买心理主要有钻石的（　　）。
   A. 美学功能　　　B. 情感寄托　　　C. 投资收藏　　　D. 以上都对
2. 不属于钻石的计量单位的是（　　）。
   A. 克　　　　　　B. 克拉　　　　　C. 分　　　　　　D. 毫米
3. 18世纪中叶以前，（　　）是世界上唯一的钻石出产地。
   A. 南非　　　　　B. 巴西　　　　　C. 印度　　　　　D. 俄罗斯
4. 著名的"库里南"钻石产自（　　）。
   A. 南非　　　　　B. 巴西　　　　　C. 印度　　　　　D. 俄罗斯
5. 有可能成为第5大钻石加工中心的是（　　）。
   A. 南非　　　　　B. 中国　　　　　C. 印度　　　　　D. 泰国

二、多选

1. 世界各具特色的传统钻石加工中心主要有（　　）。
   A. 安特卫普　　　B. 特拉维夫　　　C 纽约　　　　　D. 孟买
2. 以花式切工的钻石为特长不是（　　）。
   A. 比利时的安特卫普　　　　　　　B. 以色列的特拉维夫
   C. 美国的纽约　　　　　　　　　　D. 印度的孟买
3. 以圆钻型为主,并且是以小分数的圆钻型为主的加工中心不是（　　）。
   A. 比利时的安特卫普　　　　　　　B. 以色列的特拉维夫
   C. 美国的纽约　　　　　　　　　　D. 印度的孟买

三、简答

1. 钻石的质量评价主要评价什么内容？
2. 简述钻石的克拉台阶现象。

四、计算

根据材料进行计算：一香港钻石批发商拿到一粒GIA认证的1.05克拉的钻石，颜色G色，净度VVS1，切工3EX，没有荧光，供货商给的折扣是90%。其查阅当日的国际钻石报价表上1.00～1.49克拉G色，净度VVS1的钻石报价是9500美元/克拉。当天的美元兑换人民币汇率为7。

计算这粒钻石的人民币价格。

五、分组实践

假设你的团队是珠宝行业的创业企业，主营业务是钻石饰品，该企业如何面对消费者进行促销。

任务：

1. 收集钻石首饰与消费行为的相关资料。
2. 设计促销，并写出文案。

项目二 贵金属的营销策略

任务一 贵金属与消费者购买心理

学习指导

做什么

根据单元三的珠宝市场整合营销知识,分组对市场上贵金属饰品进行分析,了解贵金属饰品与消费者心理的关系,能够掌握贵金属的营销策略。

怎么做

1. 3~4人为学习小团队,实行组长轮换制。
2. 小团队可以设定自己的珠宝品牌,以某一种贵金属饰品为例,选择目标市场和市场定位。
3. 确定市场范围,分析消费者购买心理。
4. 结合消费行为理论和贵金属的特征,针对本团队的主要贵金属产品,向消费者介绍,并填写下表,然后团队讨论并完成表格内容。
5. 试着分析不同性别、不同年龄购买贵金属产品的心理及行为,并写出文字总结。
6. 交流与学习。

情境导入

据国际铂金协会2007年的统计,在传统销售旺季的春节和情人节期间,铂金首饰的销售额同比去年增长了23.4%。2007年该协会的市场调查亦显示铂金首饰为大部分中国消费者所喜爱。针对婚庆市场的调查发现在中国婚庆首饰市场中,消费者购买最多的是铂金(图4-2-1)。

黄金首饰是珠宝首饰市场上最受欢迎的产品之一。一方面是因为黄金普遍被认为具有保值功能;另一方面随着消费者需求的多样化和加工工艺水平的精细化,近年来黄金首饰开始突破以往款式单一的传统,大胆地与其他物料搭配,因此黄金首饰开始受到越来越多年轻男女的喜爱。

我国黄金饰品的销售还与消费者的闲暇时间有关。每年的第一季度、五一假期、国庆假期等都是黄金饰品销售的旺季。

2011年仅上海的金饰品行业黄金销售量突破110吨,销售量占据全国三分之一。

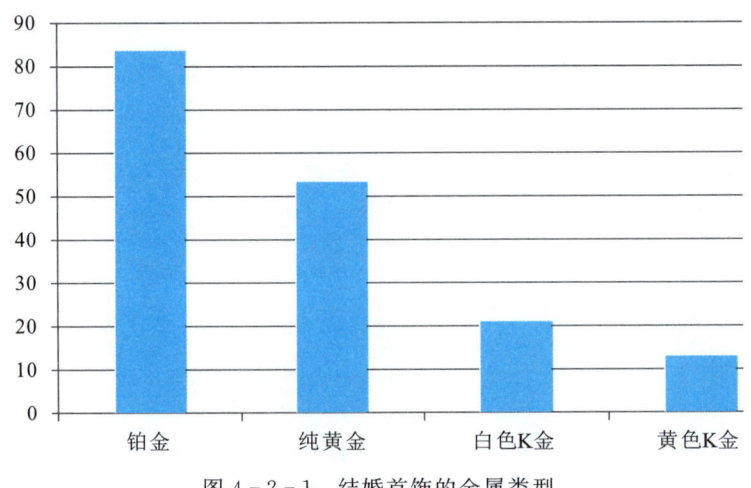

图 4-2-1 结婚首饰的金属类型

2013 年上半年,全国黄金销售量达 706.36 吨,比 2012 年同期增加 246.78 吨,同比增长 53.7%。其中,首饰用金销量 383.86 吨,同比增长 43.6%。

2007 年公布的一份《2007 中国黄金珠宝行业消费大型调查结果》对中国内地市场首饰消费情况进行了估计。从年龄上看,购买首饰的人群年龄主要集中在 25 岁以上,45 岁以下。购买数量上,大多消费者在一年内购买的首饰数量少于 4 件。在价格方面,资料显示 49% 的消费者购买首饰的预算低于 3000 元,32% 的消费者预算在 3000~5000 元之间,而拥有首饰的价格在 5000 元以下的消费者占 92.6%。消费者中拥有黄金首饰的达 50.1%,铂金 46%,翡翠 32.6%,钻石 31.6%。

贵金属首饰中,儿童也有一定的市场。从中国传统习俗来看,自古就有给小孩佩戴长命锁、手镯、项圈的风俗,以表达长辈对后代健康、平安成长的期盼。现在在珠宝首饰消费中,儿童首饰也占据了一定份额。这些首饰材质上主要是金、银、玉石,设计上不再局限于传统风格,而增添了时尚、卡通的元素。

除此之外,银发市场中,老年人有着"黄金老四样",即金戒指、金手镯、金耳环、金项链的购买习惯,随着经济发展和社会变化,如今与年轻人相比,老年人更关注兼顾保值功能和情感内涵的时尚。因此,老年人也开始青睐红宝石、蓝宝石和翡翠饰品,对首饰的消费范围也扩大了,甚至有些老年"绅士"喜欢在腰间佩戴一块白玉玉佩,显得既复古又时尚。

还有男性市场,也方兴未艾。国内男性群体对珠宝首饰类产品的消费兴趣,大多源于对钻石的认识。戴比尔斯的调查报告显示,在 30~44 岁的中国男士中,有 67% 的男士希望拥有钻石。另一项调查显示目前男士首饰的主流品种以方钻和铂金素圈戒指为代表。与不断增长的需求相比,国内男性珠宝首饰市场却发展缓慢。

问题:

(1)根据消费者购买贵金属产品的过程,以黄金或铂金、银为例,填写表 4-2-1。

(2)请与你的(模拟)消费者交谈,认真观察并记录,消费者的心理和行为变化。

表 4-2-1 消费者购买贵金属产品时的心理过程分析表

心理过程	购买前表现	出现偏差的原因		分析		对策	
		男	女	男	女	男	女
知晓	失望						
	欣喜						
了解	不满						
	高兴						
喜欢	喜欢						
偏好	转移品牌						
确信	确信						
实施购买	勉强						
	自主						

如果说珠宝首饰设计师用画笔为宝石描绘了绚烂的梦想,那么镶嵌宝石的金属托架便是梦想成真的载体。贵金属具有美丽的金属光泽,金光灿烂的黄金富贵无比,白色的铂金和白银十分珍贵,与宝玉石的晶莹光泽匹配,是非常理想的制作首饰的贵金属材料。

一、对贵金属的认识

贵金属,顾名思义,指地壳中储量稀少、价格昂贵的金属,通常具有化学稳定性、延展性、耐熔性,包括:金、银、铂、钌、铑、钯、锇、铱八种金属(表 4-2-2)。贵金属常被用来制作珠宝和纪念品,而且还有广泛的工业或工艺用途。贵金属饰品的制成材料通常为金、银、铂、钯四种贵金属及其合金。通常人们把贵金属饰品笼统称为金银饰品。

表 4-2-2 贵金属在地壳中的平均含量

元素	银	钯	铂	金	铑	铱	钌	锇
克/吨	0.1	0.01	0.005	0.005	0.001	0.001	0.001	0.001

二、消费者购买行为分析

贵金属产品包括各种发饰、耳饰、颈饰、手饰、足饰、服饰等首饰类,以及贵金属纪念品、艺术品和专门的金银条(砖)。除了金银条(砖)之外,根据贵金属的纯度不同,又有纯金(银)和K金(银)。贵金属纪念品和艺术品主要是具有保值功能产品,艺术品还要美观、有装饰作用。

1. 美学功能

因为贵金属材料都具有良好的延展性和漂亮的颜色，因此从古至今，珠宝首饰的材料都是以贵金属为基础，选择购买贵金属首饰的目的一定是它的美学价值，一方面是饰品本身的美感，另一方面是饰品对佩戴者的装饰功能。

2. 情感寄托

黄金在人类文明史中扮演了非常重要的角色，一直以来黄金都与财富和权势联系在一起。在汉语中有"尊贵、金贵"的寓意，因此黄金成为了中国消费者心中吉祥饰品的首选，送小孩的长命金锁、嫁娶时的"传统三金"等都是美好祝福的承载。

3. 保值、投资

自第一次世界大战后资本主义各国先后放弃金本位制，各国纸币不再兑换黄金。但在国际支付中黄金仍然是支付和清算的最后手段，因此，各国中央银行和政府都必须掌握一定数量的黄金，以满足国际支付上的需要，黄金储备成为了各个国家经济实力的基础。另一方面黄金价值高，并且是一种独立的资源，不受限于任何国家或贸易市场，它与公司或政府也没有牵连。因此，投资黄金通常可以帮助投资者避免经济环境中可能会发生的问题，而且，黄金投资是世界上税务负担最轻的投资项目。黄金投资意味着投资于金条、金币甚至金饰品，投资市场中存在着众多不同种类的黄金账户。加之用纯金制成的首饰具有体积小、价值高、便于携带等优点，具有较高的保值储存功能，纯金饰品便成了消费者乐于佩戴储藏的主要首饰材料。

公开数据显示，我国珠宝消费中有一半来自黄金的贡献，说明黄金在贵金属中的重要地位。中国有着几千年来形成的根深蒂固的黄金文化，秉承传统，使得金银市场长盛不衰。

任务二 贵金属的营销策略

学习指导

做什么

明确贵金属产品整体的概念，以小组为单位，讨论并分析贵金属产品给予消费者的利益、贵金属产品的定价特点、消费者对不同定价的心理特征、贵金属产品的分销、贵金属产品的促销。分组介绍其分析结果。

怎么做

1. 3~4人为学习小团队，实行组长轮换制。
2. 团队以实际品牌为例，确认该品牌贵金属产品的市场定位。
3. 根据市场定位，分析消费者购买心理和行为特点。

4. 结合贵金属的特征,以黄金首饰为例分析产品整体,并写出产品带给消费者的利益。

5. 选择2~3种贵金属产品明确定价目标,参考影响贵金属定价的因素,说明产品的定价方式。

6. 参考分销渠道策略知识,收集资料对比分析分销渠道。

7. 分析某贵金属产品的促销,说明其特点。

8. 交流与学习。

情境导入

某城市有多家珠宝店,这些珠宝店和城市中大型商场中的首饰销售柜台,其中有相当一部分主要销售贵金属产品,包括贵金属类的首饰、工艺品等。其中有几家较大型的交易场所面临着竞争激烈,每个市场都想留住老客户,发展新的客户,扩大市场占有率,同时,还要避免遭到竞争对手攻击。为做好贵金属产品营销,企业从消费者需求出发,无论是产品、价格、渠道,还是销售促进都尽可能满足消费需求,让顾客满意。

问题:

(1)请站在销售商角度,对可能前来珠宝店的消费者进行分析。

(2)其营销策略包括哪些?

一、首饰用贵金属种类及特点

宝石加工给天然的宝石原料以全新的面貌,贵金属的运用使宝石的佩戴功能得以实现,贵金属材料的加工工艺对首饰设计和鉴定有着直接影响。无论是素金首饰还是选择适合的贵金属镶嵌宝石,都是设计和完成首饰作品的重要问题之一。本节主要介绍常用于珠宝首饰的贵金属材料,它们的基本性质及适用范围。

(一)金及金合金

据《中国大百科全书》记载,早在新石器时代人类就已经认识了黄金,但真正对黄金的开发与利用确切记载的历史大抵始于青铜器时代。黄金的应用历史与人类的生产力发展水平密切相关。"金"最初的含义并不是指黄金,而是泛指人类最初所发现、开发和利用的各种金属及其合金材料。

1. 概述

金,俗称黄金,是从自然金、含金硫化物等矿物中提取的一种具有强金属光泽的黄色金属。化学符号Au。

2. 金的物理化学性质

金是一种典型的黄色贵金属,其颜色会随纯度发生变化。民间有"七青、八黄、九紫、十赤"的说法,是一种简易的依靠肉眼或条痕色对金纯度的辨识方法。黄金比重较大的,20℃时金的密度可达到19.32g/cm³。其硬度低,摩氏硬度仅有2.5,维氏硬度为30～40。黄金的熔沸点很高,熔点1064℃,沸点2707℃,俗语就有"真金不怕火炼"的说法。金具有良好的延展性,一克纯金可拉成2500米长比头发丝还细的金丝。具有稳定的化学性质,除溶于王水与汞之外,抗氧化,抗腐蚀,不易变色。

3. 金的纯度表示方法

黄金的纯度表示方法一般有三种,即百分率法、成色法、K数法。百分率法以百分比率(％)表示黄金含量;成色法以千分率(‰)表示黄金含量;K数法是用K系数表示黄金含量(把100％的黄金记为24K)。

贵金属首饰通过印记来标记纯度,金首饰以纯度千分数(K数)前冠以金、Au或G。例:金750,Au750,G18K。

知识链接

贵金属定价受国际环境影响比较大。特别是黄金具有货币属性,被用作国际储备。黄金又以其华丽的外表征服人们,黄金饰品一直是一个人的社会地位和财富的象征。也用作珠宝装饰,另外,黄金由于其物理特性,被广泛用于工业与科学技术上。如2017年全球不同领域黄金需求占比情况见图4-2-2,全球黄金有近一半为首饰消费。

黄金的价格既受货币因素影响,也受普通商品的影响。中国产业信息网数据显示,2017年全球黄金产量达到3 298.4吨,2014年到2017年,黄金的年均复合增长率为1.55％。

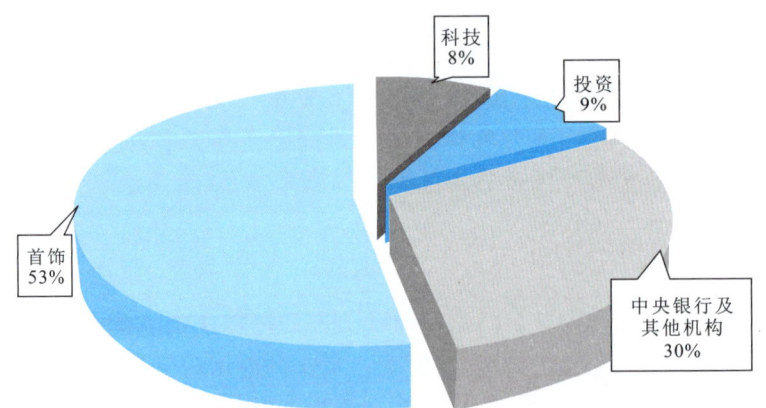

图4-2-2 2017年全球不同领域黄金需求占比情况
(数据来源:中国产业信息网)

4. 首饰用金的种类

1)纯金

"金无足赤,人无完人。"事实上想要提炼千分之千的纯金是不可能实现的,目前最先进的技术水平可以把提炼到99.999 999％的黄金,用作标准"试剂金"使用。由于生产试剂级的高纯度黄金成本比普通首饰用金高出很多倍,而并无实际使用意义,故国际市场上流通的纯金都是近理论纯度的999‰的金。

由于纯金质地柔软、色泽金黄、不易褪色,因而黄金饰品颇受我国人民喜爱。但由于纯金质软易变形,便不宜镶嵌宝石,款式也不宜过于繁琐,且易折断、磨。

2) 金合金

自古以来金以其明亮的颜色、耀眼的光泽成为首饰和装饰品的重要材料。金质地柔软、可塑性好非常适合首饰。但也是由于质地软从而使金饰品在佩戴时易于变形、磨损。由于这样的原因促成了人们对金合金的开发。目的在于提高金的强度和硬度等机械性能及改变颜色产生更好的视觉效果。所谓K金就是在纯金中加入一定比例的Ag、Cu、Zn等金属元素设计成的金合金,以增加金的强度与韧度和改变颜色。

K金制是现在主流的黄金计量标准,K系数完整表示为Karat gold。K金制规定,将纯金(理论纯度100％的黄金)记为24K,1K＝1/24≈4.16％,由此可以得出各自K金的理论纯度。目前,世界各国规定并采用的都是不低于8K的合金,见表4-2-3。

表4-2-3 K金的理论纯度

K数	纯度(‰)	K数	纯度(‰)
24K	1000	22K	916.7
20K	833.3	18K	750
16K	666.7	14K	583.3
12K	500	10K	416.7
9K	375		

世界上各地区采用不同的K金合金制作首饰和饰品,这个与不同国家和地区的文化差异有关。见表4-2-4。

表4-2-4 不同国家和地区的K金合金成色

国家或地区	合金成色	含金量
中国	24K	≥990.0‰
印度	22K	916.7‰
阿拉伯国家	21K	875‰
韩国	14K/18K	585‰/750‰
南欧地区	18K	750‰
北欧、美国等	8～18K	333.3‰～750‰

(1) K 金的纯度分类。

K 金首饰中加入了铜、银等有色金属,这部分金属炼成的材料称为中间合金(Mastorallay)统称"补口"。它是制备金首饰必不可少的原料。不同纯度的 K 金因加入其他金属的比例不同,在色调、硬度、延展性、熔点等方面便会有所不同。

24K 金,通常视为纯金,GB 11887 中规定纯度足金称为"Au990",含金量≥990‰,足金因纯度高,硬度低,适用于加工素金首饰,并不常见于镶嵌使用。近几年国内的黄金加工工艺大幅度提高,3D 硬金、万足金、5D 黄金等各种新工艺品种的黄金饰品不断上市,弥补了一些足金性质的缺陷,也极大地丰富了市场。足金首饰硬度低(摩氏硬度小于3),在佩戴足金首饰时切忌与硬物相撞、相擦。汞对黄金有溶解作用,产生汞齐反应,形成黄白色的金汞齐。将纯金首饰在火上烤一会儿,白斑就会失掉。消费者在佩戴黄金首饰时,不要让首饰受到汞的污染。要避免使 K 金首饰与酸性、碱性物质及汗渍长时间地接触。

22K 金,硬度较纯金略高,可用于镶嵌较大的单粒宝石,早在 1527 年,英国就把金币的品位规定成色为 91.6%,即 22K 金。自 1560 年到现在,其他的金制品也渐渐地使用 22K 金,英国的金表等饰物的成色仍在使用 22K 金。在我国 1949 年以前首饰作坊制作的首饰大多是含金量为 91.6% 的 22K 金饰品,如天元戒、龙凤戒、耳环和头饰,俗称"九成金"。近年来由于材料强度并不理想,款式不宜太复杂,所以在首饰中使用亦不广泛。

18K 金,硬度适中成品不易变形,延展性较为理想适于加工,是现代首饰业中使用最广泛用量最多的金合金材料。1482 年英国首先将 18K 金作为法定的饰品成色,几乎世界上每个国家都把 18K 金作为生产首饰的主要用金材料,目前首饰使用的所有 K 金饰品中,90% 以上都是 18K 金的。

14K 金,质地较硬,韧度高,弹性强,价格适中,可以镶嵌各种宝石,成品装饰效果好。1932 年英国首先把 14K 金的含量由 58.33% 改为 58.5%,并在法律上作了规定。随后日本也采用了这个规定,将 14K 金的成色规定为金含量 58.5%。因为 14K 金在价值上比 18K 金便宜,所以美国及欧洲也都大量将 14K 金作为首饰用材,随后钟表业、眼镜业及金笔制造业也先后采用 14K 金作为制造材料。

9K 金,硬度大,延展性差,适合镶嵌单粒宝石,加工便宜,广泛使用于低档流行款式中。因为 9K 金的价格只有纯金的三分之一左右,受到广大消费者的欢迎,9K 金饰品一度成为市场上的新宠。但是,9K 金材料的延展性和成品的表面色泽远不及 18K 金,因为材料中含铜较多的原因,表面易氧化,因此使用久了的饰品光泽黯然,只有经过再次的表面抛光处理才能恢复如新。

(2) K 金的颜色分类。

彩色 K 金又称彩金,包括有红(深红、浅红)、黄色、橙黄色、绿色、黄绿色、蓝色、紫色和白色、灰色、黑色等颜色的金合金。彩色 K 的制作方法包括合金冶炼、表面镀色、表面起锈(古董化)、表面上釉等。

白色 K 金:是指黄金含不同的白色金基合金材料。标记方法:"WG",white karat gold,在首饰镶嵌的使用中占了非常大的比重。在金中加入 Ag、Cu、Ni、Zn 等制作成白色的金合金,除 Au 和 Cu 外其他金属都是白色或灰色,会起到增白的效果。理想的白色 18K 金应该具有美丽的颜色和反射性,硬度适中,适合冷加工,加工合理。

红色K金系列:红色系列K金通常由Au、Ag、Cu三种金属元素按适当比例混合冶炼而成,可有红色、亮红色、浅红色等。

黄色K金:包括深黄色、金黄色、淡黄色等颜色,可由Au、Ag、Cu金冶炼而成。

(二)银及银合金

1. 概述

银,化学元素符号为Ag,是从自然银和其他含银矿物中提取的一种银白色贵金属,具有很好的导电性、延展性和导热性,主要用来制造货币、首饰、器皿和宗教信物。在贵金属中,银的密度小,熔点低,产量大,价格便宜。

2. 银的性质

银的硬度2.5~2.7,白银在20℃时密度为$10.49g/cm^3$,随温度变化白银的吸氧性会导致密度的变化,在960℃凝固态时密度为$9.85g/cm^3$,960℃熔化态时密度为$9.346g/cm^3$。熔点960.5℃,沸点2160℃,具有极好的导电性,是金属中导电性最高的;具有良好的延展性和韧性。

银是贵金属元素中性质最活泼的金属,常温常压下不与空气中使氧气和水反应。银还有极强的杀菌性和可食性。常温空气中不与氧发生反应,加热容易被氧化,生成黑色的氧化银。在潮湿的空气中,银容易被硫的蒸气及硫化氢所腐蚀,产生硫化银,使表面变黑(古时鉴别食物中是否含硫化物)。

3. 白银的分类及纯度表示方法

国家标准规定990银、925银、800银都可以用来做银首饰。

(1)纯银:纯银理论纯度100%,现在多数都采用经电解提纯后达到99.99%的纯银。足银成色一般为98%,过去常作为流通使用的标准银,可作为财产抵押、公司财团的银根、贸易交易的兑换物。纯银和足银由于成色较高,因此质地柔软,只能制作简单的不镶宝的首饰。

(2)老式银器一般为民间艺人制造的银首饰,也叫"粗银",银含量在92%~99%不等,其余为铜和锌,成色不足。

(3)普通首饰银(色银),现在说的银首饰一般都是925银首饰。925银首饰是含量为925‰银和75‰的紫铜的合金。加入合金为的是让银的光泽、亮度和硬度都有所改善,这种色银既有一定硬度又有韧性,比较适宜制作首饰,而且利于镶嵌宝石。自从蒂芙尼于1851年推出第一套含银量为92.5%的银首饰后,925银便开始流行,所以目前都以925作为鉴定是否为纯银首饰的标准。925银首饰经过抛光后呈现出极漂亮的金属光泽,而且也具有了一定的硬度,能够镶嵌宝石,做成精美的首饰。

(4)800银是含量为80%的银加入了20%其他金属的合金,由于银的纯度越低就越容易氧化,所以很少用它来做首饰。

(5)藏、蒙、壮、苗、维吾尔、哈萨克等少数民族沿袭古老的民风大量制作、佩戴、使用银装饰品和银器,纯度不等。

知识链接

白银也具有货币属性,历史上曾很长一段时期同黄金一样充当货币职能。在国际货币史上,除了黄金本位外,还出现过银本位。还有"金银天然不是货币,货币天然是金银"的说法。贵金属市场上,白银有收藏、制作首饰、高技术行业等。白银铸造的投资银币和纪念银币用于收藏。银是价格较低的贵金属,与黄金、铂金相比,可以说银的价格低廉,其饰品广受欢迎。由于白银的特殊性能,在高技术行业中的应用有着不可替代性,同时,在电子行业也广泛应用。白银也属于贵金属,具有金融投资属性,白银的长期价格趋势与黄金高度一致。

(三)铂族金属

铂族金属具有良好的物理化学性质,现已广泛应用于首饰、航天、国防和通信等领域。铂金首饰的兴起极大地刺激了铂金的消费,日本是世界上最喜爱铂金首饰的国家。一般为银白色和钢灰色,硬度比自然金族高,也具有与自然金族类似的其他金属特性。首饰用铂族金属主要是铂和钯。具体物理性质见表4-2-5。

表4-2-5 铂族金属主要物理性质

性质	铂	钯	铱	铑	锇	钌
元素符号	Pt	Pd	Ir	Rh	Os	Ru
原子序数	78	46	77	45	76	44
原子量	195.09	106.4	19.22	102.905	109.2	101.07
颜色	锡白色	钢白色	白色	银白色	蓝白色	蓝白色
晶体结构	面心立方	面心立方	面心立方	面心立方	密集立方	密集立方
相对密度	21.35	12.02	22.65	12.44	22.61	12.45
熔点/℃	1773	1552	2443	1960	3050	2400
沸点/℃	3800	2900	4500	3700	5120	4000

1. 铂及铂合金

1)概述

铂(Pt):由自然铂、粗铂矿等矿物熔炼而成。因"铂"由"金"和"白"两字组合,颜色又为银白色,故亦称"白金"。铂的产量低,世界铂金的年产量仅85吨,每年产量仅为黄金的5%。铂金是世界上最稀有的首饰用金属之一。世界上仅南非和俄罗斯等少数地方出产铂金,产量80%以上在南非,其余大部分的产在俄罗斯,这两个地区控制了世界的铂金市场。排名第三的是加拿大安大略省。

铂具有很多优良的特性：高硬度、耐磨、富延展性，可拉成很细的铂丝，轧成极薄的铂箔。化学性质极稳定，不怕腐蚀、抗高温氧化、不溶于强酸强碱，在空气中不氧化。广泛用于珠宝首饰业和化学工业中，用以制造高级化学器皿、铂金坩埚以及加速化学反应速度的催化剂等。

2）铂的性质

铂的颜色是纯净的锡白色，条痕色均为银白色至钢灰；金属光泽；无解理，锯齿状断口，硬度较黄金稍高，可以达到摩氏硬度 $4\sim4.5$；相对密度大，理论密度可以到达 $21.49\mathrm{g/cm^3}$。熔点 1773℃，沸点 3820℃；具有良好的导热导电性。

铂的化学稳定性很好，不被单一酸所腐蚀，在铂族中与氧亲合力最小；高温下碳能熔于铂，低温时，碳又能部分析出，使铂变脆，所以铂不能在熔融状态与碳接触，也不能在还原气氛中加热；当在空气中及氧气中加热时，会生成氧化物，铂的重量略有增加，但当温度继续升高，则氧化物分解，重量略有减少。铂是低活性的化学元素，它对各种试剂稳定。

3）铂合金

（1）铂-钯合金。

铂-钯二元合金，无论在铂中加多少钯，对它的硬度都不会产生影响，如果合金中的钯含量为 25% 时，硬度可以达到是铂-钯合金系列中最大值，其维氏硬度为 110。通常的 Pt900 合金（铂 90%、钯 10%）熔解温度较高，为 1755℃，是目前在贵金属材料配制和铸造工艺市场上主要的铂合金类型。

（2）铂-铱合金。

铂-铱合金是铂合金中最古老的合金，这种合金曾被制作成王冠。含铱的铂合金中，因为铱的加入能使合金的硬度得到显著的提高，但是一般含铱量不超过 30%。在首饰用材中，一般使用的铂-铱合金配方为铂 90%、铱 10% 的二元合金及铂 90%、钯 5%、铱 5% 或铂 95%、钯 3%、铱 2% 的三元合金。

（3）铂-铜合金。

铜加入铂中成为铂-铜合金，铜的加入会使其硬度迅速提高，如果在铂中加入 3%～5% 的铜，不但工艺性能好，还能得到相应的硬度。通常使用的是铂 90%、钯 7%、铜 3% 和铂 90%、钯 5%、铜 5% 的合金。铂-铜合金的熔解温度在 1740℃ 左右，在大气中很难熔解，不适合浇铸，很容易出现"砂眼"，这也是铸造后的成品比较脆的原因。因此铂-铜合金只能在真空铸造机中进行浇铸，而且必须进行惰性气体保护，熔解温度为 1850℃ 左右。

4）铂的纯度表示方法

铂首饰以纯度千分数前冠以铂（白金）或 Pt（表 4-2-6）。例：Pt900，Pt990 或足铂（足白金）。

表 4-2-6 铂合金纯度千分数表

贵金属及其合金	纯度千分数最小值	纯度的其他表示方法
铂（白金）及其合金	850	
	900	
	950	
	990	足铂（足白金）

2. 钯和钯合金

1）概述

钯，化学元素符号为 Pd，主要由自然钯提炼而成。在铂族金属中，铂的应用度最高，历史最悠久。早期的钯金价格低于铂，而在某些应用上常常代替铂，是用量最大的铂族金属。

2）钯的物理化学性质

颜色为钢白色（外观与铂相似）；具有金属光泽，延展性强，摩式硬度 4～5；相对密度 12.02；熔点 1555℃，沸点 3900℃；具有良好的导热导电性。钯是铂族金属中抗腐蚀性最弱的，不溶于有机酸、冷硫酸或盐酸，但溶于硝酸和王水，常态下不易氧化和失去光泽。钯吸收氢的能力特别强，1 体积的钯最多可以吸收 2800 体积的氢。

3）钯合金

（1）钯-银合金。

钯和银的合金是连续的固溶体，随着银的含量增加，合金的密度、硬度和抗拉强度均不同程度地下降。钯银合金在首饰工艺中常用于做 18K 金或 Pt900 铂合金的补口材料。

（2）钯-金合金。

钯与金可以无限固溶体，形成连续的固溶体。钯-金合金的耐腐蚀性好，特别是抗硫化物的腐蚀性能好，用于首饰工艺品具有很好的耐久性。

（3）钯-铜合金。

钯和铜需要在高温下才可形成连续固溶体。铜的加入提高了钯的硬度、抗拉强度。需要防止钯吸收氢和铜在高温下氧化，所以合金必须要在真空下完成。

4）钯的纯度表示方法

钯的纯度表示方法如表 4-2-7 所示。

表 4-2-7 钯的纯度千分数

贵金属及其合金	纯度千分数最小值
钯及其合金	500
	950
	990

知识链接

铂金在我国的消费市场上备受青睐，国际上对铂金的需求主要集中在工业上，如汽车工业、电子工业等。它是国际奢侈品珠宝公司制作高档首饰的常用材料，近些年，在我国的首饰市场表现良好。铂金的价格主要由市场的需求和供应决定。表 4-2-8 是 2020 年 6 月 24—28 日部分贵金属交易价格。

表 4-2-8 贵金属交易价格

贵金属品种	国际价格(美元/盎司)	国际折人民币价(元/克)	国内市场交易均价(元/克)
黄金	1 770.90	401.76	537.5
白银	17.83	4.05	7.27
铂金	785.36	178.17	339.5
钯金	1 854.76	420.78	500

注：上述数据以 2020 年 6 月 28 日为准计算，来源南方财富和金投网，1 盎司＝31.103 48 克，1 美元＝7.055 5 元人民币。

二、贵金属的计量和国际交易价格

1. 贵金属的计量

贵金属重量的主要计量单位为：金衡盎司、克、千克（公斤）、吨等。国际上一般通用的贵金属计量单位为金衡盎司（1 金衡盎司＝31.103 5 克），现在的国际黄金现货、期货价格都以"美元/盎司"来计算。目前在中国国内的黄金计量单位是克，市场以"克"来做贵金属的法定计量单位。

2. 贵金属国际交易价格

20 世纪 70 年代，美元与黄金脱钩，全球黄金现货市场形成。放开管制后的黄金价格快速上涨。1971—1974 年的 3 年间价格由 35 美元/盎司上涨到 180 美元/盎司。急剧波动的价格，促使 COMEX 在 1974 年引入黄金期货。黄金期货的蓬勃发展，并没有改变黄金现货的发展方向，而是出现了两个市场平行发展的局面。它们各自沿着自己的方向发展，导致黄金市场出现了实金即期交易与合约远期交易市场并存的两元结构。

目前，现货黄金市场比较有代表性的是伦敦黄金市场和瑞士的苏黎世黄金市场。以伦敦黄金市场为代表的伦敦黄金市场历史悠久。伦敦期货黄金市场 1982 年 4 月开业，目前，伦敦仍是世界上最大的黄金市场。

全球的黄金市场主要分布在欧、亚、北美三个区域。欧洲以伦敦、苏黎世黄金市场为代表；亚洲主要以香港为代表；北美主要以纽约、芝加哥和加拿大的温尼伯为代表。全球各大金市的交易时间，以伦敦时间为准，形成伦敦、纽约（芝加哥）连续不停的黄金交易：伦敦每天上午 10：30 的早盘定价揭开北美金市的序幕。纽约、芝加哥等先后开叫，当伦敦下午定价后，纽约等仍在交易，此后香港也加入进来。伦敦的尾市会影响美国的早市价格，美国的尾市会影响香港的开盘价，而香港的尾市价和美国的收盘价又会影响伦敦的开市价，如此循环。

通常夏季是传统的淡季，从 8、9 月开始，金价会逐步走强。这里的原因主要来自珠宝制造业，一年的最后几个月是首饰销售的主要时段。每年 9 月至次年 2 月，印度和中东地区的节日、西方的圣诞节以及中国春节相继到来,珠宝市场进入销售旺季。而珠宝商会在旺季来临前 1～2 个月提前购入黄金进行加工,因此每年的 8 月至次年的 1 月是珠宝制造业的需求旺季。在这个时段,珠宝商集中购入黄金的行为将带动金价上涨,从而导致了黄金市场的季节性价格波。

三、贵金属产品的价格策略

（一）贵金属的评价

贵金属评价可分为金银系列和铂金系列,评估的项目主要是成色、质量、制造方法。贵金属的成色和称重在前面已有叙述,这里不再赘述。贵金属首饰的产品的成本和工艺水平与其制造方法有关,如浇铸法、冲压法、手工法等。

（二）贵金属价格影响因素

1. 影响贵金属定价的因素

根据贵金属的特殊性,影响定价的因素主要有经济因素、政治因素等宏观因素影响。具体因素如下。

（1）美元走势。由于国际贵金属价用美元计价,在基本面、资金面、供求关系等因素均为正常的情况下,贵金属价格与美元通常呈现逆向互动关系,即美元涨、贵金属跌,美元跌、贵金属涨的情形。

（2）国际政治局势。国际政治局势稳定,贵金属价格相对波动不大,如果国际上有重大的政治、战争事件,对贵金属价格影响较大。特别是黄金就发挥其保值避险的作用,金价变化大。如刺激金价上扬。

（3）国际重要的股票和基金市场影响。通常贵金属行情受国际股市行情的影响。股市行情大幅上扬时,往往造成贵金属价格下跌,反之亦然。

（4）国际原油价格影响。国际原油价格与通胀水平密切相关,通常贵金属行情与国际原油价格呈现一致关系,即国际原油价格上涨,贵金属价格也上升,国际原油价格下跌,贵金属价格下降。这是因为贵金属具有抵御通货膨胀的功能。

（5）国际商品市场投资走势影响。经济的发展,影响国际商品市场投资走势,特别是对黄金、白银等与收藏有关的贵金属影响更大。经济崛起,对贵金属需求增加,价格走势时上扬。如消费者对黄金的需求随着经济的发展增加,P267 情境导入案例中的数据就有很好的显示。

（6）贵金属现货市场季节性供求关系。贵金属的供求与各国资源和开采政策有关。特别是矿产资源量减少,社会发展对贵金属消费需求逐渐增强,金银等贵金属价格上升。

具体到消费者购买的贵金属产品,除了上述影响因素之外,还受企业目标、竞争对手、消费需求、产品自身特性的影响。

（三）贵金属产品的定价策略

珠宝首饰是国际范围内黄金需求量最大的行业。整个珠宝行业也是以黄金为中心发展起来的。但是，珠宝首饰行业对黄金使用仅能引起黄金价格的小范围波动。黄金首饰价格的基础依然是国际黄金交易价格。

1. 按克重销售

黄金首饰的价格基础是国际现货黄金价格，传统的足金首饰销售主要以计重的方式。由于普通黄金首饰在加工过程中使用传统工艺，款式的损耗较小，因此价格与国际金价相差不多，珠宝加工和批发企业都是依靠大量交易来获取利润。珠宝零售企业的克利润通常在50元左右。

近几年，随着黄金加工新工艺的出现，以及珠宝市场对于首饰款式越来越高的要求，黄金首饰的样式发生了巨大的变化，销售过程中虽然依旧使用计重的方式，但在基础金价以外，大多数首饰都需要附加工艺费，每克从几十元到几百元不等。

如贵金属首饰市场上，一些品牌商在市场上的挂牌价格就是其零售价格，表4-2-8中的国内市场交易均价是金银首饰的零售价格。还有部分珠宝企业制作的金银首饰，采用国内交易金价，收取加工费的方式定价。

2. "一口价"销售

20世纪90年代初，周大福公司以成本加上合理的利润制定"一口价"的定价模式，成为行业典范，现已成为珠宝首饰行业较为流行的销售方式。黄金的"一口价"销售也称之为计件销售，产品不按克重而是按件计算价格，以产品的工艺、款式等为销售重点。

3. 配饰盈利

黄金一直以来作为珠宝产品销售的重要品种，其价格的变化一直都受到消费者和经营者的关注，甚至曾经还出现了"中国大妈逆势大量买黄金"影响国际金价的事件。根据调查消费者对于黄金价格的十分敏感，选购黄金饰品时都会进行价格比较，因此商家在销售黄金饰品时会把基础金价定得较低，然后配套销售一些水晶、黑曜石等串珠类产品来平衡整单交易的利润。

四、贵金属分销渠道选择

上海黄金交易所是我国的贵金属交易场所，也是我国唯一合法从事贵金属交易的国家级市场。上海黄金交易所是由中国人民银行组建，经国务院批准，国家工商行政管理总局登记注册，其交易遵循公开、公平、公正和诚实信用的原则，不以营利为目的的组织，是自律性管理的社团法人。

贵金属分销
渠道模式

贵金属的分销渠道有银行体系、邮政、珠宝店、百货商场、定制自营服务，以线下为主，线上主要是店铺形式。表4-2-9是贵金属四种分销渠道的特点。主要有：①商业银行黄金市场的主体之一，连接黄金和白银的供给和需求。商业银行目前的黄金业务主要有实物黄金买卖和记账黄金交易,记账铂金交易。②邮政银行利用邮政渠道分布广、渠道灵活的特点,经营特殊题材的金银产品和记账贵金属金银铂。③珠宝店和百货店的珠宝柜台,还有线上销售渠道,这是贵金属饰品的主要销售渠道,该渠道竞争激烈。贵金属全部为实物产品,涉及的贵金属有黄金、白银、铂金、钯金,一方面,经销商根据产品利润的多少选择供应商,另一方面,供应商以高质量和低价位取胜。因此,这些分销渠道常常有独具特色的宣传点和促销手段吸引消费者。如,菜百曾经以"京城黄金第一家",让在北京买黄金去菜百成为了时尚。④定制自营渠道也是近些年发展迅速的渠道模式,特别是随着消费者对个性化产品的追求,各珠宝商纷纷开设定制渠道。

表 4-2-9 实物黄金渠道特点分析

渠道	优点	缺点
银行	信誉好,网点多; 有优质的客户群,能精准营销; 以投资为主; 交易产品有账户金银铂、实物金银	总行管理,进入壁垒高; 操作不灵活,公关难度大
邮政	有稳定的客户群和自身的高信誉度; 以投资为主; 操作灵活,能够自主选定产品销售	非专业贵金属渠道,客户群受限制,销量增长慢
珠宝店或百货专柜 (包括线上)	有自己的品牌; 消费者众多; 经营灵活,以性价比取胜; 经营的首饰占比例大; 公关难度小; 交易产品有投资的实物金银铂、首饰	上游供应商利润低; 促销费用投入大
定制渠道	根据客户需求定制产品; 可是投资产品、礼品,也可是专门的首饰品; 客户面广,操作灵活; 交易产品有投资的实物金银铂、首饰	需要多的人力、物力开发渠道;牵扯的利益面广

还有一种与货币有同等作用的贵金属纪念币,如指金银币。金银纪念币一般需要有特定主题、限量发行,体现各国历史、文化、政治、经济的不同特点,属于国家法定货币。

国际上面向收藏者的贵金属纪念币零售方式主要有以下几种:①造币厂直接零售;②邮政系统零售;③银行零售;④钱币经销商零售;⑤买卖同时进行的高频率的钱币展会。

还有可收藏的金银条、生肖金、生肖银等也备受欢迎。

知识链接

老凤祥主要经营贵金属产品,图4-2-3为老凤祥的产品结构,其销售采取零售、批发相结合的方式(表4-2-10)。

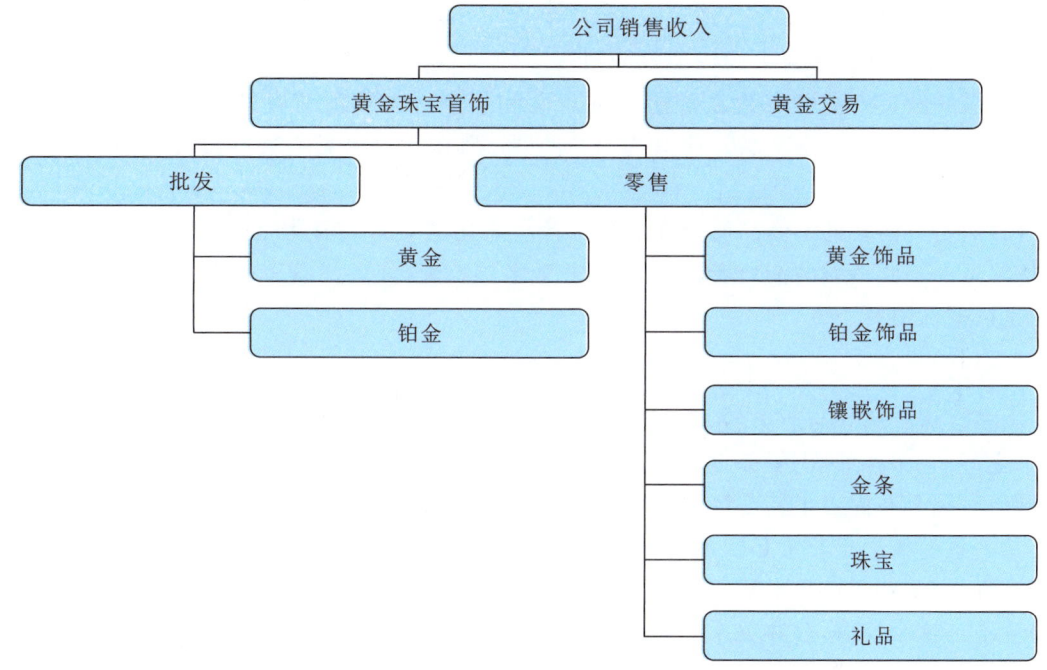

图4-2-3　老凤祥的产品结构

(数据来源:公司年报,国泰君安证券研究所)

表4-2-10　老凤祥主要销售渠道及特点

类别		特点
零售	银楼	独立核算、独立门店,包括子公司和分公司两种。其中分公司为独立门店,由老凤祥银楼有限公司管理;上海地区已完成布局,主要集中于江浙一带,对外扩张谨慎;对于长期合作、优秀的加盟店可以发展为银楼
批发	专卖店	仅销售老凤祥品牌饰品
	加盟连锁店	分为两类:①采用老凤祥作为门店品牌、并签订加盟协议的,只能出售老凤祥饰品;②不签订加盟协议的,可以出售其他品牌黄金及镶嵌商品
	经销商	商品批发给经销商,老凤祥不参与后续环节
	总代理	总代理销售规模较大,与一般经销商相比,公司对其有更多让利
	专柜	在各大商厦等设立专柜,由老凤祥派遣主要负责人

数据来源:公司年报,国泰君安证券研究所。

五、贵金属的促销

贵金属产品虽然既可以用来理财投资,也可以作为日常的首饰或装饰,但促销也是有必要的。促销的方式有人员推销、广告促销、销售促进、公共关系促销四种类型。

1. 人员推销

贵金属是消费者心目中的一种象征消费。

(1)借助消费者消费表达和传递某种意义和信息。如从消费者的地位、身份、个性、品位、情趣和认同角度介绍产品。让消费者的消费过程不仅是满足需要的过程,也是社会表现和社会交流的过程。

(2)消费者消费的是商品所象征的某种社会文化意义。如消费时的心情、氛围、美感、气派、情调等。不同地域的消费者具有独特的文化与心理,许多消费者拥有黄金等贵金属,更多的是炫耀性消费。

2. 公共关系

大多数珠宝品牌与历史名人、创始人或者重大事件紧密联系在一起,如很多人熟知的卡地亚、宝格丽、路易威登、香奈儿等。品牌中扣人心弦的故事丰富了产品的概念、品牌的内涵,同时也提升并捍卫了其在消费者心目中的经典形象。因此,珠宝商家给自己的珠宝产品与定位一致的概念是非常必要的。如香奈儿经典高级珠宝,自 1932 年推出至今,除了珠宝首饰本身,在消费者心目中记忆更多的就是香奈儿的故事、设计元素等,在世界各地的展出,一定少不了这个故事,公共关系的运用,能大大提升品牌形象。

利用一定的公共关系工具,进行品牌或产品宣传性促销,有助于企业树立良好形象。可用的公共关系工具主要有五种,即新闻公关、公益活动公关、观念传播公关、演说公关、事件公关。详细内容参见单元三的公共关系策略部分的内容。

3. 广告促销

广告投放受广告目标、广告受众影响,通过广告可以提高产品知名度,强化产品的美誉度,树立企业的良好形象。

贵金属产品可以选择的广告媒体有杂志、电视、户外广告、网络广告、广播等。

专业刊物、赠送的 DM(直接邮寄广告 Direct Mail advertising)广告,是珠宝宣传常选择的媒体类型,如贵金属首饰新品出现在时尚杂志封面上,由明星佩戴宣传。

电视具有声、光、色彩的动态和炫美特点,可以利用插播广告、植入广告、特约栏目广告等多种形式,进行企业文化宣传、产品特征宣传、带给消费者的利益等方面的宣传。

户外广告的开放性,扩大了受众面,宣传可以产品功能和消费者利益为主。户外广告的媒体,如车身、墙体、橱窗、户外 LED 屏、公交车或飞机内移动媒体、路牌等。

网络广告借助于互联网,利用大众关注的媒体,如播客媒体、博客、浮动窗广告、栏目广告、电商平台广告等。

广播广告利用声、音传播消费利益、企业文化等。

4. 销售促进

贵金属销售促进策略主要针对消费者和销售者。销售促进方式与钻石产品相同，但也有其独特之处。贵金属产品的促销以拉式策略为主，如贵金属促销采用的"饥饿营销"法。"饥饿营销"，是指提供的产品限量、具有特殊纪念意义。企业利用贵金属产品原材料的稀缺、消费者的投资和独有心理，造成供不应求的"饥饿"状态，增加了消费者的独占感、高贵感。如金银纪念币、纪念金银条，限量发行有特殊意义的、设计精良的金银艺术品，系列金银投资品等，都不适宜大量制作，因此，更激发了人们的购买欲。

一、案例分析——黄金转运珠

2019年抖音出现爆款首饰黄金转运珠（图4-2-4），质量0.1～0.2克，售价在60～100元不等，一时间各地的珠宝店都开始大量销售这种黄金转运珠，单粒或者多粒搭配进行销售，销售非常火爆。

试分析该产品的营销策略和消费者心理。

图4-2-4　黄金转运珠

二、分组实践

任务：分组收集资料并分析。

1. 以你周边的珠宝销售店铺的贵金属首饰为例（戒指、项链、手链等均可），分析每种金、银、铂、钯首饰给消费者带来的利益，并传播企业文化，激发消费者购买动机。

选择3个品牌，列举出如何利用公共关系工具进行贵金属产品宣传。填写表4-2-11分析公共关系与企业形象。

表 4-2-11　公共关系与产品宣传

形式		品牌 1	品牌 2	品牌 3
公共关系	新闻			
	公益活动			
	观念传播			
	演说			
	事件			
企业形象识别	理念			
	行为			
	视觉			

2. 对比贵金属首饰广告中几种不同的广告类型中 AIDAS 各自的优势，请完成表 4-2-12。

表 4-2-12　几种类型广告的 AIDAS 分析

项目	电视	网络	户外	专业刊物	DM 广告
唤起注意（ATTENTION）					
引起兴趣（INTEREST）					
启发欲望（DESIRE）					
导致行动（ACTION）					
购后满足（SATISFACTION）					

项目三　有色宝石和有机宝石的营销策略

任务一　有色宝石和有机宝石与消费者购买心理

学习指导

? 做什么

依据学过的珠宝消费心理及相关知识,分组对市场上有色宝石饰品和有机宝石中的珍珠饰品进行分析,了解两类饰品与消费者心理的关系,能够掌握有色宝石和有机宝石的营销策略,为该类产品的营销打基础。分组分享结果。

! 怎么做

1. 组建3～4人的小团队,并选出组长。
2. 小团队可以设定自己的珠宝品牌,分别以有色宝石饰品和有机宝石中的珍珠饰品为例,选择目标市场和市场定位。
3. 确定市场范围,分析消费者购买心理。
4. 结合消费行为理论和珍珠的属性特征,分别针对本团队的有色宝石饰品和有机宝石中的珍珠饰品,向消费者介绍,并填写下表,然后团队讨论并完成表格内容。
5. 试着分析不同性别、不同年龄购买有色宝石饰品和有机宝石中的珍珠饰品的心理及行为,并写出文字总结。
6. 交流与学习。

情境导入

调查一下周边的人,了解他们对有色宝石的认识,模拟销售或观察某珠宝店购买有色宝石饰品或珍珠首饰顾客。在初见顾客时有第一印象和简单认识,通过交谈会加深认识,与顾客交谈过程中观察并分析,完成表4-3-1,分析消费者购买动机,抓住销售机会。

表4-3-1　观察顾客并记录分析

消费者特征	表现	你的解释	你的确认	你的行动
放松的				
紧张的				

续表 4-3-1

消费者特征	表现	你的解释	你的确认	你的行动
悠闲的				
时间紧张的				
忙得没时间				
正式的				
细心的				
工作习惯				
自信				
个人背景				
影响范围				
详尽、仔细				
兴趣				
爱好				
颜色认识				
珠宝的象征意义				
形状认识				
其他				

一、有色宝石

国际宝石界通常将除了钻石以外的其他珠宝玉石材料统规划为有色宝石。本书中,有色宝石均指钻石之外的,包括玉石在内的无机宝石,又分为宝石类和玉石类。在销售市场上,中间商市场多数以宝石品种分类,零售市场以款式分类等。

二、有机宝石

有机宝石主要包括珍珠、琥珀、珊瑚等。珍珠来自贝类;琥珀是由古代松树等的树脂形成的化石;珊瑚是由海中珊瑚虫骨骼形成。还有其他类型的有机宝石,如猛犸象牙、贝壳、菊石玉、硅化木玉等。有机宝石一定与动物和植物活动有关,其内部结构具有生物结晶矿物学规律和生物物理学特征,无法进行人工合成。因此,没有人造有机宝石,但是有人工养殖珍珠。

珍珠是一种古老的有机宝石,中国是最早记录珍珠使用的国家,《庄子》就有"千金之珠"的说法。早在战国时期,秦昭王就把珠与玉并列为"器饰宝藏"之首,可见珍珠的重要地位。

三、有色宝石和有机宝石的购买心理分析

有色宝石产品是我国珠宝市场上的新品类,正在逐步地被更多的消费者接受,在珠宝首饰"饰品化"发展的大背景下,色彩丰富的宝石产品顺应趋势,成为了市场的新风向。一方面饰品化强调珠宝首饰的装饰性,使得珠宝首饰的款式更新速度加快,再加上有色宝石品种多样,对珠宝首饰品牌同质化最严重的产品起到了一点的抑制作用;另一方面中高档珠宝首饰在装饰作用之上,还承载着收藏与传承意义,使得中高端有色宝石首饰成功地吸引了收藏投资界的目光。

由此可见,有色宝石的消费心理主要还是体现在求美和投资两方面。

任务二　有色宝石和有机宝石的营销策略

学习指导

❓ 做什么

再认识珠宝产品整体概念,以小组为单位,依据产品整体知识,分别对有色珠宝和珍珠产品进行整体分析,讨论并分析有色宝石产品和有机宝石产品的定价、渠道及促销策略,并能够参与促销。

❗ 怎么做

1. 3~4人为学习小团队,实行组长轮换制。
2. 团队以实际品牌为例,分别确认该品牌的有色宝石产品和有机宝石产品的市场定位。
3. 根据市场定位,分析消费者购买心理和行为特点。
4. 结合有色宝石和有机宝石中珍珠的特征,分别以碧玺饰品和珍珠饰品为例分析产品整体,填写下表。
5. 分别选择2~3种有色宝石产品和珍珠产品明确定价目标,说明产品的定价方式。
6. 参考分销渠道和促销策略知识,收集资料对比分析有色宝石和有机宝石的分销渠道。
7. 交流与学习。

情境导入

五颜六色的宝石、圆润光滑的珍珠,制作的饰品琳琅满目,站在商家的角度,这些首饰还

需要促销吗？请讨论分析。

一、有色宝石的质量评价

(一)有色宝石

国际珠宝首饰市场上有色宝石的价格按高、中、低档次分级,它们的差价也是十分悬殊的。对于同一档次和同一品种的有色宝石论价,又有优质与一般,稀罕色与常见色,以及净度、切工和质量大小等差价因素。

评价有色宝石比评价无色透明的钻石要复杂得多,影响因素也更多,但其中最基本、最重要、最关键的是颜色。颜色的美与否(即颜色的好与坏)对宝石价值的影响很大,因此如何准确地描述有色宝石的颜色,确切地区分颜色之间的微妙差别是评价有色宝石的基础。评价有色宝石的质量,可以从以下几个方面进行。

1. 颜色

颜色是否美丽,是影响有色宝石价值的最重要的因素,在具体评价有色宝石颜色时,应从正、浓、阳、匀四个方面观察。

(1)正,是指有色宝石颜色的纯度,即色彩的纯度,当混有其他色彩时,色彩就不正了。

(2)浓,是指有色宝石颜色的深浅,也就是颜色的饱和度,以浓度恰当为宜,过浓过淡的都不是优质品。

(3)阳,是指有色宝石颜色的明亮程度,同样浓度的颜色可以有不同的明亮程度,因此同样颜色浓度的宝石,有鲜艳和暗淡之分。尤其是颜色中含有褐色调或灰色调时会影响颜色的明亮程度,变成较暗的颜色。

(4)匀,是指有色宝石颜色分布的均匀程度,如果一颗有色宝石上颜色深浅不同,或颜色呈现条带分布、斑状分布,都会影响到该有色宝石的价值。

2. 净度

有色宝石的净度也是评价其质量的重要因素之一。宝石中的包裹体均会影响到宝石的净度,这些包裹体的存在会影响宝石的颜色和透明度,进而影响到宝石的美观和耐久性,由于宝石的种类很多,通常根据各种宝石净度的整体将宝石品种划分为三大类。

第一类是净度高的宝石,如海蓝宝石、托帕石、金绿宝石等。

第二类是普遍都有包裹体的宝石,如红宝石、蓝宝石、紫晶等。

第三类是几乎都有包裹体的宝石,如祖母绿、红碧玺等。

评估有色宝石的净度,要考虑以下几个因素:包裹体的种类、颜色和与主体宝石的对比度、大小、数量、位置等。

总之,在同等条件下(其他因素不变的情况下),宝石的净度越高,价值越高;宝石的净度越低,价值也越低。

3. 切工

有色宝石的切工评价需考虑的因素包括以下几个方面。

(1) 切工的类型。有色宝石的切工类型包括刻面型和弧面型两类。其中刻面型有：椭圆型、圆型、马眼型、祖母绿型、心型、方型、梨型、混合式等。透明度好的有色宝石，一般都切磨成刻面型，使光线在宝石内折射，显示有色宝石美丽的色彩。一般颗粒小的才切磨成圆型，价值相对较低。透明度差、瑕疵多或含有丝绢状包裹体的有色宝石一般切磨成弧面型（素面），这种切工可以使宝石的颜色显得更浓一些，可以显示出特殊的光学效应（星光效应、猫眼效应、月光效应等）。品种再低一些的有色宝石会切磨成珠子做饰品使用。

(2) 切磨质量。宝石的切磨质量评价与钻石相同，要从切工比例及修饰两个方面进行，轮廓的规则程度、面棱的清晰程度、厚度比例、抛光质量等方面都会影响对切工的评价，最终影响宝石的价值。

(3) 切工的定向。由于部分有色宝石是非均质宝石，具有多色性现象，因此在切磨时必须考虑切工的定向问题，应使切磨后宝石的台面垂直于光轴方向，只有这样才能使台面得到最纯正和最饱和的颜色，并且使台面无多色性。否则，如果台面稍微偏离（即不与光轴垂直），都会导致台面颜色不正，或带有其他的杂色等。

4. 质量（粒度）

有色宝石的质量与它的价值有着密切的关系。例如大颗粒的红宝石是非常稀有的，在国际珠宝市场上，优质的红宝石比优质的钻石价格还要高。

评价具有星光效应、猫眼效应、月光效应的有色宝石时，除了考虑上述4个因素外，还必须注意星光、猫眼、月光现象的清晰程度、星光的交点是否接近宝石的中心、猫眼的开合是否灵活、月光光带是否带有淡蓝色的晕彩等。

（二）玉 石 类

玉石类的产品主要是翡翠、和田玉、岫玉、石英岩质玉、碳酸盐质玉等几类。普遍认为翡翠和和田玉为高档玉石材料，岫玉、石英岩质玉、碳酸盐质玉等为中低档玉石材料。

对于玉石的质量评价一般包括颜色、结构、透明度、净度、块度、雕工等几个方面。

(1) 颜色。玉石的颜色丰富多样，翡翠的帝王绿，和田玉的羊脂白，南红玛瑙的柿子红都是各个品种的优质颜色。但是颜色的评价方法是相同的，就是颜色的纯正度、浓度、明亮程度以及均匀度。

(2) 结构。玉石的结构指的是组成玉石的矿物颗粒的大小、均匀程度以及结合方式。结构是鉴定玉石的关键，同时也是决定玉石质量的最重要因素，和田玉的润度、翡翠的种水都是由结构影响的，结构越细，玉石的质量越好。

(3) 透明度。透明度对于玉石而言不是统一的标准，翡翠、石英岩质玉和部分岫玉，需要透明高，越透明品质越好；而和田玉、碳酸盐质玉等却是相反的，透明度太好反而质量变差。

(4) 净度。玉石是天然的矿物集合体，多少都会含有一些天然的杂质（矿物杂质、裂纹等），这些杂质的存在会影响玉石的美观，甚至耐久性。

(5) 块度。玉石的价值不按重量进行计算，但是在颜色、质地、透明度、切工质量接近的条件下，质量越大，价值越高。

(6)雕工。中国自古就有崇玉、赏玉的文化,因此玉石的题材更是具有强烈的历史、文化吸引力。挂件、手镯、摆件等的切工,要求突出颜色、切工规整、抛光良好,挂件摆件要构思巧妙。

概括一下,玉石的价值包括两方面:一方面是它的材质价值,即自然属性的价值;另一方面是它的艺术价值,即文化属性的价值。因此,玉石的价值高低不仅取决于玉石本身的质量,更取决于接受者内心对它的愉悦程度,即玉石的价值与人心境的感受程度紧密相关,具体表现在只要喜欢,多少钱都愿意买。这就更增加了对玉石质量和价值评价的复杂性。由此也就不难理解"黄金有价玉无价"这句话的含义了。

(三)有机宝石

顾名思义,有机宝石就是与有机成因有关的宝石品种。有机宝石主要有珍珠、珊瑚、象牙、琥珀、贝壳、煤精、玳瑁、角类等。目前,虽然部分有机宝石可能通过人工干预而形成,比如养殖珍珠和贝壳等,但是在实验室并无法合成这些有机宝石。特别需要注意的是,部分有机宝石的贸易受到了《濒危野生动植物种国际贸易公约》即《华盛顿公约》的限制。在国际贸易中受到严格禁止,比如象牙、犀角等。

1. 珍珠

珍珠质量的评价,对珍珠的销售价格有着很大的影响,虽然目前尚没有统一的评价标准,但是各国对珍珠质量评价的内容基本上是一致的。就相同大小和质量的珍珠而言,天然珍珠的价格远高于养殖珍珠,海水珍珠的价格高于淡水珍珠。因此,质量评价的前提是确定珍珠的种类。

珍珠质量评价的要素包括光泽、颜色、形状、大小、珠层厚度、光洁度等,主要由珍珠的成分与结构决定。

1)品种

相同质量下,天然珍珠价值最高,养殖珍珠中价值依次为海水养殖珍珠、淡水有核养殖珍珠和淡水无核养殖珍珠。

2)光泽

珍珠的美丽,在很大程度上取决于它的光泽。因此,光泽是评价珍珠质量的重要标志,光泽越强越好。反光特别明亮、锐利、均匀,像镜子一样映像很清晰的为最佳,行业内常用映瞳、映像来形容光泽强的珍珠。

3)颜色

珍珠的颜色对其质量的影响是很大的。珍珠的颜色包括珍珠的体色(本体所具有的颜色,即背景色)与珍珠的伴色(表面和内部珠层对光的反射、干涉等作用形成的色彩)。珍珠的本体色可以分为黑色、白色、黄色等。各种颜色珍珠质量评价如下。

黑色珍珠,体色呈黑色,色调越黑、越浓,价值越高。其中以表面带有绿色伴色为最佳。

白色珍珠,体色为白色,以表面带有粉红色伴色者为最佳。

金色珍珠,体色为黄色,以颜色鲜艳、饱和度高,浓郁的金黄色为最佳。

粉色、橙色、紫色珍珠,以没有伴色、颜色浓郁鲜艳为佳。

4) 大小

珍珠的大小以其直径来表示,以毫米为计量单位,它是评价珠质量的重要因素之一。直径大于7毫米的珍珠才能称为大珠。俗话讲"七分珠八分宝",指的就是珍珠的大小,大珠是十分珍贵和稀有的。市场上,珍珠的计量单位因档次的高低而相差悬殊。低质量珍珠以千克计价,高级珍珠则以粒计价。因此在同等质量条件下,珍珠的大小就成为评价珍珠质量的决定性因素。

5) 珍珠层厚度

珠层厚度是对有核珍珠而言的,珠层厚度≥0.6mm 为佳,越厚价值越高。珠层厚度不会直接影响珍珠表面的光泽,但是厚度太薄的珠层容易脱落。

6) 光洁度

珍珠的光洁度,是指珍珠表面由瑕疵的大小、颜色、位置及多少决定的光滑、洁净的总程度。瑕疵越少,珍珠质量越高。珍珠表面的瑕疵有生长纹、裂纹、隆起、凹陷、皱纹、沟纹、褪色等。具有瑕疵的珍珠,表面光洁度肯定差,质量等级必然低,反之质量等级就高。在具有瑕疵的珍珠中,瑕疵所在的位置也是评价其质量的一个重要因素,瑕疵所处的位置越明显,其质量等级越低。

7) 形状

珍珠的形状也是评价珍珠质量的因素之一。珍珠的形状可以有圆形、近圆形、椭圆形、扁圆形、异形等。其中正圆形的价值最高。直径差应≤0.1mm,可以采用肉眼观察、滚动、多方位测量相结合等方式进行比较。一般用"走盘珠""米型珠""馒头珠""四面光"等名词来对珍珠形状进行分类描述。

8) 匹配度

对于串珠、耳饰、首饰套装等多粒珍珠的饰品,珍珠之间的匹配性也是珍珠质量评价的重要因素之一。

珍珠的搭配,是指依据珍珠的颜色、大小、形状、瑕疵、光泽进行有机的组合,使它显出珍珠饰品美的最佳效果。一件搭配得当的饰品比搭配差的,在质量和价值方面相差许多。

2. 珊瑚

珊瑚的评价从品种、颜色、质地、块度(质量)、形状(雕工)等五个方面进行。

1) 品种

珊瑚的品种对珊瑚的价值影响很大,不同品种的珊瑚价格差别可达几倍、数十倍甚至更多。珊瑚中最贵、最具有价值的是贵珊瑚。贵珊瑚的商业品种主要有阿卡珊瑚、沙丁珊瑚、Momo 珊瑚、天使肌肤、粉红珊瑚、深水珊瑚和白珊瑚等。阿卡珊瑚颜色浓深、透明度高、光泽强,具有玻璃质感,质地细腻,虫眼少,价值最高。沙丁珊瑚和 Momo 珊瑚,整体上光泽不如阿卡珊瑚,有虫眼,成品需要用蜡等充填,价值要依据整体情况而定。

2) 颜色

珊瑚的颜色多样,主要有红色、蓝色、金色、黑色和白色。

贵珊瑚中以红色为最佳,其他条件都一样的话,除了粉色外,颜色越深,价格越高。

白色珊瑚则以纯白色为最好,颜色越白越明亮,质量越好,如白色中带有灰色,则质量明显下降。

蓝色珊瑚为浅蓝、蓝色,是一种绚丽多彩的佳品,极少见,价值昂贵。

黑色珊瑚颜色灰黑到黑色,比较罕见,价值较高,以纯黑均匀,少棕色为佳。

金色珊瑚以浓金、颜色明亮,少褐色调为佳。

3)质地

由于珊瑚的特有结构,珊瑚的质地越致密,瑕疵越少越不明显,价值越高。如果有白芯,质量会下降;有虫孔、多孔多裂者,价格较低。肉眼观察质地越细腻,光泽越好,价值越高。

4)块度(质量)

珊瑚的块度(质量)越大越好,块度大而完整的珊瑚是用作玉雕的上等材料;块度小、有断枝者,其质量与价值降低。

5)形状(雕工)

对于珊瑚而言,它的加工过程中消耗率越高,出成率越低,价格也相对越高。因此,珊瑚成品的形状也是影响其价格很重要的因素。值得一提的是,同等大小、颜色、质地情况下,珊瑚制品中珠子最贵,尤其是半孔珠价格可能是通孔珠子的几倍甚至更高,戒面次之,然后是雕件和原枝。这与大多数珠宝玉石产品的价格情况不同,主要与原材料的自然形体有关。

3. 琥珀

琥珀是一种拥有悠久历史的有机宝石。在我国古代被称为"虎魄"或"遗玉",意思是虎之魂。古代琥珀的使用多限于皇宫贵族和高官,是使用者地位、财富和奢华生活的象征,主要作为小件饰品使用,其次是印章。

琥珀的分类在商业上没有明确的界线,通常是根据不同的颜色、透明度、包裹体等对琥珀类型进行划分,可以分为:蜜蜡、金珀、金绞蜜、血珀、棕珀、蓝珀、白蜜、虫珀、植物珀等。

琥珀的质量评价主要依据是透明度、块度、内含物、裂纹、雕工等。

1)颜色

一般而言,鸡油黄色的蜜蜡、金黄色的金珀、血珀、蓝珀的价值更高,棕珀、白蜜蜡等价值略低。金珀的颜色越接近金黄色越好,血珀颜色正且浓艳者为上品,蓝珀本体颜色为金黄色,在暗色背景、紫外灯下或适宜的角度观察,蓝色越明显鲜艳,价值越高。

2)透明度

除了蜜蜡外,琥珀的透明度越高,质量越高。蜜蜡则需要蜡质厚实。

3)块度

琥珀一般是按克计价,块度的要求是越大越好,同等质量克重越大,克价也会越高。

4)内含物

虫珀、植物珀等有内含物的琥珀,类型越稀有、美观、越完整,价值越高。

5)净度

琥珀中的杂质、裂隙等越少越好。

6）雕工

雕件的造型是否生动、饱满、精细是评价琥珀雕工的要点。

另外，血珀内藏有各种裂纹，难以雕刻和切磨，一旦出现雕件圆珠甚至蛋面，价值都会高于随行珠子。

有色宝石和有机宝石的价格与其质量评价有关。

知识链接

世界最大的一颗天然珍珠就是巴洛克珍珠。这颗天然珍珠于1934年5月7日，在菲律宾巴拉旺海湾中被发现。它长241mm，宽139mm，珠重达6350g。该珍珠现存于美国旧金山银行保险库中。巴洛克一词来源于葡萄牙语（BARROCO），意为"不圆的珍珠"，是指在形状上不浑圆的、在形态上千变万化、完全没有规律可循的、不规则的一类珍珠[①]。

二、有色宝石的营销

（一）有色宝石和有机宝石产品渠道策略

有色宝石的消费和收藏，近些年需求不断上升，市场受供应趋势影响。根据中国有色宝石网市场调研，消费者在做出购买决策前最为重视的因素是珠宝的品质，消费者对于有色宝石和有机宝石的鉴别能力不强，因此，大多数中国消费者购买有色宝石和有机宝石饰品时，首选大商场珠宝专柜、品牌珠宝店。大商场珠宝专柜、品牌特许经营是珠宝玉石线下销售的主要渠道形式。随着互联网消费环境的改善，消费者开始在网上购买，大多数消费者会选择品牌商的官方网站或专业性强的行业门户网站消费。网购成为了消费者继商场专柜之后可以选择的又一购买渠道。

（二）有色宝石和有机宝石产品的促销策略

珠宝市场的促销方式包括人员推销、广告促销、销售促进和公共关系。由于珠宝玉石的特殊性，在促销策略具体实施中，又有一些特殊的方法。

1. 人员推销

（1）提供与珠宝相匹配的服务，吸引消费者。如销售场所的环境和氛围设计，把特殊的情景设计到店铺中，促进营销。

（2）无缺陷营销。在整个营销活动过程中不给顾客留下任何遗憾的方法。如产品100%的保证质量无缺陷，销售中100%的保证挑选无缺陷，服务保证100%满意无缺陷。

（3）理念营销。向顾客传递品牌理念、设计理念、珠宝的故事等，从销售人员的工作态

[①] 资料来源：https://www.sohu.com/a/257352849_693993 修改自中国地质大学武汉珠宝学院搜狐号。

度、工作热情到服务等多方位进行理念营销。也有助于提高附加值。如某城市的"热恋有色宝石"促销活动,对红宝石的宣传是:炙热的红色被誉为"爱情之石",红色象征热情似火,红色象征爱情的美好、永恒和坚贞。

2. 非人员促销

广告和公关活动也是珠宝促销不可缺少的方式,遵循"公关第一,广告第二"的原则,宣传信息要与品牌一致,与产品一致,充分利用情境、故事等,让消费者在消费的同时,又能感受到舒适感、幸福感和优越感。

通过或借助某一有重要影响的事件来强化营销、扩大市场的事件营销也是珠宝促销的方式。如通灵翠钻的收购,雪孩子珍珠的"珠钻之争"在业内都造成了较大的影响,并影响到市场的销售。

一、简答

1. 列举出表 4-3-6 所列颜色的宝石,每种颜色至少列举 2 种。

表 4-3-6 宝石与颜色

	红(赤)	橙	黄	绿	青	蓝	紫
宝石举例							
颜色有哪些意义							

2. 简述有色宝石和有机宝石的消费心理。

二、分组实践

任务:分组收集资料并分析。

1. 以你周边的珠宝销售店铺的彩宝首饰为例(戒指、项链、手链等均可),分析有色宝石首饰给消费者带来的利益,说说如何激发消费者购买动机。写出文字报告。

2. 根据前面所学知识,查找资料,写出彩色珠宝和珍珠的可能的产品线,写出其长度和宽度,再从中确定一条产品线,分析该类彩色珠宝和珍珠产品给予消费者的利益,适合采用什么样的促销?

项目四　人工宝石的营销策略

任务　人工宝石的营销策略

学习指导

？做什么

了解人工宝石的特点,对人工宝石的市场进行正确的定位。分组对市场上人工宝石市场进行调查并分析,了解消费者心理,熟悉人工宝石饰品的营销,并分组分享结果。

！怎么做

1. 组建学习小团队,成员 3～4 人,实行组长轮换制。
2. 回答情境导入后面的问题。
3. 列出团队成员知道的所有人工宝石的名字,填写人工宝石的名称、现阶段市场上的销售情况,列分类表。
4. 对这些人工宝石的存在和未来的销售定位,你有哪些看法。
5. 交流与学习。

情境导入

问题:
(1)如何回答顾客的询问"我的红宝石是不是真的?"。
(2)如何回答顾客的询问"这家的宝石卖这么便宜,一定是假的?"。
(3)顾客说"假的宝石都对身体有害",你如何解释?

一、人工宝石的种类

(一)人工宝石的概念及分类

人工宝石,是完全或部分由人工生产或制造用作饰品的材料(单纯的金属材料除外),分为合成宝石、人造宝石、拼合宝石和再造宝石。

1)合成宝石

完全或部分由人工制造且自然界有已知对应物的晶质体、非晶质体或集合体,其物理性质、化学成分和晶体结构与所对应的天然珠宝玉石基本相同。在珠宝玉石表面人工再生长与原材料成分、结构基本相同的薄层,此类宝石也属于合成宝石,又称再生宝石,如合成钻石、合成红宝石、合成祖母绿、合成尖晶石、合成水晶等。

2)人造宝石

由人工制造且自然界无已知对应物的晶质体、非晶质体或集合体,如合成立方氧化锆、人造钇铝榴石、塑料、玻璃等。

3)拼合宝石

由两块或两块以上材料经人工拼合而成,且给人以整体印象的珠宝玉石,如拼合欧泊等。

4)再造宝石

通过人工方法将天然珠宝玉石的碎块或碎屑熔接或压结成具整体外观的珠宝玉石,可辅加胶结物质,如再造琥珀、再造绿松石等。

(二)主要的人工宝石品种

1. 仿钻石类

钻石最古老的代用品是玻璃,后来用天然无色锆石,随后人们用简单、容易实现的方法人工制造出各种各样基本性质与天然钻石相似的钻石仿制品。

早期用焰熔法合成的氧化钛晶体,即合成金红石,它有很高的色散,但是它硬度低,还有黄色,且色散过高而容易识别。

针对合成金红石的缺点,人们又用焰熔法生长出了人造钛酸锶晶体,它的特点是色散比合成金红石小,近似钻石的色散,颜色也比较白,但其硬度较小,切磨抛光总也得不到锋利平坦的交棱和光面。

随着科学的发展,人们又不断生产出更近似钻石的仿制品,如人造钇铝榴石,人造钆镓榴石等,尤其合成立方氧化锆是钻石理想的仿制品。它不仅无色透明,而且折射率、色散、硬度都近似于天然钻石,为此曾在较长一段时间,迷惑过许多人。1998年美国推出的合成碳硅石物理性质更接近钻石。目前市场上最具迷惑性的钻石仿制品主要是合成立方氧化锆和合成碳硅石,随着近几年合成钻石技术的快速发展,合成钻石也逐渐在市场上显露头角。

1)合成钻石

合成钻石也称为"培育钻石",是指在实验室或工厂里通过一定的技术工艺流程制造出来的与天然钻石的外观、化学成分和晶体结构完全相同的晶体。

早在18世纪后期,科学家就已经开始研究钻石的成分与形成机理。但一直到20世纪50年代在静态超高压、高温技术有所进展的基础上才成功合成出钻石。现在宝石级金刚石的主要合成方法有HPHT和CVD两种方法。

2018年HPHT法生长宝石级金刚石技术在国内成熟,成本降低,市场开始大量销售。据统计,国内有中南、黄河旋风、华晶、力量、修武鑫锐、厚德、济南中乌、山东昌润、营口金铮、辽宁新瑞、鸡西浩市新能源等11家公司培育宝石级合成金刚石,用于合成宝石级金刚石的六面顶压机数大约 1147 台,月培育金刚石毛坯约 7.7 万克拉。

国内的化学气相沉淀法(CVD 法)合成金刚石厂家主要有宁波晶钻、上海征世、河月踏莱斯曼、郑州科钻等。这 4 家的 CVD 合成金刚石设备约 146 台(国内还有很多较小的厂家没有统计在内)。目前的 CVD 合成钻石技术可以合成出 5～10 克拉单晶钻石,生长速度可达 100 微米/时,是高温高压合成钻石速度的 5 倍。目前,国际上最大的 CVD 合成钻石直径达 92 毫米,重量为 155 克拉。

2) 合成立方氧化锆

1972 年苏联科学家用"冷坩埚法"的新技术熔炼制成合成立方氧化锆。由于合成立方氧化锆与钻石性质十分近,1976 年合成立方氧化锆作为钻石的仿制品被大量推向市场。因此,合成立方氧化锆也曾被称为"苏联钻",是目前为止最像钻石的一种人工宝石。冷坩埚发合成晶体生长迅速,每炉可以生长 400 千克合成立方氧化锆晶体。

3) 合成碳硅石

1893 年,法国科学家 Henri Mossian 博士首先在美国亚利桑那州的 Canyon Diablo 陨石碎片中发现天然的碳硅石。这个伟大的发现得到业内的高度评价,使他成为诺贝尔奖获得者,而新矿物"碳硅石"更以他的名字命名为"Moissanite"。

1980 年科学家们成功地合成出体积较大且达到宝石级的合成碳硅石晶体。1995 年美国 C3 公司(美国诗思有限公司 Charles&Colvard Ltd. 的前身)将这种新的宝石推向市场。合成碳硅石高硬度、高折射率、高色散的优良性质使它成为新一代钻石的替代品,在中国商业名称注册为"美神莱"。碳硅石单晶生长的技术难度比较大,目前国内生长碳硅石单晶的单位有:中科院物理所、中科院力学所、中科院上海硅酸盐研究所、山东大学、西安理工大学、中国电子科技集团第四十六研究所等几家,生产企业数量还在不断增加。

2. 彩色宝石类

彩色宝石类的人工宝石市场上常见的有合成刚玉、合成祖母绿、合成水晶等。这些人工宝石除了是珠宝首饰的镶嵌材料以外,还更广泛地应用在工艺品、工业领域。以珠宝品牌施华洛世奇为例,饰品使用大颗粒人工水晶作为镶嵌材料,造型新颖独特,成为时尚饰品的典型代表。

知识链接

"世界人造宝石看中国,中国人造宝石在梧州",被中国宝玉石协会命名为"世界人造宝石之都"——梧州,人工宝石年产量 80 亿粒,约占全国产量的 80%,占世界产量的 40%。

二、人工宝石的营销

(一)人工宝石的市场

人工宝石市场潜力巨大,前景看好,但现阶段市场状况并不理想。大量人工宝石上市初期的市场定位不明确,市场监管体系不健全,很多不规范的商家利用商品名称投机取巧,将人工宝石以"假宝石"的身份置入市场,给人工宝石的市场推广形成了巨大的障碍。

下面以合成立方氧化锆和合成碳硅石的市场情况分析未来人工宝石市场的前景。

合成立方氧化锆已经从最初被消费者抵触的"假钻石"发展到现阶段市场认可度最高的钻石的平价替代品,经历过20多年的市场发展。合成立方氧化锆最初的上市给钻石的市场产生了很大的影响,当时人们对钻石的了解和鉴定技术有限,相当长的一段时间内,合成立方氧化锆都被市场排斥。后期针对钻石与合成立方氧化锆的区别,设计出钻石热导仪用来鉴定合成立方氧化锆,才使得市场回归正轨。渐渐地随着合成立方氧化锆生产技术的提高,合成立方氧化锆的成本大幅下降。因为其外观与钻石相近,被广泛应用在18K、14K饰品,银饰品,装饰首饰的制作上,深受消费者喜爱。

合成碳硅石20世纪90年代就已经上市,但是受到加工成本和技术的制约,合成碳硅石并没有在零售市场大量出现。

随着技术的突破,2018年国内市场上的合成碳硅石"莫桑钻"开始流行。莫桑钻以低价位、高硬度、高热导率、更出众的火彩为特征,以高品质的钻石替代品为市场定位,快速传播。消费者对这种高品质的钻石仿制品接受度很高。

雷鹏博印度分公司在2016年的报告中指出,到2015年底为止,在全球珠宝玉石市场上,其中合成碳硅石的销售份额已经达到了整个宝石市场的1.6%,复合增长率预计同比达到了6.2%,约2846万美元。其他如黄金占有率为55%,钻石占有率为20%,翡翠玉石为10%,其他珠宝玉石为13.4%。而根据戴比尔斯集团2014年10月发布的钻石行业分析报告来看,钻石的平均年复合增长率在2008—2013年低于5%。而根据持久性市场机构(Persistence Market Research)的预测,全球合成碳硅石市场在2025年的时候将会达到4888万美元。

近年来,以合成碳硅石为代表的人工宝石市场开始逐步趋于稳定,很好地带动了整个行业的发展。同时,随着我国珠宝市场"饰品化进程"的发展,消费者对人工宝石的接受度提高,其他各类人工宝石的市场也呈上升趋势,例如合成水晶、合成祖母绿等都大量在装饰首饰中运用。人工宝石的市场供应量和价格会随着生产技术的提高,产量扩大等因素而降低(表4-4-1),达到稳定状态。但市场仍需要统一和规范,进行准确的产品定位和消费引导,明确装饰性首饰的特征和功能,这对于行业发展、规范市场和维护消费者权益来说都是好的发展方向。

表4-4-1 合成碳硅石的价格走势

时间	品质	质量(ct)	价格(元)	地点
2010年9月	美国进口	0.06	10 000	北京五寰市场
2018年5月	美国进口	1.00	2500	上海珠宝展
2018年8月	美国进口	1.00	1200	广州华林珠宝城
2019年1月	国产	1.00	500	江苏东海水晶城
2020年6月	美国进口	1.00	800	广州番禺珠宝城
2020年6月	国产	1.00	200	广州番禺珠宝城

(二)消费者购买心理分析

美化功能是人工宝石消费的主要心理特征。人工宝石与天然珠宝玉石比较最大的区别是资源的可再生性,因此,颜色漂亮、块度大、价格便宜、装饰效果好等,是人工宝石的主要特点。消费者在选购有色宝石的时候往往也是看重这些特征,把人工宝石的装饰性放在第一位,这符合了我国珠宝市场"饰品化进程"过程中消费者心理变化的趋势,也符合人工宝石市场的定位。

一、分析题

人工宝石在市场上比较常见,我国人工宝石发展迅速,人工宝石品质好,价格相对天然宝石低,近些年广受人们喜爱。请调查人们对人工红宝石的认识,并进行消费者心理分析,并填写表4-4-2。

表4-4-2 消费者购买人工宝石产品时的心理过程分析表

心理过程	购买前表现	出现偏差的原因		分析		对策	
		男	女	男	女	男	女
知晓	失望						
	欣喜						
了解	不满						
	高兴						
喜欢	喜欢						
偏好	转移品牌						
确信	确信						
实施购买	勉强						
	自主						

单元五　珠宝店铺设计与管理

学习目标

技能目标：应用店铺设计与橱窗陈列的技巧，完成陈列创作。
知识目标：了解店铺设计与陈列的原则、方法技巧。
素质目标：提高学生的审美和艺术性。

项目一　珠宝店铺设计技巧

任务一　珠宝首饰店铺类型和选址

学习指导

❓ 做什么

根据珠宝首饰店铺知识，分组对珠宝店铺分类，明确每种类型选址有何特点，并分组介绍。

❗ 怎么做

1. 组建学习小团队，成员 3～4 人，实行组长轮换制。
2. 回答下方情境导入后面的问题。
3. 列出团队成员知道的所有珠宝销售场所，填写珠宝销售场所及分类表。
4. 对这些珠宝销售场所分类，为每个类别命名。
5. 分析这些类别的销售场所有哪些特点。
6. 交流与学习。

情 境 导 入

常常看到这样的情境：女孩子相约着一起逛街，行走的人，似静似动的橱窗，透过橱窗"移步即景"，不知不觉间行走的女孩子被漂亮的橱窗所吸引。"真美"，其中一人自语道，"走，进去看看！估计晚上配上灯光会更美呢！"同行的女孩也兴奋起来。

回答以下问题并填写表 5-1-1。

(1)你对橱窗有哪些印象？

(2)哪些地方有珠宝首饰的橱窗？

(3)你最喜欢的橱窗有什么特征？

表 5-1-1 珠宝销售场所及分类表

项目	场所名称	分类和类别名称	各类别特点
珠宝销售场所（线下）		1. 2. 3. ……	1. 2. 3. ……
珠宝销售场所（线上）			

一、珠宝首饰店铺类型

（一）大型百货商场内的珠宝专柜

1856年巴黎的玻玛榭百货商店首先推出有别于以往的杂货店，店内货物齐全、附有标价、不还价，并采用信誉卡制，免费包装送货，并可退货，一时颇受好评，成现代百货商店之先河。百货商店产生的背景是欧洲进入工业化社会，城市人口急增，消费能力、大众交通能力都有明显的提高。正是在这一背景下，现代大规模的百货业才应运而生。

（二）连锁店

连锁店缘起于20世纪20年代的美国。借助于日趋完备的通信与运输，小型商店利用本身的经营经验，在各地设立分店，并建立企业形象，推广业务。连锁店的大批量采购、相对统一的设计风格和服务标准，使顾客对连锁店企业获得一致的印象。连锁店的经营方式甚至影响到餐馆、酒店的经营。商场设计与CI(企业识别形象)设计的结合也是连锁店经营的特征。中国的珠宝品牌连锁形式起源于20世纪90年代，是中国珠宝企业发展和推广的主要形式。

（三）无店零售商

这是一种以直销的方式将产品转移到最终消费者手中的一种零售类型。

邮购于1880年始于美国，起初是因幅员辽阔、农村人口分散、购物不便，有善经营的商人以商品图录和价格标识的方式，使消费者有机会参考选购，风行一时，是种零售业的新形态。

在中国，由于人口居住的集中性，加之早期交通工具和商业网点的匮乏，传统的无店铺零售商是以货郎和自由市场地摊的形式出现的。随着信息技术的发展，通过电视、网络、新媒体等形式来从事无店经营的方式和方法越来越多。

（四）专卖店

这是近几十年来出现的某品牌商品或某类商品的专业性零售店。特点是产品的品类单一，但是服务完善，针对特定的顾客群体而获得相对稳定的顾客。大多数企业的商品专卖店还具备企业形象和产品品牌形象的传达功能。

这是近年来珠宝零售业发展的一个新趋势。以珠宝首饰零售为主的珠宝企业纷纷建立有本企业特色的专业珠宝零售店。

二、选址

珠宝首饰店堂所处的地理位置，直接影响顾客流量的大小，不同的选址位置也关系到店铺的经营方式与定位，因此一家店铺的选址与营销有着十分密切的关系。由于珠宝首饰产品的特殊性，珠宝首饰零售商会在一些城市的中心地带和繁华商业圈选址开设珠宝首饰店铺，这不仅可以增加店堂的安全性和客流量，更重要的是，中心繁华区域可以烘托珠宝首饰产品的高贵感，迎合消费者心目中珠宝首饰产品的地位，从而增加店铺的信誉度，如北京的王府井商业区、西单商业区，上海的南京路商业区、天津和平路、滨江道，深圳华强北路等。

珠宝首饰店铺的选择除了考虑人流量外，还需要结合品牌自身特征、经营类型等，综合分析多方面因素确定适合的店铺选址方案。现阶段国内珠宝首饰零售店铺的选址主要有以下几种类型。

1. 百货商场

这种大型百货商场形式的零售商，是我国珠宝市场形成之初的一种零售形式，直到现在仍有很强的生命力。商家与百货商场的合作一般分为联营与租赁两种形式，商家服从商场的统一管理，并享受商场提供的物业服务、信用体系保障、安保、税务等服务。多数品牌的首选是入驻商场，借助百货商场的知名度确保一定的客流量并且能提高信用度。但不同层次的商场准入标准不同，多数入驻商场的珠宝专柜为行业内的著名品牌或当地的知名品牌，对新品牌的接受和包容度有限。珠宝首饰企业选择商业百货形式经营也存在一些弊端，比如统一的产品、人员、时间和空间管理,使得在彰显品牌特色和自主活动权限方面受到限制;经营区域集中,专柜之间缺乏私密性,竞争显得尤为激烈。

2. 珠宝首饰市场/集市

这里说的是珠宝首饰市场,并不是行业中提及的珠宝行业上游市场。主要是指各个城市中所存在的例如古玩城一类的商业空间。在这样的市场中,都是一个城市中比较传统的商业区域,珠宝首饰店铺会较为集中地出现,多以个体经营和小型公司为主,特色鲜明。经营特点是以珠宝玉石为主,一般不经营贵金属产品尤其是黄金,产品种类繁多,质量参差不齐,价格不明确,以假乱真的现象普遍。因此选择去这类市场的消费者多数是自身具有一定鉴别能力的珠宝爱好者或者是熟人介绍。集市类珠宝市场在各个城市的发展良莠不齐,与地方经济、文化底蕴、消费习惯等因素有关,大中型城市的发展较红火,最典型的代表是北京的潘家园市场、甘肃兰州的城隍庙、辽宁沈阳的鲁园市场等,中小型城市一般比较萧条。

3. 珠宝首饰专卖店

对于珠宝首饰店铺营销来说,珠宝专卖店是区别于商场专柜的,另外一种大规模的珠宝零售终端。商家开设独立的商业门店,完全自主地经营管理,品牌特色鲜明。这类店铺必须重视地理位置的选择,尽量临街而设,有可能的话尽量选择在两面或三面临街的路口,提高能见度。同时周边的交通通信条件的便利程度对消费者来店购物的流向、频率及客流的密度都有着重要的影响。

在一个城市,珠宝店铺往往集中在一些区域,例如辽宁省丹东市七经街,长度 1000 米的商业街范围内林立着二十多家珠宝首饰店铺,另有三家综合商场内众多的珠宝专柜。该商圈由于集中性高,品牌竞争激烈,同时商圈所形成的辐射范围也随之扩大,吸引周边地区的消费者过来选购。

4. 创业品牌及珠宝首饰特色小店

随着中国珠宝首饰行业的快速发展,创业准入门槛的降低,珠宝首饰企业数量呈现出裂变式发展。一类新鲜的珠宝首饰特色店铺,突破了传统金银珠宝首饰店铺形式,清新地出现在市场上。以珠宝首饰特色店铺类为起点的创业者往往年纪较小,受过良好的教育并且与珠宝玉石有着不同的渊源。这类店铺不同于以往珠宝店铺华丽隆重的装修风格,清新、明朗、艺术气息较为明显。选址一般在热闹的旅游街区、文化创意园、写字间等。经营品类多以玉石、珍珠、钻石及彩色宝石等为主。特点是可以提供珠宝首饰的定制服务,包括款式设计、加工等(图 5-1-1)。

5. 珠宝沙龙与会所

珠宝会所式经营是近几年来逐渐流行起来的高端珠宝营销模式,会所是中国珠宝首饰产品饰品化和高端化发展的必然趋势,迅速在全国各地出现。珠宝会所一般选址在城市中心的高端写字楼、私人别墅、星级酒店等场所。装修比较豪华,是一种大气、奢华、安逸的商业环境,并营造出良好的珠宝文化氛围(图 5-1-2)。所展示和销售的产品档次高于普通零售店铺,是珠宝品牌化经营走向成熟化的高级营销模式。它不仅兼具销售功能,更主要是为

图 5-1-1　位于沈阳万象汇的耿昱菲珠宝工作室

顾客提供一个放松、休闲、会友、畅谈的场所，不能让人有丝毫的精神压迫感与自卑感。会所的消费者群体是相对固定的，经营过程不依靠流量或者促销宣传引流。在"圈子"营销中起到了较大的作用。与其说珠宝会所是一个更高档的珠宝卖场，不如说它是珠宝首饰行业高端化发展的一个新阶段。

图 5-1-2　位于丹东万达国际中心的柒瑜珠宝会所

任务二　珠宝首饰店铺橱窗设计

学习指导

做什么

分组对珠宝店铺橱窗分类,学习橱窗的基本设计,并分组介绍。

怎么做

1. 组建学习小团队,成员 3~4 人。
2. 回答下方情境导入后面的问题。
3. 团队共同试着设计一个橱窗,写出设计中的要求和考虑的因素。
4. 分析珠宝店铺橱窗的类型,熟悉橱窗设计原则。
5. 交流与学习。

情境导入

有人说橱窗是一种广告,有人说橱窗是一种艺术,来看看下面的橱窗设计的是什么。

春花秋月,夏日冬雪,岁月静好。设计师让珠宝陈列跟随岁月流转,感受四季轮回。有机雕刻与变色喷漆的组合使用,让数尺的空间内停留四季之美,纵然外界车水马龙、川流不息,但这里独留一份恬静、一份唯美、一份自然的灵动。

这就是珠宝的永恒。以变化衬托不变既是设计师的独到之处,也是设计师的一己私心,犹如对来的人述说:那年春天我们相遇,历经四季更换,可我依然等待下一季的到来,再次与你相遇……①

回答问题并填写表 5-1-2。

(1)你认为橱窗是否分类?

(2)若由你的团队设计夏季的珠宝橱窗,会考虑哪些因素?

(3)推出团队最喜欢的橱窗,分享给大家。

表 5-1-2　珠宝橱窗类型及特征分析表

项目	橱窗的类型	各类别特点
线下珠宝橱窗		
线上珠宝橱窗		
团队最喜欢的橱窗		

---

① 资料来源:http://www.jymcn.com/products/193.htm。

橱窗是一个店铺的门面，精美的橱窗设计是吸引消费者对店铺产生兴趣，从而进入店铺的一个手段。

一、橱窗的类型

橱窗通常没有标准尺寸、形状以及固定的位置。珠宝橱窗陈列一般是属于小型的橱窗，即使整体尺寸很大。但是中心产品的高度设计要求是与人们的视线平行，方便顾客仔细地观察产品。

根据橱窗的位置，橱窗可以分为店外橱窗和店内橱窗。

店外橱窗通常是利用店铺的外围墙面配合店头整体设计。店外橱窗陈列，能在第一时间告知顾客店内产品的特色和风格，起到品牌宣传和引流的作用。店外橱窗的尺寸会比店内橱窗较大。

店内橱窗设置于店铺内部，多数是利用凹入墙面的展示柜、拐角处的鉴赏柜等构成店内橱窗。店内橱窗不以销售为目的，以装饰和展示为主。

二、橱窗设计的原则

橱窗的设计是店铺整体设计的一部分，不是孤立存在的，因此，橱窗的设计应与店铺的整体设计风格相统一。在设计时，应该以消费者的视觉角度去思考、设计橱窗的每一个细节。

1. 主题突出，风格鲜明

这不仅要把橱窗设计与店铺整体设计相结合，还要考虑在整个商业环境中呈现的效果。外部橱窗起到展示和引流的作用，但是行人的目光在一个品牌的橱窗上所逗留的时间非常短，因此，橱窗的主题要鲜明突出，用最简洁的设计语言，在短时间内告知顾客所要表达的信息。

2. 整体的统一性

橱窗在设计时要保持与店铺的整体风格相吻合。比如玉石销售的店铺常设计成中式风格，橱窗就不适宜使用现代时尚的风格。有时为了增加空间通透性，会设置一种没有背板的通透式橱窗，在设计这种橱窗时，不仅要考虑和商业空间整体的协调性，还要考虑和邻近柜台的色彩陈列等方面的协调。

3. 与销售活动统一

橱窗从另一个角度来看，就是一个店铺的宣传海报，它向顾客告知店铺内正在进行的销售活动，传递活动信息，比如店铺的店庆活动、节日的主题活动等，都有必要陈列在橱窗中，用以宣传配合销售需求。

4. 站在观众的角度设计

考虑顾客的行走路线以及视线，橱窗是静止的，但顾客却是在运动中进行观察，因此，橱窗的设计,不仅要考虑顾客站立于橱窗前的观察角度和最佳的视线高度,还要考虑移动中观察的视觉效果。外围橱窗要注意观察店铺周边的人流方向,主陈列面要考虑人流较多的方向。要让橱窗引人注意,主题要鲜明简洁,另外提高照明亮度也是一种吸引注意力的方式。

三、橱窗日常维护

橱窗的陈设是需要及时保养和维护的,对于店铺的整体陈列效果来说非常重要。店铺在管理过程中,应该设定统一的橱窗检查时间。一般是在店铺营业的开始或结束时检查,并且设立检查清单等,以便及时地管理并维护。店铺橱窗检查通常从以下几个方面进行。

1. 清洁

珠宝首饰店铺的橱窗通常是用玻璃作外部的防尘材料,当有触摸或污浊物喷溅在橱窗上时,便会在表面形成油污。另外,玻璃类的物品表面容易产生静电吸附灰尘。因此,橱窗的清洁是橱窗日常维护中的关键。

2. 商品

橱窗的日常检查不仅局限于橱窗的外部,还要仔细检查橱窗内部。产品与道具是否有过移动的情况,如果不在原位需要及时复位。如果是售出或者调配,需要确认替换产品的情况,新产品应该与原来的产品具有较高的相似性,风格、材料统一,以便维持橱窗的整体设计不被影响。

3. 装饰物

橱窗布置会使用大量的装饰物,并且造型独特,需要分类逐一检查。

1)植物

一些橱窗中会使用植物来增加橱窗的生气。使用人造植物时,在消费者看来是很逼真,但是需要及时清理叶片上的灰尘。如果使用鲜花或者真正有生命的植物,要检查花朵、叶片的情况,如果出现凋谢或者枯萎,需要及时清理并适时补充水分。

2)针织物

针织物是珠宝橱窗常用的装饰品,在一定的光线照射下,彩色的针织物可能会褪色,要及时更换;悬挂的褶皱可能会有松动下垂并且附着灰尘,则必须重新调整褶皱,恢复原有形状。

3)道具

需要使用粘胶的道具,受到橱窗中的热气影响可能会失效,导致变形和脱落,需要仔细检查。

4. 照明

照明是提高橱窗设计整体效果的关键,在日常维护过程中,不仅要仔细检查橱窗布置,同时也要检查照明情况。珠宝橱窗照明时间较长,灯泡经常由于长时间的使用而烧坏,出现频闪或者是熄灭等现象,必须及时更换。另外,照明会产生热量,在设计时需要考虑材料的耐热性和橱窗整体的散热。

练一练

一、单选

1. 根据橱窗的位置,橱窗可以分为(　　)。
   A. 店外橱窗和店内橱窗　　　　　　B. 大橱窗和小橱窗
   C. 整体橱窗和陈列橱窗　　　　　　D. 以上都对
2. 橱窗的陈设是需要及时保养和维护的,下面不属于橱窗维护的是(　　)。
   A. 橱窗设计　　　B. 商品　　　C. 装饰物　　　D. 照明

二、多选

1. 珠宝首饰店铺类型主要有(　　)。
   A. 大型百货商场内的珠宝专柜　　　B. 连锁店
   C. 无店零售商　　　　　　　　　　D. 专卖店
2. 橱窗设计的原则有(　　)。
   A. 主题突出,风格鲜明　　　　　　B. 整体的统一性
   C. 与销售活动统一　　　　　　　　D. 站在观众的角度设计

三、简答

1. 珠宝沙龙与会所有哪些特色。
2. 简述珠宝首饰市场/集市的特点。

项目二　珠宝展厅设计

任务一　珠宝展厅空间规划

学习指导

做什么

根据珠宝展厅相关知识,分组对某珠宝店的展厅设计进行分析,进而学习珠宝展厅规划。

怎么做

1. 组建学习小团队,成员3～4人。
2. 分析周边珠宝店铺展厅的结构、功能。
3. 对展厅提出建议,如果是你的团队,该如何设计展厅。
4. 填写珠宝展厅观察表。
5. 交流与学习。

> **情 境 导 入**

每个城市都有不同品牌的珠宝店,当走进珠宝店时,是否有不同的感受呢?这些珠宝展厅如何规划才能更吸引消费者呢?试着对某一个珠宝线下和线上的展厅进行分析,并填写表 5-2-1。

表 5-2-1　珠宝销售展厅印象表

项目	空间感受	灯光	展厅结构
珠宝销售场所（线下）			
珠宝销售场所（线上）			
你团队的建议			

商业空间是经营者与消费者之间信息交换的区域,是提供有关设施、服务和产品,以满足销售活动需求的场所。好的店铺设计不仅将代表商业形象,也在商家和顾客之间起到了良好的沟通作用。珠宝商业空间设计的内容包括空间平面规划、空间立体设计、商品陈列设计、视觉传达设计、橱窗设计、灯光设计等。

一、珠宝展厅空间构成及功能

珠宝展厅是一个商业活动的空间,包括人、物、空间。三者之间的相互关系构成了有机的整体。空间给物提供了放置、储存的位置,同时事物的放置又形成了新的空间划分;空间给人提供了活动的场所,人的活动又不断改变着空间环境;人是物的使用者,物给人提供使用功能。在三者的关系中,人是活动的,具有主动性;空间和物是相对固定的,可以被人移动。

珠宝商业空间根据功能性大致分为以下 4 种类型。

1. 展示性

除了传统的产品陈列外,还可以运用一些新的手法进行展示,比如动态的表演、各种形式的广告等信息传递。

2. 服务性

珠宝展厅可提供的不仅是珠宝首饰产品,还包括各种服务,包括咨询、维修等。

3. 休闲性

珠宝商业空间可以提供一些互动项目,如休闲沙龙、影视播放、儿童娱乐等放松心情的娱乐活动。

4. 文化性

无论是商品陈列或娱乐活动,本质均是文化活动,珠宝商业空间的文化性,是传达品牌形象的最佳手段

二、珠宝展厅空间平面规划

了解珠宝展厅的主要元素和基本功能,从产品、美学、品牌、营销活动等角度综合进行全方位的考虑,然后进行空间的整体规划。因为只有在一个规划合理的商业空间中,产品的展示才能得到最佳效果。

珠宝店铺空间设计的影响因素

珠宝商业空间有不同的分类方式,一般可以根据功能,将它分为三个部分,导入部分、营业部分和服务部分。

1. 导入部分

导入部分主要包括招牌、橱窗、POP、入口元素等用于吸引顾客。导入部分位于商业空间的最前端,是顾客最先接触的一部分,也是顾客进入店内的缓冲区。因此,需要考虑两方面的因素,一是顾客的行走路线,是否方便顾客进入?二是顾客进入后的感受,会不会产生心理上面的影响?

因为珠宝首饰类产品具有特殊性,不同于普通的快消品,通常不会设置完全开放式的入口,珠宝店铺都会有"门"的形式存在,用以营造店铺空间的神秘感和高贵感。另一方面,要让顾客感到宾至如归,进口处要宽敞明亮留有回旋的余地,避免一进门就开始陈列产品,店内会看起来狭窄拥挤,不仅不会吸引顾客,即使进店顾客也会立即想出来。店铺门口行走不方便的台阶、井盖等,都会大大影响顾客进入店内的热情。

2. 营业部分

是商业活动的中心,也是整个展厅设计中最核心的部分。营业部分主要由各种展示器具和产品组成。

3. 服务部分

服务部分通常不位于店铺的核心地带,但却能辅助销售活动,使顾客能够更好地享受品牌服务。在当下的市场环境中,品牌营销的中心也是为顾客提供更好的服务。服务部分一般位于店铺的最深处,这部分可以是店内休闲区,方便顾客在此区域进行等待、茶歇。也可以设立贵宾室,陈列单价较高的商品,贵宾室为高额产品的交易提供了理想场所,销售人员为顾客进行详细讲解避免被打扰。此外根据总体空间的情况,服务部分还可以包括加工、收银、洗手间、仓库等部分。当顾客看到店铺中有专门的维修部门,必然就会对品牌产生好感,更加信任(图5-2-1、图5-2-2)。

4. 通道及客流线

1)通道

珠宝展厅空间划分的另一个必备可少的元素是通道,通道是展厅中人员(顾客和销售人员)通行的空间,连接各功能区域。通道的设计必须能够让人员行动自如,将店内的每一个角落都转遍,并且具有循环性。

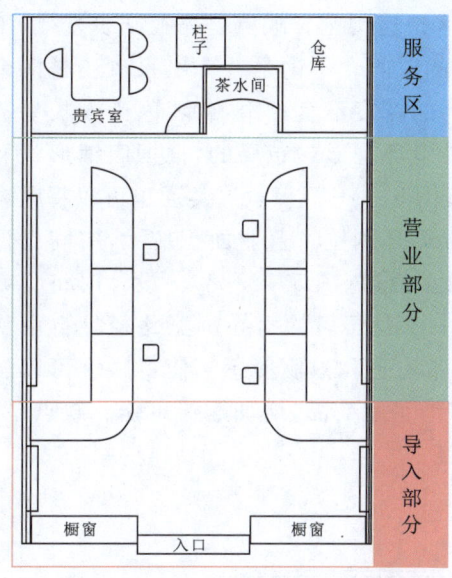

图 5-2-1 珠宝店铺平面规划图

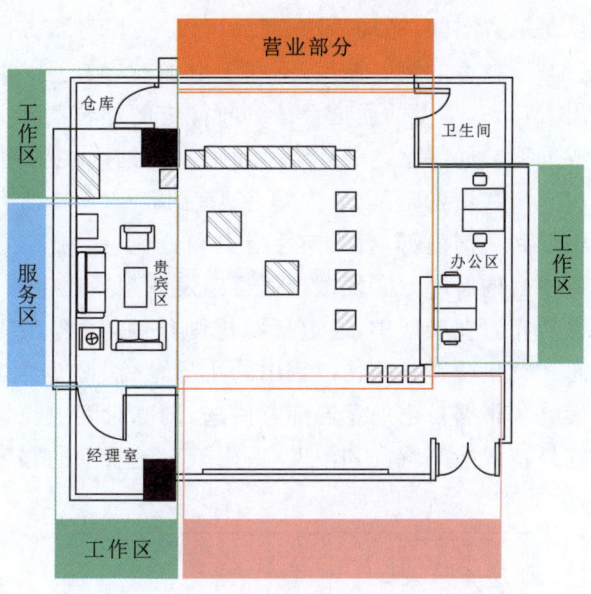

图 5-2-2 珠宝店会所平面规划图

（1）通道宽度。

空间影响人的心理感受，当周围被物体包围空间狭小时，人会感受到压力，变得紧张，宽阔的空间能够让顾客感到宽松，使精神松弛下来。所以对店内过道空间进行合理设计，可以改变消费者在店铺内浏览时的感觉，对于珠宝商业空间来说非常关键。店铺内主要通道宽度通常是两个人可以正面交错走过的宽度，要在120厘米以上，这是根据东方人的平均身宽为60厘米设计的。在整体空间受到限制时，为了方便顾客的通行，顾客通道宽度也不能小于90厘米，指一个人侧身后另一人可以通过。在店铺内部，仅供员工通过的通道至少也应保持40厘米的宽度（图5-2-3）。此外，珠宝商业空间通道设计还要考虑顾客在购物中驻足的空间。一些重要的部位要留有足够的空间，因为店铺最终的目的是留住顾客，而不是让顾客快速通过。

（2）通道类型。

①一字型通道。一字型道常见于一些小型的珠宝店铺内，通常是一条单向直线通道，店铺有一个或者两个出入口（图5-2-4、图5-2-5）。优

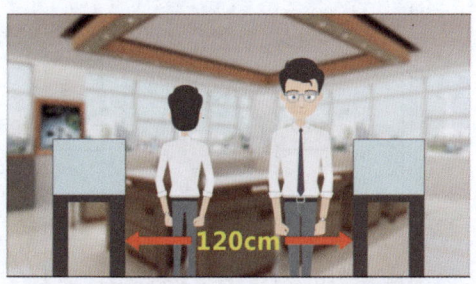
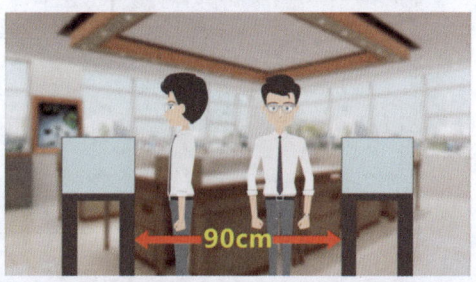

图 5-2-3 通道宽度示意图

点是节省空间,布局简洁,商品可以一目了然,方便顾客快速浏览。缺点是路径缺少变化,不会减缓顾客的浏览速度,不利于增加顾客在店内停留的时间。不论是一个出入口还是两个出入口,一字型的通道都是双向行走的通道类型,设计的宽度不宜过窄,或者因为太长易造成顾客的局促感。②环绕型通道。店铺内主要通道是以环绕形式布局的,根据店铺形状和出入口数量,又可以分为O字型(图5-2-6),8字型(图5-2-7)等。这类通道可以将顾客引导到店铺内部,有指向性指引和分流,让顾客在内部循环浏览。营业面积较大,中间设计有柜台的展厅。③发散型通道。发散型通道也叫自由型通道(图5-2-8)。设计时将货架灵活布置在展厅中,通道呈不规则路线,顾客在店铺中没有任何的引导浏览路径呈自由状态。突出顾客在购物过程中的主导地位,减少顾客的紧迫感和被驱使感。使得顾客可以放慢脚步根据自己的意愿随意挑选,浏览时间更长,更多地了解商品,增加购买可能。缺点是,容易造成空间混乱和浪费,适用于客流量少的零售店铺。

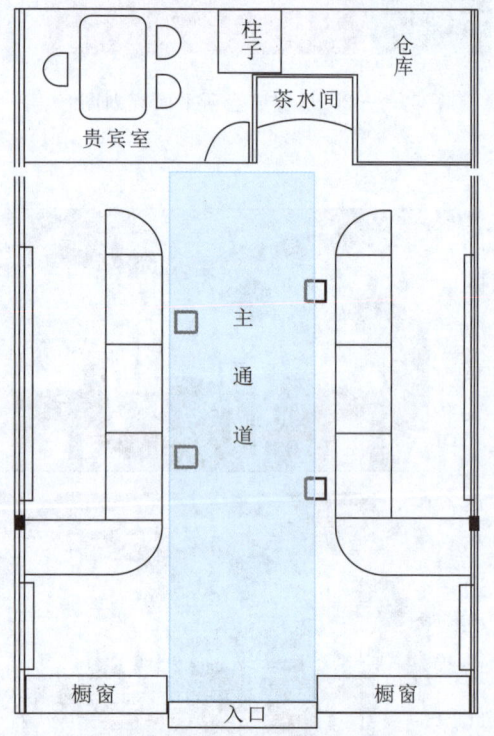

图5-2-4 一个入口的一字型通道

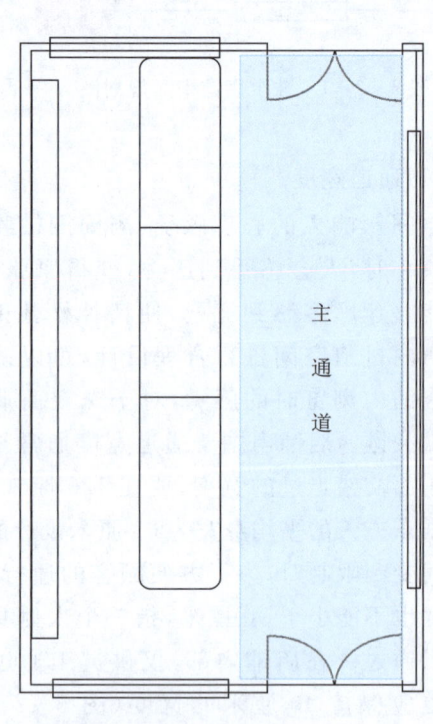

图5-2-5 两个出入口的一字型通道

2)客流线

顾客进入到店铺内,沿着哪条路线行走,进行浏览,这条路线就是客流线。值得注意的是,客流线并不等同于通道。通道是空间中可以行走的路径,也是我们设计出来希望顾客行走的路线。而顾客实际在店内进行浏览所行走的路线才是客流线。当实际的客流线和我们预先设想路线不一致时,说明我们的设计存在问题,需要及时改进。

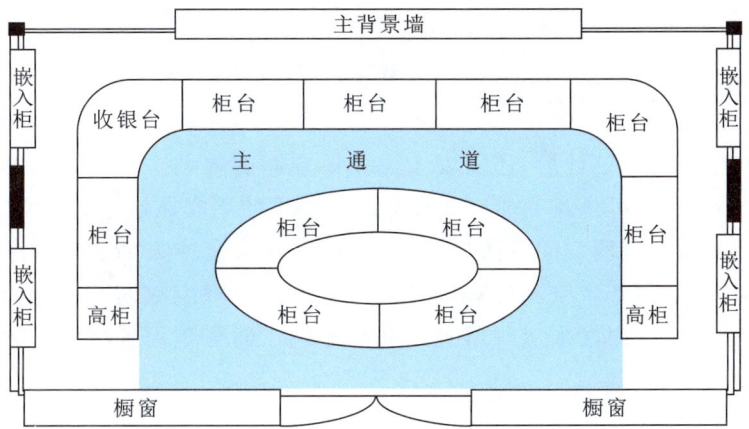

图 5-2-6　一个出入口的 O 字型通道

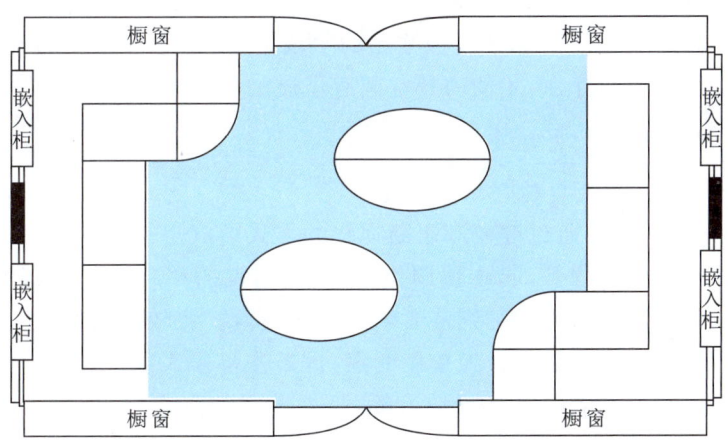

图 5-2-7　两个出入口的 8 字型通道

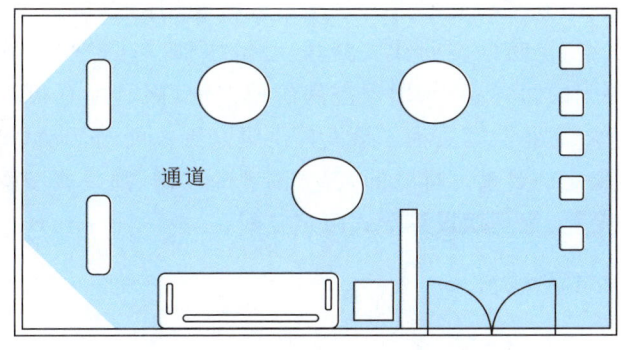

图 5-2-8　自由型通道

客流线要尽量长,必须要保证顾客走到店铺的最深处,保证每一个展柜都能被顾客看到,客流线长短的不同,影响了顾客在商业空间的逗留时间。

三、珠宝展厅空间立体规划

珠宝展厅在完成平面设计后,还需要考虑立体空间的规划。空间形成的关键因素是一定的空间围护体的确立,可是在商业空间设计时一般不使用实体墙进行分割,因此需要采用一些空间限定的方法。所谓空间的限定,是指利用实体元素或人的心理因素限制视线的观察方向或行动范围,从而产生空间感和心理上的空间感。限定空间有:以实体围合、以虚体分隔、利用人固有的心理因素限定等常见的几种形式。通常运用各种限定元素和手法达到空间效果。

1. 水平元素

第一类是地面限定,使用抬升、沉降、材质变化等手段限定空间。例如将地面抬升,形成高出周围的空间,有强调、突出和展示的功能,高度差的变化强化了空间界限。第二类是顶棚限定,通过顶的方式限定空间也是一种常见的手段,室内与室外最大的区别就在于,室内被顶面覆盖,正是这些顶的存在,才使内外空间有了质的区别。百货商场内的珠宝专柜常是使用吊眉的方式来规划区域。

2. 垂直元素

垂直空间的限定主要是通过改变和阻断视线的方式形成空间感,包括点限定和面限定。点限定:利用柱子、摆件、植物等,起到强调作用,并利用点的存在连成虚拟的线,产生空间。这种限定方法较弱,如需增强空间感则需要增加点的数量。比较适合在大空间使用,例如马路两侧的路灯、广场上的石柱等。大量使用的点,排布连接形成线,从而产生面限定的效果。面限定:常用的限定元素有隔断、墙体、玻璃等,是一种空间限定感最强的方式,在商业空间使用这些元素,要考虑对空间通透感、客流线等的影响。

3. 虚拟限定

虚拟限定指的是利用非实物元素进行限定。最常利用的虚拟限定元素是光线,明亮的空间让人放松,心情舒缓;黑暗的空间让人紧张,心情压抑。通过光影效果分隔出来的两种空间,就能给人反差很大的两种感受,增添空间的趣味性,同时也有很强的视觉冲击。人是商业空间中活动的主体,商业空间是为了给人提供更好更方便的活动场地。因此,人的活动常常也可以作为空间限定的要素。排队的人流、围观的人群,都是典型的实例。另外还可以利用空间大小形状的变化,家具摆设等形式限定空间。

任务二　珠宝展厅柜台陈列

学习指导

❓做什么

根据珠宝陈列相关知识，分组对线上和线下珠宝店的陈列进行分析，进而学习珠宝的陈列及管理。

❗怎么做

1. 组建学习小团队，成员 3～4 人。
2. 选择珠宝店铺，分析其线上和线下所用陈列设施。
3. 讨论并回答陈列和珠宝首饰包装的作用有哪些。
4. 团队为某珠宝店设计线上陈列。
5. 填写珠宝陈列观察表。
6. 交流与学习。

情境导入

当你走在百货商场里的珠宝专区路上时，你会看见四周数不尽的珠宝品牌鳞次栉比。不论是宽敞还是袖珍的展厅，搭配上或繁华或高贵或简洁的装饰后都会变成一个独特靓丽的珠宝世界。柜台里的系列珠宝在 LED 灯的照射下愈发美丽，再由专业的导购微笑相迎，你也能从中体会出品牌的魅力。同时利用珠宝道具与陈列设计的展示效果，可以激发消费者的购买欲望[①]。

问题：

（1）珠宝店铺陈列需要注意哪些问题？

（2）你认为怎样的陈列更吸引年轻人？

（3）试着对某一个线下和线上珠宝陈列进行分析，并填写表 5-2-2。

[①] 资料来源：修改自 http://www.jymcn.com/news/1999.htm。

表 5-2-2　珠宝陈列印象表

项目	陈列形态	所用灯光特点	陈列载体及特点
珠宝销售场所（线下）			
珠宝销售场所（线上）			
你团队的建议			

一、陈列的概念和目的

1. 陈列的概念

珠宝首饰的陈列是一种视觉营销手法，是商品营销与管理的一项重要内容，指通过不同的展示空间，运用各种道具、装饰品，通过各种陈列技巧，将产品的特征、风格或销售活动主题充分地表达出来。由于珠宝首饰类商品的特殊性，珠宝陈列既具有科学性又具有艺术性。

2. 店铺陈列的目的

陈列，是在商品展示空间或销售空间的一定范围内，将适宜的产品以引人注意的方式展示于合适的位置，以满足客户需求，从而促进销售，同时提升品牌形象。陈列的作用是使受众对商品的品质、风格及属性功能等一目了然，重点是引起注意，留下印象，从而产生接近并进一步了解商品的欲望。好的陈列能提高珠宝店铺的流量及销售额，是珠宝首饰店铺管理标准化的基本要求。

二、陈列设施

（一）柜台

1. 柜台的类型

珠宝展示柜，就是通常说的珠宝柜台，是珠宝店铺中展示珠宝产品的设备，也是完成珠宝产品销售的最重要的设备。它是珠宝商业空间中最重要的一个组成部分。柜台更好地展示了珠宝产品，起到保护和衬托的作用，既不影响产品的视觉效果和观赏性，也能够丰富空间的层次，起到引人注目的效果。

珠宝柜台的造型多以方、圆、多边形为基本形状，还可以依据店铺内空间利用添加、剪切、变形等方法，使基本形柜台幻化出丰富多样的单体或异形的柜台组合体。要注意在设计柜台的时候不能一味地追求个性化和奇异夸张，符合人体工程学原理，才更具实用性。

1）按照功能分类

在珠宝店铺营销过程，根据柜台的使用功能可将其分为销售柜台和鉴赏柜台。

(1)销售柜台。

用于陈列常规销售的首饰,是最常见的一种柜台形式,也叫作"平柜"。为了使陈列空间更立体,方便规划产品和搬运,目前珠宝店店铺的柜台都是用独立柜台拼接组合,常见的珠宝柜台长度在100～160cm,宽度40～50cm,柜台高度在90～100cm,柜台内摆放货品空间高度在25～30cm左右(图5-2-9)。

图5-2-9 销售柜台

柜台的高度稍高于人们的腰线,消费者不需要弯腰,方便浏览。放置珠宝柜台时,会对柜台的两侧进行限定,产生内外的空间,使消费者与销售人员的距离保持在心理安全距离范围。同时配有椅子等,适合顾客坐下来安心地仔细观察首饰,顾客会觉得购物过程相对舒适。

(2)鉴赏柜台。

设在主通道或者环岛转角处,起到展示产品吸引顾客,规划空间引导客流线的作用,也叫"高柜"或"立展"。高于销售柜台,常见高度在120～180cm,中间内空高50～80cm左右。根据女性消费者的平均身高和店铺装修空间的限制,日常店铺中高柜使用160～170cm,更高一些的展柜适合在特展中使用。高柜中主要展示首饰精品,货品少而精,用于展现产品工艺、设计风格等,并不以销售为目的,多数是供大众欣赏(图5-2-10)。

2)销售柜台的分类

销售柜台按照其中陈列的产品数量,可以分为标准陈列式、大量陈列式和精品陈列式。

(1)标准陈列。

常规柜台的产品,商品摆放密度中等,是珠宝销售柜台类型中最重要的部分,在珠宝商业空间中占有较大的比例。这类柜台风格自由,展示道具组合造型变化丰富,一般会按款式或者品类规划,方便顾客选购和浏览。在设计此类陈列柜台时,要充分考虑陈列产品的数量,在视觉上既要给人舒适感,又不要显得柜台太空,令人产生商品不够丰富的印象(图5-2-11)。

图5-2-10 鉴赏柜台

(2)密集陈列。

密集陈列是在柜台中选用密集式陈列的道具来摆货的方式,给顾客传达出"大库存和低价格"的信息。试图无形当中让顾客有信赖感,相信一定会有一件适合你的宝贝。这样的陈列适合于珠宝批发展厅,或者零售展厅中的一些常规款式,比如黄金项链、对戒等(图5-2-12)。密集陈列会降低珠宝产品的档次,不利于珠宝品牌的形象塑造和发展。

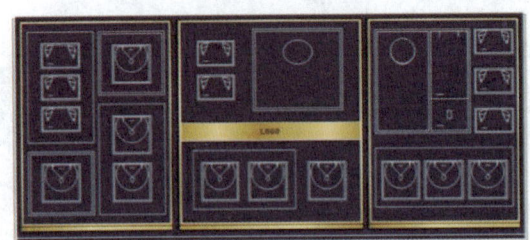
图 5-2-11 标准式柜台陈列设计图

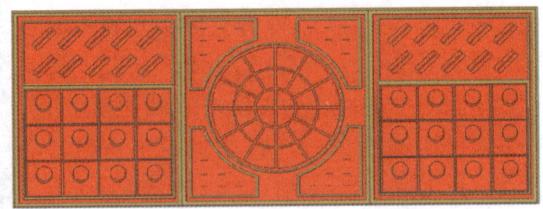
图 5-2-12 密集式柜台陈列设计图

(3) 精品陈列。

精品式陈列的特点是货品数量很少,以高档首饰为主,类似一种艺术品陈列的方式,也叫蒂芙尼式陈列,它是因蒂芙尼公司的成功使用而得名。高档品牌大多使用此种方式。只为突显一件或一个主题系列,风格不固定,会布置相应的场景,甚至使用大量的装饰物烘托氛围(图 5-2-13)。价格很少出现,主要传达信息,体现出产品高档、贵重的特点,顾客如果想购买促销的便宜货,就不会光临这样的店铺。

目前,在各品牌的店铺中,通常是以上几种柜台模式组合使用,少数精品柜台突出陈列新品或重要产品,少量的密集式陈列来放置基础款和滞销款,多数柜台采用标准式,用于陈列适销产品和主营产品。这样的陈列富于变化,将会使顾客所感受到的心理价值产生极大的变化,从而提高商品质量,增加销售效益。

图 5-2-13 精品式柜台陈列设计图

(二) 道具

陈列道具是在商业空间展示设计中,用于产品的衬托和陈列搭配的物件。珠宝首饰由于体积小、价格高等特点,其陈列效果在店铺设计中显得尤为重要。

精美的首饰道具能够强化珠宝品牌的风格,更好地衬托珠宝首饰产品。首饰道具最基本的要求是干净整洁,日常维护很重要。需要定期检查,一旦污染或损坏,务必马上更换。道具一定要和首饰搭配,根据首饰大小选择陈列道具的尺寸,视觉上才能达到协调的效果。另外,道具是直接接触并展示珠宝首饰的物品,直接影响首饰的展示效果,选用符合首饰特色的道具,能够更好地展示出首饰的精美,甚至能让首饰比实际效果更美、更诱人,激发顾客的购买欲望。造型新颖独特的道具可以强化品牌形象,给人留下非常深刻的印象。

道具的设计、使用、管理是店务管理的一个方面。设计展示道具时,需要综合考虑与品牌整体形象风格统一,尤其是与店铺装修风格统一,符合销售产品的类型,符合柜台尺寸,适合产品类型等因素。店内的道具总数量应该是陈列数量和储备数量的总和。储备数量是陈列数量的20%左右,并且涵盖陈列道具的全部款式,以便陈列调整时的需要。珠宝首饰常用的道具,根据适用的珠宝首饰类型分成以下几种。

1. 戒指的道具

戒指的陈列道具主要是戒指托和戒指盘,常规的戒指道具形式有插入式和卡扣式两种。卡扣式戒指托或戒指盘(图5-2-14、图5-2-15),使用夹片固定戒指圈的底部,能够使顾客看到戒指的整体形态,展示效果比较完全。但是柜台上陈列的戒指主石头尺寸、镶嵌款式、指圈大小都不相同,使用卡扣式的戒指托,整齐度会降低。尤其是使用时间比较久的戒指托,卡扣的紧实度降低,很容易出现戒指歪斜的现象。插入式戒指托或戒指盘(图5-2-16、图5-2-17),视觉上看起来比较高档,摆放整齐,容易给顾客信任感。但将戒指有一半没入戒圈内,不利于展示戒指的整体效果。在陈列设计时,还会使用一些特殊造型的戒指展示道具(图5-2-18)。

图5-2-14 卡扣式戒指托

图5-2-15 卡扣式戒指盘

图5-2-16 插入式戒指托

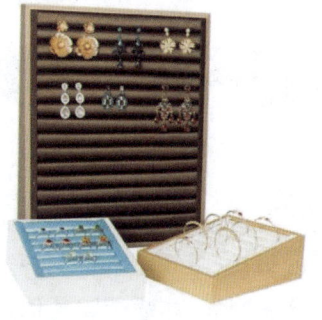

图5-2-17 插入式戒指盘

2. 项链的道具

项链的陈列道具有脖子模特和普通吊坠托、项链盘等。

图 5-2-18　造型奇特的戒指托

脖子模特的体积比较大,在柜台中处于焦点位置,也就是视觉中心,适合陈列造型夸张或款式经典的项链款式。脖子模特一方面能够全面地展示首饰的款式和材质,另一方面能让顾客感受到佩戴效果,增加商品的吸引力。脖子模特有两个主要的类型,一种是卧式脖子道具(图 5-2-19),放置在平柜中使用,属于矮道具,不同款式的卧式脖子道具尺寸基本相同。展示的倾角较小,接近平面展示,顾客于垂直方向观察。第二种是立式脖子道具(图 5-2-20),是放置在橱窗和高展柜中使用的大型道具,垂直展示项链的佩戴效果,顾客从水平方向直视产品。根据橱窗的大小,立式的脖子模特也会有不同的造型和尺寸。

图 5-2-19　卧式脖子模特　　　　　　　图 5-2-20　立式脖子模特

普通吊坠托(图 5-2-21)体积较小,形式大同小异,可以只展示单独的吊坠,也可以将吊坠和项链一同展示,易于和其他道具搭配,组合出不同的造型,是柜台中的主要道具类型。素金项链和穿珠类项链(例如珍珠)的陈列,经常使用大型的项链盘(图 5-2-22)、珍珠项链盘(图 5-2-23)进行基础的归类陈列。

  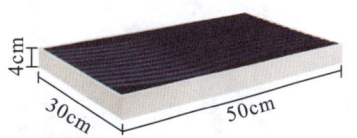

图 5-2-21　吊坠托　　　　图 5-2-22　项链盘　　　　图 5-2-23　珍珠项链盘

3. 耳饰的道具

耳部饰品款式较多,常见的有耳环、耳坠、耳线、耳钉等。不同的耳饰要选择适合的道具进行陈列。耳饰的道具种类主要有耳钉座(图 5-2-24)和耳环树(图 5-2-25)两类,耳坠在平柜中展示效果不佳,很多店铺选择柜上使用的耳环架(图 5-2-26)进行集中展示。不同款式的耳饰与道具的搭配要以协调为主,比如小巧的耳钉不适合过大的道具,会造成喧宾夺主的效果;长度较大的耳坠和耳线,要注意道具的高度与耳饰的长度匹配。

图 5-2-24　耳钉座

4. 手链的道具

手链一般使用手链桥或者手镯架来陈列,手链桥展示的是贵金属镶嵌类的可解开型的手链,又分成斜面手链桥(图 5-2-27)和拱形手链桥(图 5-2-28)两种,不同款式的手链要选择不同款式的手链桥,如果手链通体镶嵌宝石,重点展示手链的整体效果,则需选用斜面手链座的手链桥。如果主要装饰部分在中间,就适合用拱形手链桥来展示,突出中心为主的效果。手链桥的长度和宽度比较统一,如果遇到比较宽的镶嵌手链,也可以选择新款的 T 型手链架(图 5-2-29)或者腕表的展示道具(图 5-2-30)来呈现。素金款式的手链适合集中陈列一般使用手链盘(图 5-2-31)。串珠类的闭口手链可以选用侧式手镯座(图 5-2-32)进行展示。

图 5-2-25 耳环树

图 5-2-26 耳环展示架

图 5-2-27 斜面手链桥

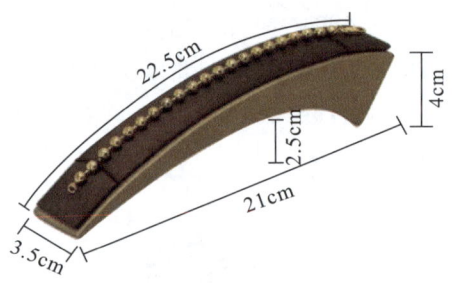

图 5-2-28 拱形手链桥

图 5-2-29 T 型手链架

图 5-2-30 腕表展示架

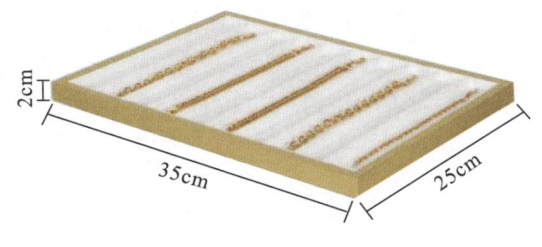

图 5-2-31　手链盘　　　　　　　图 5-2-32　侧式手镯座

5. 手镯的道具

在做手镯的陈列时也应先了解手镯的品种,再选择陈列道具,镶嵌手镯展示的重点是花头部分,可以使用插入式手镯座(图 5-2-33),将手镯最精彩的部分呈现给顾客,素金手镯宽带不均匀,而且尺寸多数是可调节的,适合选立式的手镯座(图 5-2-34)。宽度较大通体均匀的玉石手镯,多数是使用卡扣式手镯座(图 5-2-35)和侧挂式手镯座(图 5-2-36)来展示。目的是展示手镯整体效果。

图 5-2-33　插入式手镯座　　　　　图 5-2-34　立式手镯座

图 5-2-35　卡扣式手镯座　　　　　图 5-2-36　侧挂式手镯座

6. 裸石的道具

随着珠宝玉石定制服务的快速发展,越来越多的裸石进入到珠宝首饰零售店进行销售。大量的未镶嵌的珠宝玉石成为了产品,给传统的陈列提出了新的要求。为了使这些未镶嵌的宝石更好地展现给消费者,裸石陈列道具随之产生。裸石道具分成两类,一类是用来展示钻石的,另一类是用来展示有色宝石类的。钻石颗粒小、价值较高,通常是使用封闭式的、独立的裸石展示盒(图5-2-37)进行陈列。颗粒较大的有色宝石,为了更好地展现其颜色,使用的是开放式的裸石道具(图5-2-38)。它与普通首饰道具类型相似,表面有一个凹槽,方便将切面宝石的正面展现给消费者。还有一些价格较低的宝石,也可以使用裸石托盘(图5-2-39)进行陈列,数量多有挑选空间,能提高顾客对宝石定制的参与感。

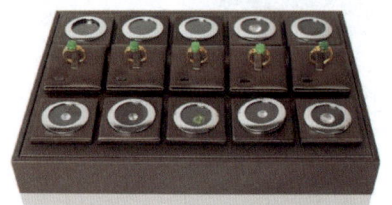  

图5-2-37 钻石展示盒　　　图5-2-38 裸石陈列道具　　　图5-2-39 裸石托盘

7. 其他类型道具

在销售过程中还经常会使用到一些不常见的道具类型。

1)看货盘

看货盘(图5-2-40)是最典型的辅助类道具,没有陈列功能,在销售过程中是销售人员暂时放置顾客试戴首饰的工具,也起到保护产品的作用,结构大同小异,在货盘一边设置了一个夹条型的戒指槽。重视店铺管理的品牌,看货盘都会采用与陈列道具相同款式的材质。看货盘是道具类物料中消耗最大的一种,店铺内要有足够的备用品。

2)衬板

衬板(图5-2-41)也叫层板、道具版或者展示底板,作为道具的背景存在于柜台中,是柜台陈列中非常重要的一个道具类型,但往往不被人们所注意。衬板通常有两种,一种是大衬板(底板),一节柜台中大衬板常见的是2~3块,除了提供整体背景外,还起到限定下空间的作用,处在整个柜台的最底边。它将一节柜台分割成2~3个小的独立的小型立体空间,更适合分组陈列,建立柜台内的秩序性。另一种是小衬板,小块的衬板尺寸和形状各种各样,主要起到提升高度、划分区域、建立层次的作用。对于一些形状不标准的产品,也可以直接使用小的衬板来进行陈列,例如手把件、胸针等。

3)固定式道具套装

组合型的小块首饰陈列盘(图5-2-42)有的是按品种集中展示的,有的是展示套装首饰使用的。这样的小块陈列盘,使用灵活,既可以用于收纳,也适合于放置在销售柜中进行产品展示,并且呈现整体感和秩序性都比自由型的道具要好,还方便整体取出供顾客挑选。

4)墙面道具

近一段时间,商业空间设计中为了充分利用空间,很多商家将橱窗布置成货品展示柜,随之出现了一批适合垂直陈列的墙面道具(图5-2-43)。墙面道具的稳定性十分重要,所以大多数墙面道具是整体性的。

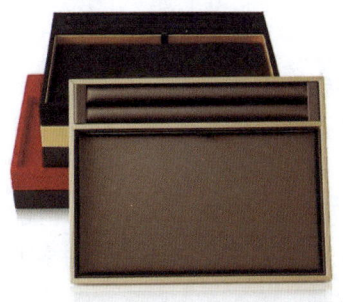
图5-2-40 看货盘

图5-2-41 衬板组成的柜台陈列道具,适合玉石类产品

图5-2-42 小型陈列盘

(三)商品陈列

商品的陈列与不同类型的展柜和主题风格相关,有分类明确、商品丰富等几个方面的要求。

1. 主题明确

主题明确是指在产品陈列时,同一空间内的陈列重点突出,主题风格明确。在展厅的整体在空间上体现为珠宝首饰品类区域的划分,例如黄金饰品柜台区域、玉石饰品柜台区域、钻石饰品柜台区域等。局部的空间内可以体现为款式为主题的分区,例如黄金饰品柜台区域划成戒指柜台、吊坠柜台、手链柜台等。除此之外在橱窗货焦点柜台区域还可以做套系、活动主题的划分。

图5-2-43 墙面展示道具

2. 商品丰富

指柜台陈列的商品种类丰富、款式齐全、数量充足。既要保证柜台商品陈列丰富,还要考虑商品的种类密度及主、辅商品的比例。

1) 种类密度

种类密度＝商品种类数量/陈列商品总数×100%

种类密度越高,表示陈列商品的重复率越低、陈列的花色品种越多、商品组合性能良好。在零售商业环境中,柜台中所展示出的商品同一品种、同一款式最多摆放 3 件,过多的重复会让人感到乏味,产生商品雷同、单调的感受,会影响销售效果。

2) 主营商品与辅助商品的比例

珠宝企业获利点通常在一些独具特色的款式,或与其他企业相比竞争优势大的主营商品上。陈列时,不能因为主营商品盈利高便大面积摆放,这同样会削弱特色,产生单调的感觉。应控制好主、辅商品的比例,主营商品陈列比例较小,在 20%～50%,不超过产品总数量的一般为佳。其余为辅销商品,可起到衬托作用,并且增加花色品种吸引顾客。

除此之外,店铺通常还需有占陈列总数量 30%～40% 的库存商品,用来补充销售空位和调配产品陈列。

三、陈列的基本原则

珠宝陈列除了陈列的基础要素外,从陈列的整体考虑,还应遵循一些陈列的原则作为功能要素,包括简洁、明确、统一、分组、平衡、留白、立体、焦点,容量企划和序列化及人体工程学等其他一些原理。它们综合运用在陈列的基本操作过程中。采用这些原则会帮助店铺从整体角度安排系列化的产品,给予特色产品最显耀的位置,合理搭配不同类产品等。形式精炼而内涵丰富的整体展示目的只有一个:使可能的销售尽快达成。

店铺设计的技巧

1. 简洁

陈列展示是品牌无声的广告,陈列设计的初期就要以整洁、干净为最基本标准,并时刻注意维护和保持产品的秩序美,也能提高陈列货品的档次。简洁原则是指在产品展示区域内,使用的装饰物料的用量要适量,与展示区域的大小成正比,切忌无节制地使用装饰物料。一般来讲,为了提升产品品质感,越高档的商品装饰品使用越少。装饰物料的用量过多会喧宾夺主。

2. 明确

产品陈列时要做到主题突出、布局结构明确、能够准确地表达出产品的特色优势。同时还要考虑意图售卖出的商品是否展示在准确的位置。

3. 统一

统一是在设计产品陈列时,同一组商品的陈列,无论颜色搭配、商品价位,还是商品材质、款式都要注意保持统一。

4. 分组

分组的目的是以便逐步地吸引顾客注意，如果没有分组，就无法引导顾客的视线清晰地、有重点地去观看商品，容易感觉混乱；在大的分组中设计小的分组，这样每一个分组也都可以单独拿出来展示。经常使用的有一字型分组（图5-2-44）、田字型分组（图5-2-45）、倒品字型分组（图5-2-46）等方式。

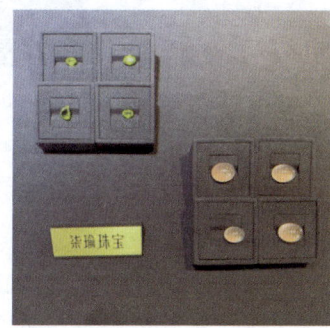
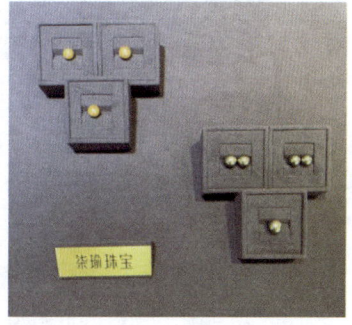

图5-2-44　一字型分组　　　图5-2-45　田字型分组　　　图5-2-46　倒品字型分组

5. 平衡

平衡的原则是指产品陈列应符合人们的心理取向。日常生活中，当接触到一件事物，引起注意后，通常会产生一系列思考：这一件事物否美观，是不是合乎逻辑，是否符合理想标准。而美的标准随着观察者所处的时间、环境、经济地位、文化素质、风俗习惯等不同而出现不同，产生不同的审美追求。人类长期从事生产发展社会实践，在大多数人中间存在着一种共识，对称与平衡、对比与协调、节奏与韵律等是客观存在的美的法则。运用这样的原则会在视觉上呈现和谐舒展、稳定有序和简洁明了。

珠宝的陈列组合最常使用的是左右对称构成法（图5-2-47）、重复（节奏）构成法等。

6. 留白

为了让更好地突出重点，在陈列设计过程中要适当地留有空白，否则各组商品就无法独立出来；留白也能更好地体现价值感，高档的商品要有较多的余白。留白的设计要注意整体的稳定感、平衡感、层次感、品质感和通透感。

7. 立体

遵循立体的原则，在产品陈列时，体积小者在前，体积大者在后。价格便宜者在前，昂贵者在后。季节商品在前，流行商品在后。空间感上"上下有天地，两边有余白"；从而营造出空间内的层次感，做到错落有致，前不挡后，远近分明（图5-2-48）。

8. 焦点

产品陈列还应该设定焦点，以突出主题。多数人看事物的习惯是点—线—面，点是形态构成的要素之一，不仅要有一定的位置，还具有大小的特点。我们在进行柜台陈列时，重要

图 5-2-47　左右对称构成　　　　　图 5-2-48　由远及近由高到低的陈列

的是能吸引顾客的视线,当一个点吸引主视线,它就形成焦点。项链座(图 5-2-49)的高度,使得顾客的眼睛第一时间接触到高点,浏览顺序也符合由上至下、由左至右的习惯(图 5-2-50)。如果摆放杂乱无章,随意堆砌,就会像散乱分布的点一样,让人抓不到重点,就不会使顾客产生驻足浏览并试戴的欲望。

图 5-2-49　焦点　　　　　　　　　图 5-2-50　视觉动线

四、包装设计

1. 包装的含义

包装分狭义和广义。国家标准 GB/T 4122.1 中规定:包装是在流通过程中保护产品、方便储运、促进销售,按一定技术方法而采用的容器、材料及辅助物等的总体名称。也指为了达到上述目的而采用容器、材料和辅助物的过程中施加一定技术方法等的操作活动。这是狭义的包装。广义包装指的是一切事物的外部形式。

包装存在于从珠宝玉器的原材料交易、加工制造、仓储、物流、营销到消费的全生命周期过程中,与珠宝产品密不可分。对于珠宝首饰零售行业更是整体营销中不可或缺的一个环节。从包装的功能和价值而言,一方面,传统珠宝玉器包装最基本的功能是储存、保护商品免受破坏,安全运输到目的地或消费者手中;另一方面,是品牌信息的传递,承载品牌文化的信息,能起到简单的品牌宣传和营销作用。

2. 包装对于珠宝产品的作用

珠宝首饰是一种贵重商品,消费者在选择购买珠宝首饰的时候,总带有某种心理动机或预期。因此珠宝首饰的包装,在珠宝首饰营销过程中有着极其重要的作用。精美的首饰包装,对高档贵重的首饰可以起到画龙点睛的作用,能烘托出珠宝首饰商品的高贵、典雅和艺术性。

珠宝首饰包装通常要考虑使用质软、耐久的材料,做工要精致。并且充分考虑产品本身的特点,比如款式、形状、尺寸、颜色等。归纳一下,包装对于珠宝产品具有以下三个方面的功能。

1)保护、方便收纳和运输

经过包装后的商品,可以使商品免受重压、振动和冲撞的损害,便于运输、储存和销售。这也是商品包装的基本功能。针对不同品类的珠宝产品,设计的不同款式和尺寸的首饰包装盒,以及根据珠宝产品的特殊性包装材料,使得珠宝首饰的包装变得更加方便快捷。珠宝首饰行业大量使用的自封袋(图5-2-51)、理货盘(图5-2-52)、首饰收纳箱(图5-2-53)等可对珠宝产品进行收纳和保护。

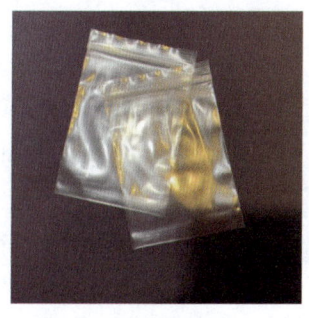

图 5-2-51　自封袋

图 5-2-52　理货盘

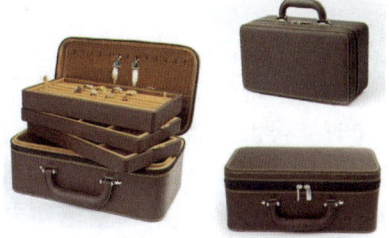

图 5-2-53　首饰收纳箱

2)宣传功能

包装可以传递信息,现代商品包装设计致力于把商品包装的保护功能与表现商品的形象和广告宣传结合为一体,称为POP包装(售货点广告包装),可以起到宣传和促销商品的作用。

3)提升产品档次

精美设计的首饰包装,在起到保护作用的同时也会增加珠宝首饰的魅力,起到提高商品档次的作用。这点在珠宝首饰产品上体现得尤其明显,如果一件精美的首饰配以低档的商品包装,将对珠宝首饰营销产生阻碍作用(图5-2-54)。

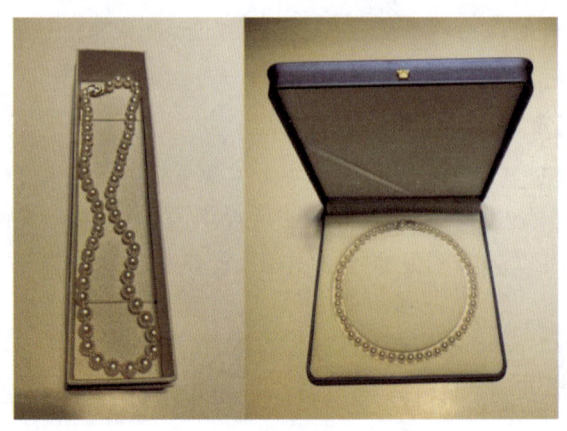

图 5-2-54　同一条珍珠项链的不同包装对比效果

3. 产品包装对消费者的影响

珠宝产品的包装会对消费者的购物过程产生影响,主要是购物心理感受方面,体现在以下三方面。

1）有利于吸引消费者

珠宝首饰的消费者以女性为主,漂亮、醒目的包装很容易吸引和诱导女性消费者。使用具有设计感、新颖别致或者品质感十足的商品包装,都能起到激发消费者购买兴趣的作用。在珠宝首饰行业,高质量的成套的包装,即使产生了较高的产品附加费用,消费者也会乐于购买。

2）有利于形成对品牌的认可

包装通常都是根据产品类型、品牌定位、服务对象等内容设计的。消费者能够在接触商品包装的同时获得大量信息,从而加快消费者认识商品,感知服务、认可品牌等心理活动的速度。另一方面,包装上所携带的品牌信息,是移动的广告宣传,可以起到"缄默的售货员"的作用,甚至比一般广告更容易给消费者留下印象。

3）有利于展示产品

通常情况下,消费者购物时先接触到的是包装而不是商品本身。因此,包装就成了判断商品质量的一个条件。化妆品行业有一句名言:"设计精美的香水瓶是香水最佳的推销员。"这点对珠宝首饰的营销来说,也是非常值得借鉴的。

五、店铺珠宝陈列的管理

珠宝店铺的陈列应该常新常变,需要规范管理。作为店铺的管理者,必须从以下几个方面入手。

1. 销售陈列进行日常化管理

制定管理制度,每天对销售陈列的卫生情况、货品秩序性等进行日常检查,发现问题及时处理。然后,每月重新设定销售货品陈列格局。可以定期根据产品的风格重新陈列,或调一下货品,把库存的货品和上柜货品,互调一下,增加新鲜感。

2. 主题陈列要及时更新

主题陈列应该与新产品上市和店内活动同步更新。开发出来,及时上柜并进行主题陈列进行更新,及时更换广告图片。

任务三　珠宝展厅氛围营造

学习指导

做什么

根据珠宝展厅氛围相关知识,分组对珠宝展厅进行分析,对营造展厅氛围的要素进行总结,进而学习如何营造珠宝展厅氛围知识。

怎么做

1. 组建学习小团队,成员3～4人。
2. 选择珠宝展厅,分析其氛围要素组成。
3. 讨论并回答下面情境导入后面的问题。
4. 根据展厅氛围营造知识,团队设计一个富有特色的、适合年轻消费群体的展厅。
5. 填写珠宝展厅氛围影响因素分析表。
6. 交流与学习。

情境导入

珠宝展厅也是珠宝爱好者的打卡地,往往兼具展示、接待及办公功能。有的展厅设计柔美,韵律流畅,具有前卫时尚的格调;有的展厅从自然形态中吸取灵感,营造具有时尚与先锋的艺术氛围。有的展厅是极简空间,有的则空间略显复杂。

回答以下问题并填写表5-2-3。

(1)请观察珠宝展厅,哪些地方你最喜欢?
(2)影响展厅氛围的因素有哪些?
(3)如果设计面向年轻群体的展厅,需要注意哪些问题?

表 5－2－3　珠宝陈列印象表

项目	展厅的色彩	展厅的照明情况	展厅的声音环境	其他因素
实际的珠宝展厅				
你团队的建议				
团队设计的展厅				

当消费者步入店铺时，如果只看到单纯的珠宝陈列与简单的装修，很可能无法产生购买的兴趣。珠宝首饰店铺环境是品牌风格表现的重要组成部分，好的店铺氛围设计不仅能够营造出好的售卖空间，更重要的是能够吸引消费者的注意力，有效延长顾客在店内的停留时间。这样店铺才有可能系统利用店内广告、销售人员的说服力等工具促使顾客对产品产生兴趣，并最终完成购买过程。

一、色彩环境

有序的色彩主题能给整个专场以主题鲜明、井然有序的视觉效果和强烈的冲击力。

不同的色彩可以使人们产生不同的心理感受。一般来说，蓝色是安静、理性的象征，能给人寒冷、冷淡的感觉；紫色是高贵的象征，能给人以神秘的感觉；红色是热情、喜庆的象征，却能给人以焦躁、危险的感觉；绿色是青春、生命的象征，能给人以恬静、清新的感觉；白色是纯真、洁净的象征，能给人以神圣、恐怖的感觉；黑色是严肃、悲哀的象征，能给人以文雅、庄重的感觉等。因此，商店内部装饰颜色调配是否得当、宜人，对消费者的购买活动与营业员在销售工作中的情绪调节具有很大的意义。

店铺色彩装饰

由于珠宝品牌的定位不同、销售方式不同，产品的特色不同，所需要呈现的也是风格各异、形式多样的珠宝店铺。在进行色彩设计之前，先要了解色彩设计所包括的主要内容。

1. 环境色

环境色又叫背景色，指的是店铺内大的背景色块，包括天花板、地面、墙壁等的色彩。它们主导着空间大环境色调，环境色不容易改变，或者只能做有限度的改变。

最为稳妥的方案是选择中性色作为背景色，比如米黄色、低纯度灰色等。也可以使用非中性色彩，但要低纯度的色，否则他们会和大部分首饰争色。橱窗上使用的色彩，可以选用黑、白、灰，无色彩的色块，提供了优质的背景，不会和首饰争色，也不会和其他颜色冲突，光线的变化对他们的影响也很小。

2. 重点色

重点色是指商业空间中道具、屏风、椅子、壁饰等环境色中的小面积点缀色，重点色通常选择品牌是主题色协调的色系，要强过环境色，并能与环境色良好地协调，利用它们来保持视觉的平衡。构成重点色的物品可以移动，可借更换重点色物品，创造出全然不同的气氛及信息。

3. 产品色

产品色是色彩设计的中心，其他色彩因素都是为了更好地衬托和美化珠宝首饰产品，充分显示产品色而存在的。

4. 道具色

道具色是珠宝店铺色彩设计中重要的组成部分，为了使商业空间整体色彩规划保持简单及舒适，使用与环境色或重点色相同色系的颜色最为适合。但最主要的是能突出首饰。中性色最适用，较低的色度（灰或褐色系）也是很实用的颜色。

二、照明环境

珠宝展厅的内部照明可分为基本照明和焦点照明两类。

基本照明也叫"环境照明"，为整个空间提供基本照明，一方面满足人们在空间内进行活动的需要，保证消费者能清楚地观看、辨认珠宝首饰产品，一般布置在店堂的顶部（天花板）上，以白色灯光为主。基本照明的不同灯光强度，也能影响人们的购物情绪。一般来说，在商店最里面配置光度最大，前面和侧面光度次之，中部光度最小。基本照明度的这种比例配置，不仅可以增加商店空间的有效利用，使商店富有朝气，还可以使消费者的视线本能地移向明亮的里面，吸引消费者从外到内把商店走遍，并始终保持较大的选购兴趣。另一方面是为重点照明做铺垫。

焦点照明是建立在环境照明的基础上，起强调和吸引作用的照明。用比环境照明更高亮度，更高对比度的光线塑造产品的形象，使产品从珠宝商业空间中凸显出来，迅速获得顾客的注意，并给人留下深刻的印象，焦点照明的设置主要针对常规产品的柜台和橱窗等区域。焦点照明常见的是使用柜台内置光源和柜台上方的吊灯来完成。在焦点照明系统的布置中，还要注意光源的色温应该与所陈列的产品相适应。

综上所述，设计适当的照明系统，对珠宝首饰店堂来说，是展示店容、树立店堂形象、宣传商店、招徕顾客、方便选购的不可缺少的手段。

三、声音环境

店铺的氛围营造过程中，背景音乐就是营造场景环境的重要元素之一。

人极易被环境所影响，也会根据不同的音乐调整自己的心境。这种调节体现在个人的情绪思绪波动等方面，也包括步伐、注目等行为。选择了对的音乐就是选择了一个更高级的说客服务业务，它能悄无声息地激发顾客的主观能动性。

店铺音乐的出众之处还在于其音乐的流动与切换。店铺音乐可以根据不同的品牌定位，匹配与之风格相近的乐曲风格。具有营造购物气氛、迎合顾客心理、宣扬品牌文化、舒缓顾客情绪、缓解员工疲劳等作用。

就应用层面而言，除非在举办大型促销活动的时间，否则充满青春朝气的快节奏时尚流行音乐不适合珠宝首饰店铺播放，轻柔舒缓的音乐才适合。同时，店内还完全可以通过视频设备对企业形象短片及产品广告片进行播放，以使顾客能够对品牌进行深入了解。

四、气味环境

与声音一样,气味也能够带给消费者与众不同的感觉。所以,店内气味是至关重要的。刺鼻与怪异的气味会使顾客很快离去,好的气味才会使顾客心情愉快地进行浏览。新店铺尤其要注意装修留下的各种刺鼻味道。卖场中放置鲜花或者香氛是十分有必要的,不仅有利于除去异味,也可以使顾客舒畅。要注意,味道不宜过浓,否则会使人反感。

五、服务环境

品牌想象的体现仅仅是视觉感受,精神感动才是顾客最终愿意为之买单的主要因素,这就与消费者在店铺内所体验到的服务过程直接相关。提供服务是销售人员,因此服务环境氛围的打造便是员工形象的塑造。销售人员的良好礼仪构建的是一种更高的店铺氛围——精神氛围,一般来说主要有以下两点。

1. 充沛的体力

销售人员在店铺中均为站立式服务,还要求穿高跟鞋,这对店员的来说是一个艰巨的考验。因此健康与体力就成了具有优质服务的先决条件。这点要尤其引起重视。

2. 得体的举止

销售工作中,不仅要以饱满的精神状态迎接顾客,还必须有着得体大方的举止。接触顾客的第一印象,会很大程度上决定顾客与销售人员下一步沟通过程是否顺利,也是能进行购买的基础。所以,销售人员在妆面、发型、穿着方面要做到整齐划一,并接受过正式的营业培训,保证谈吐的水准,这样才能体现出品牌的服务层次,彰显更高层次的品牌精神。

一、单选

1. 不属于珠宝展厅空间平面规划的是( )。
   A. 导入部分　　　　　　　　　　B. 营业部分和服务部分
   C. 通道及客流线　　　　　　　　D. 虚拟限定
2. 店铺珠宝陈列的管理有销售陈列进行日常化管理和( )。
   A. 销售的商品管理　　　　　　　B. 商品宣传管理
   C. 主题陈列要及时更新　　　　　D. 员工工作管理
3. 紫色是高贵的象征,能给人以( )。
   A. 神秘的感觉　　　　　　　　　B. 焦躁、危险的感觉
   C. 恬静、清新的感觉　　　　　　D. 神圣、恐怖的感觉
4. ( )色是青春、生命的象征,能给人以恬静、清新的感觉。
   A. 白色　　　　B. 黑色　　　　C. 紫色　　　　D. 绿色

二、多选

1. 珠宝商业空间根据功能性大致分为（　　）。
   A. 展示性　　　　B. 服务性　　　　C. 休闲性　　　　D. 文化性
2. 属于珠宝展厅空间立体规划的是（　　）。
   A. 水平元素　　　B. 垂直元素　　　C. 通道及客流线　D. 虚拟限定
3. 陈列是通过不同的展示空间，运用各种（　　），通过各种陈列技巧，将产品的特征、风格或销售活动主题充分地表达出来。
   A. 道具　　　　　B. 装饰品　　　　C. 设计　　　　　D. 空间
4. 陈列的目的是（　　）。
   A. 是一定范围内商品展示空间或销售空间　　B. 引人注意
   C. 满足客户需求，促进销售　　　　　　　　D. 提升品牌形象
5.（　　）属于陈列考虑的原则。
   A. 简洁、平衡　　　　　　　　　　　　　　B. 灯光、色彩
   C. 留白、立体、焦点　　　　　　　　　　　D. 明确、统一、分组

三、简答

1. 包装对于珠宝产品的作用有哪些。
2. 简述照明环境如何影响展厅氛围。
3. 简述陈列设施有哪些。

单元六　珠宝文化与珠宝首饰营销

学习目标

技能目标：能分析珠宝形态的演变。
知识目标：了解我国珠宝首饰的起源及不同时代珠宝的变化。
素质目标：学习中国文化，提高对珠宝首饰的鉴赏力。

任务一　认识珠宝文化的历史发展

学习指导

做什么

查资料，了解我国珠宝首饰的演化。用思维导图形式整理，并交流学习。

怎么做

1. 确定本次任务的组长。
2. 小团队以玉为例，查找不同时代的代表，写出玉的作用。
3. 选择某一个时代，分析该时代首饰特点并分享给大家。
4. 回答下方情境导入后面的问题。

情境导入

中国文化源远流长，赏玉、戴玉、玩玉，你知道从什么时候玉被用来制作首饰的吗？古代的玉和现在的玉有哪些不同？各个时代又有哪些不同呢？

一、认识史前玉文化

珠宝由于被人类认识使用，大多与人们的宗教信仰、哲学思维、价值观念、审美和道德情操有关，还与政治经济、风俗习惯等密切相关。因此，珠宝文化既有精神层面的文化，又有物质层面的文化。对珠宝的认识和使用,从古到今是一个发展过程;使用和佩戴珠宝是宗教、哲学、美学、情感等体现。

中国的珠宝文化具有悠久的历史和优秀的传统,无论是温润的玉石,还是贵重的黄金,又或是五彩斑斓的宝石,都受到中国和全世界人们的青睐。

(一)玉文化的起源

在中国的远古社会,文字还未被发明,无法记录当时社会的政治、经济、文化状况。司马迁的《史记》中对史前6000余年的历史,仅记录了自黄帝至舜之间一千余年的历史纪录,无法为史前玉文化的研究提供足够的史料。但自20世纪70年代起,在史前阶段发现了大量古文化玉器群,例如兴隆洼文化、红山文化、凌家滩文化和良渚文化。这都为史前玉文化的研究提供了宝贵的历史资料。

对于玉器最早出现的时期,如今学术界仍存在一些争论。部分观点认为凡以"石之美"或闪石玉制成的器物都称为玉器,距今约20 000～30 000年由岫岩老玉打造的砍砸器代表了最早出现的玉器。但也有观点认为,旧石器时代这些以玉质石材打造的工具仅能被称为"玉质石器",制作过程中仅仅是就地取材,制作生产工具,并不能被视为玉器的起源。也就是说旧石器时代仅仅处于玉器的萌芽阶段,直至新石器时代,原始人类才发现"石之美"并加以利用,出现了磨制的玉质工具与饰物。

史前时代的玉器作用也与如今大不相同。许慎在《说文解字》中道:"玉:石之美者,有五德","灵:巫以玉事神"。由此可见,在史前时代是由巫将玉推上了神坛,进一步推动了玉器的发展。因此史前玉器群大都是巫用来事神的玉神器,而非世俗的玉器。因此史前玉器具有独特的时代风格:稚拙神秘。

知识链接

中国发现的最早的首饰?[①]

虽然史前的珠宝文化以玉文化为主,但在距今约18 000年,山顶洞人可能就开始使用动物骸骨制作项链。

在北京的周口店猿人遗址,研究人员发现了12个一模一样的兔头骨化石,以及2颗肉食动物牙齿化石。12兔头骨化石来自兔子的后脑勺部位,断裂面如出一辙,看起来也几乎一模一样。2颗肉食动物牙齿化石的齿根近端均钻有小孔,两个孔的位置分毫不差。经鉴定,这些化石很可能是山顶洞人使用过的装饰品,很可能被当作项链或用作祭祀。

---

① 资料来源:周口店遗址博物馆官方网站整理。http://www.zkd.cn/。

(二)史前玉文化的分布和发展

1. 发现最早的史前玉器

史前巫用以事神的玉器始于兴隆洼文化(距今约8200年),跨度近6000年,先后出现了22支相当发达的玉文化板块和亚板块,分布于我国东北、东、中、东南、中南、西北等各地区,西南地区情况目前不明。不同地区、不同玉文化板块/亚板块的玉器风格虽然呈现出不同的特征,但总体仍然呈现出稚拙神秘的特征,并且以模仿或示意为共同的造型趋向,体现了巫教对于玉器功能的定位与要求。这个时期的玉器包括琮、璧、圭、璋、琥、璜等礼器,也包括刀、铲、斧、戈、戚等工具,同样出现了头饰、镯、指环、臂环、簪等首饰。

距今8000余年,我国东北部发现了兴隆洼文化和查海文化等遗址,其代表的东北夷古国玉文化板块的玉器风格较为粗犷、雄奇、刚毅。距今约7000年,在东部的东越古国玉文化板块兴起,以河姆渡文化遗址为代表,逐渐过渡为马家浜文化—崧泽文化—良渚文化,其中良渚文化的玉器风格温和隽秀,与东北夷古国玉文化板块的风格截然不同。距今6400～5300年,地处长江中下游交界处发现了大溪文化遗址,其代表了巫蛮古国玉文化,其玉器特征可能受到来自下游的江南夷和淮夷古国的影响。距今6300～4500年,地处现在山东地区的昊夷古国/莱夷古方国/徐夷古方国(如龙山文化、大汶口文化等)玉文化发展缓慢。

直至距今约5500年,淮夷古国玉文化板块兴起。该玉文化板块与红山玉文化时代相当,略早于良渚玉文化,其玉器工艺形式与红山玉文化相似,同时具有长江中下游的地域特色,是新石器时代玉器发展的第一个高峰。

2. 巫玉文化

距今约5000年,巫玉在历史的发展达到巅峰,其中牛河梁坛冢、凌家滩大墓坛、良渚反山坛墓等地出土的神秘、精致的玉神器揭示了当时巫教以及巫傩文化的繁盛。根据墓葬的规模、出土的石器、陶器、骨器等,判断当时当地经济以农牧为主,狩猎、采集为辅,社会组织脱离了氏族部落阶段,进入了更高级的部落联盟的联合体阶段。"巫—玉—神"的巫教模式已广泛应用于共同体的政治、军事、生产、社会、氏族等各个领域。这就是以神权为统治理念的巫教古国。

3. 玉神器

此时期虽然东部地区的玉文化十分发达,但西部地区(华夏羌蛮诸方国)仍以彩陶文化为主,玉文化发展相对缓慢。

在距今约4500～4000年,巫玉文化由盛转衰。由于人口增长、财富积累、战争不断,巫教古国的首要任务是战胜对手,壮大自身。这就造成神权式微,财富分配不均,进而下层民众生活日益艰难,对神的存在和灵验产生怀疑,矛盾逐渐变得不可调和。这种大背景下,玉巫教逐渐走向下坡路,而玉神器在形制上也发生了变化,由抽象的神秘符号转变为摄取生产工具或武器的某些元素,形成了新型玉器。这反映出巫教内部一些执掌世俗事务、指挥战争的人获取较大的权利,这些人开始掠夺神权、族权、物权等权利。

至此,8个方国的玉器均进行转型。嵎夷、岱夷、吴越3个方国继承了前古国的玉文化巫教理念，玉神器形饰有所改变，说明其仍以巫教为主导；华夏、氐羌、鬼3个方国改变了巫玉的理念和玉器形饰，创造了工具、兵器类的革新型玉神器，说明其玉文化理念已经发生转变，更加看重生产和/或军事，而非巫教；荆蛮方国和岛夷族群相对封闭，发展出了原生土著的玉文化。

古代史前社会，巫玉文化象征着巫教神权统治时期。玉神器的转型及新型玉神器的出现折射了巫教内部神权与军权的斗争和权利调整，代表了神权逐渐被抑制。

我国文明时代始于夏、商、周三代，三代的玉文化及其玉器建立在史前玉文化－巫玉－玉神器的基础上，并加以调整，逐渐建立起玉瑞器与文化体系。

二、认识不同时期的珠宝文化

（一）夏商周时期

在夏商时期，中国逐渐进入奴隶制社会，青铜器的发明大大促进了生产力的发展，同时也促进了玉文化的进一步发展。

1. 代表性玉器

夏代最具代表性的是河南偃师二里头遗址出土的玉器，其中包括大量玉礼器。与史前时代的玉器相比，此时期玉器的巫教风格淡化，更为侧重作为祭祀和礼仪用的礼器。夏代出土了我国最早的黄金饰品，包括金铜环以及男女佩戴的金耳环，说明夏代初期就已经具备用黄金加工首饰的能力。

商代的玉器数量惊人，制玉业极其发达，用玉更是盛况空前。商代妇好墓中挖掘出大量丧葬殓玉，再现了商代的政治礼仪用玉。商代遗址中也出现了一些黄金饰品，虽然工艺比较简单，器型小巧，但已经使用了铸、锤揲、包金、贴金等加工手法。四川广汉三星堆遗址的商代祭祀坑中，出土了用于祭祀的黄金权杖和黄金面具。

2. 夏商时代玉器的用途

自夏代至商代，社会文明不断发展，社会需求不断扩大，巫术和巫教继承了史前时期的原始巫教的基础，不断发展壮大，形成了一支规模庞大的巫觋队伍。商代崇信鬼神，崇尚祭祀和厚葬，巫祝的能量越来越大，其以治丧为主业，还涉猎到天文、历算、医务、卜筮等业务。商代早期的巫觋仅仅是不直接从事生产劳动、为人办理丧葬事物的人群，位于社会的最底层。但随着商代社会的神权政治、文化的熏陶，占卜盛行，巫觋不断发展壮大，最终成为了地位极为特殊的社会文化群体，其工作范围包括祈祝祷告、预卜休咎、医治疾患、占梦解梦、舞雩媚神、祓禳惩恶、呼风唤雨、指挥抉择，几乎无所不能。巫觋几乎垄断了一切自然知识及社会知识，社会的人文环境也沉浸于巫教之中，由巫教主宰着政治及文化。在巫与鬼神交往沟通的过程中，玉器和金器都是其所用器物之一。

3. 玉器与礼仪文化

虽然在史前时期，玉器就在巫教、巫术中具有重要作用，但经过商代不断的发展和完善，玉的雕琢、使用、诠释已经达到巅峰。商代的巫祝阶层将继承下来的各种礼仪形式经过了更为复杂化、理论化的加工,逐步完善并制定规范,最终形成了近乎完整的礼仪文化。这其中就包含了一套完整的玉器使用理论,包括不同场合使用玉器的程序、具有不同含义的玉器的造型等。而作为奴隶制王朝的礼器,玉器也开始成为国家政治礼仪、维护社会等级制度的实物载体,其制度化和人格化功能得到强化。而巫祝之中的一些人提高了自身社会地位,变为相礼教士或为人师表的尊者,有一些人甚至步入统治阶层,成为典礼官,逐步成长为"助人君、顺阴阳、明教化的君子儒"。随着早期儒家的出现与发展,玉器与玉文化理论也随之融入早期儒家的思想理论中。

4. 玉文化的发展

至西周时期,人们开始摆脱巫教宣传的天命鬼神等观念的束缚,开始肯定人类社会及人自身的价值。虽然王朝更替,政治制度发生变化,但商代长期以来形成的制玉、用玉等民间习俗却无法及时更改,且周公在位期间,"制礼作乐"的过程中也曾启用殷商遗儒。这就导致西周将商代的玉器形制、用玉礼仪、理论等与文化成果都纳入了西周王朝全新的典章之中。玉文化之所以能载入国家的典章制度中,是因为将礼作为法度、法律,以礼乐制度的形式区分统治阶级内部的尊卑高下,形成统一的信仰、法度、习俗,从而巩固统治阶级的地位。而玉文化从史前时期不断发展至西周,其功能和"礼"相吻合,同时还兼具神学功能,在此时期的地位高高在上,因此将玉和玉理论与国家典章相结合。

周公在启儒制礼的过程中,将传承下来的玉文化成果融入了儒家统治学术之中,融入了国家典章制度之中,这就完成了和中国玉文化的第一次历史性飞跃。

由于西周时期,统治阶级更加青睐青铜器与玉器,此时期出土的金器较少,多为小件和配饰,由金箔、金片、金丝等制成,出现了比较先进的金银平脱工艺。此外,此时期也开始更为广泛地利用珠宝,在考古工作中发现了大量绿松石、水晶、玛瑙、象牙等制成的首饰。

知识链接

周朝的礼玉文化[①]

《周礼》中规定了不同的玉有不同的地位和作用,使玉器成为等级的标志,赋予它强烈的政治色彩。

《周礼》中记载:"以玉作六器,以礼天地四方:以苍璧礼天,以黄琮礼地,以青圭礼东方,以赤璋礼南方,以白琥礼西方,以玄璜礼北方"。文中苍、黄、青、赤、白、玄为颜色,而璧、琮、圭、璋、琥、璜为6种不同的玉器(图6-1-1)。璧呈圆形,中间有孔;琮呈方形或长筒形,中贯圆孔;圭呈长条形,上尖下平;璋呈长条形,上端斜尖,为圭之一半;琥为虎形玉雕;璜呈半圆形,似璧的一半。

不仅在祭祀中,在日常生活中玉的用途也十分繁杂严格。周朝严格规定了不同等级玉器的质地、形制、规格、使用方法。在朝聘之时(诸侯朝见天子),必须执玉以表明身份等级。

[①] 资料来源:选自《马未都说收藏玉器篇》。

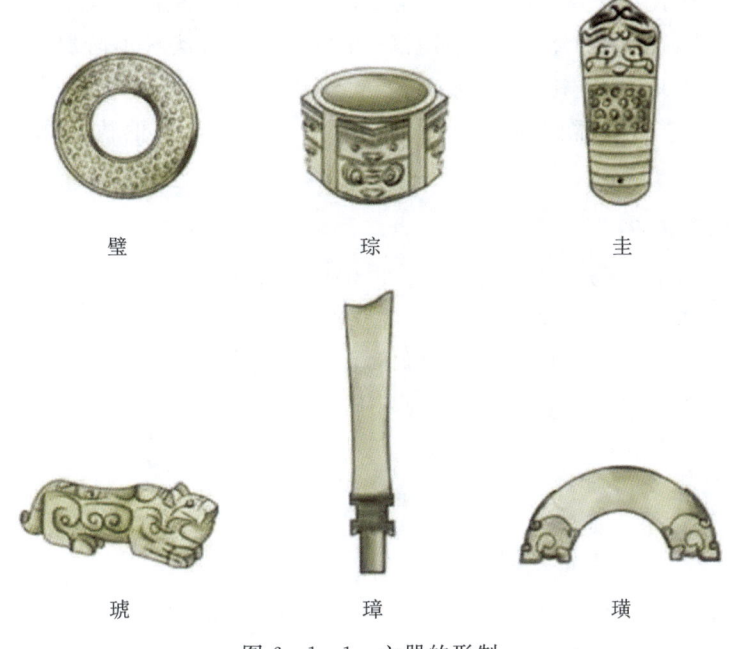

| 璧 | 琮 | 圭 |
| 琥 | 璋 | 璜 |

图 6-1-1 六器的形制

《周礼》记载:"周制王执镇圭,公执桓圭,侯执信圭,伯执躬圭,子执谷璧,男执蒲璧。"六瑞的形制大小各异,用以区别显示爵位等级之差别。

(二)春秋战国时期

1. 礼玉文化

春秋战国时期,虽然中国社会处于诸侯割据的混战状态,破坏了社会生产,但铁器的出现推进了社会生产力的变革,加快了社会经济和文化的快速发展,让这个时期的社会经济、政治制度、文化思想、民族融合得到了空前发展。与此同时,此时期玉器的制作数量及用途都被进一步拓展,玉的功能被人为地规范化、礼仪化,制定了一系列详细的用玉制度,玉文化空前繁荣,并衍生出了礼玉文化。

虽然春秋时期"礼崩乐坏",但诸侯贵族仍然继承了前朝佩戴玉饰及胸佩的习俗,玉文化得以传承发展,并在诸侯各国间广为流传。上层贵族的广泛使用,使玉器成为权利与财富的象征,此时期"君子比德于玉"的思想道德观念得到完善和加强,使得玉佩玉饰盛行,玉器不再被上层社会所垄断。

而在"百家争鸣"的背景之下,各学派各执一词,均站在自身的立场对玉器的功能和价值进行了进一步诠释和演绎。其中孔子作为儒家学说的代表,以维护"周礼"为己任,以"仁"释"礼",希望"礼"所规定的君臣等级、尊卑老幼的秩序能够维持稳固。始于西周的"玉德"也在此时期得到加强,孔子提出了"十一德",荀子提出了"七德",最终到东汉许慎的"五德"。孔子从玉的质地、色泽、声音、瑕瑜、器形等属性与君子的道德操守相比,将玉与君子紧密联系在一起,创立了"君子比德于玉"的理论,奠定了儒家玉文化的核心理念。之后儒家进一步将礼玉系统化、规范化,提出"六器六瑞"的说法,其中六器为贵族统治阶级礼拜天地四方的玉器:苍璧礼天、黄琮礼地、青圭礼东方、赤璋礼南方、白琥礼西方、玄璜礼北方;六瑞则为不同身份等级的人所佩戴的玉器:王执镇圭、公执桓圭、侯执信圭、伯执躬圭、子执谷璧、男执蒲璧。

2. 玉器寓意的发展

在儒家思想和观念的影响下,玉器从最初用于原始巫教活动的法器、祭祀鬼神的礼器,逐渐发展成为上层阶级尊显身份地位、表明道德操守的佩饰,被赋予了高尚的道德观念及深厚的人文寓意,用玉制度、礼玉思想都得到不断地完善和发展,遵玉之风盛行,玉文化开始在中国传统文化中占据了重要而独特的地位。

(三)秦汉—南北朝时期

1. 珠宝制作及工艺全面发展

秦始皇统一中国,建立了中国历史上第一个大一统王朝,也是第一个封建王朝,大大推动了社会发展。秦朝的玉器遗存虽然较少,但史书记载秦始皇的"传国玉玺"为和氏璧所制,体现了玉在秦朝仍保持了极高的地位。

汉代政治稳定,经济繁荣,"文景之治"后社会的经济更是得到快速发展。此时期包括玉器、贵金属、宝石在内的珠宝工艺日益精湛,珠宝制品的制作进入了全面发展时期。汉武帝时期大力推行"罢黜百家,独尊儒术"的政策,更是确立了儒家思想的统治地位,因此儒家的用玉理论、礼玉制度占据了主导地位。由于汉代流行厚葬,葬玉之风盛行,完备的葬玉制度成为汉代珠宝文化的特色。其中最具典型意义的便是玉衣,皇帝及部分近臣的玉衣用金线缕结,称为"金缕玉衣",其他贵族则使用银、铜线缀编称为"银缕玉衣"、"铜缕玉衣"。我国出土年代最早的金缕玉衣便是中山靖王刘胜及其妻窦绾墓中出土的,其中刘胜的玉衣共用玉片 2498 片,金丝重 1100 克,窦绾的玉衣共用玉片 2160 片,金丝重 700 克,其制作所费的人力和物力是十分惊人的。

2. 多样化的珠宝首饰

秦汉的珠宝首饰更为普及,除了继承了以前的笄、簪、钗、耳环(玦)、耳坠、指环、带钩等,还出现了华胜、擿、步摇等首饰,其用料也更加丰富,不仅包括玉、金、绿松石、水晶、玛瑙、象牙等,还出现了珍珠、玳瑁等。此时期已经开始大量开采蚌珠,汉杨孚《异物志》说:"合浦民善游,采珠,儿年十余岁,使教入水,官禁民采珠,巧盗者蹲水底刮蚌,得好珠,吞而出。"《后汉书·孟尝君传》说到合浦的宰守多贪秽,残苛剥削珠民,珠民逐渐把珠蚌转移到相邻的南越边境去,合浦就不产珍珠了,变得十分贫困。孟尝君到合浦采取了许多便民措施,珠民们又慢慢地把珠蚌带回合浦养殖,合浦又重新富裕起来。这就是有名的"合浦珠还"的故事。

3. 简约的流行

魏晋南北朝时期是中国历史上的转折点之一,由统一再次变为分裂,政治、进积、军事、文化乃至意识形态都发生了重大变化。民族迁徙、社会动荡、军阀割据,导致经济萧条,手工业衰败。儒家"不周世用",日渐式微,与之相对的是佛教传入中原,佛学兴起,中国进入了儒、释、道三位一体的时代。

此时期出土的首饰以假髻、簪钗、步摇居多。簪形状简单,多为环状或"树枝状",用于支撑头发,没有繁杂的纹饰,风格清秀简约。此时期出土的簪钗除常见形式外,还流行一种仅供支撑假发的钗,作双股形,一长一短,其承重意义大于装饰意义。同时指环在魏晋南北朝时期已经较为普及,既可装饰,又可在缝衣时作顶针之用。这也在一定程度上反映了当时统治阶级大力推崇俭朴。

由于魏晋南北朝时期的儒家式微,礼玉制度盛极而衰,造成此时期的金银首饰数量居多,而玉文化陷入低潮,少量出土的玉器也都具有汉代遗韵,创新较少。佛教文化的广泛传播对首饰产生重大影响,统治阶级通过宗教进行文化垄断,佛教盛行,因此很多工艺美术品中更多莲花纹样式,装饰风格以清秀简约为主,在简洁中却又蕴藏着深厚的意境。

4. 多元化珠宝文化的融合

在这个动荡的时期,民族融合、文化交流,诸多首饰也反映了这种多民族融合的特点,具有很多异域风情。例如南京出土的外国进贡的金刚指环、土默特左旗发现的拜占庭列奥一世金币、具有西方风格镶嵌有金石的戒指等。

秦汉时期国家大一统,推动了民族融合,汉代打通了丝绸之路,开创了文景之治,进一步促进了多民族、文化、经济等方面的进一步交流和融合。伴随着生产力的大幅提升,人民更加富足,珠宝工艺也愈发成熟,珠宝首饰的材质、类型更为多样。汉代确立了儒家思想的主导地位,完善了儒家提倡的玉文化。而魏晋南北朝时期国家动荡,经济萧条,统治阶级倡导俭朴,再加上民族融合,儒家式微,佛教兴起,形成了儒、释、道三位一体的时代,造成此时期的玉器首饰较少,金银器首饰较多,风格以清秀简约为主,同时又兼具多民族特点。

(四)隋唐时期

1. 隋朝首饰文化

隋唐是我国历史上再次由分裂变为统一,并快速发展的重要时期。隋代结束了西晋末年以来分裂格局的局面,再次统一中国,建立了多民族的中央集权国家。隋朝建立之初,由于常年战乱,民众生活困苦,无力关注珠宝首饰,因此珠宝首饰及珠宝文化并无发展。直至隋炀帝继位后,再次制定了隋代宫廷及文武百官的衣冠、首饰用制。但由于隋末皇帝奢淫无度,农民起义,李渊起兵,攻占长安,建立唐朝。

隋代持续时间较为短暂,故在考古工作中发掘的珠宝首饰较少,但总体种类和材质均较为丰富,包括印章、玉琮、玉髓珠、玛瑙棋子、水晶饰品、绿松石饰品、琥珀饰品、金镶白玉镯等。

2. 唐代精妙的首饰制作工艺

唐代国泰民安,和平昌盛,政治、经济繁荣稳定,思想包容兼并,文化开放融合。由于频繁的对外交往,唐代思想的高度开放。据《唐六典》记载,当时与唐朝政府不断往来的大小国家有300多个。在西域的丝绸古道上,商旅来往不绝,波斯的纺织品与金属工艺,突厥的服饰与习俗,西域的音乐与舞蹈,以及印度的宗教与天文学等对唐朝都产生了很大影响。经济的繁荣、文化的交流、思想的开放造就了唐代繁盛的首饰贸易,以及精妙的首饰制作工艺。唐代的珠宝首饰摆脱了魏晋时代受到的宗教影响,首饰艺术再次贴近生活,设计内容面向自然与生活。

唐代的首饰样式繁杂,包括凤冠、义髻、簪钗、步摇、花钿、耳饰、项链、璎珞、宝带玉带、蹀躞带、香球、佩玉、钏饰等。

凤冠虽然始于汉代,但仅用于重要的祭祀场合,唐代的贵族妇女在重要庆典时已开始佩戴凤冠,在唐代时期的敦煌壁画中经常出现妇女头上佩戴花样繁多的凤冠画面。簪的材质更是多样,包括竹、骨、角(多指犀牛角)、玉、金、银、翠羽、象牙、玳瑁等,且做工也更为精致。步摇相比于魏晋时期更加精美,多由两种及以上材料制成,以金、银、玉为主。发钗较前朝有了明显变化,不再是简单的双股钗,还出现了环钗、花钗等。花钗一式两支,图案相同,方向相反,以多枚左右对称地插戴。钗头上装饰多为花朵和飞禽走兽,有的还镶有宝石或花形饰片。唐代花钿盛行,形式多样,制作精美,主要为团花图案,材质有金、宝石、螺壳、琉璃。

由于受到佛教文化的影响,项链与璎珞盛行,晚唐时期无论是贵妇抑或是仕女,项链是其必不可少的饰品,华丽繁杂,无论从材料还是从样式上,都受到了大量外来因素的影响。璎珞的装饰效果华美,多为歌舞伎所用。

3. 收藏的出现

随着经济的发展,玉器数量大幅增加,用途更加广泛,摆脱了神秘的外衣。玉雕制品以珍玩、装饰的形态出现,大量玉器制品开始成为王宫贵族的私家收藏。玉器的赏玩功能得到了发展,彻底取代了其祭祀和宗教功能,洋溢着浓郁的生活气息。由于开放的思想、频繁的经济文化交流、佛教盛行,唐代的玉器一改以往的传统风貌,呈现出令人耳目一新的造型与纹饰。玉器上雕琢的人物形象与题材不同于以往,造型夸张、气韵生动,还出现诸多佛教题材的玉制品。装饰于腰带上的玉带饰同样引入了西域文化,呈现出明显的异域风情。

隋唐时期的再次统一,快速发展对珠宝首饰及文化造成了深远的影响,尤其是唐代的首饰,种类繁多,材质丰富,造型华丽,色彩绚丽,同时又兼具中西方文化的特色,反映出唐代繁荣的经济、开放包容的思想、频繁的中西方经济文化交流。

(五)宋元时期

1. "务从简朴"耳饰盛行

宋代帝王重文轻武,推崇理学,研究经学,以朱熹为代表的"程朱理学"再次崇尚儒家思想,强调封建的伦理纲常,厚古之风盛行。

宋代由于各朝帝王多次主张务从简朴、不得奢华,考古发现的宋代首饰远不如唐代丰富。较为常见的冠饰包括团冠、鲜肩冠、插花、花冠、簪钗等。与唐代不同的是,宋代妇女喜欢佩戴耳饰,男士也更为崇尚金质腰带。同时由于佛教盛行,宋代也将念珠作为项饰。

宋代的耳饰之风盛行,耳饰样式繁多,包括耳钉、耳环和耳坠,其设计灵感多源于五代两宋以来绘画中的花鸟虫草与蔬果的写生小品,做工精致。宋代十分注重腰间带饰的装饰纹样,常见的图案包括球路、御仙花、荔枝、师蛮、海捷、宝藏。宋代推崇金带,玉带数量虽少,但等级仍然很高。

2. 推崇理学尊崇古玉

由于宋代帝王推崇理学,因此再次尊崇古玉质朴、典雅的气质,再加上当时经济、文化繁荣,复古之风盛行,促进了仿古玉器的制作。同时由于经济高度发达,玉文化更注重其现实意义,用途更加广泛,逐渐转变为供人们使用、玩赏和收藏,消费对象也开始向普通百姓普及。宋代的玉器更为贴近生活,玉器制作逐渐世俗化、大众化,工艺造型更加多样化。

3. "宫廷艺术"注重男饰

元朝建立后,农业逐渐恢复,生产技术进步。朝廷创办了银局、造办局等机构,集中各地的优秀工匠,为皇家服务,产生了"宫廷艺术"。

元代发现的珠宝首饰较为丰富,包括金冠、簪钗、插花、耳环、臂钏等金银首饰,同时也有各种玉石、玛瑙、水晶、琥珀首饰。但元代不允许民间使用金、使用龙凤图案,对颜色的使用也限制颇多,因此元代首饰发展较慢。由于元代蒙古人的服饰独特,帽饰和带饰各具特色。由于蒙古族贵族男子都戴各式帽子,在帽顶均具有装饰物,常见的有玉顶、金顶,造型复杂,做工精巧。元代无论贵族与平民,男子均十分注重腰带上的装饰。此时期精美的带头仍然是要带上最重要的装饰,有金属、玉及宝石制品,形式繁简不一。在元朝定都北京以后,其思想、文化均受到中原的影响,珠宝首饰文化也不可避免地吸收了中原文化的特色,产生了一些以中原文化为素材的珠宝首饰作品。

知 识 链 接

元春水玉带扣

春水玉带扣于1960年在无锡市出土,现藏于无锡博物院。所谓春水玉,是指反映辽、金、元代的北方贵族在春季捕猎之际,放海东青捕猎天鹅的玉雕。春水玉带扣由带扣和带钩两部分组成,长8.3厘米,宽6.7厘米,厚2.2厘米,白玉质,玉质温润(图6-1-2)。

此件春水玉带钩佩共分4层,纹饰丰富,采用了浅雕、深雕、镂雕相结合的雕刻方法,做工精致,线条质朴,富有立体感。玉雕以水、荷花、芦苇等为背景,荷叶上方有一只海东青,正伺机捕猎天鹅。一只天鹅张口嘶鸣,展翅潜入荷丛之中隐藏。整个画面栩栩如生。

图6-1-2 无锡博物院藏元春水玉带扣

宋元时期的珠宝文化发展在一定程度上受到了限制，但宋朝玉文化再次发展壮大，走向大众化、世俗化，更为贴近生活。元朝民间的珠宝文化发展受到了很大限制，但也独具特征，继承了宋、金时期的艺术风格，颇具雄健豪迈之气，融入了少数民族的独特风格，更是出现了"宫廷艺术"。

（六）明清时代

1. 珠宝的海陆贸易

1368年，朱元璋在应天（南京）即皇帝位，国号大明，年号洪武。明朝是中国历史上最后一个由汉族建立的君主制王朝，大力提倡恢复大汉文化传统，文化发展逐渐趋于保守。

明代的珠宝首饰虽然在一定程度上沿袭了唐宋的风格，但不同于唐朝的丰满富丽，也不同于宋朝的清秀典雅，其风格越来越趋于华丽浓艳，宫廷气息愈发浓重。相比于元代，明代金银首饰更加雍容华贵，色彩斑斓。虽然从元代就开始了对于宝石的热爱，但明代海陆贸易更加繁荣，尤其是海上贸易进口了大量珍稀宝石，因此宝石在明代大为盛行，许多藩王墓葬所处头面都以珠宝为饰，金银首饰也都镶玉嵌宝。至于玉器，更是由陆上贸易换回了大批和阗玉，再加上经济发达，民间富足，以及商品经济的发展，大大推动了玉器行业的繁荣。明代宫廷之中玉器盛行，大都为金玉镶嵌，或为红宝石、蓝宝石镶嵌，奢华尊贵，如双铊尾玉带等饰品，已经完全失去了实用功能，成为象征身份地位的礼仪性服饰。皇家的观玉、赏玉之风更是影响到了民间，在民间盛行，器型多样，题材丰富，纹饰复杂，制作工艺多变。明晚期，手工业和商品经济繁荣，大量商业资本转化为产业资本，出现了商业集镇和资本主义萌芽，文化艺术也呈现世俗化的趋势，使得珠宝玉器出现了商品化的趋势，庶民、文人对于珠宝文化的影响不断增强，推动了珠宝文化的全新变化。

知识链接

定陵凤冠[①]

凤冠是皇后的礼冠，在受册、谒庙、朝会时戴用。

定陵出土的凤冠共四件，三龙二凤冠、九龙九凤冠、十二龙九凤冠和六龙三凤冠各一项，孝端、孝靖两位皇后各2顶。冠上饰件以龙凤为主，龙用金丝堆累工艺焊接，呈镂空状，富有立体感；凤用翠鸟毛粘贴，色彩经久艳丽。冠上所饰珍珠、宝石及重量各不相同。冠上嵌饰龙、凤、珠宝花、翠云、翠叶及博鬓，这些部件都是先单独作成，然后插嵌在冠上的插管内，组合成一顶凤冠。凤冠造型庄重，制作精美，其工艺有花丝、镶嵌、錾雕、点翠、穿系等项。点翠面积大（四顶凤冠上有翠凤23只，翠云翠叶翠花多达数百片），宝石镶嵌多达400余颗，大小珠花及珠宝串饰的制作也不少。最后的组装更是一项非常复杂的工序，各饰件的放置，几千

[①]资料来源：中国历史文化遗产保护网。http://www.wenbao.net/。

颗珍珠的穿系,几百颗宝石的镶嵌,诸多饰物于一冠,安排合理。凤冠口衔珠宝串饰,金龙、翠凤、珠光宝气交相辉映,富丽堂皇,非一般工匠所能达到。凤冠上金龙升腾奔跃在翠云之上,翠凤展翅飞翔在珠宝花叶之中。

三龙二凤冠,即孝端皇太后凤冠,高26.5厘米,口径23厘米,凤冠共用红、蓝宝石一百多块,大小珍珠五千余颗,色泽鲜艳,富丽堂皇,堪称珍宝之冠。

六龙三凤冠,通高35.5厘米,冠底直径约20厘米。龙全系金制,凤系点翠工艺(以翠鸟羽毛贴饰的一种工艺)制成。其中,冠顶饰有三龙:正中一龙口衔珠宝滴,面向前;两侧龙向外,作飞腾状,其下有花丝工艺制作的如意云头,龙头则口衔长长珠宝串饰。三龙之前,中层为三只翠凤。凤形均作展翅飞翔之状,口中所衔珠宝滴稍短。其余三龙则装饰在冠后中层位置,也均作飞腾姿态。冠的下层装饰大小珠花,珠花的中间镶嵌红蓝色宝石,周围衬以翠云、翠叶。冠的背后有左右方向的博鬓,左右各为三扇。每扇除各饰一金龙外,也分别饰有翠云、翠叶和珠花,并在周围缀左右相连的珠串。整个凤冠,共嵌宝石128块(其中红宝石71块、蓝宝石57块),装饰珍珠5449颗,冠总重2905克。由于龙凤珠花及博鬓均左右对称而设,而龙凤又姿态生动,珠宝金翠色泽艳丽,光彩照人,使得凤冠给人端庄而不板滞,绚丽而又和谐的艺术感受,皇后母仪天下的高贵身份因此得到了最佳的体现,为定陵中出土的凤冠之首。

九龙九凤冠,高27厘米、口径23.7厘米、重2320克,有珍珠3500余颗,各色宝石150余块。此冠用漆竹扎成帽胎,面料以丝帛制成,前部饰有9条金龙,口衔珠滴下,有8只点翠金凤、后部也有一金凤,共9龙9凤。后侧下部左右各饰点翠地嵌金龙珠滴三博鬓。这顶豪华的凤冠,共嵌红宝石百余粒、珍珠5000余粒。

十二龙九凤冠,冠上饰十二龙凤,正面顶部饰一龙,中层七龙,下部五凤;背面上部一龙,下部三龙;两侧上下各一凤。龙或昂首升腾,或四足直立,或行走,或奔驰,姿态各异(图6-1-3)。龙下部是展翅飞翔的翠凤。龙凤均口衔珠宝串饰,龙凤下部饰珠花,每朵中心嵌宝石1块或6、7、9块不等,每块宝石周围绕珠串一圈或两圈。另外,在龙凤之间饰翠云90片,翠叶74片。冠口金口圈之上饰珠宝带饰一周,边缘镶以金条,中间嵌宝石12块。每块宝石周围饰珍珠6颗,宝石之间又以珠花相间隔。博鬓六扇,每扇饰金龙1

图6-1-3 定陵孝敬皇后的"十二龙九凤冠"

条,珠宝花2个,珠花3个,边垂珠串饰。全冠共有宝石121块,珍珠3588颗。凤眼共嵌小红宝石18块。十二龙九凤冠,冠上饰十二龙凤,正面顶部饰一龙,中层七龙,下部五凤;背面上部一龙,下部三龙;两侧上下各一凤。龙或昂首升腾,或四足直立,或奔驰,姿态各异。龙下部是展翅飞翔的翠凤。龙凤均口衔珠宝串饰,龙凤下部饰珠花,每朵中心嵌宝石1块或6、7、9块不等,每块宝石周围绕珠串一圈或两圈。另外,在龙凤之间饰翠云90片,翠叶

74片。冠口金口圈之上饰珠宝带饰一周,边缘镶以金条,中间嵌宝石12块。每块宝石周围饰珍珠6颗,宝石之间又以珠花相间隔。博鬓六扇,每扇饰金龙1条,珠宝花2个,珠花3个,边垂珠串饰。全冠共有宝石121块,珍珠3588颗。凤眼共嵌小红宝石18块。

2. 宫廷的精雕细琢与民间的淳朴自然

清朝是中国历史上最后一个封建王朝,虽然顺治、康熙年间,由于战乱频繁,经济受挫,导致手工业处于萧条状态,但康乾盛世作为中国古代封建王朝的最后一个盛世,国力极强,社会稳定,经济快速发展,人口增长迅速,疆域辽阔,珠宝文化也快速发展。

由于清朝为满族政权,使得很多原本仅存在于满族人中的首饰及配饰逐渐渗透到其他民族中,因此清代的首饰种类、造型更为丰富。清代的主要的首饰种类包括朝冠、顶戴、花翎、钿、扁方、簪、耳饰、朝珠、领约、手串、手镯、指约、指甲套、环佩、荷包、领针等。

清代首饰制作工艺远超前朝,技法得到飞跃式的发展。清代的首饰制作工艺不但包括浇筑、锤碟、炸珠、焊接、镌镂、掐丝、镶嵌等,还综合了阴线、阳线、镂空等手法,更是出现了点翠的新工艺。这同样导致清代各种工艺制品的形制多样,细腻华美,并且金银与珐琅、珠宝、玉石等互相结合,相映生辉,更显高贵华丽。

由于清廷内务府设立造办处"掌成造诸器用之物",因此产生了大量宫廷珠宝器物。再加上乾隆时期重新打通了丝绸之路,西域的珠宝玉石也得以大量运往内地,进一步促进了珠宝的迅速发展。

清代的金银制品保存下来的较多,由于很多为宫廷中保存之物,因此大多为传世之作。清代的既有传承了传统风格的金银制品,也有部分金银制品受到了其他艺术、宗教以及外来文化的影响。这种传统文化的继承、不同文化的交流与融合,使清代的金银工艺品空前发展,展现出前所未有的盛况。由于清代经济稳定繁荣,上至皇亲重臣,下至富豪乡绅都大量使用金银制品彰显自身的财富与地位。清代金银制品的器型和纹饰也大改古朴之风,一味追求富丽华贵。由于金银制品的功能越发多样,做工更加精细,造型更加绚丽多彩,或格调高雅,或富丽堂皇,再加上各色宝石的点缀搭配,呈现出色彩缤纷、富丽堂皇的风格。

清代的玉制品更是中国历史上的发展高峰,无论是玉器的数量、玉材的品质、玉器的生产规模还是玉器的雕琢工艺等,均超越了以往任何一个时代,康乾盛世时期更是达到了玉文化发展的又一高峰。乾隆皇帝懂玉、爱玉、识玉,推动了清代玉作的发展,使其在工艺方面达到了数千年之巅峰。乾隆不仅收藏大量的玉器,也监制了许多的玉器,甚至过问玉工的制作过程。民间同样受到皇族的影响,观玉赏玉之风盛行,社会上充满了收藏、玩赏古玉器的风气,民间和宫廷制作了大量仿古玉器。但随着乾隆时代的结束,清代步入中晚期,国力逐渐衰弱,导致玉器的生产规模缩减,制作工艺也愈发粗糙。

明代的工艺美术精炼,具有端庄敦厚的特点。清代工艺美术繁琐复杂,但出现了两极分化的现象:宫廷工艺不计成本,精雕细琢,富丽堂皇,复杂繁琐;民间工艺淳朴自然,贴近民众,富有生活气息。

（七）当代珠宝文化

清朝覆灭后，民国时期受到了清代的影响，翡翠等珠宝于是大受追捧，但社会动荡。1937年抗日战争全面爆发，国内政治、经济、文化发展均受到极大破坏。

直到中华人民共和国成立之后，我国政治、经济、文化快速发展，珠宝文化也随之高速发展。

至今，珠宝的应用范围更加广泛，单以珠宝首饰来讲，已经不限于我们熟知的头饰、耳饰、挂件、手镯等，更是包括各类摆件、办公用品、首饰盒、烟具、渔具、餐具等。

虽然全球化进程带来了多元化的文化发展趋势，既丰富了民众生活，也改变了社会意识形态，我国的珠宝文化当今也具备多元化的发展趋势：传统珠宝文化的传承与创新；西方珠宝文化占领中国市场；中西方珠宝文化的融合与创新。

随着科技快速发展，信息交流更加便利，人们的视野愈发开阔，各艺术流派涌现。虽然市场上大多数珠宝首饰都是借助科技手段或使用高科技设备批量生产的，但越来越多的人逐渐开始厌倦这些"模具首饰"，开始寻找富有现代感且兼具传统文化底蕴风格的首饰。我国有深厚的文化根基，把传统民族文化作为创作背景，中国珠宝首饰将有很大的设计空间。当今的珠宝更需要挖掘传统民族首饰制作技艺及传统理念，赋予和提升现代珠宝首饰更多的人文情感及文化内涵，立足于传统民族文化和特色国情，吸取现代设计思想和经营理念，将现代与传统结合，弥合文化隔阂，在继承传统的同时不断创新。

自20世纪60年代，西方世界历经几十年的恢复与建设，逐渐摆脱了第二次世界大战的影响。各种战争时期的新技术在战后转为民用，贵金属的冶炼技术、机械化生产、宝石的切割等技术均被应用于珠宝领域。而各种金属、宝石均被应用于首饰制造。珠宝首饰制造的规模化、集团化在西方逐渐达到顶峰，珠宝的产业化、全球化趋势愈发明显，各种西方知名的珠宝品牌纷纷占领中国市场，与此同时西方的珠宝文化（如钻石等）也逐渐在中国深入人心。

在东西方文化交融的今天，各种不同形态的传统艺术也构成了多元化的艺术和创新的源泉。如今，众多具有时代感的首饰设计中同样融入了大量传统元素。在人们追求个性化时尚的今天，无论是中国明清式的通花镂空雕刻、充满传统元素的图案，还是西方古罗马的装饰浮雕、哥特式的建筑风格特色，又或是远古部落的玉神器元素、神秘图腾等都被运用于首饰设计之中，并不断被赋予全新的意义。这也展现了在社会稳定、经济繁荣的今天，中西方文化交流融合，不断创新。

每个时代的珠宝都各具特色，具有与时代相适应的珠宝文化。一个时代的政治、经济、思想、文化等因素都会影响到人们的日常生活，影响人们佩戴的珠宝首饰。无论是首饰设计、制作还是营销，都需要了解这个时代的珠宝文化，才能够设计、制作出更好的珠宝首饰，向客户推荐更适合的珠宝首饰。

珠宝首饰营销 ZHUBAO SHOUSHI YINGXIAO

任务二　珠宝文化与珠宝首饰营销

学习指导

❓做什么

了解现代珠宝文化的特点，清楚珠宝文化在珠宝首饰营销中的作用，交流学习。

❗怎么做

1. 查找资料，了解现代珠宝文化的特点。
2. 以小组为单位，分析现代珠宝的设计元素哪些与古代珠宝文化有关？
3. 分析珠宝文化对珠宝首饰营销的作用。
4. 交流与学习。

情境导入

珠宝是美丽的，它的美体现在哪些方面？现代珠宝的设计元素哪些与古代珠宝文化有关？珠宝文化有哪些特点？

一、珠宝文化的特点

我国珠宝文化具有以下特点。

（1）地域性。珠宝文化的地域性特点从古至今都明显呈现。史前良渚文化玉器，有璧、琮、璜、环、珠等，数量众多、品种丰富、雕琢精湛，是长江中下游的地域的代表；内蒙古、辽宁一带的红山文化，有较高玉雕工艺水平的勾云形玉佩、猪龙形缶、玉鸟、玉龟、兽形玉、箍形器、棒形玉等玉器。现代珠宝首饰同样具有地域性，如各地的特色珠宝市场就很好地反映了当地的珠宝特点，诸暨的珍珠、梧州的人工宝石、辽宁的岫玉等，具有极强的地域特征。

（2）历史性。不同时期国内外的珠宝从形态、材料、加工手法、工艺、造型、寓意等都不相同。如我国珠宝文化发展中，史前玉文化-巫玉-玉神器；夏代初期的黄金加工首饰；商周时期的骨、角、蚌、玉、金、铜等各种制品，以及笄、钏、坠饰、串珠等；秦汉时期的铸造、焊接、掐丝等工艺技术；隋代的印章、玉琮、玉髓珠、玛瑙棋子、水晶饰品、绿松石饰品、琥珀饰品、金镶白玉镯等。随着时代的发展，珠宝首饰也由特定阶层拥有向平民化发展。现代珠宝首饰在设计上，许多都有古代珠宝文化特征。

（3）民族民俗性。就我国而言，许多少数民族对珠宝有自己独特的喜好，如藏族、苗族的首饰中最常见的就是银。

（4）人们喜欢珠宝的普遍性。从古至今，喜欢珠宝及首饰在世界具有普遍性，一方面来自珠宝本身的特性,另一方面是人们对美好生活的追求象征。现代珠宝曾被视为奢侈品,随着经济技术的发展,珠宝的属性也发生着变化,人们依然喜欢珠宝。

(5)多层次性。高档珠宝大多和普通珠宝的拥有者有所不同。

二、珠宝文化与珠宝首饰营销

(一)珠宝文化与珠宝首饰定位

市场上的珠宝首饰的造型都有美好的寓意,如平安扣、福豆、叶子、葫芦、鲤鱼、貔貅等,其寓意大多从我国珠宝文化演化而来,有的是寄托美好的愿望,有的是借用其寓意或谐音的寓意。珠宝企业在设计制作珠宝首饰时,一方面发扬中国传统的珠宝文化,一方面融入时代创新元素,形成符合当代人们的审美、喜好的首饰造型。

1. 珠宝首饰的造型与定位

珠宝首饰在设计中的定位大多与珠宝文化有直接关系,在珠宝文化的历史发展过程中的礼玉文化,祭祀和礼仪用的礼器;在佩戴上,由专门的皇家、贵族专有,到宗教、珠宝首饰的平民化和贸易,设计内容面向自然与生活,珠宝的用料更加丰富,珠宝品既有佩戴的首饰,也有收藏高级珍品或精美的玉器或玉雕品,之后,玉器制作逐渐世俗化、大众化,工艺造型更加多样化。

珠宝首饰有各类动物造型、植物造型、神话人物类造型等(表6-2-1)。从消费者角度看,人们购买珠宝首饰除了看中了珠宝的美之外,还有精神上的满足。因此,珠宝设计制作时,将其象征意义融入作品中,满足消费者对美好生活的追求和期盼。如早在商代就有鱼造型的玉佩,唐代规定五品以上官员的腰部都要佩戴"鱼符"——鲤鱼形饰品,宋明各代佩戴鱼形饰品"以明贵贱"。鱼形寓意美好,又是"余"的谐音,至今,人们依然用鱼形寓意"年年有余"、"吉庆有余"等。人们佩戴佛教的观音菩萨、弥勒佛,希望生活宽容乐观,平安幸福;佩戴蝙蝠、鹿、桃是采用谐音"福""禄""寿"的美好寓意;佩戴海螺,寓意安居乐业。

表6-2-1 珠宝首饰部分造型的寓意

类型	寓意
植物造型	葫芦:谐音"福禄",象征富贵、长寿吉祥、藤蔓绵延、结子繁盛 三圆四季豆:寓意福意连连、四季发财 四叶草:象征幸福 竹:象征坚忍不拔、节节高升、虚心有节等 梅花:象征高洁、坚强、铁骨生春、五福争秀 喜鹊梅花:寓意喜上眉梢,常逢喜事 并蒂莲:象征夫妻恩爱、并蒂连心 荷花:象征清白廉洁、亭亭玉立等 牡丹:象征荣华富贵、国色天香、芳艳绝伦等 桃子:象征祝寿和避邪、玉桃长生、仙果延年等 白菜:谐音"百财"

续表 6-2-1

类型	寓意
动物、昆虫造型	大象：寓意吉祥或喜象 狗：寓意旺财、旺运、旺事业 兔：寓意心想事成 羊：寓意凡事洋洋得意 蝙蝠：谐音"遍福"，寓意"福气"、福在眼前 蝴蝶：寓意美丽翩然、自由生命 蝉：寓意一鸣惊人 乌龟：寓意富贵、长寿 蟾：寓意富贵 狮子：寓意勇敢，两只狮子则为事事如意 鹿：寓意福禄常在 金鱼：寓意金玉满堂 猴子：寓意封侯 鹰：寓意英雄斗志
神话传说造型	神兽貔貅：龙王之子，威力强大，只吃不泄，借其寓意招财进宝 八仙或八仙的法器：寓意彰显本领，寿喜常在 罗汉：寓意驱邪镇恶、平安吉祥 寿星老：寓意长寿 笑佛：谐音"福"，寓意豁达心胸、平心静气 观音：寓意世事洞明、守护平安 钟馗：寓意正义勇猛、扬善驱恶
其他	钥匙：寓意开启 长命锁：祝愿孩子平安、聪明伶俐； 心形：寓意心有灵犀、心心相印、心有所属 帆船：寓意事业一帆风顺、顺风顺水 宝瓶或花瓶：寓意平安 云纹：象征吉祥如意 "卍"纹：来源于佛教，象征庄严吉祥，"卍"字循环应用以示幸福无边，与"寿"、"福"等组合成"万寿""万福"

2. 珠宝类型与定位

饰品是珠宝的表现形式，多数的人喜爱的是珠宝饰品，珠宝的美是如何体现的呢？

珠宝自身的美和它能够带给人美，是人们喜欢珠宝的一个重要原因。佩戴首饰源于勇敢者的炫耀和被认可，逐渐演变成了审美对象，佩戴首饰成为了勇敢、权力、创造力的象征。首饰用的材料也由象牙齿、皮毛等逐渐演化出更多的，还能够代表人的品性、地位、价值，甚至情感的装饰材料。可以说珠宝是集品性、地位、价值、情感于一身，具有不同色彩的美丽的首饰材料。因此,珠宝的美表现在形式、颜色、特性上。现代珠宝更加注重利用珠宝的美,以满足消费者的不同需求。这也是珠宝定位的一种类型。

知识链接

珠宝有不同的色彩,各种颜色给人的感觉不同,表6-2-2是人们对色彩的感受描述。

表6-2-2 宝石色彩的象征

宝石	色彩象征
红宝石	热情奔放、支配、高贵、权威、自尊、固执
黄玉	文静、宽宏
绿宝石	欢乐、希望
蓝宝石	智慧、崇高、优美、谨慎
紫宝石	谨慎、有事业心、庄重、虔诚
白宝石	友情、宗教信仰、温和、纯洁
黑宝石	庄重、虔诚、容忍

珠宝本身和珠宝产品搭配的色彩、环境的色彩等可以引起人们的联想,也称为色彩联想,它是通过人们对色彩的感知形成的。

3. 珠宝文化与健康定位

通常人们说起珠宝大多与首饰连在一起,其实有些天然珠宝还与药物有关,如珠宝类药物在《本草纲目》和《神农本草经》都有记载。人们佩戴珠宝与珠宝化学成分中的元素有关。这也是珠宝消费行为分析中考虑的因素。

珠宝与健康

(二)珠宝文化与珠宝的整合营销

1. 珠宝首饰的种类

1)根据佩戴位置分类

表6-2-3是现代珠宝首饰及举例。

表6-2-3 现代珠宝首饰的类型

首饰类型	解释	内容	举例
头饰	指戴在头上的饰物	冠冕饰、发饰、耳饰、鼻饰	发饰:包括发簪、发钗、发夹、发套、发带等
项饰	指戴在颈部的饰物	项链、项圈、璎珞	如鸡心形、观音、各种人物像、动物像等坠饰
臂饰	手臂装饰物	钏	

续表 6-2-3

首饰类型	解释	内容	举例
手足饰	为腕饰、指饰、足饰（踝饰）物	腕饰、指饰、踝饰	腕饰:镯、跳脱；指饰:戒指、玉扳指；踝饰:腿环、脚链
腰饰	腰间携挂物	玉佩、带钩、带环、带板等	
佩饰	佩戴在身上的饰物	单佩、组佩、杂佩	单佩:觿、环、玦、刀、剑
舃饰	鞋上的装饰	鞋头、鞋帮等	金龙、珍珠等

2) 按首饰的用途分类

(1) 传统首饰。能够体现文化内涵，具有某些历史时期特征的首饰，如儿童的金银锁等。

(2) 纪念意义首饰。专门为某些事件或个人制作，具有纪念意义的首饰，如为 2020 届毕业生专门设计制作的戒指或手镯，纪念不一样的大学毕业。还有结婚戒指、金婚戒指等纪念性首饰。

(3) 象征意义首饰。用首饰承载情感、寄托等。有赋予首饰材料含义的，如生辰石；有用造型、形态设计表达情感寓意的，如象征爱的"心心相印"造型的吊坠和戒指，象征美好寓意的"福禄寿"图案的首饰、雕件等。

(4) 具有艺术性价值的首饰。这类首饰主要是欣赏和收藏用，从选材、设计、加工制作等，均有独特的表现。如萃华通过深入挖掘故宫文化及其博物馆珍藏，采用花丝镶嵌、古法金等传统手工打造的"皇饰宫匠"等系列产品，体现了传统技艺与现代设计的融合，是东西方文化与时尚交汇的珠宝艺术品。

(5) 实用首饰。这类首饰具有实用价值，也是日常人们经常购买的首饰，如纽扣、别针、发卡、领带夹等，不同材质和工艺，影响消费者的选择。

现代首饰的创新发展，离不开古代首饰功能的存在和演变，珠宝首饰文化是传统文化的一部分，重视珠宝首饰文化，促进珠宝行业进步，促进珠宝市场持续发展。

2. 珠宝文化与珠宝首饰的市场营销组合

1) 珠宝文化与珠宝产品

我国的珠宝文化在没有发现文字时期已经出现，由巫用以事神的玉器，到"巫-玉-神"的巫教模式，从抽象的神秘符号转变为摄取生产工具或武器的某些元素，形成新型玉器，再到祭祀和礼仪用的礼器，衍生了礼玉文化，玉具有了现实意义，逐渐转变为供人们使用、玩赏和收藏，消费对象也开始向普通百姓普及，并出现了贸易。

从珠宝首饰的设计上看，由抽象的神秘符号逐渐形成具有一定意义和象征的"君子比德于玉"，秦汉、唐时期，佛教的盛行和西域文化的引入，珠宝首饰还呈现出明显的佛教纹样和异域风情。珠宝首饰及玉器的普及，经济的发展，各国商旅来往不绝，使得珠宝首饰的设计图纹更加丰富，除了原有的具有象征意义的图纹，还出现了花鸟虫草与蔬果等。随着元代"宫廷艺术"的推广，珠宝首饰的装饰功能凸显，首饰设计更是具有多民族特色的融入，除了玉石,金银及镶嵌也被广泛应用,明代的礼仪性服饰更是身份地位的象征,珠宝玉器商品化出现,推动了珠宝文化的全新变化。清代首饰种类繁多、造型丰富,首饰制作工艺远、技法得到飞跃式的发展。各种工艺制品的形制多样,细腻华美,并且金银与珐琅、珠宝、玉石等互相结合,相映生辉,更显高贵华丽。

受中国珠宝文化的影响,现代珠宝首饰的设计中,仍然常常看到包含各种吉祥、祝福寓意的图案、素材,通过珠宝饰品表面的图案、纹样,利用它们的谐音、含义、象征意义等表达人们追求幸福、祈求好运、吉祥如意的美好愿望和美好祝福。此外,珠宝首饰的工艺也无不受到传统珠宝文化的影响。如,首饰制作工艺的浇筑、锤碟、焊接、镂錾、掐丝、镶嵌、阴线、阳线、镂空、点翠等工艺,很多都是在传统工艺的基础上发展和改进,加工制作成形制多样,细腻华美,多种材质互相结合,相映生辉。

2)珠宝文化与珠宝促销

无论是人员推销、珠宝广告、销售促进,还是公共关系中,珠宝文化都发挥着重要的作用。

消费者购买珠宝及首饰的心理在项目二中已有详述,珠宝消费者在选择珠宝首饰时,除了看中珠宝首饰的美化功能,还有其美好的寓意。销售人员在销售过程中,通过对珠宝文化知识的认识和积累,在了解消费需求的基础上,准确地向消费者传递珠宝产品的寓意,让消费者能够购买到满意的珠宝首饰品。

珠宝企业选择利用广告宣传珠宝产品,对广告对象、广告内容、广告诉求、广告媒体等调研,通过广告设计实现产品或企业的宣传。具有深厚底蕴的珠宝文化融入广告中,有助于珠宝企业树立企业形象,有助于消费者认识珠宝产品。

在珠宝的销售促进中同样与珠宝文化密切相关,如利用喜福文化的结婚、祝寿、纪念等,能够有效提升品牌知名度。

在公共关系活动中也同样离不开珠宝文化运用。如周生生在其80周年企业形象宣传中,选用了中国传统的醒狮,四头水墨醒狮代表周生生企业的品牌精神,同时,也传递了企业具有传统、厚重的人文历史、生生不息的活力,醒狮具有现代特质,代表企业的创新、活力。

每个时代的珠宝都各具特色,具有与时代相适应的珠宝文化。一个时代的政治、经济、思想、文化等因素都会影响到人们的日常生活,影响人们佩戴的珠宝首饰。无论是首饰设计、制作还是营销,都需要了解这个时代的珠宝文化,才能够设计、制作出更好的珠宝首饰,向客户推荐更适合的珠宝首饰。

一、简答

1. 礼玉文化是哪个时代?礼玉文化有什么特征?
2. 明清时代的首饰特点是什么?
3. 简述珠宝文化的特点。
4. 谈谈珠宝文化在珠宝首饰营销中的作用。

主要参考文献

阿黛尔·里弗拉,2017.用户画像:大数据时代的买家思维营销[M].高宏,译.北京:机械工业出版社.

包德清,2012.珠宝市场营销学[M].2版.武汉:中国地质大学出版社.

本·帕尔,2018.抢占注意力:获取用户的七大行为设计策略[M].周昕,译.北京:中信出版集团.

柴刚,2018.新生态下萃华珠宝文化创新转型战略[J].中国黄金珠宝(9):24-25.

柴少宗,贾桂玲,2019.消费者行为学[M].2版.北京:清华大学出版社.

崔晓晓,2017.传统民族首饰文化现状及保护[J].超硬材料工程,29(1):64-67.

萃华金店 百年萃华品牌文化[EB/OL].(2017-05-17)[2018-06-28].http://news.wto168.net/pinpai/zhubaomingpaidaodu/2017/0517/1707781.html.

高芯蕊,2006.中西方首饰文化之对比研究[D].北京:中国地质大学(北京).

哈利特·波斯纳,2014.时尚市场营销[M].张书勤,译.北京:中国纺织出版社.

霍有光,1994.宋代的珠宝玉器贸易[J].中国宝玉石(4):35-36.

贾雯,2019.市场营销理论与实务[M].北京:中国商业出版社.

李耿,2018.有机宝石[M].北京:化学工业出版社.

李海岚,蔡国良,2013.简营销:大数据时代市场营销的逆向思维[M].北京:机械工业出版社.

李小青,2012.中国高端珠宝市场初探[D].北京:中国地质大学(北京).

李亚楠,尹作为,2011.中国消费者珠宝消费动机实证分析[J].宝石和宝石学杂志,13(1):37-42.

刘道荣,肖秀梅,2013.珠宝传奇[M].武汉:中国地质大学出版社.

刘杰,2017.石油与黄金的价格联动分析[J].黄金,38(2):5-7+14.

戚鸣,2013.珠宝定制模式在中小城市的发展分析[J].中小企业管理与科技(上旬刊)(02):197-198.

戚鸣,田庆,2019.珠宝首饰营销与定制[M].郑州:黄河水利出版社.

人力资源和社会保障部,2012.珠宝首饰营业员(四级)[M].2版.北京:中国劳动社会保障出版社.

佘贤君,2018.触发非理性消费[M].北京:机械工业出版社.

沈才卿,2019.中国人工宝石近十年最新成果[J].中国宝石(9-10增刊):491-495.

唐磊,2013.营销管理工作图标设计范例[M].北京:人民邮电出版社.

汪朝林,2018.珠宝智慧零售渠道生存战略转型[J].中国黄金珠宝(9):24-25.

王昶,申柯娅,2014.珠宝首饰营销学[M].3 版.武汉:中国地质大学出版社.

王惊涛,2011.珠宝市场调查[M].武汉:中国地质大学出版社.

王惊涛,2012.珠宝市场营销[M].武汉:中国地质大学出版社.

王静,2014.浅析珠宝行业的营销战略[J].现代商业(24):52-53.

王若军,2015.市场调查与预测[M].北京:中国人民大学出版社.

王新民,唐左军,2012.钻石[M].北京:地质出版社.

吴蕴慧,2017.中国古代玉文化的历史发展与文化内涵(二)[J].现代交际,454(8):92-93.

吴蕴慧,2017.中国古代玉文化的历史发展与文化内涵(一)[J].现代交际,452(6):103-104.

杨伯达,2016.中国史前玉器史[M].北京:故宫出版社.

杨晶,1993.中国史前玉器概述[J].华夏考古(3):21+90-95.

亦兮,2017.图解世界名牌圣经[M].北京:中国华侨出版社.

曾卫胜,1999.二十世纪世界珠宝回眸[J].中国宝玉石(2):50-51.

张代明,王莉,2012.珠宝首饰商贸营销实务[M].昆明:云南科技出版社.

张晓晖,王卉,等,2019.钻石鉴定与分级[M].武汉:中国地质大学出版社.

张樱子,何强,陆佳佳,等,2019.浅谈合成碳硅石及市场发展近况[J].中国宝石(9-10 增刊):508-511.

张永红,2012.市场营销核心技能训练[M].北京:北京理工大学出版社.

中华人民共和国国家质量监督检验检疫总局,中国国家标准化管理委员会,2009.珍珠珠层厚度测定方法 光学相干层析法:GB/T 23886—2009[S].北京:标准出版社.

中华人民共和国国家质量监督检验检疫总局,中国国家标准化管理委员会,2017.珍珠分级:GB/T 18781—2008[S].北京:标准出版社.

中华人民共和国国家质量监督检验检疫总局,中国国家标准化管理委员会,2017.珠宝玉石 鉴定:GB/T 16553—2017[S].北京:标准出版社.

中华人民共和国国家质量监督检验检疫总局,中国国家标准化管理委员会,2017.珠宝玉石 名称:GB/T 16552—2017[S].北京:标准出版社.

中华人民共和国国家质量监督检验检疫总局,中国国家标准化管理委员会,2017.钻石分级:GB/T 16554—2017[S].北京:标准出版社.

周佩玲,杨辉,2012.中华宝玉石文化概论[M].武汉:中国地质大学出版社.

朱明侠,等,2012.奢侈品市场营销[M].北京:对外经济贸易大学出版社.

珠宝营销界的市场营销创新策略[EB/OL].(2011-12-20)[2018-09-23]. https://china.globrand.com/info/1161.html.

PHILIP K,GARY A,2005.市场营销原理[M].赵平,王超,译.9 版.北京:清华大学出版社.